U0901396

2021

国家统计局河南调查总队
河　南　省　统　计　局　编

Compiled by Survey Office of the National Bureau of Statistics in Henan
Henan Province Bureau of Statistics

图书在版编目（CIP）数据

河南调查年鉴 . 2021 = Henan Survey Yearbook. 2021 / 国家统计局河南调查总队编 . -- 北京 ： 中国统计出版社， 2021. 11
ISBN 978-7-5037-9538-1

Ⅰ . ①河… Ⅱ . ①国… Ⅲ . ①统计资料—河南—2021—年鉴 Ⅳ . ① C832. 61-54

中国版本图书馆 CIP 数据核字（2021）第 134958 号

河南调查年鉴 -2021

作　　者 / 国家统计局河南调查总队
责任编辑 / 郭　栋
装帧设计 / 李雪燕
出版发行 / 中国统计出版社有限公司
地　　址 / 北京市丰台区西三环南路甲 6 号　邮政编码 / 100073
电　　话 / 邮购（010）63376909　书店（010）68783171
网　　址 / http://www.zgtjcbs.com
印　　刷 / 郑州豫兴印刷有限公司
经　　销 / 新华书店
开　　本 / 890mm×1240mm　1/16
字　　数 / 710 千字
印　　张 / 22.5　彩页 0.25 印张
版　　别 / 2021 年 11 月第 1 版
版　　次 / 2021 年 11 月第 1 次印刷
定　　价 / 280.00 元

本书附同版本 CD-ROM 一张，光盘内容以书面文字为准。
如有印装差错，由本社发行部调换。

《河南调查年鉴－2021》
编委会和编辑部工作人员名单

编者说明

一、《河南调查年鉴—2021》是一部全面反映河南省经济社会发展情况的抽样调查资料年刊。本书收录了全省和市、县（区）2020年经济和社会发展有关方面大量的调查统计数据，以及重要历史年份的全省主要调查统计数据。

二、本年鉴正文内容分为10个部分，即1.综合；2.农业；3.畜牧业；4.消费价格；5.生产价格；6.农产品价格；7.人民生活；8.县域经济；9.城市经济；10.全国及分省（市、区）指标。主要篇末附有《主要统计指标解释》。

三、资料中所使用的度量衡单位均采用国际统一标准计量单位。

四、本年鉴部分数据合计数或相对数，由于单位取舍不同产生的计算误差未作机械调整。

五、本年鉴各表中，有关对全表的注解均在该表上方，对表中部分指标的注解则在该表下方。凡带续表的资料，对部分指标的注解一律在最后续表的下方。

六、本年鉴表中的符号使用说明："空格"表示该项统计指标数据不详或无该项数据；"#"表示其中的主要项。

七、本年鉴的编辑出版，得到了国家统计局的大力支持和帮助，值此出版之际，特致谢忱！

八、由于编者水平所限，加之编辑时间仓促，本年鉴中不当之处，敬请读者批评指正。

勠力同心　真抓实干　在推进统计现代化改革中奋力谱写河南调查新篇章

——在河南调查工作视频会议上的讲话

（2021 年 1 月 26 日）

国家统计局河南调查总队党组书记、总队长　崔刚

同志们：

会议传达学习了国务院领导同志对统计工作的重要批示，传达学习了全国统计工作会议精神，传达学习了国家统计局领导、省政府领导对河南调查工作的批示。这些批示充分体现了党中央、国务院和各级领导同志对统计调查工作特别是河南调查工作的殷切希望，也是今后一个时期河南调查改革发展的根本遵循和努力方向，我们要深入学习领会、全面贯彻落实。

这次会议的主要任务是，以习近平新时代中国特色社会主义思想为指导，全面贯彻党的十九大和十九届二中、三中、四中、五中全会和中央经济工作会议精神，深入贯彻习近平总书记关于统计工作重要讲话指示批示精神，认真落实全国统计工作会议精神，回顾总结 2020 年工作，分析形势、明确方向，安排部署 2021 年重点任务。下面，我代表河南调查总队党组和领导班子讲四点意见。

一、2020 年河南调查改革发展取得新成绩

2020 年，河南调查系统坚持将新发展理念融入各项工作部署，在国家统计局和省委省政府的正确领导下，统筹推进疫情防控和调查工作，扎实开展脱贫攻坚普查，聚焦主责主业，服务“六稳”“六保”，务实重干、守正创新，各项工作稳步推进。

（一）党的建设全面加强。始终把党的政治建设摆在首位，坚决做到“两个维护”。总队全年召开 32 次党组会，对意识形态、国家安全、保密、精神文明建设和平安建设等工作进行研究部署，召开 12 次党组理论学习中心组学习会议，学习贯彻习近平总书记系列重要讲话精神和国家统计局党组各项重大决策；严格执行请示报告制度，按时上报 28 项重大事项；强化政治机关意识教育，组织各支部开展专题学习并撰写心得体会；落实意识形态工作责任制，强化舆情监测和应对，摸查总队机关全体干部职工思想状况。坚持思想建党、理论强党，全年总队领导班子成员为市县队和分管处室讲党课 16 次，总队机关各党支部组织开展主题党日活动 216 次。抓实基

层党建工作，总队领导班子成员赴基层检查党建工作20余次，完成对所有市队和16个县队的党建督导和量化考核，成功举办全系统党支部书记培训班，完成全系统党员党建知识测试，安阳、三门峡队等党支部被当地市直工委评为“五星级党支部”。精神文明建设和群团工作扎实推进，总队机关顺利通过省级文明单位标兵复查，机关青工委全年组织开展32次志愿服务活动，充分发挥了青年生力军作用。

（二）统筹做好疫情防控与调查工作。认真贯彻落实国家统计局党组和省委省政府疫情防控部署要求，迅速启动应急预案，制定疫情防控工作方案，加强组织领导，细化责任分工，一体推进各项防控措施。总队机关投入4.5万元，用于购买口罩、消毒液等防护物资，对全系统1196名人员每日进行筛查登记上报，及时为市县队配送口罩，确保职工生命安全和身体健康。充分发挥党员干部先锋模范作用，全省调查系统选派142名党员干部下沉社区一线参与防控。分区分级做好疫情期间调查工作，确保一线调查不断、质量不降、秩序不乱。充分发挥“轻骑兵”优势，聚焦疫情对经济社会影响开展52项专题调研，撰写了200余篇分析报告，国家统计局采用14篇，省市有关领导批示120余篇次，为各级党委政府统筹疫情防控和经济社会发展作出了突出贡献。

（三）脱贫攻坚普查取得阶段性成果。省委省政府高度重视脱贫攻坚普查工作，省委书记王国生、省长尹弘和主管副省长武国定多次对普查工作作出指示并深入普查一线调研指导。总队党组把脱贫攻坚普查作为一项重要的政治任务，加强普查组织实施，全省组建各级普查机构900个，抽调普查集中办公人员3200余人，组建46支普查工作组，抽选1.2万名普查员，动员6万余名普查保障员，落实普查经费2.5亿元，有效保证了普查顺利开展。面对新冠疫情、高温酷暑、洪涝汛情等影响，全体普查员齐心协力、克难攻坚，高质量完成全省13个省辖市、46个县、19195个行政村、93.7万建档立卡户的现场普查登记和数据审核验收工作，顺利通过国家事后质量抽查。普查工作得到国家统计局的充分肯定，毛有丰副局长作重要批示，武国定副省长在国家脱贫攻坚普查电视电话会议上作典型发言，介绍河南经验。

（四）统计法治作用有效发挥。持续推动《意见》《办法》《规定》等中央重要统计改革文件落实落细，总队党组成员利用调研、会议等形式加强文件解读宣讲，组织全系统干部职工全面深入学习。强化法治教育培训，构建业务培训与法治培训相结合的教育机制，在各专业培训会开展法治宣讲，累计培训3000余人次；组织统计执法资格培训考试，47人通过执法资格考试，执法力量进一步壮大。强化法治宣传，充分利用“12·4”“12·8”等重要时点，开展形式多样的普法宣传活动，使法治观念深入人心；认真落实“七五”普法规划，圆满完成“七五”普法任务。强化执法检查，高标准组织实施统计执法“双随机”抽查，对61家调查单位开展执法检查，发现和整改问题40余项。积极配合国家执法工作，先后选派5人次参加国家统计督察和执法检查。建立健全依法行政工作制度，顺利完成依法行政考核。

（五）各项常规调查顺利完成。2020年，河南调查系统以数据质量为中心，严格执行国家统计调查制度，圆满完成了居民收支、价格、粮食产量、畜禽监测、劳动力、贫困监测、小微企业跟踪、采购经理等近30项常规调查工作。全省调查系统齐心协力、上下联动，粮食畜牧业统计调查数据归口管理工作全力推进，生猪大县月度调查扎实开展，住户调查样本轮换、价格调查新一轮基期轮换等工作顺利实施，全省月度调查失业率统计各项准备工作稳步推进。高质量完成国家布置的全面从严治党民意调查、中央八项规定执行情况调查和全国社会心态民情民意调查等专项调查。

（六）调查服务水平得到新提升。调查服务领域不断拓展，充分发挥调查职能，为粮食安全、菜篮子、米袋子等考核提供准确调查数据支撑，为启动全省城镇低收入居民生活保障和价格补贴联动机制，及时提供准确权威的消费价格数据。专项调查服务能力提升，接受省纪委、省委宣传部委托，完成全省全面从严治党民意调查、全省全域文明城市测评等，得到省委省政府高度评价。紧盯做好"六稳"工作、落实"六保"任务，为党委政府提供了大量有价值的调查信息和调研报告，全年国家统计局内网采用信息共计340篇，上报国家统计局《每日调查》71篇，中办、国办采用8篇，国家统计局采用20篇。累计向省委省政府报送调查信息131篇，向省委省政府主要领导报送《调查专报》67期，获得省领导批示106篇次。累计编发《调查信息》338篇、《每周热点关注》32篇、《调查资料》49篇。课题研究成果显著，全年共完成立项专题、课题87项，在全国统计建模大赛中，总队荣获二等奖。

（七）综合管理不断规范优化。政务管理规范高效，建立全年重点工作推进台账，推动84项重点任务落实到位；认真梳理27项政务工作、36项规范化制度，不断强化公务接待、公车使用、政府采购、会议培训、公文运转等管理；持续推进政府信息公开，主动公开信息1567条；严格档案管理，细致做好档案归档、整理和查询；不断强化国家安全和保密工作，全年开展7次全面检查，6次专题教育培训；进一步规范调查项目管理，共批准地方调查项目25个。财务管理不断完善，执行津贴补贴审核备案机制，推进内部控制建设，实施新会计核算制度，实时更新64项财务规章制度，完成17个市县队内部审计。队伍建设持续强化，全年共交流选拔正处级领导干部11人，晋升二级巡视员10人、一至四级调研员22人；组织完成全系统203名干部十九届四中全会精神轮训，组织20名市县队负责人和21名县队业务骨干参加国家统计局线上培训；全面完成养老保险改革参保登记，有序推进养老保险清算。信息化建设不断加强，有序推广应用新OA办公系统，保障各类视频会议63次，全年信息化建设共投入343万元。与此同时，定点扶贫、资料管理、老干部服务等方面做了大量工作，取得实效。

（八）基层调查队工作能力不断增强。2020年面对疫情带来的一线调查困难，各市县队党组织带领广大基层调查工作者勇于担当，狠抓落实，圆满完成各项常规调查任务和重大专项调查，充分体现了基层调查队敢打硬仗、能打硬仗的优良作风。许昌队不断推进党建工作与业务工作深度融合，党建统领作用充分发挥；洛阳队加强队伍作风建设，管理效能不断提升；信阳、商丘队优化普查登记流程，脱贫攻坚普查工作亮点突出；平顶山、济源队住户调查电子记账率达到95%以上；漯河、驻马店队主动服务地方党委政府重点工作，专项调查卓有成效；焦作队信息获市委市政府领导批示48人次，信息服务能力突出；周口队建立劳动力调查常态化督导机制；永城队建立各乡镇国家调查业务联络员机制，尉氏队对基层调查点建立领导干部分包制，调查机制持续优化。

（九）全面从严治党责任进一步压实。印发全面从严治党主体责任清单，抓好主体责任落实，总队党组定期召开专题会议听取落实“两个责任”情况，党组书记与班子成员之间谈心谈话13人次，班子成员与下属单位主要负责人谈心谈话120人次，认真组织召开民主生活会和组织生活会，对照问题查摆不足。加强宣传教育，集中观看警示教育片，现场开展廉政教育，对全系统新提拔的12名干部进行了任前谈话和廉政谈话，坚持重大节日前以发文和短信形式进行廉政提醒。强化监督执纪问责，全年共受理信访举报19件，其中立案5件，给予党政纪律处分5人。强化政治巡察，发挥利剑作用，对3个市队和4个县队开展了常规巡察，共发现各类问题108个。扎实开展“灯下黑”问题专项整治、公务接待和津贴补贴发放不规范专项治理，认真做好主要负责人离任审计反馈问题整改。

以上成绩的取得，是习近平新时代中国特色社会主义思想指引的结果，是国家统计局党组正确领导的结果，是各级党委政府及相关部门特别是各级统计局大力支持的结果，是社会各界充分理解和广大调查对象积极配合的结果，更是饱含着全省调查人辛勤耕耘、默默奉献的实干和汗水，凝结着河南调查人励精图治、奋发有为的勇气和担当，倾注着河南调查人自我加压、争先创优的执着和情怀。在此，我代表总队党组向全省调查工作者致以亲切慰问和衷心感谢！

二、“十三五”时期河南调查事业发展取得显著成效

（一）调查生态环境明显改善。以习近平同志为核心的党中央高度重视统计工作，习近平总书记多次就统计工作作出重要指示批示，党的十九大和十九届四中、五中全会先后作出“完善统计体制”“发挥统计监督职能作用”“推进统计现代化改革”等重要决策部署。河南各级党委政府日益重视统计调查工作，省委省政府出台《关于深入学习贯彻<中华人民共和国统计法>和中央有关统计工作重要文件的通知》，进一步加强统计调查工作；省政府发文部署脱贫攻坚普查和劳动力调查。全省调查系统主动加强与政府及有关部门汇报沟通，提供决策参考服务，调查事业发展空间不断拓展，各级党委政府对调查工作的支持力度不断加大，80%以上的市县队地方经费逐年增长，90%以上的市县队办公环境得到改善。“十三五”期间，全系统235人取得国

家统计执法资格，执法检查2846家企业，处理统计违纪违法案件25起，对17家企业进行了行政处罚，19名统计违纪违法人员受到党纪政纪处理，随着统计执法力度的加大，不敢假的震慑不断增大、不想假的自觉明显增强，统计监督的震慑力前所未有。同时通过多种形式的统计法治宣传，社会公众更加理解统计调查工作，调查对象的配合程度明显提升。

（二）调查体制机制逐步完善。认真贯彻国家统计局深化统计调查改革发展决策部署，积极推进统计调查项目和职能优化调整，各项重大改革任务稳步推进。严格落实局队业务分工优化调整要求，顺利完成“四下”企业和月度劳动力调查交接；进一步规范分市县住户调查工作，数据质量得到有效提升；扎实推进粮食畜牧业统计调查数据归口管理，调查工作和统计数据实现平稳对接；圆满完成居民长距离出行试点调查，统计改革创新试点成效显著。

（三）数据质量管理能力不断增强。严格执行国家调查制度，全面实施河南调查系统《基层基础工作规范化细则》《调查业务流程管理办法》《数据质量保障办法》《国家调查督查制度》。数据质量控制体系不断完善，对各专业任务布置、数据采集、处理、存储、报送发布等实施全流程规范管理。数据质量和基层基础检查深入开展，源头数据信息采集的完整性、准确性和可靠性得到提高，数据管理得到加强，数据质量得到提升。遥感技术应用于农业调查，手持终端广泛应用于月度劳动力调查、价格调查、全面从严治党民意调查等，农民工监测“e调查”推进比例达到100%，住户调查电子记账比例达到70%以上。

（四）调查服务能力不断提升。加强宏观经济和民生民情监测预警，服务水平不断提升。国家统计局内网采用信息共计1780篇次，上报国家统计局《每日调查》共357篇，中办、国办采用58篇，国家统计局采用77篇。报送省委、省政府各类经济信息852篇，获省以上领导批示209篇次。共编发《调查资料》317期，报送《调查专报》153期。课题研究成果显著，立项专题、课题253项，总队2018年、2020年分别荣获全国统计建模大赛一等奖、二等奖。作为“河南省粮食安全责任制考核工作领导小组”和“菜篮子”考核机制等工作成员单位，积极为考核提供准确调查数据，为省委省政府出台调整粮食、生猪生产以及低收入居民生活保障等政策提供决策依据。总队连续15年组织开展河南省文明城市测评、全国文明城市提名城市测评等工作，市队积极开展公众安全感等专项调查，为全省精神文明建设和平安建设提供数据支撑。总队连年获得“服务河南经济社会发展先进中央驻豫单位”和全省党委、政府系统信息工作先进单位荣誉称号。

（五）全面从严治党纵深推进。认真落实新时代党的建设总要求，扛起管党治党政治责任，把全面从严治党不断引向深入。稳步推进国家统计局党组和驻委纪检监察组有关纪检监察体制改革试点工作，共对51个市县调查队开展了巡察，覆盖率达82.3%，进一步彰显巡察监督“利剑”震慑作用。深化运用监督执纪“四种形态”，扎实开展解决形式主义突出问题为基层减负专项整治，深入推进扶贫领域腐败和作风问题专项治理。严格执纪审查，共受理各类信访举报77

件，其中，立案10件，党纪政务处分13人。全系统纪律意识、规矩意识不断增强。

（六）各项创建工作成果丰硕。精神文明创建工作实现新突破，开封队荣获“全国文明单位”称号，总队机关和5个市队荣获“河南省文明单位标兵”称号，13个市队、7个县队荣获“河南省文明单位”称号，30个县队被评为市级文明单位。平安建设工作取得新进展，总队机关连续四年被评为全省平安建设考评优秀单位，15个市队、18个县队先后被评为平安建设先进单位。卫生先进单位创建取得新成绩，10个市队、8个县队荣获卫生先进单位称号。总队机关荣获依法行政先进单位称号。总队机关结对帮扶村先后被评为“中华孝心示范村”和“信阳市美丽乡村”等，驻村第一书记宋瑞荣获“2018年全国脱贫攻坚奖贡献奖”“2018感动中原十大年度人物”等荣誉称号，各市县队驻村帮扶工作也取得了明显成效。

三、认清形势，担当作为，奋力推进河南调查事业新发展

（一）牢牢把握统计现代化改革的核心要义。党的十九届五中全会明确提出要推进统计现代化改革。在全国统计工作视频会议上，宁吉喆局长深刻阐述了统计现代化改革的丰富内涵和鲜明特征，指出在推进统计现代化改革中要坚持以党的建设为统领，以数据质量为根本，以深化改革为动力，以科技创新为支撑，以法治监督为保障，实现统计数据质量持续提高、统计制度方法健全、统计调查能力明显增强、统计分析服务优质高效、统计体制机制更加完善的改革目标。这是“十四五”期间河南调查事业发展的主题主线，我们要深刻领会，牢牢把握。

（二）清醒认识河南调查系统在推进统计现代化改革中面临的形势。当前，统计自身发展与外部变化相互叠加、相互作用，既蕴含新的机遇，也带来新的挑战，对此，我们必须要有清醒的认识。一方面，机遇前所未有。党的十八大以来，党中央、国务院就统计工作作出一系列重大决策部署，为推进统计现代化改革把舵定向、谋篇布局；河南“十四五”规划紧扣高质量发展主题，提出基本建成“四个强省、一个高地、一个家园”的蓝图，为河南调查事业发展提供了广阔空间；大数据、云计算、区块链和空间地理信息等现代信息技术加快应用，为丰富统计数据资源、优化统计方法手段、重塑统计生产关系提供了更多动力。另一方面，我们也要深刻认识到，进入新阶段，面对新形势新任务新要求，河南调查工作还存在差距和不足：统计调查能力和管理能力与统计现代化改革要求有明显差距，调查服务与各级党委政府决策需要和社会公众需求仍有差距，调查工作成效与国家统计局党组的期望、与河南调查系统自身的地位存在差距，部分同志工作作风和精神状态与焦裕禄、红旗渠、愚公移山“三大精神”要求还有差距。

（三）切实提升河南调查系统推进统计现代化改革能力。2021年初，毛有丰副局长对河南调查系统提出了“在推进统计现代化改革方面走在前列”的殷切希望，为当前和今后一个时期河南调查改革发展明确了方向。我们要树立新思维，在推进统计现代化改革中争创一流业绩。要强化政治思维，把牢工作方向。国家调查队首先是政治机关，必须把讲政治摆在首位，要紧紧围

绕国家统计局关于统计现代化改革的决策部署去谋划工作、推动工作,切实将推进统计现代化改革的要求转化为河南调查工作的具体实践。要强化系统思维,提升发展质量。要善于抓住机遇,立足河南调查实际,明确河南调查工作的重点改革任务,要围绕“在统计现代化改革中走在前”的共同目标,树立上下一盘棋的意识,充分挖掘潜力,共同推进各项工作提质增效。要强化制度思维,提高管理效能。制度建设是调查管理能力提升的根基,是推进统计现代化改革的重要保障。今年我们要把制度建设作为一项重要工作来抓,树立制度意识,完善制度建设,维护制度权威,强化制度执行,切实发挥制度效能,强基固本,促全省调查系统管理水平上台阶。要强化创新思维,增强发展动力。要把创新作为推进统计现代化改革发展的第一动力,围绕国家统计局关于统计现代化改革部署和要求,找准创新的着力点,不断完善管理机制,积极探索,深化大数据应用,创新数据采集、处理、评估和挖掘分析的手段技术,丰富数据解读和发布的载体,以持续的创新推动河南调查事业大发展。要强化服务思维,勇创一流业绩。统计调查服务是提高统计影响力和话语权的重要载体,要积极适应和把握当前复杂严峻的经济形势,围绕经济社会发展的热点、难点问题,积极思考,主动作为,不断为党委政府和社会各界提供高质量的统计调查服务,在推进统计现代化改革中建立新业绩、树立新形象。

四、2021 年河南调查工作思路和任务

举一纲而万目张,解一卷而众篇明。2021 年是“十四五”开局之年,也是扎实推进统计现代化改革的起步之年。今年河南调查工作的总体思路是:坚持以习近平新时代中国特色社会主义思想为指导,全面贯彻党的十九大和十九届二中、三中、四中、五中全会和中央经济工作会议精神,全面落实全国统计工作会议精神和国家统计局推进统计现代化改革的各项决策部署,立足新发展阶段,贯彻新发展理念,融入新发展格局,以党的政治建设为统领,以提高调查数据质量为中心,以完善管理制度体系为支撑,着力加强基层基础建设、统计法治建设、干部队伍建设、保障能力建设,积极推进调查改革创新,充分发挥现代信息技术作用,在推进统计现代化改革进程中,奋力谱写河南调查高质量发展新篇章。

(一)全面加强党的建设。河南调查系统各级党组织要始终坚持以党的政治建设为统领,深入贯彻全面从严治党方针,坚定政治方向,保持政治定力,坚决做到“两个维护”,以党的建设高质量推动河南调查事业发展高质量。要严格执行重大事项请示报告制度、民主集中制,严肃党内政治生活,严守党的政治纪律和政治规矩,认真开好民主生活会和组织生活会,牢牢把握意识形态工作领导权,坚决防范化解意识形态领域重大风险,不断提高政治判断力、政治领悟力、政治执行力。要建立实施党组会议“第一议题”制度,始终把学习贯彻习近平新时代中国特色社会主义思想作为终身必修课,发挥好党组理论学习中心组示范带动作用,开展党的十九届五中全会精神轮训和党务干部专题培训,以理论上清醒保持政治上坚定。要加强对系统党建工作的领

导，各级党组织书记要切实履行抓党建"第一责任人"职责，按照"四强"支部建设要求，严格落实"三会一课"、主题党日活动等组织生活制度，加强党员教育管理，全面推进党支部标准化规范化建设。要持续巩固精神文明建设、平安建设成果，统筹推进总队模范机关、依法行政工作考核、节约型机关、卫生单位等六创工作有序开展。要持续做好定点扶贫工作。

与此同时，在当前严峻复杂的疫情防控形势下，各级党组织要切实担负起本单位本部门疫情防控工作主体责任，始终绷紧防控之弦，坚决克服麻痹思想和侥幸心理，精准落实疫情防控各项举措，确保全系统干部职工生命安全和身体健康，统筹做好常态化疫情防控和各项调查工作。领导干部要靠前指挥、带头示范，党员干部要严守纪律、抓好落实，要在疫情防控工作中检初心、淬党性、锤作风，尤其是市县队的队长，既要肩负起"全员抗疫"的社会责任，更要承担起"全队平安"的社会责任，以疫情防控成效检验党建工作成果。

（二）持续加强基层基础建设。要加强基层基础规范化管理，建立完善调查业务工作流程规范和数据质量控制办法，修订完善《辅助调查员管理办法》，实施调查网点信息库动态维护，适时开展数据质量大检查。要全面提高基层业务素质和调查能力，通过多种形式的培训，加大对辅调员、基层调查员和调查对象培训力度。要强化基层调查力量，推进调查用工制度改革，探索通过购买社会服务增加一线调查人员数量。要健全信息网络保障体系，加强安全防护和运营维护建设，加强新 OA 系统应用。要加大顶层设计力度，系统谋划部署，为基层队争取当地保障创造有利条件，尽力协调解决基层调查工作中存在的困难和问题。市县队也要主动作为、敢于担当，充分发挥调查职能，积极创造良好调查环境。今年将适时举办全省调查系统业务技能大赛，强化基层统计调查能力；组织召开国家调查队成立 15 周年座谈会，听取基层促进河南调查系统改革发展意见。

（三）全力加强统计法治建设。要不断提高依法治统依法调查能力，持续抓好中央重大统计改革文件和国家统计局深化统计改革决策部署的贯彻落实。要深入开展普法宣传教育，制定印发"八五"统计普法宣传教育规划，充分利用统计开放日、"12·4""12·8"等重要时点，借助"两微一端"等新媒体加强宣传。要不断壮大执法队伍力量，适时举办领导干部和执法骨干专题培训班，积极组织人员参加统计执法资格培训考试。要加大执法监督检查力度，认真落实防惩统计造假责任制，实现三年内对所有省辖市和所有专业执法监督全覆盖，切实打造"不敢、不能、不想"造假的统计调查生态。要探索建立纪检巡察监督与统计监督，业务检查与执法检查协同机制，深度参与国家统计督察和统计执法检查工作。

（四）大力加强干部队伍建设。要认真落实新时代党的组织路线，严格执行《党政领导干部选拔任用工作条例》。要健全培训制度、拓展培训渠道、创新培训方式、实现全员培训。要选优配强市县队领导班子，探索在县级调查队设立党组模式。市队党组在干部队伍建设上要主动作为，管好班子、带好队伍。要坚持正确用人导向，落实好干部标准，把业务考核与干部选拔任用结合起来，把想干事能干事干成事的优秀干部选出来、提起来。要建立系统干部队伍后备人才库，加大帮助工作、跟班学习等交流力度，对年轻干部要敢于给位子、善于压担子，加快选拔一批有领导能力、堪担重任的高素质年轻干部。要坚持严管厚爱结合，激励约束并重，落实“三个区分开来”，充分调动广大党员干部干事创业积极性。要认真落实《关心爱护干部职工身心健康若干措施》，建立各层级经常性谈心谈话制度，切实解决干部职工遇到的思想问题和生活困难。

（五）着力加强作风建设。要认真落实中央八项规定精神，持之以恒纠正“四风”。深入贯彻总队党组《关于力戒形式主义减轻基层负担的若干措施》，深化整治形式主义、官僚主义突出问题，持续用功转思想、转思维、转方式、转机制、转作风。要严格控制“三公”经费支出，规范公务接待，精简会议活动和文件，厉行节约，坚决压减一切不必要的开支，把每一分钱花在刀刃上。要深化政治监督，做实日常监督和廉政提醒，做好权利运行风险防控。加强对党员干部“八小时之外”监督，加大对总队机关和市县队突击检查频次和力度，用好监督执纪“四种形态”，抓早抓小，防微杜渐。要深入开展政治巡察，年内对2个市队及所属县队开展巡察。另外，要重点做好国家统计局巡视的各项准备工作。

（六）努力提升调查服务水平。要做好价格、就业、收入等民生重点领域调查监测，建立定期召开经济形势分析会议制度，深化月度、季度和年度经济形势分析研判，加强对经济运行苗头性、倾向性、趋势性问题深度研析，提高分析判断的前瞻性、针对性，积极为党委政府宏观决策提供有效调查信息依据。要全力做好总队承担的河南省高质量发展综合绩效评价和粮食安全省长责任制考核、菜篮子米袋子工程考核工作，确保调查数据真实可信。要聚焦建设黄河流域生态保护和高质量发展，围绕河南“十四五”规划中基本建成“四个强省、一个高地、一个家园”等重大课题，开展专题调查和分析研究，提供优质调查服务。要抓好统计调查信息公开透明，在现行数据发布、解读机制基础上，健全调查数据反馈机制，尽力将数据反馈时间提前，更好地发挥调查数据助力地方决策的作用。要整合系统资源，借力媒体优势，合力打造总队微信公众号、抖音官方平台微矩阵，积极宣传各地经济社会发展中的亮点，积极宣传调查人调查事，提升调查工作关注度和影响力。

（七）大力加强制度建设。今年是河南调查系统“制度建设年”。各单位各部门要以制度建设为抓手，全面梳理、清理、修订、完善各项管理制度，坚持用制度管人、管事、管数、管财、管权，做到有规可循、有据可依。要扎紧制度笼子，强化制度执行，加强督促检查，切实提高制度执行力和约束力。要持续强化政务服务管理，规范会议（培训）管理，办文办事管理，强化督促检查，规范档案和固定资产管理，严格政府采购、公务接待和公务车辆管理。着力防范化解重大风险，认真做好国家安全和保密工作、加强值班值守、信访维稳工作。要加快建立更为全面的预算绩效管理体系，规范津贴补贴发放决策程序。要重点打造总队机关移动办公系统，做好门户网站改版升级，全力保障视频会议系统。

（八）奋力推进改革创新。要围绕推进统计现代化改革新任务新要求，结合各自实际，找准改革重点。要加强就业失业统计，认真做好分省月度调查失业率统计调查，准确反映就业失业状况；要深化部门协作，加强数据分级联审和评估，进一步做好粮食畜牧业统计调查数据归口管理；要加强对农户耕地流转情况调查和脱贫县农村住户监测调查的研究探索力度。要高标准推进信息技术应用，充分利用部门行政记录、大数据、空间地理信息技术辅助农业、价格、住户、农民工监测等统计调查工作。要加大住户电子记账、e 调查、农业遥感测量推广力度，探索创新畜牧业调查手段。

（九）扎实做好各项常规调查和专项调查。要围绕经济社会发展主要预期目标，认真做好粮食调查，夯实粮食播种面积和单产调查工作基础。要认真开展居民收支调查，做好样本轮换后的样本评估和数据衔接，准确反映居民收支变化情况。要认真做好 CPI、PPI 调查基期轮换后续工作，确保新旧基期数据衔接，强化调查样本维护，做好新一轮国际比较项目调查各项准备工作。要认真做好企业调查，扎实开展服务零售结构调查、新设立小微企业和个体经营户跟踪调查，强化采购经理指数预警预测，扎实做好商品住宅销售价格调查，要认真做好全国文明城市测评、全面从严治党民意调查等重大专项调查任务。要扎实做好国家脱贫攻坚普查数据整理以及总结表彰等后续工作。

同志们，星汉灿烂、洪波涌流，征途漫漫、惟有奋斗。在伟大的开局之年，让我们更加紧密地团结在以习近平同志为核心的党中央周围，高举习近平新时代中国特色社会主义思想伟大旗帜，认真贯彻落实国家统计局党组和省委省政府决策部署，勠力同心，真抓实干，在推进统计现代化改革中奋力谱写河南调查事业发展新篇章，以优异成绩庆祝中国共产党百年华诞！

目　录

一、综　合

二、农　业

三、畜牧业

四、消费价格

五、生产价格

六、农产品价格

七、人民生活

八、县域经济

九、城市经济

十、全国及分省(市、区)指标

综　合

资料整理：盛　夏

1－1　全省行政区划(2020 年底)

单位:个

市	市			县	市辖区	镇	乡	街道办事处	居民委员会	村民委员会
		省辖市	县级市							
全　　省	**39**	**17**	**22**	**83**	**53**	**1181**	**610**	**662**	**6814**	**45148**
郑州市	6	1	5	1	6	73	13	91	847	2211
开封市	1	1		4	5	35	44	38	421	2136
洛阳市	2	1	1	8	6	107	23	58	822	2377
平顶山市	3	1	2	4	4	53	33	57	259	2547
安阳市	2	1	1	4	4	66	23	46	268	3258
鹤壁市	1	1		2	3	15	4	25	219	779
新乡市	4	1	3	5	4	77	41	36	245	3561
焦作市	3	1	2	4	4	35	17	56	168	1826
濮阳市	1	1		5	1	44	31	14	295	2867
许昌市	3	1	2	2	2	61	15	27	895	1600
漯河市	1	1		2	3	37	9	8	76	1269
三门峡市	3	1	2	2	2	29	33	12	158	1264
南阳市	2	1	1	10	2	159	45	39	375	4528
商丘市	2	1	1	6	2	97	70	30	235	4567
信阳市	1	1		8	2	83	86	40	539	2862
周口市	2	1	1	7	2	102	66	38	443	4602
驻马店市	1	1		9	1	97	57	42	452	2442
济源市	1		1			11		5	97	452

1－2 各市、县(市、区)名称(2020年底)

市	县(市、区)数(个)	市辖县	市辖区	县级市
郑州市	12	中牟	中原区、二七区、管城回族区、金水区、上街区、惠济区	巩义市、荥阳市、新郑市、登封市、新密市
开封市	9	杞县、通许、尉氏、兰考	龙亭区、顺河回族区、鼓楼区、禹王台区、祥符区	
洛阳市	15	孟津、新安、栾川、嵩县、汝阳、宜阳、洛宁、伊川	老城区、西工区、瀍河回族区、涧西区、吉利区、洛龙区	偃师市
平顶山市	10	宝丰、叶县、鲁山、郏县	新华区、卫东区、湛河区、石龙区	汝州市、舞钢市
安阳市	9	安阳、汤阴、滑县、内黄	文峰区、北关区、殷都区、龙安区	林州市
鹤壁市	5	浚县、淇县	鹤山区、山城区、淇滨区	
新乡市	12	新乡、获嘉、原阳、延津、封丘	红旗区、卫滨区、凤泉区、牧野区	卫辉市、辉县市、长垣市
焦作市	10	修武、博爱、武陟、温县	解放区、中站区、马村区、山阳区	沁阳市、孟州市
濮阳市	6	清丰、南乐、范县、台前、濮阳	华龙区	
许昌市	6	鄢陵、襄城	魏都区、建安区	禹州市、长葛市
漯河市	5	舞阳、临颍、	源汇区、郾城区、召陵区	
三门峡市	6	渑池、卢氏	湖滨区、陕州区	义马市、灵宝市
南阳市	13	南召、方城、西峡、镇平、内乡、淅川、社旗、唐河、新野、桐柏	卧龙区、宛城区	邓州市
商丘市	9	虞城、民权、宁陵、睢县、夏邑、柘城	梁园区、睢阳区	永城市
信阳市	10	息县、淮滨、潢川、光山、固始、商城、罗山、新县	浉河区、平桥区	
周口市	10	扶沟、西华、商水、太康、鹿邑、郸城、沈丘	川汇区、淮阳区	项城市
驻马店市	10	确山、泌阳、遂平、西平、上蔡、汝南、平舆、新蔡、正阳	驿城区	
济源市	1			济源市

1－3　河南省主要统计指标居全国位次

指　　标	2000	2010	2015	2018	2019	2020
生产总值	5	5	5	5	5	5
生产总值增速	14	21	13	11	10	26
居民消费价格指数	26	13	20	11	8	4
一般公共预算收入	9	9	8	8	8	8
一般公共预算支出	7	5	5	5	5	5
规模以上工业增加值增速	17	14	7	14	7	28
社会消费品零售总额	5	5	5	5	5	5
进出口总额	18	16	11	11	12	10
#出口	14	17	11	8	9	10
居民可支配收入			24	24	23	24
城镇			24	25	26	28
农村			17	15	16	19

1－4　河南省主要统计指标占全国比重

单位：%

指　　标	1952	1978	1990	2000	2010	2015	2018	2019	2020
生产总值	5.3	4.4	5.0	5.0	5.6	5.4	5.3	5.5	5.4
第一产业	6.6	6.4	6.5	7.9	8.1	6.9	6.6	6.6	6.9
第二产业	5.8	4.0	4.3	5.0	6.7	6.4	6.0	6.1	6.0
第三产业	2.8	3.2	4.5	4.0	3.9	4.3	4.6	4.9	4.8
人均生产总值	60.3	65.6	68.6	79.6	78.4	77.6	79.5	77.0	
一般公共预算收入	2.5	3.5	4.3	3.8	3.4	3.6	3.8	4.0	4.2
一般公共预算支出	1.0	4.7	4.3	4.3	4.6	4.5	4.9	5.0	4.9
粮食产量	6.3	6.9	7.4	8.9	9.9	9.8	10.1	10.1	10.2
社会消费品零售总额	3.9	4.6	3.8	4.8	5.1	5.2	5.4	5.5	5.7
进出口总额	0.1(1957年)	0.6	0.9	0.5	0.6	1.9	1.8	1.8	2.1
#出口	0.3(1957年)	1.0	1.4	0.6	0.7	1.9	2.2	2.2	2.3
居民可支配收入						78.0	77.8	77.8	77.1
城镇						82.0	81.2	80.7	79.3
农村						95.0	94.6	94.7	94.0

1－5　国民经济和社会发展

指　标	1978	2000	2005	2010	2015	2019
人口与就业						
人口(万人)						
常住人口			9380	9405	9701	9901
#城镇人口			2875	3651	4561	5348
就业(万人)						
年底就业人员	2807	5572	5662	5156	5075	4934
城镇登记失业人数	15.74	21.40	33.02	38.20	42.46	49.43
宏观经济						
国民核算						
生产总值(亿元)	162.92	5052.99	10243.47	22655.02	37084.10	53717.75
第一产业	64.86	1124.93	1844.04	3127.14	4015.56	4635.70
第二产业	69.45	2282.48	5202.27	12173.51	17947.86	23035.56
第三产业	28.61	1645.59	3197.16	7354.38	15120.68	26046.49
人均生产总值(元)	232	5450	10978	23984	38338	54356
固定资产投资						
固定资产投资增速(%)		9.6	42.8	22.2	16.5	8.0
房地产开发投资(亿元)		77.87	389	2114	4819	7465
对外贸易						
进出口总额(亿元)	1.99	188.36	626.54	1204.40	4600.19	5711.63
进口额	0.27	64.71	213.42	491.27	1916.16	1956.99
出口额	1.72	123.65	413.12	713.13	2684.03	3754.64
利用外资(万美元)						
实际利用外商直接投资	0.06(1985年)	5.40	12.30	62.47	160.86	187.27
能源(万吨标准煤)						
能源生产总量	4434	6591	14522	17438	11173	10304
能源消费总量	3353	7919	14625	18964	22343	22300
财政(亿元)						
一般公共预算收入	33.73	246.47	537.65	1381.32	3016.05	4041.89
一般公共预算支出	27.67	445.53	1116.04	3416.14	6799.35	10163.93
物价总指数(以上年为100)						
居民消费价格总指数	100.1	99.2	102.1	103.5	101.3	103.0
商品零售价格总指数	100.1	98.5	101.7	103.7	99.8	102.4
农业生产资料价格总指数	97.9	99.6	107.9	103.1	100.3	103.8
人民生活						
居民可支配收入(元)			9520	17125	23903	
城镇	315	4766	8668	15930	25576	34201
农村	105	1986	2871	5524	10853	15164
居民消费支出(元)					11835	16332
城镇	274	3831	6038	10838	17154	21972
农村	82	1316	1892	3682	7887	11546

总量和速度指标

2020	2020年为以下各年%				年均增长速度(%)		
	1978	2000	2010	2019	1979－2020	2001－2020	2011－2020
9941			105.7	100.4			0.6
5510			150.9	103.0			4.2
4884	174.0	87.7	94.7	99.0	1.3	－0.7	－0.5
62.15	394.9	290.4	162.7	125.7	3.3	5.5	5.0
54997.07	6383.9	670.3	215.6	101.3	10.4	10.0	8.0
5353.74	888.4	240.8	144.0	102.2	5.3	4.5	3.7
22875.33	12188.0	856.4	214.9	100.7	12.1	11.3	8.0
26768.01	12608.7	708.3	242.8	101.6	12.2	10.3	9.3
55435	4518.0	627.2	205.5	100.9	9.5	9.6	7.5
4.3							
7782		9994.0	368.1	104.3		25.9	13.9
6654.80	334412.1	3533.0	552.5	116.5	21.3	19.5	18.6
2579.90	955518.5	3986.9	525.1	131.8	24.4	20.2	18.0
4075.00	236918.6	3295.6	571.4	108.5	20.3	19.1	19.0
200.65		3715.8	321.2	107.1		19.8	12.4
10403	234.6	157.8	59.7	101.0	2.1	2.3	－5.0
22752	678.6	287.3	120.0	102.0	4.7	5.4	1.8
4168.84	12359.5	1691.4	301.8	103.1	12.2	15.2	11.7
10372.67	37487.1	2328.2	303.6	102.1	15.2	17.0	11.7
102.8	102.7	103.6	99.3	99.8	0.1	0.2	－0.1
100.9	100.8	102.4	97.3	98.5	0.0	0.1	－0.3
103.6	105.8	104.0	100.5	99.8	0.1	0.2	0.0
24810			260.6	103.8			10.1
34750	11031.9	729.1	218.1	101.6	11.8	10.4	8.1
16108	15340.9	811.1	291.6	106.2	12.7	11.0	11.3
16143				98.8			
20645	7534.6	538.9	190.5	94.0	10.8	8.8	6.7
12201	14879.4	927.1	331.4	105.7	12.6	11.8	12.7

1－5　续表1

指　标	1978	2000	2005	2010	2015	2019
城市概况						
供水总量(万立方米)		191706	183436	179122	196709	221104
排水管道长度(公里)		6070	10201	14733	20467	27932
城市煤气、天然气家庭用量(万立方米)		30100	31384	63663	110929	216839
公共汽(电)车总数(标台)		12514	12514	18912	27355	39149
道路长度(公里)		4920	7090	9413	12318	15766
公园绿地面积(公顷)		6286	12644	18361	25201	35361
产　业						
农林牧渔业						
主要农产品产量						
粮食(万吨)	2097.40	4101.50	4582.00	5581.82	6470.22	6698.36
棉花(万吨)	22.42	70.38	67.70	33.89	6.77	2.71
油料(万吨)	24.16	392.55	449.60	515.66	538.99	645.45
烟叶(万吨)	29.95	27.60	28.84	28.75	28.85	22.76
园林水果(万吨)	47.11	364.73	555.69	797.50	919.68	950.74
年底大牲畜存栏头数(万头)	515.03	1445.73	1508.80	719.19	411.70	388.27
年底生猪存栏头数(万头)	1724.90	3787.69	4439.00	4540.55	4361.95	3170.76
年底羊存栏只数(万只)	989.70	2961.40	3988.00	1895.40	1926.00	1898.81
肉类(万吨)	45.64	517.00	689.00	608.96	647.22	560.06
工业						
规模以上工业增加值增速(%)		11.6	23.3	19.0	8.6	7.8
建筑业						
建筑业总产值(亿元)		357.34	1066.15	4400.61	8047.65	12701.68
施工房屋面积(万平方米)		5308.29	10813.15	28677.13	53132.48	64256.07
竣工房屋面积(万平方米)		2629.33	4787.12	13156.03	18026.91	20736.33
交通运输、仓储、邮政业						
客运量(万人)	11177	83912	98099	167804	126812	111458
#铁路	4319	4727	5842	8399	13068	18278
公路	6781	79017	91920	158630	112535	91281
货运量(万吨)	18206	60678	78827	202470	192715	218647
#铁路	6722	10172	14806	14224	9802	10502
公路	11321	50133	62684	183291	172431	190883
邮电业务总量(亿元)	0.71	130.06	556.50	486.11	1317.28	6589.24

2020	2020年为以下各年%				年均增长速度(%)		
	1978	2000	2010	2019	1979－2020	2001－2020	2011－2020
217730		113.6	121.6	98.5		0.6	2.0
29222		481.4	198.3	104.6		8.2	7.1
225650		749.7	354.4	104.1		10.6	13.5
42290		337.9	223.6	108.0		6.3	8.4
16295		331.2	173.1	103.4		6.2	5.6
38664		615.1	210.6	109.3		9.5	7.7
6825.80	325.4	166.4	122.3	101.9	2.8	2.6	2.0
1.77	7.9	2.5	5.2	65.3	-5.9	-16.8	-25.6
672.57	2783.8	171.3	130.4	104.2	8.2	2.7	2.7
21.02	70.2	76.2	73.1	92.3	-0.8	-1.4	-3.1
1001.82	2126.6	274.7	125.6	105.4	7.6	5.2	2.3
394.88	76.7	27.3	54.9	101.7	-0.6	-6.3	-5.8
3886.98	225.3	102.6	85.6	122.6	2.0	0.1	-1.5
1965.12	198.6	66.4	103.7	103.5	1.6	-2.0	0.4
544.05	1192.0	105.2	89.3	97.1	6.1	0.3	-1.1
0.4							
13122.55		3672.3	298.2	103.3		19.7	11.5
65956.92		1242.5	230.0	102.6		13.4	8.7
19412.39		738.3	147.6	93.6		10.5	4.0
58873	526.7	70.2	35.1	52.8	4.0	-1.8	-9.9
11176	258.8	236.4	133.1	61.1	2.3	4.4	2.9
46322	683.1	58.6	29.2	50.7	4.7	-2.6	-11.6
219072	1203.3	361.0	108.2	100.2	6.1	6.6	0.8
10259	152.6	100.9	72.1	97.7	1.0	0.0	-3.2
193631	1710.4	386.2	105.6	101.4	7.0	7.0	0.6
8985.47	1265558.6	6908.8	1848.4	136.4	25.2	23.6	33.9

1-5 续表 2

指 标	1978	2000	2005	2010	2015	2019
批发、零售业						
社会消费品零售总额(亿元)	71.79	1858.46	3362.58	7922.66	15475.80	23476.13
金融业(亿元)						
金融机构人民币年底存款余额	45.71	4753.41	10003.96	23148.83	47629.91	69508.66
金融机构人民币年底贷款余额	99.99	4356.94	7434.53	15871.32	31432.62	55659.00
科学研究、技术服务和地质勘查业						
R&D 经费内部支出(亿元)		24.80	55.61	211.38	435.04	793.04
技术市场成交额(亿元)		21.16	26.37	27.69	45.56	234.07
三种专利授权量(项)		2766	3748	16539	47766	86247
教育						
专任教师数(万人)						
普通高等学校	0.54	2.02	4.63	7.75	9.80	12.40
普通中学	29.34	30.86	37.30	38.10	42.87	52.04
小学	42.88	45.93	47.55	49.04	47.21	51.03
在校学生数(万人)						
普通高等学校	2.73	26.24	85.19	145.67	176.69	231.97
普通中学	521.62	638.14	758.22	661.56	599.12	684.36
小学 1140.26	1130.63	986.84	1070.53	937.05	1012.48	
卫生、社会保障和社会福利业						
卫生机构床位数(万张)	10.20	19.86	21.40	32.76	48.96	64.00
#医院、卫生院	9.73	18.34	20.23	30.44	45.65	60.05
卫生技术人员数(万人)	11.44	26.84	28.92	37.28	51.96	65.39
#执业(助理)医师	4.38	11.11	11.11	15.48	19.86	25.14

注:1. 本表价值量指标除邮电业务总量 2001 年以来为 2000 年不变价,1990-2000 年按 1990 年不变价格计算,以前年度按 1980 年不变价格计算,其他价值量指标均按当年价格计算。生产总值、工业增加值、邮电业务总量发展(增长)速度均按可比价格计算(下同)。

2. 1992 年以后生产总值相关数据已按新的行业划分办法和第四次经济普查、第七次人口普查数据调整(下同)。

3. 2000 年以后财政收入为分税制后新口径数据,发展(增长)速度按可比口径计算。

2020	2020年为以下各年%				年均增长速度(%)		
	1978	2000	2010	2019	1979 - 2020	2001 - 2020	2011 - 2020
22502.77	31345.3	1210.8	284.0	95.9	14.7	13.3	11.0
76446.19	167252.0	1608.2	330.2	110.0	19.3	14.9	12.7
62866.68	62870.3	1442.9	396.1	112.9	16.6	14.3	14.8
901.27		3633.8	426.4	113.6		19.7	15.6
384.50		1816.9	1388.6	164.3		15.6	30.1
122809		4439.9	742.5	142.4		20.9	22.2
13.34	2469.8	660.2	172.1	107.6	7.9	9.9	5.6
55.13	187.9	178.7	144.7	105.9	1.5	2.9	3.8
52.39	122.2	114.1	106.8	102.7	0.5	0.7	0.7
249.22	9128.9	949.8	171.1	107.4	11.3	11.9	5.5
697.00	133.6	109.2	105.4	101.8	0.7	0.4	0.5
1021.59	89.6	90.4	95.4	100.9	-0.3	-0.5	-0.5
66.72	654.1	336.0	203.7	104.3	4.6	6.2	7.4
62.55	642.9	341.1	205.5	104.2	4.5	6.3	7.5
70.69	617.9	263.4	189.6	108.1	4.4	5.0	6.6
27.64	631.1	248.8	178.6	109.9	4.5	4.7	6.0

4. 进出口总额2000年及以后年度为海关数,1978年为有关部门数。
5. 2010年客货运输量为公路水路运输量专项调查数据,2015年、2019年、2020年客货运输量按交通部新统计方法测算(下同)。
6. 从2013年起,国家统计局开展了城乡一体化住户收支与生活状况调查,2015年以后数据来源于此调查,与以前年份的调查范围、方法和口径有所不同。

1－6　国民经济和社会发展结构指标

单位:%

指　标	2000	2005	2010	2015	2019	2020
人口						
城乡结构						
市镇	23.2	30.7	38.8	47.0	54.0	55.4
乡村	76.8	69.3	61.2	53.0	46.0	44.6
性别结构						
男	51.6	51.6	51.8	51.8	51.6	51.6
女	48.4	48.4	48.2	48.2	48.4	48.4
就业						
就业人员产业结构						
第一产业	64.0	55.4	44.9	33.9	25.4	25.0
第二产业	17.5	22.1	29.0	29.9	29.8	29.5
第三产业	18.5	22.5	26.1	36.2	44.9	45.4
国民核算						
生产总值产业结构						
第一产业	22.3	18.0	13.8	10.8	8.5	9.7
第二产业	45.2	50.8	53.7	48.4	43.5	41.6
第三产业	32.6	31.2	32.5	40.8	48.0	48.7
固定资产投资						
固定资产投资产业结构						
第一产业			4.4	4.2	3.7	4.0
第二产业			51.1	48.6	28.9	28.4
第三产业			44.5	47.1	67.4	67.6
重点行业占工业投资比重						
#五大主导产业				48.7	37.0	38.6
#传统产业				35.1	42.9	44.6
#高耗能工业				25.8	32.2	34.3
能源						
能源消费总量结构						
原煤	87.6	87.2	82.8	76.4	67.4	67.6
原油	9.6	8.7	9.3	13.3	15.7	15.3
天然气	1.7	2.2	3.4	5.2	6.1	5.9
一次电力及其他能源	1.1	1.9	4.5	5.1	10.7	11.2
财政						
一般公共预算收入结构						
#各项税收	79.1	68.0	73.6	69.7	70.3	66.3
一般公共预算支出结构						
#农林水事务	7.7	7.4	11.7	11.6	10.4	11.0
教科文卫	24.3	24.2	28.7	32.0	30.9	32.4
#科学技术	1.5	1.2	1.3	1.2	2.1	2.5

1－6　续表

单位:%

指　标	2000	2005	2010	2015	2019	2020
生活						
城镇居民消费结构						
食品烟酒				28.1	25.3	28.9
衣着				10.5	7.8	8.2
居住				19.8	23.6	25.7
生活用品及服务				8.1	7.0	6.5
交通通信				10.9	12.2	9.1
教育文化娱乐				11.6	12.2	12.2
医疗保健				8.0	9.5	7.6
其他用品和服务				3.1	2.5	1.8
农村居民消费结构						
食品烟酒				29.2	26.2	27.4
衣着				8.3	7.1	7.3
居住				20.8	21.5	24.1
生活用品及服务				7.1	6.4	6.3
交通通信				12.3	11.9	11.4
教育文化娱乐				10.8	12.6	11.8
医疗保健				9.7	12.7	10.2
其他用品和服务				1.7	1.6	1.5
工业						
重点行业增加值比重						
#五大主导产业				44.0	45.5	46.8
#传统产业				45.3	46.7	46.2
#高技术产业				8.8	9.9	11.1
运输业						
货运量运输方式结构						
#铁 路	16.8	18.8	7.0	5.1	4.8	4.7
公 路	82.6	79.5	90.5	89.5	87.3	88.4
水 运	0.6	1.7	2.4	5.4	7.9	6.9
客运量运输方式结构						
#铁 路	5.6	6.0	5.0	10.3	16.4	19.0
公 路	94.2	93.7	94.5	88.7	81.9	78.7
水 运	0.1	0.1	0.2	0.2	0.3	0.3
批发零售贸易、住宿和餐饮业						
社会消费品零售总额结构						
批发零售和贸易业	90.8	89.6	88.0	88.3	88.2	89.8
住宿和餐饮业	9.2	10.4	12.0	11.7	11.8	10.2

1-7 国民经济和社会发展比例和效益指标

本表价值量指标均按当年价格计算。

指 标	2000	2010	2015	2019	2020
人口					
出生率(‰)	13.07	11.52	12.70	11.02	9.24
死亡率(‰)	5.93	6.57	7.05	6.84	7.15
自然增长率(‰)	7.14	4.95	5.65	4.18	2.09
就业					
城镇户均就业人口(人)	1.94	1.95	1.76	1.64	1.49
城镇登记失业率(%)	2.60	3.38	3.00	3.17	3.24
国民核算					
经济增长贡献率(%)					
第一产业	9.7	4.9	5.8	3.3	16.6
第二产业	61.2	65.3	50.0	47.2	27.4
第三产业	29.1	29.7	44.2	49.5	56.1
全社会劳动生产率(元/人.年)	9377	40801	73022	108236	112033
第一产业	3275	12313	22213	36302	43275
第二产业	24153	76782	118247	155075	157119
第三产业	16309	51524	86259	118363	120797
对外经济贸易					
进出口总额相当于生产总值比例(%)	3.7	5.3	12.4	10.6	12.1
能源					
能源生产弹性系数		0.21		0.84	0.74
能源消费弹性系数	0.77	0.69	0.14		1.56
单位 GDP 能耗降低率(%)		-3.53	-6.57	-7.98	0.76
单位 GDP 电耗降低率(%)		0.80	-8.98	-7.96	-0.43
单位工业增加值能耗降低率(%)		-10.75	-11.54	-14.13	0.47
财政					
一般公共预算收入占 GDP 比重(%)	4.9	6.1	8.1	7.5	7.6
家庭					
少儿抚养系数(%)		29.7	30.7	31.5	36.5
老年抚养系数(%)		11.8	13.9	16.5	21.3
生活					
城乡居民收入比例					
(农民人均可支配收入为1)	2.40	2.88	2.36	2.26	2.16

1－7　续表

指　标	2000	2010	2015	2019	2020
农业					
主要农产品单产(千克/亩)					
粮食	303	372	394	416	424
棉花	60	64	70	53	73
油料	175	230	250	281	281
工业					
成本费用利润率(%)	4.5	10.2	7.2	7.7	6.2
资产负债率(%)	66.4	55.2	47.0	55.8	56.5
总资产贡献率(%)	8.6	22.4	13.9	11.0	8.6
产品销售率(%)	98.0	98.7	98.2	98.2	98.3
建筑业					
劳动生产率(元/人)		183639	287604	403962	423340
技术装备率(元/人)	5302	10173	13294	10328	10624
金融					
金融机构存款相当于					
生产总值比例(%)	94.1	102.2	128.4	129.4	139.0
金融机构存贷比(存款=100)	91.7	68.6	66.0	80.1	82.2
科技					
R&D 经费投入强度(%)	0.5	0.93	1.17	1.48	1.64
教育					
九年义务教育巩固率(%)			94.0	95.5	96.0
高中阶段毛入学率(%)			90.3	91.6	92.0
高等教育毛入学率(%)			36.5	49.3	51.9
每万人拥有在校大学生(含研究生)(人)	28	198	234	296	323
卫生					
每万人拥有卫生机构院床位(张)	20.9	34.8	51.6	66.4	67.1
每万人拥有执业医师(人)	11.7	16.5	21.0	26.1	27.8

1－8 航空港主要经济指标

指　标	2019		2020	
	绝对数	增长速度（%）	绝对数	增长速度（%）
生产总值(亿元)	963.36	9.8	1041.18	7.8
第一产业	9.04	-6.7	8.83	-9.3
第二产业	682.15	9.1	749.49	9.8
第三产业	272.16	13.0	282.86	2.0
规模以上工业增加值(亿元)		10.1		10.7
固定资产投资(亿元)		1.4		8.5
#民间投资		172.8		25.6
#工业		53.7		81.1
#房地产业		-26.6		-9.1
社会消费品零售总额(亿元)	142.49	12.2	133.04	-6.6
#限上企业(单位)消费品零售额	8.01	-4.0	8.32	-3.4
外商实际投资额(亿美元)	5.84	3.1	6.13	5.1
引进省外境内资金(亿元)	46.60	3.3	48.10	3.2
一般公共预算收入(亿元)	46.72	10.0	65.37	4.1
#税收收入	38.88	26.9	57.43	7.8
一般公共预算支出(亿元)	88.69	-12.5	91.99	3.7
民航旅客吞吐量(万人次)	2912.93	6.6	2140.67	-26.5
民航货邮吞吐量(万吨)	52.20	1.4	63.94	22.5
航空运输飞行架次(万架次)	21.57	3.3	17.78	-17.6

主要统计指标解释

行政区划　指国家对行政区域的划分。根据有关法规规定，我国的行政区域划分如下：（1）全国分为省、自治区、直辖市；（2）省、自治区分为自治州、县、自治县、市；（3）自治州分为县、自治县、市；（4）自治区、自治州、自治县都是民族自治的地方；县、自治县分为乡、民族乡、镇；（5）直辖市和较大的市分为区、县；（6）国家在必要时设立的特别行政区。

可比价格　指计算各种总量指标所采用的扣除了价格变动因素的价格，可进行不同时期总量指标的对比。按可比价格计算总量指标有两种方法：一种是直接用产品产量乘某一年的不变价格计算；另一种是用价格指数进行缩减。

不变价格　指以同类产品某年的平均价格作为固定价格，用于计算各年的产品价值。按不变价格计算的产品价值消除了价格变动因素，不同时期对比可以反映生产的发展速度。新中国成立后，随着工农业产品价格水平的变化，国家统计局先后五次制定了全国统一的工业产品不变价格和农业产品不变价格。从1952年到1957年使用1952年工（农）业产品不变价格，从1957年到1970年使用1957年不变价格，从1971年到1980年使用1970年不变价格，从1981年到1990年使用1980年不变价格，从1991年开始使用1990年不变价格。

平均增长速度　平均增长速度表明社会经济现象在一个较长的时期内逐期平均增长变化的程度，它不能根据各个环比增长速度直接求得，但与平均发展速度之间存在着一定的数量关系：平均增长速度 = 平均发展速度 - 1。

平均发展速度是一种根据环比发展速度计算的序时平均数，由于各时期对比的基础不同，所以计算平均发展速度不能采用一般的序时平均数的计算方法，计算方法分为水平法和累计法。水平法，又称几何平均法，即将环比发展速度按连乘法用几何平均数公式计算。累计法，也称方程法，根据一段时期内各年发展水平总和与基期水平的关系，列出方程式计算平均发展速度。水平法着重考虑最后一年所达到的发展水平；累计法着重考虑整个时期累计发展水平的总量。

本《年鉴》内所列的平均增长速度，除固定资产投资用“累计法”计算外，其余均用“水平法”计算。从某年到某年平均增长速度的年份，均不包括基期年在内。如建国四十三年以来的平均增长速度是以1949年为基期计算的，则写为1950 - 1992年平均增长速度，其余类推。

国民经济行业分类　自2012年定期报表开始使用新的《国民经济行业分类》（GB/T4754 - 2011）。该分类是由国家统计局组织修订，国家质量监督检验检疫总局和中国国家标准化管理委员会于2011年4月29日发布。这次修订是在2002年分类标准的基础上，参照联合国《全部经济活动的国际标准产业分类》（ISIC/Rev. 4）进行的。修订后的《国民经济行业分类》（GB/T4754 - 2012）共有门类20个，大类96个，中类432个，小类1094个。

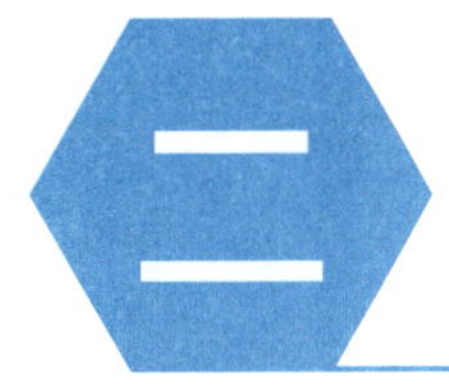

农　业

资料整理：樊福顺

2－1　历年农业生产情况

年　份	播种面积（千公顷）	#粮食	#棉花	#油料	粮食产量（万吨）	#小麦	棉花产量（万吨）	油料产量（万吨）	园林水果产量（万吨）
1978	10966.70	9123.30	612.00	465.33	2097.40	868.18	22.42	24.16	47.11
1979	10917.00	9066.70	555.33	632.67	2134.50	969.00	19.84	36.87	52.37
1980	10788.20	8858.90	626.67	710.00	2148.68	890.37	40.62	46.20	43.55
1981	11013.00	9029.30	641.33	744.67	2314.50	1083.50	35.50	55.99	52.30
1982	11076.00	8923.30	754.00	709.33	2217.10	1220.10	32.04	44.16	46.63
1983	11326.70	9286.70	794.00	607.33	2904.00	1455.75	63.24	51.52	58.67
1984	11432.70	8996.70	1162.00	579.33	2893.50	1653.00	86.89	52.50	41.01
1985	11685.30	9029.30	814.30	793.70	2710.53	1528.23	54.73	96.18	53.33
1986	11819.50	9372.20	619.33	921.33	2545.67	1567.90	39.86	98.99	61.23
1987	11952.90	9365.20	717.33	977.33	2948.41	1626.00	57.00	136.57	77.84
1988	11930.20	9053.80	916.03	952.84	2663.00	1520.95	63.71	96.17	74.81
1989	11999.40	9262.00	836.15	915.43	3149.44	1695.13	52.72	118.48	76.75
1990	11889.70	9316.10	823.00	876.40	3303.66	1639.86	67.61	152.29	63.92
1991	12001.90	9040.40	1193.20	896.00	3010.30	1554.28	94.77	127.62	63.67
1992	11936.30	8804.70	1247.90	908.60	3109.61	1650.67	65.85	133.63	87.79
1993	12068.00	8969.00	974.00	1075.00	3639.21	1922.13	66.01	204.50	125.12
1994	12087.70	8810.90	966.70	1242.00	3253.80	1798.42	62.81	225.00	170.54
1995	12136.80	8810.00	1000.10	1271.50	3466.50	1754.18	77.00	298.00	211.66
1996	12257.40	8965.30	933.30	1181.10	3839.90	2026.76	73.57	278.46	247.26
1997	12276.74	8879.90	868.30	1208.50	3894.66	2372.35	79.00	276.66	269.26
1998	12567.05	9101.98	800.00	1235.90	4009.61	2073.53	72.84	312.13	312.60
1999	12659.90	9032.30	733.30	1316.10	4253.25	2291.46	70.73	349.25	349.42
2000	13136.91	9029.60	779.33	1492.54	4101.50	2235.95	70.38	392.55	364.73
2001	13127.70	8822.79	858.20	1443.97	4119.88	2299.71	82.77	362.49	399.12
2002	13359.80	8975.10	793.10	1537.00	4209.98	2248.39	76.49	420.68	427.01
2003	13684.40	8923.30	926.67	1569.90	3569.47	2292.50	37.67	309.91	430.38
2004	13805.69	8970.07	951.80	1554.96	4260.00	2480.93	66.67	408.75	507.07
2005	13922.63	9153.41	781.47	1605.83	4582.00	2577.69	67.70	449.60	555.69
2006	13995.39	9455.80	748.20	1489.10	5112.30	2936.50	81.00	460.07	591.78
2007	14087.84	9528.52	653.16	1464.65	5252.92	2958.31	69.98	478.27	663.80
2008	14181.67	9746.87	527.62	1452.62	5405.80	3036.20	56.66	493.48	714.77
2009	14196.59	9890.62	436.53	1442.27	5506.87	3092.20	42.03	514.34	756.98
2010	14248.69	10027.00	354.23	1431.68	5581.82	3121.00	33.89	515.66	797.50
2011	14258.61	10244.43	280.57	1413.60	5733.92	3144.90	27.04	501.69	835.56
2012	14262.17	10434.56	169.40	1378.05	5898.38	3223.07	16.95	530.38	872.91
2013	14323.54	10697.43	114.96	1361.87	6023.80	3266.33	11.68	542.13	891.25
2014	14378.34	10944.97	88.11	1339.01	6133.60	3385.20	8.44	531.41	899.36
2015	14424.94	11126.30	64.34	1311.84	6470.22	3526.90	6.77	538.99	919.68
2016	14472.25	11219.55	50.03	1302.35	6498.01	3618.62	4.88	549.82	927.12
2017	14732.53	10915.13	40.00	1397.49	6524.25	3705.21	4.40	586.95	931.98
2018	14769.06	10906.08	36.68	1461.40	6648.91	3602.85	3.79	631.03	907.39
2019	14676.43	10734.54	33.80	1533.93	6695.36	3741.77	2.71	645.45	950.74
2020	14741.61	10738.80	16.20	1597.53	6825.80	3753.13	1.77	672.57	1001.82

2-2 主要农作物播种面积

单位：千公顷

指 标	2000年	2005年	2010年	2015年	2016年	2017年	2018年	2019年	2020年
农作物总播种面积	**13136.91**	**13922.67**	**14320.79**	**14879.73**	**14902.72**	**14730.23**	**14769.06**	**14676.43**	**14741.61**
粮食作物	9029.60	9153.41	10027.00	11126.30	11219.55	10915.13	10906.08	10734.54	10738.80
夏收粮食	4997.97	5027.33	5390.69	5648.60	5730.24	5741.31	5770.11	5718.65	5676.28
秋收粮食	4031.63	4126.08	4636.31	5477.70	5489.31	5173.82	5135.97	5015.89	5062.52
谷物	7743.72	8093.85	9274.24	10498.94	10608.13	10412.61	10367.18	10193.87	10168.26
稻谷	459.59	511.07	610.84	616.35	614.09	615.03	620.41	616.60	617.07
小麦	4922.33	4962.67	5364.56	5623.14	5704.91	5714.64	5739.85	5706.65	5673.67
玉米	2201.33	2508.31	3233.50	4189.91	4210.46	3998.94	3918.96	3801.33	3818.01
谷子	80.33	41.31	35.52	33.83	38.67	36.00	36.36	36.62	37.33
高粱	12.87	6.41	3.69	10.25	14.67	21.33	21.34	20.67	19.33
其他谷物	67.27	64.08	26.13	25.46	25.33	26.67	30.26	69.29	59.51
#大麦	67.27	54.03	26.13	25.46	25.33	26.67	30.26	12.00	0.04
豆类	683.43	616.53	487.56	370.35	366.40	389.85	424.00	428.00	406.13
大豆	564.73	533.58	444.78	343.56	341.06	345.17	385.55	394.67	375.17
绿豆	90.39	66.16	42.78	26.78	25.33	40.00	38.45	33.33	24.43
红薯	602.45	443.03	265.19	257.02	245.03	112.67	114.90	112.67	164.40
油料	1492.54	1605.83	1431.68	1311.84	1302.35	1397.49	1461.40	1533.93	1597.53
花生	984.80	979.34	992.14	1023.96	1051.03	1151.93	1203.18	1223.11	1261.84
油菜籽	248.30	407.79	298.04	186.58	162.19	155.69	145.02	171.51	176.99
棉花	779.33	781.47	354.23	64.34	50.03	40.00	36.68	33.80	16.20
麻类	16.52	13.52	7.44	4.56	4.11	3.29	3.00	2.82	1.59
糖料							2.03	1.62	1.51
烟叶	166.35	132.27	122.15	114.27	109.21	103.95	94.88	86.50	80.52
药材类	60.55	174.20	121.87	113.58	99.81	112.19	132.44	153.59	159.52
蔬菜(含菜用瓜)	1189.20	1595.85	1720.13	1671.03	1682.12	1736.14	1721.09	1732.94	1753.78
瓜果类(果用瓜)	305.39	333.61	326.01	292.69	312.36	318.24	307.69	308.60	301.06
其他农作物	92.23	127.72	206.86	178.51	120.77	103.80	103.77	88.09	91.08
花卉			83.54	47.41	57.57	98.37	92.18	123.56	119.75

2-3　主要农作物播种面积构成

单位:%

指　标	2000年	2005年	2010年	2015年	2016年	2017年	2018年	2019年	2020年
农作物总播种面积	**100.0**	**100.0**	**100.0**	**100.0**	**100.0**	**100.0**	**100.0**	**100.0**	**100.0**
粮食作物	68.7	65.7	70.4	77.1	77.5	74.1	73.8	73.1	72.8
夏收粮食	38.0	36.1	37.8	39.2	39.6	39.0	39.1	39.0	38.5
秋收粮食	30.7	29.6	32.5	38.0	37.9	35.1	34.8	34.2	34.3
谷物	58.9	58.1	65.1	72.8	73.3	70.7	70.2	69.5	69.0
稻谷	3.5	3.7	4.3	4.3	4.2	4.2	4.2	4.2	4.2
小麦	37.5	35.6	37.6	39.0	39.4	38.8	38.9	38.9	38.5
玉米	16.8	18.0	22.7	29.0	29.1	27.1	26.5	25.9	25.9
谷子	0.6	0.3	0.2	0.2	0.3	0.2	0.2	0.2	0.3
高粱	0.1			0.1	0.1	0.1	0.1	0.1	0.1
其他谷物	0.5	0.5	0.2	0.2	0.2	0.2	0.2	0.5	0.0
#大麦	0.5	0.4	0.2	0.2	0.2	0.2	0.2	0.1	0.0
豆类	5.2	4.4	3.4	2.6	2.5	2.6	2.9	2.9	2.8
大豆	4.3	3.8	3.1	2.4	2.4	2.3	2.6	2.7	2.5
绿豆	0.7	0.5	0.3	0.2	0.2	0.3	0.3	0.2	0.2
红薯(按折粮薯类计算)	4.6	3.2	1.9	1.8	1.7	0.8	0.8	0.8	1.1
油料	11.4	11.5	10.0	9.1	9.0	9.5	9.9	10.5	10.8
花生	7.5	7.0	7.0	7.1	7.3	7.8	8.1	8.3	8.6
油菜籽	1.9	2.9	2.1	1.3	1.1	1.1	1.0	1.2	1.2
棉花	5.9	5.6	2.5	0.4	0.3	0.3	0.2	0.2	0.1
生麻	0.1	0.1	0.1					0.0	0.0
甘蔗								0.0	0.0
烟叶(未加工烟草)	1.3	1.0	0.9	0.8	0.8	0.7	0.6	0.6	0.5
药材类	0.5	1.3	0.9	0.8	0.7	0.8	0.9	1.0	1.1
蔬菜及食用菌	9.1	11.5	12.1	11.6	11.6	11.8	11.7	11.8	11.9
瓜果类(果用瓜)	2.3	2.4	2.3	2.0	2.2	2.2	2.1	2.1	2.0
其他农作物	0.7	0.9	1.5	1.2	0.8	0.7	0.7	0.6	0.6
花卉			0.6	0.3	0.4	0.7	0.6		

2－4 主要农作物产品产量

单位:万吨

指　标	2000年	2005年	2010年	2015年	2016年	2017年	2018年	2019年	2020年
粮食作物	**4101.50**	**4582.00**	**5581.82**	**6470.22**	**6498.01**	**6524.25**	**6648.91**	**6695.36**	**6825.80**
夏收粮食	2268.05	2609.21	3129.48	3537.70	3628.32	3715.98	3613.70	3745.40	3753.75
秋收粮食	1833.45	1972.79	2452.34	2932.52	2869.69	2808.27	3035.21	2949.96	3072.05
谷物	3669.73	4277.48	5393.55	6331.75	6360.41	6382.89	6483.41	6528.85	6631.76
稻谷	318.82	359.77	458.51	499.88	508.29	485.25	501.41	512.50	513.71
小麦	2235.95	2577.69	3121.00	3526.90	3617.72	3704.98	3602.85	3741.77	3753.13
玉米	1074.97	1298.00	1795.31	2288.50	2216.29	2170.14	2351.38	2247.37	2342.37
谷子	7.86	11.17	9.81	4.17	5.11	7.57	9.00	15.42	14.73
高粱	2.00	1.93	0.37	1.29	1.50	3.32	7.92	8.19	7.41
其他谷物	30.13	28.92	8.55	11.00	10.60	11.40	10.85	27.21	22.55
#大麦	30.13	28.18	8.55	11.00	10.60	11.40	10.85	3.60	0.01
豆类	140.13	74.44	88.93	48.84	49.00	53.36	101.70	102.00	97.87
大豆	115.78	58.07	83.91	46.75	46.90	50.36	95.57	98.21	93.42
绿豆	13.11	10.00	5.03	2.09	2.10	3.00	6.13	3.79	3.15
红薯(按折粮薯类计算)	291.64	230.08	99.34	89.63	88.60	88.00	63.80	64.51	96.17
油料	392.55	449.60	515.66	538.99	549.82	586.95	631.03	645.45	672.57
花生	335.88	338.30	429.64	477.12	494.27	529.81	572.44	576.72	594.93
油菜籽	33.76	87.71	67.40	46.21	40.90	42.08	38.97	44.25	45.95
棉花	70.38	67.70	33.89	6.77	4.88	4.40	3.79	2.71	1.77
麻类	3.64	3.76	3.88	2.87	2.71	2.24	2.12	1.94	0.67
糖料	32.57	25.20	22.78	17.88	16.67	16.24	15.39	11.93	10.69
烟叶(未加工烟草)		28.84	28.75	28.85	28.26	26.70	25.31	22.76	21.02
蔬菜及食用菌	3981.78	5880.25	6760.21	6970.99	7238.18	7530.22	7260.67	7368.74	7612.39
瓜果类(果用瓜)	1093.55	1286.47	1501.23	1519.94	1613.93	1670.46	1585.37	1638.92	1561.61

2－5　主要农作物单位面积产量

单位:公斤/公顷

指　标	2000年	2005年	2010年	2015年	2016年	2017年	2018年	2019年	2020年
粮食作物	**4542**	**5006**	**5567**	**5815**	**5792**	**5977**	**6097**	**6237**	**6356**
夏收粮食	4538	5190	5805	6263	6332	6472	6263	6549	6613
秋收粮食	4548	4781	5289	5354	5228	5428	6242	5881	6068
谷物	4739	5285	5816	6031	5996	6130	6254	6405	6522
稻谷	6937	7040	7506	8110	8277	7890	8082	8312	8325
小麦	4542	5194	5818	6272	6341	6483	6277	6557	6615
玉米	4883	5175	5552	5462	5264	5427	6000	5912	6135
谷子	978	2704	2761	1234	1322	2103	2475	4211	3946
高粱	1554	3011	1011	1263	1023	1557	3711	3962	3833
其他谷物	4479	4513	3272	4320	4184	4275	3586	3927	3789
#大麦	4479	5216	3272	4320	4184	4275	3586	3000	2500
豆类	2050	1207	1824	1319	1337	1369	2399	2383	2410
大豆	2050	1088	1886	1361	1375	1459	2479	2488	2490
绿豆	1450	1511	1175	779	829	750	1594	1137	1289
红薯(按折粮薯类计算)	4841	5193	3746	3487	3616	7811	5553	5726	5850
油料	2630	2800	3602	4109	4222	4200	4318	4208	4210
花生	3411	3454	4330	4660	4703	4599	4758	4715	4715
油菜籽	1360	2151	2261	2477	2522	2703	2687	2580	2596
棉花	903	866	957	1053	974	1100	1033	802	1093
麻类	2203	2781	5215	6286	6600	6825	7082	6896	4173
糖料	62635	53053	66633	68729	68866	70346	75833	73771	70996
烟叶(未加工烟草)	1659	2180	2354	2525	2588	2568	2668	2631	2610
蔬菜及食用菌	26641	36847	39301	41717	43030	43373	42186	42522	43406
瓜果类(果用瓜)	35808	38562	46049	51929	51668	52491	51525	53108	51870

2-6 各市农作物播种面积和产量(2020年)

地 区	粮食作物			夏收粮食		
	播种面积（千公顷）	总产量（万吨）	公顷产量（公斤）	播种面积（千公顷）	总产量（万吨）	公顷产量（公斤）
省辖市						
郑州市	288.83	146.41	5068.98	140.49	71.18	5066.62
开封市	526.81	313.07	5942.63	303.21	194.20	6404.73
洛阳市	497.15	251.88	5066.50	234.46	121.71	5191.05
平顶山市	445.27	234.46	5265.47	220.55	120.73	5474.25
安阳市	560.44	383.77	6847.77	289.44	207.28	7161.26
鹤壁市	170.01	126.60	7446.39	89.70	67.95	7575.00
新乡市	718.99	485.91	6758.20	384.22	279.15	7265.37
焦作市	279.97	212.38	7585.91	149.17	116.35	7800.00
濮阳市	427.49	297.94	6969.53	229.40	169.03	7368.30
许昌市	449.19	303.54	6757.45	230.14	170.04	7388.45
漯河市	272.90	190.65	6986.05	146.35	110.69	7563.75
三门峡市	163.83	74.09	4522.48	75.36	35.55	4717.34
南阳市	1301.87	719.71	5528.27	727.79	422.84	5809.92
商丘市	1092.04	741.91	6793.77	602.51	447.38	7425.30
信阳市	830.99	574.56	6914.19	310.94	149.61	4811.70
周口市	1374.55	934.30	6797.17	733.97	548.27	7470.00
驻马店市	1295.01	809.97	6254.56	787.35	508.91	6463.55
济源市	43.46	24.64	5669.95	21.24	12.87	6060.75
省直管县						
巩义市	36.66	15.39	4198.37	18.86	8.08	4284.62
兰考县	100.85	58.19	5769.23	59.33	35.72	6021.00
汝州市	94.95	46.89	4938.51	48.07	25.09	5218.50
滑 县	206.61	162.48	7864.03	120.73	94.17	7800.00
长垣县	107.38	79.25	7380.97	56.63	44.15	7797.00
邓州市	217.55	125.25	5757.34	139.07	83.44	6000.00
永城市	210.95	136.91	6490.15	112.65	84.98	7543.50
固始县	152.20	112.71	7405.63	36.00	16.52	4590.00
鹿邑县	143.18	98.81	6901.07	72.91	54.46	7470.00
新蔡县	152.76	94.27	6171.12	86.21	57.22	6637.26

2－6　续表 1

地　区	秋收粮食			谷物合计			稻谷		
	播种面积（千公顷）	总产量（万吨）	公顷产量（公斤）	播种面积（千公顷）	总产量（万吨）	公顷产量（公斤）	播种面积（千公顷）	总产量（万吨）	公顷产量（公斤）
省辖市									
郑州市	148.35	75.23	5071.21	273.89	138.08	5041.52	0.16	0.12	7500.00
开封市	223.60	118.87	5316.00	497.05	301.38	6063.30	6.91	5.44	7865.68
洛阳市	262.69	130.17	4955.34	437.50	228.11	5214.05	1.23	0.75	6085.18
平顶山市	224.73	113.72	5060.58	417.47	222.71	5334.71	1.26	0.75	5911.69
安阳市	271.00	176.50	6512.95	546.00	376.85	6902.10	0.03	0.01	5076.92
鹤壁市	80.31	58.65	7302.75	168.19	125.85	7483.04			
新乡市	334.77	206.76	6176.10	700.63	477.09	6809.51	13.31	8.86	6657.63
焦作市	130.80	96.03	7341.75	273.60	209.33	7650.97	0.76	0.05	703.13
濮阳市	198.09	128.91	6507.75	398.79	286.63	7187.45	17.57	13.85	7881.11
许昌市	219.05	133.50	6094.50	376.91	275.37	7305.92			
漯河市	126.55	79.96	6318.00	230.25	176.58	7669.10			
三门峡市	88.47	38.54	4356.48	135.78	64.77	4770.34			
南阳市	574.08	296.87	5171.21	1227.25	685.28	5583.90	36.63	25.63	6997.46
商丘市	489.53	294.53	6016.50	1030.27	722.33	7011.13			
信阳市	520.05	424.95	8171.29	814.28	567.97	6975.07	482.92	406.80	8423.69
周口市	640.58	386.03	6026.25	1263.04	900.34	7128.37	0.16	0.12	7200.00
驻马店市	507.65	301.06	5930.42	1249.73	791.78	6335.62	27.57	20.57	7459.21
济源市	22.22	11.77	5296.35	41.80	24.01	5744.61	0.04	0.03	7500.00
省直管县									
巩义市	17.80	7.31	4107.02	35.29	14.86	4209.41	0.16	0.12	7500.00
兰考县	41.52	22.46	5409.45	96.90	55.78	5757.04	0.16	0.18	11277.61
汝州市	46.87	21.80	4651.35	92.01	45.52	4946.51			
滑　县	85.88	68.31	7954.05	205.30	161.61	7871.90			
长垣县	50.75	35.10	6916.71	104.12	78.07	7498.16	0.55	0.40	7293.08
邓州市	78.48	41.81	5327.34	209.26	122.20	5839.44	2.53	1.65	6525.00
永城市	98.30	51.93	5283.00	171.20	127.45	7444.74			
固始县	116.20	96.19	8277.97	151.75	112.51	7414.28	112.39	94.41	8400.08
鹿邑县	70.27	44.35	6310.80	132.07	94.99	7192.68			
新蔡县	66.55	37.05	5567.27	147.21	92.14	6258.83	0.81	0.48	5894.78

2－6 续表 2

地区	小麦			玉米		
	播种面积（千公顷）	总产量（万吨）	公顷产量（公斤）	播种面积（千公顷）	总产量（万吨）	公顷产量（公斤）
省辖市						
郑州市	140.49	71.18	5066.63	131.35	66.15	5036.50
开封市	303.21	194.20	6404.73	186.05	101.26	5442.25
洛阳市	234.44	121.71	5191.28	185.37	98.82	5331.11
平顶山市	220.36	120.70	5477.10	195.74	101.23	5171.72
安阳市	289.44	207.28	7161.26	250.15	168.22	6724.64
鹤壁市	89.70	67.95	7575.00	77.54	57.68	7439.39
新乡市	384.22	279.15	7265.37	302.20	188.82	6248.39
焦作市	149.17	116.35	7800.00	123.40	92.82	7521.39
濮阳市	229.40	169.03	7368.30	151.71	103.70	6835.41
许昌市	230.14	170.04	7388.45	144.24	103.95	7207.18
漯河市	146.35	110.69	7563.75	83.90	65.89	7852.85
三门峡市	75.36	35.55	4717.34	58.84	28.70	4876.64
南阳市	725.99	422.39	5818.10	454.61	232.58	5115.97
商丘市	602.41	447.35	7426.00	426.99	274.32	6424.68
信阳市	310.94	149.61	4811.70	20.42	11.55	5657.93
周口市	733.79	548.21	7471.01	529.05	351.99	6653.26
驻马店市	787.15	508.86	6464.63	434.45	262.06	6031.97
济源市	21.24	12.87	6060.75	20.37	11.04	5420.40
省直管县						
巩义市	18.85	8.08	4284.68	15.88	6.56	4128.62
兰考县	59.33	35.72	6021.00	37.41	19.88	5315.33
汝州市	48.07	25.09	5218.50	43.87	20.41	4652.16
滑县	120.73	94.17	7800.00	84.49	67.40	7977.72
长垣县	56.63	44.15	7797.00	46.70	33.45	7163.15
邓州市	138.64	83.29	6007.95	60.44	33.55	5550.00
永城市	112.64	84.98	7543.98	58.55	42.47	7253.82
固始县	36.00	16.52	4590.00	3.36	1.58	4704.61
鹿邑县	72.91	54.46	7470.00	59.16	40.53	6850.92
新蔡县	86.21	57.22	6637.26	60.19	34.44	5721.74

2－6　续表 3

地　区	豆类合计			大豆		
	播种面积（千公顷）	总产量（万吨）	公顷产量（公斤）	播种面积（千公顷）	总产量（万吨）	公顷产量（公斤）
省辖市						
郑州市	5.09	1.02	2005.67	4.04	0.88	2170.24
开封市	13.46	2.69	1998.59	12.98	2.60	2001.87
洛阳市	29.17	6.36	2179.63	22.35	5.05	2258.04
平顶山市	14.85	3.86	2600.23	13.72	3.67	2674.30
安阳市	4.53	1.06	2343.34	4.09	1.00	2437.85
鹤壁市	0.52	0.09	1767.61	0.21	0.05	2345.22
新乡市	11.27	3.48	3083.61	11.18	3.46	3093.48
焦作市	4.26	1.45	3402.32	4.21	1.44	3420.75
濮阳市	23.15	7.09	3062.05	23.03	7.06	3065.26
许昌市	49.27	13.82	2805.00	49.26	13.82	2805.40
漯河市	36.90	10.19	2760.60	36.90	10.19	2760.60
三门峡市	20.54	4.26	2072.51	15.66	3.44	2197.21
南阳市	39.97	7.47	1869.35	32.04	6.12	1909.99
商丘市	51.20	12.24	2390.58	50.24	12.02	2391.85
信阳市	7.36	1.14	1552.23	5.73	0.94	1646.69
周口市	88.39	19.65	2223.66	86.47	19.26	2227.80
驻马店市	25.03	5.62	2245.95	24.26	5.48	2258.23
济源市	1.01	0.27	2667.58	0.97	0.26	2724.11
省直管县						
巩义市	0.46	0.08	1728.86	0.29	0.06	1981.40
兰考县	1.57	0.48	3055.06	1.45	0.45	3132.66
汝州市	1.14	0.33	2929.95	1.03	0.31	3006.61
滑　县	0.50	0.17	3519.75	0.47	0.17	3585.98
长垣县	2.86	0.75	2637.36	2.80	0.74	2657.35
邓州市	5.82	1.39	2385.39	4.19	1.03	2462.23
永城市	38.40	8.40	2187.96	38.39	8.40	2187.80
固始县	0.16	0.03	2157.07	0.07	0.01	2185.93
鹿邑县	9.75	2.80	2869.47	9.40	2.70	2873.42
新蔡县	1.99	0.50	2531.47	1.97	0.50	2534.46

2-6 续表4

地区	红薯			油料合计			花生		
	播种面积（千公顷）	总产量（万吨）	公顷产量（公斤）	播种面积（千公顷）	总产量（万吨）	公顷产量（公斤）	播种面积（千公顷）	总产量（万吨）	公顷产量（公斤）
省辖市									
郑州市	9.85	7.30	7417.08	32.26	12.29	3810.27	26.24	11.33	4316.83
开封市	16.30	9.00	5520.64	109.71	50.75	4626.10	107.36	50.14	4669.88
洛阳市	30.48	17.41	5711.73	42.26	13.70	3241.72	26.82	9.95	3708.83
平顶山市	12.95	7.89	6089.70	44.07	15.52	3522.53	31.54	12.73	4035.30
安阳市	9.91	5.86	5912.47	53.76	23.18	4311.57	47.60	22.16	4655.37
鹤壁市	1.31	0.65	4992.75	14.84	5.91	3980.02	13.80	5.74	4161.31
新乡市	7.09	5.34	7529.17	80.40	35.21	4378.93	76.96	34.44	4475.14
焦作市	2.11	1.60	7587.94	25.64	13.54	5280.50	24.53	13.26	5405.19
濮阳市	5.54	4.22	7613.55	21.97	9.31	4235.43	21.63	9.22	4263.52
许昌市	23.01	14.35	6237.21	19.81	6.81	3436.11	12.37	4.95	4004.03
漯河市	5.75	3.88	6751.38	16.44	6.89	4192.50	13.44	6.24	4642.62
三门峡市	7.50	5.06	6746.18	13.04	3.53	2709.58	4.41	1.49	3377.76
南阳市	34.66	26.96	7777.76	388.19	171.40	4415.41	314.25	155.50	4948.18
商丘市	10.58	7.33	6934.22	81.45	41.48	5092.76	73.55	39.23	5333.62
信阳市	9.34	5.45	5832.74	179.98	59.72	3318.24	68.75	29.12	4236.51
周口市	23.12	14.31	6188.79	108.51	46.49	4284.36	80.38	41.22	5128.31
驻马店市	20.24	12.57	6207.74	364.47	156.58	4296.15	317.64	147.99	4658.96
济源市	0.65	0.36	5539.67	0.75	0.26	3476.05	0.55	0.22	4044.61
省直管县									
巩义市	0.90	0.45	5027.89	2.55	0.57	2216.23	1.14	0.34	2985.97
兰考县	2.39	1.92	8048.30	16.78	7.96	4746.53	16.37	7.86	4800.32
汝州市	1.80	1.04	5800.08	6.72	2.17	3224.27	4.05	1.64	4037.76
滑县	0.81	0.69	8529.23	25.11	12.02	4786.06	24.90	11.96	4804.35
长垣县	0.40	0.43	10783.70	9.29	3.83	4126.82	8.22	3.55	4323.38
邓州市	2.46	1.66	6750.00	63.68	29.83	4684.87	56.39	28.40	5035.91
永城市	1.36	1.06	7812.12	2.45	0.94	3845.97	1.49	0.68	4574.39
固始县	0.29	0.17	5775.66	24.35	9.86	4051.33	8.50	3.23	3797.42
鹿邑县	1.36	1.02	7488.52	5.60	1.95	3482.61	3.75	1.51	4028.51
新蔡县	3.56	1.63	4574.22	28.80	11.06	3840.49	22.73	9.81	4315.24

2-6 续表5

地　区	油菜籽			棉花			烟叶(未加工烟草)		
	播种面积(千公顷)	总产量(万吨)	公顷产量(公斤)	播种面积(千公顷)	总产量(万吨)	公顷产量(公斤)	播种面积(千公顷)	总产量(万吨)	公顷产量(公斤)
省辖市									
郑州市	4.75	0.78	1647.19	0.65	0.06	939.21	0.02	0.01	2941.18
开封市	1.97	0.53	2689.82	5.73	0.82	1437.20			
洛阳市	9.94	2.54	2556.49	2.56	0.36	1423.85	18.36	4.84	2639.19
平顶山市	10.32	2.44	2368.54	0.43	0.06	1364.27	10.00	2.63	2627.83
安阳市	4.04	0.62	1531.23	1.74	0.21	1185.70			
鹤壁市	0.60	0.08	1352.14	0.48	0.05	1064.70			
新乡市	3.01	0.70	2313.77	0.92	0.11	1210.41			
焦作市	0.41	0.08	2038.05	0.20	0.02	1236.05			
濮阳市	0.29	0.07	2572.41	0.70	0.09	1338.20			
许昌市	6.70	1.74	2599.10	0.69	0.07	1019.73	9.98	2.83	2830.29
漯河市	2.04	0.52	2532.17	0.15	0.02	1050.55	4.96	1.03	2074.26
三门峡市	4.57	1.05	2299.60	0.82	0.08	1020.58	15.74	3.92	2487.64
南阳市	27.76	8.12	2923.88	0.94	0.12	1300.87	14.48	4.03	2784.05
商丘市	6.60	1.95	2946.70	1.65	0.24	1459.57	0.57	0.16	2893.81
信阳市	72.15	18.90	2618.96	0.78	0.08	1088.58	0.33	0.10	2853.10
周口市	5.26	1.43	2723.34	2.22	0.38	1713.19	1.23	0.36	2936.53
驻马店市	16.54	4.39	2653.66	0.04	0.01	1279.43	4.38	1.02	2336.97
济源市	0.04	0.01	1436.67	0.24	0.03	1039.68	0.47	0.10	2032.52
省直管县									
巩义市	1.00	0.16	1583.09	0.19	0.02	1078.43			
兰考县	0.40	0.10	2618.68	0.95	0.18	1914.25			
汝州市	2.16	0.47	2154.86	0.23	0.03	1218.78	1.12	0.31	2737.95
滑　县	0.17	0.04	2597.68	0.14	0.02	1316.26			
长垣县	1.06	0.28	2623.40	0.30	0.04	1316.63			
邓州市	2.59	0.72	2782.55	0.26	0.03	1011.04	1.12	0.28	2462.32
永城市	0.84	0.24	2804.19	0.11	0.02	1900.00			
固始县	9.87	2.67	2701.59	0.06	0.01	1000.00			
鹿邑县	1.09	0.30	2790.44	0.02	0.00	1547.62	0.06	0.02	3175.44
新蔡县	2.09	0.48	2312.36						

2－6 续表 6

地　区	蔬菜及食用菌			瓜果类(果用瓜)		
	播种面积（千公顷）	总产量（万吨）	公顷产量（公斤）	播种面积（千公顷）	总产量（万吨）	公顷产量（公斤）
省辖市						
郑州市	56.80	219.84	38708.23	6.14	24.22	39427.92
开封市	176.00	833.56	47361.03	49.14	256.90	52275.99
洛阳市	67.33	277.19	41170.63	7.25	21.56	29727.32
平顶山市	48.75	236.63	48541.38	5.75	23.71	41224.21
安阳市	89.90	500.07	55628.37	13.00	80.31	61763.29
鹤壁市	11.35	43.47	38307.85	0.24	0.86	36164.20
新乡市	66.30	322.66	48665.93	4.34	22.75	52402.70
焦作市	34.15	199.65	58468.12	3.05	16.63	54540.50
濮阳市	57.56	267.31	46442.71	6.00	24.93	41570.44
许昌市	41.74	153.62	36804.99	2.89	11.69	40436.76
漯河市	64.26	201.74	31396.94	10.90	46.10	42291.35
三门峡市	32.54	124.08	38134.14	3.42	10.58	30955.84
南阳市	250.58	1153.04	46014.14	24.74	135.76	54879.15
商丘市	222.72	1034.75	46459.48	47.40	284.29	59973.41
信阳市	141.69	445.32	31428.45	23.88	93.25	39048.37
周口市	263.82	1088.08	41242.80	72.84	396.27	54401.35
驻马店市	123.23	489.05	39686.39	19.98	111.50	55805.01
济源市	5.08	22.31	43952.97	0.09	0.30	32607.54
省直管县						
巩义市	1.48	4.58	30936.27	0.15	0.49	31990.19
兰考县	9.03	33.01	36559.14	2.79	12.16	43643.96
汝州市	7.30	33.95	46532.81	0.49	1.52	30988.05
滑　县	32.88	195.45	59442.37	6.02	35.82	59453.75
长垣县	10.52	58.86	55952.96	2.01	13.54	67361.69
邓州市	41.17	209.89	50979.81	4.16	21.06	50634.72
永城市	30.71	186.43	60708.23	6.77	50.57	74728.61
固始县	35.30	128.79	36477.99	2.96	14.08	47529.79
鹿邑县	31.04	119.62	38535.60	1.90	6.99	36719.47
新蔡县	13.66	51.29	37543.41	5.02	29.47	58729.49

2－7　茶叶、水果产量和面积

项　　目	2000年	2005年	2010年	2015年	2016年	2017年	2018年	2019年	2020年
面　　积									
茶园面积(千公顷)	20.68	33.09	65.15	114.00	118.29	115.76	115.67	114.64	113.00
果园面积(千公顷)	355.90	416.63	456.08	457.47	449.55	442.67	434.07	432.28	452.21
苹果园	206.97	165.78	178.22	171.48	157.84	147.39	129.06	119.29	117.65
梨园	30.87	39.23	47.36	54.94	54.81	55.49	63.36	65.53	66.60
葡萄园	16.75	26.17	29.96	36.41	38.05	36.94	39.04	41.99	41.38
猕猴桃园			9.20	10.99	11.16	11.34	12.00	13.33	13.80
桃园	29.11	60.22	74.00	74.04	78.87	82.42	88.23	90.34	112.66
柑桔园	4.88	10.05	10.85	11.60	11.60	11.34	8.53	4.47	4.36
其他果园	67.30	115.18	106.49	98.01	97.21	97.35	93.85	53.26	95.76
产　　量									
茶叶产量(吨)	9163	16902	42732	64855	68583	63954	63427	65271	71029
园林水果产量(万吨)	364.73	555.69	797.50	919.68	927.12	931.98	907.39	950.74	1001.82
苹果	238.90	300.62	410.39	453.19	442.42	434.53	402.74	408.79	407.57
梨	33.30	65.47	94.92	115.53	118.27	121.84	122.86	137.43	138.16
葡萄	20.83	41.26	48.49	64.00	68.54	70.29	76.96	83.22	88.10
鲜枣	17.78	26.81	39.30	32.63	33.00	29.91	25.23	18.30	16.28
柿	15.88	25.86	41.47	52.19	51.14	50.87	48.39	46.39	43.73
桃	26.63	60.10	101.57	118.89	127.26	133.58	141.42	154.6	193.01
柑桔	2.12	3.59	4.17	4.94	4.79	4.91	3.91	4.63	4.71
其他园林水果	9.29	31.98	54.20	78.30	81.69	86.06	85.86	17.27	110.26
食用坚果产量(万吨)				46.50	47.82	49.95	48.59	49.49	49.58
核桃				16.59	18.04	19.10	20.34	21.51	22.53
板栗				28.36	28.10	29.56	28.22	27.88	26.95

2-8　各市水果产量(2020年)

单位:万吨

地　区	水果总产量	#苹果	#梨	#葡萄	#枣	#柿	#桃
省辖市							
郑州市	27.34	2.72	2.15	4.64	3.79	0.66	3.80
开封市	49.36	21.97	3.80	4.10	0.42	1.40	16.25
洛阳市	89.98	46.89	7.32	10.53	0.91	5.96	10.23
平顶山市	27.70	0.95	4.50	9.66	0.13	1.45	6.74
安阳市	46.77	15.03	6.30	2.73	4.36	1.59	14.25
鹤壁市	6.91	0.82	0.79	0.22	0.08	0.18	4.49
新乡市	36.97	6.16	3.86	2.52	0.32	0.61	22.63
焦作市	15.31	2.69	2.00	1.80	0.12	1.03	6.45
濮阳市	29.09	14.60	6.14	1.29	0.69	0.44	4.52
许昌市	7.41	1.85	1.07	1.76	0.21	0.08	1.99
漯河市	10.15	0.26	2.08	5.20	0.01	0.08	2.12
三门峡市	259.43	201.49	6.69	8.43	2.61	16.13	17.38
南阳市	116.85	1.86	15.38	3.24	0.48	3.81	23.10
商丘市	184.17	81.57	55.35	19.00	0.19	2.24	19.90
信阳市	16.38	0.03	3.70	3.01	0.18	0.72	7.79
周口市	53.02	7.39	9.80	6.48	1.48	6.82	20.54
驻马店市	21.09	0.44	6.34	3.29	0.29	0.23	9.92
济源市	3.89	0.84	0.90	0.22	0.02	0.30	0.91
省直管县							
巩义市	3.20	0.36	0.59	0.69	0.01	0.14	0.26
兰考县	13.95	6.93	1.86	1.05	0.06	0.08	3.25
汝州市	4.82	0.36	0.22	0.73	0.07	0.93	1.70
滑　县	15.93	5.41	3.01	1.51	0.26	0.99	4.48
长垣县	1.92	0.14	0.16	0.86	0.27	0.00	0.46
邓州市	4.68	0.14	0.92	0.45	0.02	0.07	2.41
永城市	31.14	4.58	12.36	3.29	0.10	0.19	6.18
固始县	2.01		0.35	0.49	0.05	0.17	0.60
鹿邑县	1.29	0.49	0.13	0.26	0.01	0.01	0.39
新蔡县	2.18	0.44	1.03	0.28	0.01	0.01	0.41

2-9 各市果园面积(2020年)

单位:千公顷

地区	果园总面积	#苹果园面积	#梨园面积	#葡萄园面积	#柑橘园面积	#猕猴桃园面积	#桃园面积
省辖市							
郑州市	18.28	1.73	0.95	2.20		0.05	2.34
开封市	18.05	8.16	1.40	1.57		0.04	5.44
洛阳市	44.40	15.22	3.65	4.99		0.43	4.49
平顶山市	16.58	0.84	3.57	2.45	0.00	0.18	4.27
安阳市	20.17	4.91	1.99	1.04		0.01	4.51
鹤壁市	3.11	0.33	0.20	0.05		0.00	1.96
新乡市	37.36	4.53	2.68	2.16		0.01	25.36
焦作市	6.48	1.09	0.75	0.68		0.06	2.60
濮阳市	9.75	4.22	2.16	0.42			1.45
许昌市	4.77	1.13	0.39	0.69		0.02	0.92
漯河市	3.47	0.10	0.65	1.48		0.19	0.80
三门峡市	65.46	46.97	1.77	2.76		0.14	5.14
南阳市	86.35	4.03	14.59	4.00	4.14	11.91	22.08
商丘市	53.00	20.63	14.84	5.88		0.14	9.72
信阳市	20.38	0.07	4.13	5.01	0.19	0.55	7.60
周口市	21.09	2.93	5.15	2.96		0.00	5.07
驻马店市	21.51	0.47	7.45	2.88	0.02	0.06	8.41
济源市	1.99	0.28	0.28	0.17		0.01	0.50
省直管县							
巩义市	1.80	0.23	0.15	0.28		0.00	0.18
兰考县	5.33	2.86	0.61	0.43		0.04	1.14
汝州市	4.36	0.41	0.27	0.38		0.01	1.05
滑县	4.50	1.49	0.78	0.53		0.00	1.11
长垣县	1.53	0.10	0.14	0.36			0.21
邓州市	4.44	0.26	0.98	0.51	0.21	0.15	1.64
永城市	6.69	1.07	2.82	0.86		0.00	1.51
固始县	1.62	0.00	0.33	0.28	0.03	0.39	0.28
鹿邑县	0.56	0.23	0.05	0.15			0.12
新蔡县	3.20	0.47	1.57	0.36		0.01	0.77

2－10 林业生产情况

项目	单位	2000年	2005年	2010年	2015年	2016年	2017年	2018年	2019年	2020年
营林情况										
当年造林面积	千公顷	241.32	186.72	277.11	200.01	133.49	180.93	173.60	196.49	211.21
按造林方式分										
人工造林面积	千公顷	206.45	173.38	210.92	154.75	97.65	126.28	137.27	164.77	171.88
飞机播种造林面积	千公顷	34.87	13.34						13.34	17.95
按造林用途分										
用材林	千公顷	56.77	73.9	69.10	55.39	25.82	29.57	22.75	46.45	35.88
经济林	千公顷	69.10	39	37.12	37.37	18.01	22.36	28.20	27.58	39.70
防护林	千公顷	113.80	72.93	170.64	105.23	89.53	107.82	118.46	122.37	129.22
封山育林面积	千公顷	475.50	385.92	367.46	425.82	403.46	403.96	350.833	18.29	14.96
成林抚育面积	千公顷	694.80	959.92	951.21			300.75	301.93	303.04	304.38
竹木采伐										
木材	万立方米	306.00	55.94	149.67	228.88	273.99	246.03	258.36	256.03	267.42
竹材	万根	158.00	506.5	76.50	153.89	153.5	111.02	118.24	120.44	110.15

2－11　主要农产品产量与历史最高年份比较

指　标	单位	2020年	建国以来历史最高年		2020年为建国以来最高的%
			年份	产量	
农产品					
粮食总产量	万吨	6825.80	2020	6825.80	100.00
夏收粮食	万吨	3753.75	2020	3753.75	100.00
#小麦	万吨	3753.13	2020	3753.13	100.00
秋收粮食	万吨	3072.05	2019	3072.05	100.00
#稻谷	万吨	513.71	2016	542.15	94.75
红薯	万吨	96.17	1973	478.50	20.10
玉米	万吨	2342.37	2018	2351.38	99.62
大豆	万吨	93.42	1981	154.00	60.66
棉花	万吨	1.77	1991	94.77	1.87
油料总产量	万吨	672.57	2020	672.57	100.00
油菜籽	万吨	45.95	2008	97.07	47.33
花生	万吨	594.93	2020	594.93	100.00
麻类	万吨	0.67	1985	43.85	1.52
烟叶(未加工烟草)	万吨	21.02	1988	51.98	40.44
茶叶	万吨	7.10	2020	7.10	100.00
水果总产量	万吨	1001.82	2020	1001.82	100.00
苹果	万吨	407.57	2015	449.65	90.64
梨	万吨	138.16	2020	138.16	100.00
葡萄	万吨	88.10	2020	88.10	100.00
鲜枣	万吨	16.28	2013	41.55	39.19
柿子	万吨	43.73	2013	54.63	80.05

2－12　历年农业生产条件

年　份	农用机械总动力（万千瓦）	农田有效灌溉面积（千公顷）	化肥施用折纯量（万吨）	农村用电量（亿千瓦小时）	农药施用实物量（万吨）	农用塑料薄膜使用量（万吨）
1979	1079.30	3636.00	60.05	14.59		
1980	1178.00	3536.23	72.52	17.23		
1981	1262.10	3388.00	81.90	20.85		
1982	1356.30	3265.33	105.50	22.76		
1983	1405.90	3210.00	130.67	23.50		
1984	1507.00	3278.67	140.16	25.83		
1985	1590.00	3189.97	143.58	28.33		
1986	1737.90	3212.71	148.73	33.30		
1987	1865.90	3250.07	135.58	37.29		
1988	2004.20	3358.76	150.57	40.81		
1989	2153.40	3438.00	184.25	45.20		
1990	2264.00	3550.09	213.18	46.93	3.31	2.75
1991	2330.40	3676.59	239.74	52.06	3.88	3.15
1992	2424.40	3779.72	251.13	59.58	4.76	3.45
1993	2624.00	3868.33	288.21	61.10	5.44	3.84
1994	2780.50	3931.30	292.47	70.54	6.53	4.87
1995	3115.40	4044.19	322.21	85.07	7.56	5.32
1996	4256.40	4191.05	345.33	103.66	8.33	6.17
1997	4337.90	4333.06	355.31	118.27	8.49	6.95
1998	4764.40	4513.86	382.80	121.21	9.10	7.49
1999	5342.90	4648.78	399.85	122.54	9.61	7.94
2000	5780.60	4725.31	420.71	125.80	9.55	9.19
2001	6078.70	4766.00	441.73	134.61	9.85	9.41
2002	6548.20	4802.36	468.83	141.36	10.20	9.86
2003	6953.20	4792.22	467.89	144.59	9.87	9.88
2004	7519.59	4808.31	493.16	157.69	10.12	10.16
2005	7934.23	4864.33	518.14	172.15	10.51	10.84
2006	8309.31	4918.80	540.43	188.81	11.16	11.84
2007	8718.71	4955.84	569.68	223.89	11.80	12.66
2008	9429.30	4989.20	601.68	237.36	11.91	13.07
2009	9817.90	5033.00	628.67	257.76	12.14	14.14
2010	10195.94	5081.00	655.15	269.41	12.49	14.70
2011	10515.80	5150.44	673.71	281.82	12.87	15.16
2012	10872.73	5205.63	684.43	290.03	12.83	15.52
2013	11150.00	4969.11	696.37	305.42	13.01	16.78
2014	11476.81	5101.74	705.75	313.23	12.99	16.35
2015	11710.08	5333.90	716.09	321.01	12.87	16.20
2016	9858.82	5360.30	735.24	317.23	14.37	16.31
2017	10038.32	5389.79	706.70	328.82	12.07	15.73
2018	10204.46	5408.31	692.79	330.59	11.36	15.28
2019	10356.97	6183.76	666.72	353.83	10.72	15.08
2020	10463.70	5586.93	647.98	373.17	10.24	15.17

注：1. 灌溉面积：2013 年及以前年份的数据为农田有效灌溉面积。

2. 农业机械总动力：2015 年及以前数据中包含农用运输车和三轮运输车，从 2016 年开始，不再包含在内。

2－13　主要农业机械和农产品加工机械年末拥有量

指　标	单位	2000年	2005年	2010年	2015年	2016年	2017年	2018年	2019年	2020年
农业机械总动力	**万千瓦**	**5780.60**	**7934.23**	**10195.94**	**11710.08**	**9858.82**	**10038.32**	**10204.46**	**10356.97**	**10463.70**
柴油发动机动力	万千瓦	4859.20	6915.04	9029.20	10405.41	8547.35	8714.63	8877.21	9037.89	
汽油发动机动力	万千瓦	107.90	66.19	56.29	71.71	71.54	74.31	86.49	89.10	
电动发动机动力	万千瓦	812.40	950.50	1110.30	1232.96	1239.14	1248.55	1240.28	1229.44	
大中型拖拉机(混合台)	万台	6.62	11.08	27.44	40.23	43.27	45.85	34.72	37.31	39.72
	万千瓦	216.80	366.33	969.55	1639.38	1816.21	1973.88	2034.81	2179.04	
小型(包括手扶)拖拉机	万台	224.67	298.45	358.61	339.62	328.95	317.55	319.31	313.97	
	万千瓦	2317.70	3119.77	3797.50	3704.77	3594.92	3495.43	3643.40	3627.48	
大中型拖拉机配套农具	万部	11.87	23.99	64.26	94.83	100.74	105.20			
小型拖拉机配套农具	万部	357.32	534.67	666.42	661.37	640.70	628.69			
机引犁	万台	196.23	246.50	318.33	320.51	316.80	313.96	309.36	307.19	
机引耙	万台	110.17	165.51	214.60	214.62	211.09	206.67	203.21	202.36	
旋耕机	万台	4.08	8.20	18.38	26.33	27.91	29.63	32.14	33.67	
节水灌溉机械	万套		16.09	17.37	21.56	21.83	21.91	22.71	23.04	22.98
农用水泵	万台	175.89	203.10	216.29	223.34	219.68	215.30	219.45	220.09	
联合收割机	台	26900	71750	143760	241473	265476	278379	287671	294815	
机动插秧机	部		100	1250	3978	5048	6799	8610		
机动割晒机	万台	28.38	23.34	8.28	5.80	5.34	5.14			
机动脱粒机	万台	79.15	70.39	55.73	54.59	54.08	52.71	51.75	50.50	
谷物烘干机	台	100		646	1348	1790	2541	2986	3486	
种子加工机械	台	110		643	1322	1335	1351	1585	1592	
饲草料加工机械	万台	11.53	16.40	16.92	18.71	18.74	18.84	18.30	18.58	18.81
农产品加工动力机械	万台	67.76	73.95	80.24	85.57	85.45	85.54	85.21	85.48	85.58
	万千瓦	466.80	533.22	582.70	611.00	609.41	610.06	608.67	609.58	616.20
柴油机	万台	11.44	13.86	15.74	16.28	16.09	16.04	15.91	15.84	
	万千瓦	118.70	144.71	156.71	154.84	152.27	151.01	150.66	150.21	
电动机	万台	53.46	60.06	64.50	68.98	68.90	69.03	68.98	69.20	
	万千瓦	348.10	387.96	426.04	452.71	452.30	454.09	453.53	454.31	
农产品加工作业机械	万台	43.18	48.79	50.82	57.59	57.68	57.86	56.97	57.12	57.14
粮食加工机	万台	32.31	34.70	34.80	35.83	35.46	35.46	37.20	37.32	
棉花加工机	万台	3.87	4.55	4.94	4.48	4.43	4.41	4.24	4.24	
油料加工机	万台	6.82	8.21	8.88	9.35	9.32	9.41	9.29	9.33	

注:2015年及以前“农业机械总动力”数据中包含农用运输车和三轮运输车,从2016年开始,不再包含在内。

2－14 各市农业机械和农产品加工机械年末拥有量(2020年)

地 区	农业机械总动力(万千瓦)	农用大中型拖拉机(台)	大中型拖拉机配套农具(部)	节水灌溉机械(万套)	饲草料加工机械(台)	农产品初加工动力机械		农产品初加工作业机械(万台)
						(万台)	(万千瓦)	
省辖市								
郑州市	436	14684	18518	1.17	7708	4.53	41.41	2.74
开封市	596	23960	44383	3.19	11700	5.36	37.32	3.01
洛阳市	530	11168	13489	1.71	10871	7.51	54.57	4.53
平顶山市	415	20293	26622	0.63	11239	3.79	25.07	2.67
安阳市	495	18370	27028	0.08	5027	3.49	23.14	2.34
鹤壁市	239	6219	8426	0.15	1467	1.03	6.52	0.61
新乡市	787	22996	47011	0.39	17098	5.68	41.77	2.63
焦作市	257	16052	20969	0.05	5274	1.73	11.25	1.09
濮阳市	386	12639	24378	0.51	5265	2.29	19.70	1.85
许昌市	393	12526	20208	0.05	16175	4.83	30.05	2.20
漯河市	262	9857	20847	0.30	576	1.39	10.42	0.74
三门峡市	122	3325	5444	0.45	5238	1.88	12.52	0.94
南阳市	1448	58930	85878	2.31	15556	10.53	75.32	5.82
商丘市	879	37542	73757	2.39	22429	9.09	68.54	4.53
信阳市	701	36407	36765	0.41	6110	8.58	55.23	9.26
周口市	1003	41935	53284	1.58	17286	6.71	48.98	7.04
驻马店市	1442	47036	133943	7.60	26455	6.82	51.71	4.81
济源市	72	3264	2395	0.01	2608	0.34	2.68	0.32
省直管县								
巩义市	50	1348	1810	0.01	1484	1.05	6.07	0.50
兰考县	78	4033	4892	0.28	1216	0.90	5.97	0.32
汝州市	153	3769	8300	0.00	6340	1.82	13.66	0.62
滑县	203	5513	11297	0.00	2391	1.03	6.59	0.54
长垣县	105	3266	9700	0.12	663	0.49	4.05	0.36
邓州市	212	13203	15921	0.29	1803	1.35	13.47	0.54
永城市	140	4861	12660	0.85	5611	1.33	9.40	0.69
固始县	141	6021	6922	0.01	1257	0.72	7.32	0.73
鹿邑县	106	5593	5930	0.23	1310	0.42	3.18	2.66
新蔡县	145	5611	8075	1.28	6052	0.79	6.90	0.51

2－15 农业机械化、能源、主要物资消耗及水利建设情况

指 标	2000年	2005年	2010年	2015年	2016年	2017年	2018年	2019年	2020年
农业机械化情况									
当年实际机耕面积（千公顷）	5607	5803.5	8260	9104	9176	9651		9345	
当年机械播种面积（千公顷）	4648	5854.58	9063	10399	10538	11615		11518	
为农作物播种面积%	35.4	42.1	63.6	72.1	72.8	78.8		78.5	
当年机械收获面积（千公顷）	4250	4800.71	7374	9789	10165	11289		11313	
为农作物播种面积（%）	32.4	34.5	51.8	67.9	70.2	76.6		77.1	
农村能源情况									
农村用电量（亿千瓦小时）	125.80	172.15	269.41	321.01	317.23	328.82	330.59	353.83	373.17
农业主要物资消耗情况									
农用化肥施用折纯量（万吨）	420.71	518.14	655.15	716.09	735.24	706.70	692.79	666.72	647.98
农用塑料薄膜使用量（万吨）	9.19	10.84	14.70	16.20	16.31	15.73	15.28	15.08	15.17
农药施用实物量（万吨）	9.55	10.51	12.49	12.87	14.37	12.07	11.36	10.72	10.24
农用柴油使用量（万吨）	79.56	89.79	107.92	114.70	112.44	108.84	103.92	100.08	97.37
农田水利建设情况									
灌溉面积（千公顷）	4785.59	4864.33	5172.01	5333.90	5360.30	5389.79	5408.31	6183.76	5586.93
#耕地灌溉面积（千公顷）	4725.31		5080.96	5210.64	5244.50	5273.63	5288.69	6051.15	5463.07
#节水灌溉面积（千公顷）	949.61		1536.64	1672.16	1806.60	1893.27	1997.86	2453.12	2292.99
节水灌溉面积占灌溉面积比重（%）	19.8		29.7	31.4	33.7	33.7	36.9	39.7	41.0
农业灌溉供水量（万立方米）	1355863		1162144	1106313	1111394	1235781	1182500	1198900	1228456

2－16 各市气候情况（2020年）

城 市	年平均气温（摄氏度）	年极端最高气温（摄氏度）	年极端最低气温（摄氏度）	年平均相对湿度（%）	全年日照时数（小时）	全年降水量（毫米）
省辖市						
郑 州	16.5	40.8	-6.1	62.0	1687.8	681.7
开 封	16.2	39.4	-8.4	62.0	1644.5	589.9
安 阳	15.1	40.8	-10.4	64.0	2092.8	480.9
新 乡	15.8	40.3	-10.4	66.0	1873.8	772.3
焦 作	16.9	41.9	6.4	60.0	1786.2	659.9
濮 阳	14.9	40.1	-12.9	67.0	1862.3	470.9
许 昌	15.0	39.0	-9.6	74.0	1645.1	714.6
漯 河	16.0	39.2	-8.1	72.0	1589.4	955.6
三门峡	13.9	36.9	-11.7	65.0	1838.4	621.2
南 阳	15.9	38.4	-7.7	71.0	1632.7	1089.0
商 丘	14.7	38.3	-12.1	73.0	1882.2	941.3
信 阳	16.8	37.1	-6.4	74.0	1522.1	1467.9
周 口	17.0	39.9	-7.0	66.0	1708.9	866.5
驻马店	15.8	38.8	-8.4	70.0	1617.7	1107.1
济 源	15.7	40.8	-8.0	68.0	1896.3	581.7

注：因撤站，故无洛阳、平顶山、鹤壁三市资料。

2－17 各月份气候情况(2020 年)

单位:气温:摄氏度;降水量:毫米;日照:小时

站名	项目	1 月	2 月	3 月	4 月	5 月	6 月	7 月	8 月	9 月	10 月	11 月	12 月	全年
郑州市	平均气温	2.7	6.3	12.8	16.2	24.7	27.1	26.6	27.5	24.6	15.6	10.9	2.9	16.5
	最高气温	15.0	19.0	28.2	35.1	40.8	39.6	36.6	36.3	35.4	28.1	23.3	13.6	40.8
	最低气温	-4.8	-2.9	0.1	1.6	14.1	17.4	19.0	19.4	14.6	5.3	-1.2	-6.1	-6.1
	相对湿度	71.0	65.0	51.0	49.0	47.0	63.0	79.0	82.0	58.0	67.0	62.0	53.0	62.0
	降水量	47.7	33.5	5.5	22.3	54.5	131.8	126.9	129.0	51.7	31.1	39.3	8.4	681.7
	日照时数	62.0	150.3	170.1	218.1	245.9	132.2	97.2	124.0	165.8	87.5	102.2	132.5	1687.8
开封市	平均气温	2.4	6.2	12.3	15.8	23.7	26.7	26.4	27.4	24.3	15.5	10.8	2.6	16.2
	最高气温	13.1	18.2	28.4	32.8	39.4	38.4	36.0	35.2	35.2	27.8	24.7	12.2	39.4
	最低气温	-3.9	-2.8	0.7	0.8	12.3	18.1	19.0	19.9	15.3	7.0	0.1	-8.4	-8.4
	相对湿度	71.0	65.0	52.0	51.0	52.0	63.0	74.0	77.0	59.0	65.0	61.0	57.0	62.0
	降水量	52.1	28.2	7.0	23.1	42.9	101.8	61.0	193.3	7.9	23.8	45.8	3.0	589.9
	日照时数	54.2	129.6	176.7	214.8	243.7	120.8	91.3	124.9	165.8	88.2	101.6	132.9	1644.5
安阳市	平均气温	0.7	5.1	11.8	15.2	22.7	26.4	25.8	25.8	22.7	14.9	9.0	0.6	15.1
	最高气温	14.7	19.9	29.2	34.2	35.1	40.8	35.4	36.4	35.4	27.9	24.2	12.0	40.8
	最低气温	-5.2	-3.8	-0.3	0.2	11.6	17.2	19.0	18.9	14.3	5.4	-1.6	-10.4	-10.4
	相对湿度	78	64.0	49.0	51.0	58.0	60.0	81.0	85.0	63.0	59.0	63.0	58.0	64.0
	降水量	25.0	11.5	9.1	25.9	70.2	80.8	60.1	131.1	29.7	11.5	24.2	1.8	480.9
	日照时数	79.6	153.6	227.3	266.7	270.9	164.9	152.2	160.4	191.4	133.1	128.9	163.8	2092.8
新乡市	平均气温	1.8	5.7	12.5	16.0	23.8	27.0	26.8	26.8	23.6	15.0	9.6	1.0	15.8
	最高气温	13.7	18.6	27.0	34.3	39.6	40.3	35.3	36.1	34.3	26.9	24.0	12.9	40.3
	最低气温	-5.0	-3.6	0.5	3.1	11.9	17.5	19.3	20.1	14.2	4.0	-2.1	-10.4	-10.4
	相对湿度	73.0	65.0	50.0	50.0	53.0	63.0	76.0	86.0	66.0	73.0	71.0	66.0	66.0
	降水量	26.2	17.8	1.1	13.1	44.6	155.9	73.1	378.6	9.8	14.9	35.2	2.0	772.3
	日照时数	63.6	152.6	186.7	245.3	261.6	149.3	127.0	142.4	185.1	107.9	110.2	142.1	1873.8
焦作市	平均气温	2.6	7.0	13.4	17.2	25.2	27.6	27.4	27.7	24.9	15.9	11.2	3.0	16.9
	最高气温	14.7	19.1	28.7	35.2	40.2	41.9	37.3	37.6	35.1	26.7	25.2	16.0	41.9
	最低气温	-3.6	-2.3	3.4	4.9	14.1	18.5	20.2	20.0	16.7	6.6	0.2	-6.4	-6.4
	相对湿度	76.0	59.0	46.0	44.0	45.0	60.0	72.0	81.0	54.0	66.0	60.0	52.0	60.0
	降水量	41.1	16.1	5.8	13.7	44.0	132.2	182.1	169.2	2.8	24.0	24.1	4.8	659.9
	日照时数	62.1	152.3	171.8	219.1	255.4	141.6	132.0	139.0	152.4	104.8	103.6	152.1	1786.2

注:因撤站,故无洛阳、平顶山、鹤壁三市资料。

2－17　续表1

单位:气温:摄氏度;降水量:毫米;日照:小时

站名	项目	1月	2月	3月	4月	5月	6月	7月	8月	9月	10月	11月	12月	全年
濮阳市	平均气温	0.6	4.8	11.1	14.7	22.3	26.5	26.0	26.7	23.1	14.2	8.7	-0.1	14.9
	最高气温	12.2	18.7	26.5	32.2	35.2	40.1	36.9	35.3	34.0	28.0	23.2	11.7	40.1
	最低气温	-7.7	-6.1	-1.5	2.2	10.1	16.5	18.9	19.3	12.8	2.3	-4.4	-12.9	-12.9
	相对湿度	78.0	70.0	55.0	55.0	61.0	63.0	76.0	82.0	65.0	68.0	68.0	68.0	67.0
	降水量	24.9	12.9	1.4	28.1	46.1	77.3	54.8	123.2	39.5	17.7	42.8	2.2	470.9
	日照时数	74.4	133.8	192.7	247.8	258.1	151.0	119.3	122.4	186.7	113.3	115.4	147.4	1862.3
许昌市	平均气温	1.5	5.1	10.8	14.2	22.9	26.0	25.4	26.8	22.4	14.4	9.3	1.1	15.0
	最高气温	13.1	19.4	26.3	30.7	38.6	39.0	38.5	35.4	34.5	26.3	24.6	14.0	39.0
	最低气温	-6.7	-4.8	-2.1	1.0	9.5	13.8	17.7	17.8	12.0	2.8	-2.8	-9.6	-9.6
	相对湿度	83.0	76.0	67.0	64.0	57.0	71.0	85.0	90.0	75.0	79.0	74.0	69.0	74.0
	降水量	54.6	33.2	36.6	17.2	38.7	118.4	142.2	92.3	86.3	34.7	55.3	5.1	714.6
	日照时数	59.6	126.8	174.3	205.2	207.5	116.1	105.0	145.7	173.0	78.8	113.0	140.1	1645.1
漯河市	平均气温	2.3	6.6	12.1	15.7	24.0	26.6	25.7	27.5	22.8	14.9	10.6	2.8	16.0
	最高气温	14.1	20.5	27.8	31.2	39.2	39.2	37.5	36.3	34.3	27.5	24.8	14.5	39.2
	最低气温	-5.0	-2.8	-0.3	3.0	12.8	17.4	17.7	18.6	14.9	4.9	-0.8	-8.1	-8.1
	相对湿度	83.0	72.0	64.0	59.0	53.0	70.0	84.0	86.0	76.0	78.0	69.0	64.0	72.0
	降水量	64.6	17.1	46.0	17.9	31.7	163.9	362.3	117.0	30.4	36.9	59.3	8.5	955.6
	日照时数	66.3	133.6	161.5	185.1	203.1	117.4	104.9	158.6	150.8	67.7	106.5	133.9	1589.4
三门峡市	平均气温	1.0	5.3	11.3	14.9	21.6	23.7	23.8	24.2	20.5	12.4	8.4	0.2	13.9
	最高气温	11.6	19.3	25.4	31.8	36.5	36.9	34.2	34.2	32.1	20.4	20.3	12.0	36.9
	最低气温	-7.1	-4.8	0.9	3.6	9.3	15.6	17.0	18.5	12.0	5.9	-1.4	-11.7	-11.7
	相对湿度	76.0	59.0	50.0	48.0	50.0	71.0	83.0	86.0	67.0	74.0	64.0	51.0	65.0
	降水量	34.4	20.5	10.5	8.3	61.8	134.8	128.1	123.8	13.2	58.0	26.7	1.1	621.2
	日照时数	87.6	165.2	190.1	230.3	243.5	140.3	166.9	149.8	145.2	87.1	98.1	134.3	1838.4
南阳市	平均气温	3.0	6.7	12.1	15.9	23.5	25.6	25.1	27.2	22.6	15.1	11.0	3.2	15.9
	最高气温	12.7	18.6	25.9	30.8	38.4	36.5	35.8	35.2	33.9	24.9	24.2	13.2	38.4
	最低气温	-4.0	-3.4	1.1	3.6	9.6	14.7	19.6	19.3	13.6	8.6	0.5	-7.7	-7.7
	相对湿度	80.0	72.0	66.0	60.0	57.0	72.0	81.0	80.0	70.0	75.0	69.0	66.0	71.0
	降水量	62.1	15.8	52.7	11.6	82.7	127.0	272.5	249.1	94.2	52.2	64.4	4.7	1089.0
	日照时数	62.5	121.5	141.2	191.2	223.9	144.7	107.4	164.7	156.0	61.9	120.2	137.5	1632.7

2－17 续表2

单位：气温：摄氏度；降水量：毫米；日照：小时

站名	项目	1月	2月	3月	4月	5月	6月	7月	8月	9月	10月	11月	12月	全年
商丘市	平均气温	1.3	5.3	10.3	14.2	21.7	25.8	25.1	27.2	21.9	14.1	9.2	0.7	14.7
	最高气温	12.1	19.6	27.3	31.1	37.0	38.3	36.9	35.6	33.6	27.6	23.5	13.1	38.3
	最低气温	-7.2	-7.1	-3.1	1.4	9.5	14.0	18.3	17.4	11.1	1.2	-2.6	-12.1	-12.1
	相对湿度	81.0	72.0	64.0	59.0	63.0	68.0	81.0	85.0	77.0	77.0	74.0	70.0	73.0
	降水量	68.5	27.2	45.8	26.7	54.7	133.6	214.5	245.2	7.4	25.7	86.0	6.0	941.3
	日照时数	63.8	131.4	188.9	233.6	242.3	144.1	143.1	173.0	193.5	98.0	112.4	158.1	1882.2
信阳市	平均气温	3.8	8.7	12.9	16.8	24.3	26.1	25.1	29.0	23.8	15.8	11.5	4.2	16.8
	最高气温	16.3	20.7	29.0	31.6	36.4	36.9	35.0	37.1	35.3	27.9	24.5	15.9	37.1
	最低气温	-1.5	-1.9	1.1	4.2	13.7	19.2	19.8	22.2	12.1	9.7	0.5	-6.4	-6.4
	相对湿度	83.0	70.0	68.0	60.0	60.0	81.0	91.0	79.0	76.0	79.0	72.0	63.0	74.0
	降水量	104.8	55.9	82.9	24.4	21.1	429.4	410.3	61.1	83.5	107.9	70.3	16.3	1467.9
	日照时数	64.8	131.9	116.3	164.8	197.9	114.3	59.5	221.5	140.1	72.1	112.1	126.8	1522.1
周口市	平均气温	3.3	7.9	12.8	16.7	24.6	26.8	26.1	29.1	24.8	16.4	11.8	3.9	17.0
	最高气温	14.4	20.3	29.5	30.9	39.9	39.1	38.0	36.9	35.8	28.2	24.7	14.1	39.9
	最低气温	-2.0	-1.2	3.1	4.6	12.2	18.4	19.4	21.5	17.1	9.6	1.3	-7.0	-7.0
	相对湿度	77.0	66.0	59.0	52.0	52.0	70.0	84.0	81.0	64.0	66.0	64.0	57.0	66.0
	降水量	65.3	12.7	16.7	12.6	26.2	193.2	313.1	89.3	21.8	28.4	78.9	8.3	866.5
	日照时数	69.3	140.9	165.7	194.0	198.3	122.4	107.7	171.5	185.2	94.2	120.9	138.8	1708.9
驻马店市	平均气温	2.9	6.8	11.8	15.5	24.2	25.9	24.8	27.9	22.4	14.6	10.0	2.6	15.8
	最高气温	15.1	21.6	27.8	31.2	38.8	38.4	36.5	36.3	34.7	27.8	24.0	14.9	38.8
	最低气温	-3.9	-3.5		3.2	12.5	16.7	18.4	18.8	13.0	5.4	-1.6	-8.4	-8.4
	相对湿度	75.0	64.0	58.0	55.0	48.0	70.0	87.0	84.0	78.0	80.0	76.0	68.0	70.0
	降水量	86.3	51.6	34.9	24.0	15.5	253.7	319.9	116.0	77.7	56.7	58.6	12.2	1107.1
	日照时数	62.9	139.2	136.2	178.3	215.8	124.1	91.2	195.3	149.3	70.8	115.6	139.0	1617.7
济源市	平均气温	2.1	5.7	12.1	15.9	24.0	26.4	26.4	26.4	22.8	15.1	9.8	2.0	15.7
	最高气温	15.2	18.7	27.9	35.5	40.5	40.8	38.4	35.7	35.2	27.1	23.7	13.9	40.8
	最低气温	-5.2	-4.7	0.6	3.2	10.8	16.0	18.5	19.3	10.9	4.2	-1.2	-8.0	-8.0
	相对湿度	78.0	64.0	57.0	54.0	51.0	64.0	78.0	86.0	70.0	77.0	73.0	59.0	68.0
	降水量	50.6	16.5	15.9	10.5	68.7	127.4	52.9	174.8	0.9	24.5	31.6	7.4	581.7
	日照时数	74.8	174.2	181.2	233.5	266.6	145.2	127.9	145.1	170.6	107.5	106.3	163.4	1896.3

2－18 105个粮食大县

地 区	全年粮食		夏收粮食		秋收粮食	
	播种面积（千公顷）	总产量（吨）	播种面积（千公顷）	总产量（吨）	播种面积（千公顷）	总产量（吨）
荥阳市	44.33	275384	22.82	143699	21.51	131685
新密市	56.42	221441	26.60	113477	29.82	107964
新郑市	43.27	256134	21.84	129880	21.44	126254
祥符区	107.84	627957	63.42	407792	44.42	220165
杞 县	121.83	733861	65.54	429564	56.65	304297
通许县	67.11	415459	39.49	262788	27.63	152671
尉氏县	108.52	657215	65.54	423512	42.98	233703
兰考县	100.85	581851	59.33	357246	41.52	224605
孟津县	51.71	261276	26.48	144252	25.23	117024
新安县	46.95	245102	21.43	111750	25.52	133353
嵩 县	47.60	196492	19.74	87999	27.86	108493
宜阳县	89.13	439014	41.73	194462	47.41	244551
洛宁县	61.96	292380	29.79	139945	32.17	152435
伊川县	78.97	414041	38.73	225804	40.24	188237
偃师市	40.69	261610	21.21	136996	19.48	124613
宝丰县	52.15	289962	26.68	157571	25.47	132390
叶 县	123.01	717790	59.34	356831	63.67	360959
鲁山县	62.67	244462	30.74	121606	31.94	122856
郏 县	62.81	367578	30.97	186380	31.85	181198
汝州市	94.95	468892	48.07	250871	46.87	218021
殷都区	38.05	224394	14.41	85838	23.64	138556
安阳县	63.37	446130	30.47	226130	32.90	220000
汤阴县	73.02	499572	35.93	256375	37.09	243197
滑 县	206.61	1624762	120.73	941662	85.88	683100
内黄县	94.94	661369	59.75	425674	35.20	235695
林州市	56.79	245850	16.93	79550	39.87	166300
浚 县	100.49	792760	55.56	439184	44.93	353576
淇 县	41.14	306019	20.42	156247	20.73	149772
新乡县	39.09	281173	20.11	151425	18.98	129748
获嘉县	56.57	395507	26.98	197342	29.59	198164
原阳县	108.12	706194	53.56	369988	54.56	336206
延津县	81.57	542849	55.39	395312	26.18	147537
封丘县	116.02	771492	67.27	497227	48.75	274265
卫辉市	66.28	428406	31.97	226800	34.31	201606
辉县市	93.45	618856	46.61	328296	46.83	290560
长垣县	107.38	792544	56.63	441544	50.75	351000
修武县	29.70	222478	14.82	113909	14.88	108569
武陟县	72.05	561915	38.93	311591	33.12	250324

粮食生产情况（2020 年）

主要粮食品种播种面积（千公顷）				主要粮食品种总产量（吨）			
稻谷	小麦	玉米	大豆	稻谷	小麦	玉米	大豆
	22.82	19.52	0.25		143699	122760	412
	6.60	25.33	1.25		113477	88911	1968
	21.84	19.45	0.70		129880	117275	1994
4.16	63.42	32.29	1.91	37164	407792	157267	2773
	65.18	48.68	4.20		429564	272708	9910
	39.49	25.18	1.59		262788	146037	1703
	65.54	36.10	3.28		423512	204990	5969
0.16	59.33	37.41	1.45	1760	357246	198829	4542
1.06	26.48	17.89	3.11	6033	144252	94124	5545
	21.43	19.92	1.55		111750	104650	4356
	19.72	17.37	4.46		87970	77181	7906
	41.73	31.17	3.39		194462	183375	8775
	29.79	19.92	4.86		139945	96329	11190
0.16	38.73	25.22	1.49	1373	225804	121961	2940
	21.21	17.35	1.01		136996	117116	2707
	26.68	25.00	0.13		157571	130298	333
	59.34	56.71	4.88		356831	335305	13121
0.47	30.55	28.94	0.53	2785	121231	107845	1326
	30.97	19.98	4.90		186380	126280	13299
	48.07	43.87	1.03		250871	204084	3095
	14.41	21.37	0.24		85838	131424	410
	30.47	32.24	0.22		226130	215976	844
	35.93	35.10	0.80		256375	235721	2365
	120.73	84.49	0.47		941662	674045	1690
	59.75	33.48	0.37		425674	223714	1079
0.03	16.93	29.48	1.71	132	79550	127053	3326
	55.56	44.67	0.02		439184	351813	69
	20.42	20.15	0.01		156247	147192	33
0.03	20.11	16.72	2.08	262	151425	121748	6671
4.56	26.98	21.73	3.23	35325	197342	151481	11067
5.94	53.56	47.72	0.58	37804	369988	294684	1733
	55.39	23.96	0.16		395312	132089	564
0.04	67.27	44.64	1.12	244	497227	244923	3430
	31.97	33.59	0.07		226800	198782	198
0.01	46.61	45.10	0.74	40	328296	284281	2589
0.55	56.63	46.70	2.80	4001	441544	334493	7438
0.05	14.82	13.84	0.75	525	113909	104051	2497
0.71	38.93	30.38	1.44	7	311591	240536	4849

2－18 续表 1

地 区	全年粮食		夏收粮食		秋收粮食	
	播种面积（千公顷）	总产量（吨）	播种面积（千公顷）	总产量（吨）	播种面积（千公顷）	总产量（吨）
温 县	39.92	323057	22.15	182184	17.77	140873
沁阳市	45.04	346277	22.80	180005	22.24	166272
孟州市	36.59	282696	21.41	170502	15.19	112194
清丰县	83.53	618507	49.42	381424	34.10	237083
南乐县	68.16	515742	35.92	287143	32.24	228599
范 县	62.25	416173	29.27	203450	32.98	212723
台前县	38.26	233692	18.83	133534	19.43	100158
濮阳县	153.38	1040055	83.84	594777	69.54	445279
建安区	97.51	655051	51.41	387334	46.10	267717
鄢陵县	77.00	567043	42.69	335581	34.31	231462
襄城县	90.64	598993	45.09	340671	45.55	258322
禹州市	97.82	600320	47.86	302181	49.95	298139
长葛市	80.79	585580	40.21	315290	40.58	270290
郾城区	43.52	288796	23.52	178347	20.00	110448
召陵区	46.66	335212	25.83	193485	20.83	141727
舞阳县	80.75	580204	42.16	315694	38.59	264510
临颍县	76.88	522205	41.80	320504	35.08	201701
渑池县	43.67	198638	21.29	101793	22.38	96845
灵宝市	54.76	249577	24.52	120909	30.24	128668
宛城区	85.57	536378	52.65	354292	32.91	182086
卧龙区	63.73	359257	34.69	205446	29.04	153811
方城县	161.32	744608	82.55	398097	78.77	346511
镇平县	99.26	536533	52.99	285983	46.27	250550
内乡县	73.13	399816	34.91	199891	38.22	199925
淅川县	64.56	298711	35.56	163101	29.00	135610
社旗县	126.04	662483	64.37	307257	61.67	355226
唐河县	229.28	1357495	142.22	967495	87.05	390000
新野县	81.33	539001	53.57	372069	27.76	166932
桐柏县	46.45	251348	15.80	67481	30.65	183867
邓州市	217.55	1252501	139.07	834418	78.48	418083
梁园区	55.41	374823	30.05	220204	25.36	154619
睢阳区	95.68	647611	50.78	370790	44.90	276822
民权县	108.06	744489	68.04	496522	40.02	247967
睢 县	102.43	698115	57.41	420790	45.02	277325
宁陵县	76.73	529232	48.20	354499	28.53	174733
柘城县	118.28	825602	66.26	498148	52.02	327454
虞城县	147.22	1016369	77.17	575036	70.05	441334
夏邑县	159.46	1094225	82.04	616444	77.42	477781

主要粮食品种播种面积(千公顷)				主要粮食品种总产量(吨)			
稻谷	小麦	玉米	大豆	稻谷	小麦	玉米	大豆
	22.15	17.16	0.12		182184	136186	401
	22.80	20.95	1.00		180005	160131	3629
	21.41	14.75	0.08		170502	109586	257
	49.42	31.14	0.21		381424	216506	703
	35.92	30.71	0.86		287143	220183	3190
12.45	29.27	14.56	5.74	91252	203450	103834	16548
	18.83	13.39	5.87		133534	81629	17369
5.12	83.84	53.68	10.07	47238	594777	360247	32010
	51.41	25.84	17.14		387334	199702	44970
	42.69	27.99	5.82		335581	211112	17367
	45.09	16.02	13.83		340671	122309	39793
	47.86	41.32	3.22		302181	261725	7036
	40.21	32.64	7.18		315290	241397	23625
	23.52	9.70	9.96		178347	79905	28514
	25.83	16.89	3.52		193485	128665	10302
	42.16	30.37	6.83		315694	239371	16353
	41.80	17.10	14.70		320504	138486	40781
	21.29	10.99	5.25		101793	54515	13000
	24.52	22.66	4.02		120909	108722	6195
	52.65	28.25	3.68		354292	172127	4856
1.02	34.58	24.03	1.42	5090	205098	128869	2753
	82.52	69.62	3.91		398032	311512	8058
0.19	52.68	42.93	1.03	1147	285062	235256	1938
	34.91	35.49	0.16		199891	179546	153
0.32	34.92	21.18	2.15	2597	162262	79190	3053
	64.25	53.79	4.86		306782	320751	13323
8.25	142.22	61.95	5.63	40161	967485	268447	7031
	53.57	23.60	1.92		372069	148102	5067
17.09	15.80	11.45	1.12	133555	67481	45808	704
2.53	138.64	60.44	4.19	16486	832940	335467	10328
	30.05	25.20	0.13		220204	154094	398
	50.71	42.74	1.41		370592	267287	3614
	68.04	37.62	0.98		496522	233836	2761
	57.41	41.34	2.11		420790	263787	6901
	48.20	25.00	1.47		354499	157201	4753
	66.26	49.82	1.57		498117	317589	4886
	77.17	65.72	1.78		575036	416982	5834
	82.03	73.08	2.39		616391	459837	6990

2－18　续表 2

地　区	全年粮食		夏收粮食		秋收粮食	
	播种面积（千公顷）	总产量（吨）	播种面积（千公顷）	总产量（吨）	播种面积（千公顷）	总产量（吨）
永城市	210.95	1369119	112.65	849800	98.30	519319
平桥区	73.61	497500	32.41	143120	41.20	354380
罗山县	95.54	718662	28.40	118428	67.14	600234
光山县	66.89	545057	10.00	41550	56.89	503507
商城县	37.09	289635	0.88	3484	36.21	286151
固始县	152.20	1127146	36.00	165246	116.20	961900
潢川县	98.74	699193	37.33	160160	61.41	539033
淮滨县	101.32	586024	56.00	284760	45.32	301264
息　县	175.59	1048309	105.97	565898	69.61	482411
淮阳区	150.19	1025437	77.63	583764	72.56	441673
扶沟县	105.01	701605	65.15	486793	39.86	214812
西华县	134.12	893071	74.44	556208	59.68	336863
商水县	162.08	1140048	80.09	601200	81.99	538848
沈丘县	137.34	944190	73.27	550670	64.08	393520
郸城县	177.83	1200035	89.38	670240	88.45	529795
太康县	200.32	1382177	110.24	823900	90.08	558277
鹿邑县	143.18	988082	72.91	544613	70.27	443469
项城市	139.01	918926	75.88	566987	63.13	351939
驿城区	86.76	476448	45.73	261640	41.02	214808
西平县	141.77	980616	72.30	509684	69.48	470932
上蔡县	169.24	1112858	98.69	699753	70.56	413105
平舆县	132.35	876847	80.90	570709	51.45	306138
正阳县	158.81	934373	130.65	740749	28.16	193624
确山县	97.68	572972	56.54	335911	41.14	237061
泌阳县	125.31	712449	75.23	426798	50.07	285651
汝南县	127.86	839632	86.82	599432	41.04	240200
遂平县	102.48	650806	54.29	372225	48.19	278582
新蔡县	152.76	942700	86.21	572200	66.55	370500
济源市	43.46	246431	21.24	128743	22.22	117687

主要粮食品种播种面积(千公顷)				主要粮食品种总产量(吨)			
稻谷	小麦	玉米	大豆	稻谷	小麦	玉米	大豆
	112.64	58.55	38.39		849769	424739	83991
36.96	32.41	1.86	1.00	335621	143120	10378	1003
65.99	28.40	0.07	0.40	596307	118428	419	381
54.30	10.00	0.59	0.90	491267	41550	3866	2716
32.73	0.88	1.09	0.96	273372	3484	5554	842
112.39	36.00	3.36	0.07	944069	165246	15826	145
60.90	37.33	0.20		536844	160160	1228	
40.21	56.00	2.35	0.53	276758	284760	13091	505
55.51	105.97	10.38	1.38	404894	565882	61542	3312
	77.63	59.63	8.69		583764	399281	20223
0.16	65.15	26.17	13.07	1157	486793	187702	23523
	74.44	48.19	10.41		556208	309779	20457
	80.09	73.05	6.81		601200	507720	16659
	73.27	53.12	6.80		550670	346863	22692
	89.20	77.04	6.46		669652	488957	12758
	110.24	78.15	9.22		823900	520118	20918
	72.91	59.16	9.40		544613	405297	27005
	75.88	45.47	14.25		566987	305839	26011
	45.73	38.10	1.04		261640	200055	1949
	72.30	68.88	0.48		509684	469254	824
	98.69	62.32	7.07		699753	389308	16447
	80.90	44.49	4.79		570709	283813	10229
20.26	130.65	4.02	2.12	155019	740749	24673	4120
4.50	56.52	31.60	1.79	33127	335855	176091	4172
2.00	75.05	42.71	0.78	12728	426396	242378	1786
0.00	86.82	36.38	3.03	15	599432	223352	6850
	54.29	45.77	1.21		372225	267282	3428
0.81	86.21	60.19	1.97	4783	572200	344408	4989
0.04	21.24	20.37	0.97	325	128743	110430	2648

主要统计指标解释

农作物总播种面积　是指全年各季各种农作物播种面积的总和。现行农业统计报表制度规定全年农作物总播种面积是指应该在本日历年度内收获农产品的作物的播种面积之和。其计算公式为：

本年农作物总播种面积 = 上年秋冬播种作物面积 + 本年春播作物面积 + 本年夏播作物面积

或：本年农作物总播种面积 = 本年夏收作物播种面积 + 本年秋收作物播种面积

粮食产量　指全社会的产量。包括全民所有制经营的、集体统一经营的和农民家庭经营的粮食产量。粮食除包括稻谷、小麦、玉米、高粱、谷子及其它杂粮外还包括薯类和大豆。其产量的计算方法：豆类按去豆荚后的干豆计算；薯类按五公斤鲜薯折粮一公斤计算。其他粮食一律按脱粒后的原粮计算。

油料产量　指全部油料作物的生产量。包括花生、油菜籽、芝麻、向日葵籽、胡麻籽（亚麻籽）和其它油料。不包括大豆也不包括木本油料和野生油料。花生以带壳干花生计算。

育苗面积　指培育苗木所实际占用的苗圃面积。包括临时性的灌溉排水设施和苗床间步道等。不包括苗圃休闲地固定性或永久性的灌溉排水设施和道路、建筑物等面积。育苗面积包括本年新育面积、留床面积和移植面积三部分。育苗面积按实际占用的土地面积计算。

封山育林面积　是指对水土流失严重的荒山秃岭、河流两岸和近年内不准备进行人工造林的荒山荒地封禁以免人畜破坏使杂草、幼树得以繁殖兹长改善地面复被状况以减免水土的流失和为造林创造条件以及将采伐迹地、火烧迹地加以封禁使其残留的母树林能天然下种繁殖幼树残留的竹木根株能自然发芽蔓延生长的面积。包括当年新封及历年封禁至本年末尚未开放的面积不包括为保护新造幼林的生长而临时封禁的面积

林产品产量　指从人工栽培的竹木林上不经砍伐竹、木的根本而取得的各种林产品数量。包括生漆、棕片、五倍子、松脂、笋干、油桐籽、乌柏子、核桃、板栗等各种林木籽实以及修剪竹木所得的枝叶（荆条、柳条、蒲葵叶）等等林产品产量中包括林木种子采集量。但不包括竹木采伐量。

有效灌溉面积　指灌溉工程或设备已基本配套，有一定水源，土地比较平整，在一般年景可以进行正常灌溉的耕地面积。一般为水田与水浇地之和。

当年实际机耕地面积　指本年度内利用拖拉机或其他动力机械耕过的耕地面积。机耕面积应该按实际翻耕过的耕地面积计算，即同一公顷耕地上一年内不论翻几次，仍按一公顷计算。

农业机械总动力　指主要用于农林牧渔业的各种动力机械的动力总和。包括耕作机械、排灌机械、收获机械、农产品加工机械、运输机械、植物保护机械、牧业机械、林业机械、渔业机械和其他农业机械（内燃机按引擎马力折成瓦数计算）。不包括专门用于乡办工业、基本建设、非农业运输、科学试验和教学等非农业生产方面的动力机械与作业机械。

农用化肥施用量　指本年度实际用于农业生产的化肥数量，包括氮肥、磷肥、钾肥和复合肥。

主要化肥折纯量　指在化肥原施用实物量的基础上进行按含量多少折纯。就是氮肥含氮量、磷肥含磷量、钾肥含氧化钾量等。

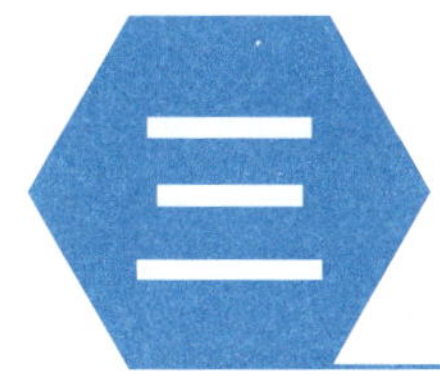

畜牧业

资料整理：李永强

3－1 主要畜产品产量

指　标	单位	2000年	2005年	2010年	2015年	2016年	2017年	2018年	2019年	2020年
猪牛羊出栏头数										
肉猪出栏头数	万头	4180.00	5568.00	5382.80	6151.36	5983.13	6220.00	6402.38	4502.10	4311.12
占年初存栏头数比重	%	117.5	142.1	119.0	139.6	137.2	145.7	145.8	103.8	136.0
肉用牛出栏头数	万头	578.00	702.64	390.08	251.29	231.10	232.95	231.16	238.43	241.25
占年初存栏头数比重	%	43.1	50.3	49.4	57.8	57.4	66.9	100.3	63.9	62.6
肉用羊出栏只数	万只	2903.80	4225.00	1959.16	1790.23	1791.49	2145.00	2208.19	2301.11	2342.65
占年初存栏头数比重	%	104.2	114.5	98.1	94.9	93.0	139.7	131.3	132.7	123.4
肉用禽出栏只数	万只			81530.72	83132.35	83926.15	90681.61	92767.28	108816.02	110828.12
占年初存栏只数比重	%			142.4	145.6	147.1	159.3	142.7	165.4	159.2
肉类总产量	万吨	517.00	689.00	608.96	647.22	625.94	655.84	669.41	560.42	544.05
#猪肉产量	万吨	337.90	441.20	407.72	466.45	449.04	466.90	479.04	344.43	324.80
牛肉产量	万吨	83.00	102.75	58.67	37.84	34.87	35.04	34.80	36.22	36.71
羊肉产量	万吨	32.00	47.38	23.35	21.81	21.85	26.10	26.90	28.11	28.64
驴肉产量	万吨	2.30	1.96	3.40	1.52	0.47	0.29	0.30	0.24	0.17
骡肉产量	万吨	1.10	0.80	0.43	0.10	0.05	0.03	0.02	0.02	0.01
马肉产量	万吨	1.50	1.13	1.05	0.39	0.18	0.15	0.14	0.10	0.09
禽肉产量	万吨	55.00	87.51	101.32	108.97	110.05	118.97	121.94	145.24	148.05
兔肉产量	万吨	4.20	5.66	9.46	6.23	5.32	4.85	4.41	4.20	3.77
平均每头肉猪产肉量	公斤/头	80.80	79.20	75.74	75.83	75.05	75.10	74.82	76.50	75.34
平均每头肉牛产肉量	公斤/头	144.70	146.20	150.47	150.42	151.02	150.21	150.52	151.90	152.17
平均每只肉羊产肉量	公斤/只	11.00	11.20	11.89	12.18	12.17	12.17	12.18	12.21	12.23
其他畜产品产量										
奶类总产量	万吨	20.20	108.50	207.04	233.66	223.30	212.87	208.90	208.55	214.72
牛奶产量	万吨	16.10	104.00	190.06	223.57	213.51	202.86	202.65	204.07	210.05
羊奶产量	万吨	4.10	4.50	16.98	10.10	9.79	10.01	6.24	4.47	4.67
羊毛总产量	吨	10844.00	14335.00	11983.87	7245.69	9370.37	9214.42	6848.85	6447.00	6631.77
山羊毛产量	吨	2858.00	2873.00	4297.34	2245.31	3656.97	3449.52	2718.64	2797.65	2863.53
绵羊毛产量	吨	7986.00	11462.00	7686.53	5000.38	5713.41	5764.90	4130.21	3649.34	3768.24
羊绒产量	吨	277.00	433.00	180.53	310.73	706.08	580.54	312.54	330.63	371.30
蜂蜜产量	吨	23105.00	27441.00	61819.94	27907.26	87822.84	71486.89	61392.54	61092.60	68913.93
禽蛋产量	万吨	270.00	375.30	372.29	372.30	379.56	401.18	413.61	442.42	449.42

3-2 主要畜禽年末存栏数量

指 标	单位	2000年	2005年	2010年	2015年	2016年	2017年	2018年	2019年	2020年
大牲畜总头数	**万头**	**1445.70**	**1508.80**	**719.19**	**411.70**	**353.67**	**376.09**	**377.01**	**388.27**	**394.88**
#从事农事劳役的头数	万头	482.80	412.90	296.16	183.71	167.47	108.50	107.96	92.21	85.00
牛	万头	1340.20	1447.00	695.05	402.68	348.41	372.67	373.41	385.13	391.68
肉牛	万头	282.80	514.06	346.53	181.76	150.58	230.51	231.12	257.32	270.04
乳牛	万头	6.70	31.22	52.35	37.22	30.36	33.66	34.33	35.60	36.64
马	万头	29.30	17.29	8.05	2.80	1.38	0.97	0.91	0.72	0.75
驴	万头	49.50	29.60	12.34	5.13	3.47	2.18	2.33	2.11	2.18
骡	万头	26.80	14.91	3.76	1.09	0.41	0.28	0.35	0.30	0.27
猪	万头	3787.70	4439.00	4540.55	4361.95	4268.82	4390.00	4337.15	3170.46	3886.98
#能繁殖的母猪	万头	365.00	517.00	473.59	459.31	432.06	440.54	417.19	301.21	402.61
羊	万只	2961.40	3988.00	1895.40	1926.00	1535.45	1682.02	1734.07	1898.81	1965.12
山羊	万只	2730.10	3509.00	1662.88	1552.77	1438.55	1412.88	1473.96	1620.22	1672.50
绵羊	万只	231.30	479.00	232.52	373.23	96.89	269.14	260.11	278.60	292.63
家禽	万只	42529.00	61958.00	56708.51	57070.49	56927.73	65019.50	65799.73	69601.71	70436.65

3-3 各市主要畜禽出栏数量和畜产品产量(2020年)

地 区	猪出栏头数（万头）	牛出栏头数（万头）	羊出栏只数（万只）	家禽出栏只数（万只）
郑州市	75.61	4.51	29.87	1602.10
开封市	290.50	16.43	202.83	4075.34
洛阳市	136.83	16.50	81.59	2565.09
平顶山市	236.23	14.08	149.98	3144.47
安阳市	155.48	2.79	75.27	8283.31
鹤壁市	95.50	1.18	27.88	11342.27
新乡市	254.70	8.48	92.39	6595.52
焦作市	92.40	6.38	33.47	2896.19
濮阳市	96.43	4.23	118.07	11881.23
许昌市	232.33	7.49	83.45	2354.03
漯河市	222.55	2.23	25.19	6307.57
三门峡市	81.92	7.44	41.88	810.58
南阳市	517.94	51.03	345.37	4341.52
商丘市	328.34	23.28	363.49	11912.93
信阳市	246.46	9.15	85.29	11470.25
周口市	529.05	16.50	350.33	15731.16
驻马店市	687.30	48.04	229.50	5278.39
济源市	31.57	1.50	6.80	236.17

3－3 续表

地 区	肉类总产量（吨）	猪肉（吨）	禽蛋产量（吨）	奶类总产量（吨）
郑州市	9	6	12	11
开封市	32	22	36	33
洛阳市	18	11	16	16
平顶山市	26	18	18	14
安阳市	24	12	20	11
鹤壁市	21	7	15	6
新乡市	30	19	28	15
焦作市	12	7	13	20
濮阳市	24	8	27	1
许昌市	23	18	17	4
漯河市	25	17	17	1
三门峡市	9	6	6	3
南阳市	56	39	40	23
商丘市	48	25	56	28
信阳市	44	19	42	0
周口市	65	39	50	4
驻马店市	69	52	35	14
济源市	3	2	3	6

3－4 各市主要畜禽存栏数量（2020年）

地 区	猪年末头数（万头）	牛年末头数（万头）	羊年末只数（万只）	家禽年末只数（万只）
郑州市	71.86	4.86	30.32	1274.46
开封市	253.23	34.35	187.55	4204.19
洛阳市	119.69	29.49	80.26	2587.14
平顶山市	210.53	18.89	132.22	2214.21
安阳市	143.25	4.94	57.04	3697.78
鹤壁市	86.04	2.05	34.10	2451.01
新乡市	233.96	17.79	67.28	3904.86
焦作市	83.22	7.16	32.06	1506.48
濮阳市	94.94	4.63	66.92	7964.26
许昌市	215.76	9.71	62.97	1946.88
漯河市	172.65	3.05	22.47	3070.30
三门峡市	78.83	17.89	41.52	749.37
南阳市	489.54	81.36	283.79	5712.57
商丘市	270.30	37.31	291.64	9096.82
信阳市	235.23	14.36	79.33	5990.18
周口市	493.39	28.79	296.11	8568.65
驻马店市	606.56	72.18	187.16	5261.49
济源市	28.00	2.88	12.38	236.00

3－5 生猪大县生产情况

地 区	年末生猪存栏（万头）														
	2006年	2007年	2008年	2009年	2010年	2011年	2012年	2013年	2014年	2015年	2016年	2017年	2018年	2019年	2020年
杞 县	66.35	73.78	80.00	81.00	78.12	79.00	72.68	73.50	76.55	78.34	77.12	79.83	79.99	66.23	76.67
通许县					44.36	45.69	45.74	46.11	46.02	46.94	46.25	50.19	53.01	33.69	52.23
尉氏县	62.24	69.21	75.00	75.80	74.20	74.50	75.50	69.99	70.13	69.63	69.84	71.98	69.90	43.21	61.55
祥符区					50.88	52.41	52.46	53.68	54.62	54.44	54.18	54.83	57.02	42.14	48.81
叶 县	58.41	72.12	77.50	79.50	81.62	82.40	81.41	86.00	85.02	84.31	83.60	85.04	81.58	56.05	72.34
汝州市	52.51	60.31	66.77	68.50	70.21	70.46	71.60	72.82	71.73	71.33	70.45	73.55	70.87	53.01	62.85
林州市					63.24	65.14	65.14	64.36	61.71	60.63	60.28	61.03	55.00	30.48	20.47
浚 县					38.55	39.71	39.83	40.10	38.35	38.52	38.04	40.66	39.72	26.87	37.31
封丘县					44.22	45.55	45.64	47.28	47.83	48.64	48.27	49.09	50.28	32.77	52.16
卫辉市	49.13	41.95	44.05	44.80	45.40	46.00	46.40	45.24	46.58	46.51	46.84	46.87	47.51	15.07	29.58
辉县市	58.57	62.72	72.00	73.80	71.10	72.50	71.78	72.60	71.14	69.91	69.10	70.79	69.80	29.47	39.59
许昌县	49.65	53.46	62.00	62.30	64.55	64.20	60.41	61.10	56.23	55.00	54.62	56.28	52.28	33.87	38.15
鄢陵县	47.85	51.51	60.00	60.50	56.80	56.90	56.60	56.00	56.35	55.69	55.27	56.17	54.17	35.40	47.85
襄城县	57.56	49.54	50.70	52.00	51.40	51.60	51.70	49.99	51.28	50.76	50.19	51.01	52.36	26.86	41.96
禹州市	38.06	40.97	50.74	51.50	52.10	52.50	51.61	52.20	52.43	52.07	51.44	52.74	52.08	41.65	45.11
长葛市	34.93	37.60	44.44	45.60	44.50	44.80	43.59	44.00	43.42	43.07	42.37	43.38	43.86	30.11	42.68
郾城区	38.19	33.78	41.38	42.00	42.66	42.60	43.00	43.60	43.25	43.10	42.51	43.40	44.28	38.02	42.57
召陵区	50.27	40.07	41.11	41.80	41.00	41.50	41.40	42.00	41.14	40.23	39.60	40.77	40.32	31.12	35.08
舞阳县					44.72	46.06	46.11	45.60	45.80	45.61	45.14	46.55	47.01	38.14	40.08
临颍县	44.41	46.89	56.00	56.50	56.20	56.20	55.80	56.20	54.28	53.22	52.62	53.05	53.97	40.42	45.33
内乡县	46.79	42.48	46.92	48.50	49.20	51.20	51.97	58.46	55.31	55.71	65.89	67.43	71.67	68.07	78.83
社旗县					50.53	52.05	52.10	52.80	53.00	53.15	52.16	55.75	54.78	48.43	49.27
唐河县	71.28	75.39	81.00	82.10	82.20	82.50	82.60	83.01	82.80	82.20	80.80	82.15	80.38	76.87	79.57
邓州市	93.54	101.47	103.00	104.26	108.80	106.80	106.98	107.62	105.12	104.70	104.20	105.98	102.59	91.92	94.50
睢阳区					43.74	45.05	45.10	46.00	46.10	46.05	45.30	45.71	46.13	32.05	39.01
睢 县					29.82	30.72	30.81	30.04	30.34	30.35	29.87	32.81	32.80	22.22	27.05
柘城县					28.49	29.34	29.40	30.66	30.01	30.92	30.41	33.40	34.06	25.55	29.25
夏邑县					49.27	50.75	50.80	51.20	52.85	53.96	53.93	55.21	55.28	40.57	44.21
固始县	57.93	61.63	71.00	72.00	72.10	72.20	70.54	72.00	72.53	72.42	71.49	71.99	68.91	42.04	42.39
潢川县		30.40	37.41	48.15	48.63	49.12	51.00	50.34	49.19	49.51	49.00	50.18	49.59	23.93	35.08
西华县	49.71	56.16	64.00	65.80	64.40	64.35	64.60	64.80	66.22	66.32	65.69	66.86	69.14	50.35	64.38
商水县	52.15	57.86	65.50	65.80	68.80	68.90	67.38	64.35	65.20	64.83	65.97	67.98	69.18	54.70	70.76
沈丘县	49.18	45.08	48.61	50.00	50.60	51.30	52.00	53.35	54.19	54.62	54.06	55.01	55.10	42.72	44.56
淮阳县	62.88	51.35	54.54	55.80	55.98	56.80	57.10	56.36	57.02	56.80	56.64	58.20	58.07	44.61	45.13
太康县	59.00	62.52	69.00	70.10	72.20	72.25	73.20	68.44	68.63	68.48	67.28	69.45	73.55	64.94	89.04
鹿邑县		47.8	53.55	58.15	58.73	59.08	59.40	57.97	57.86	57.56	56.36	57.05	55.99	51.59	53.86
西平县	86.12	88.55	90.55	92.20	95.85	96.90	97.60	93.50	92.74	91.90	90.32	92.92	90.42	59.15	79.52
上蔡县	61.34	61.73	66.37	68.00	68.50	68.90	64.08	64.14	66.23	67.16	66.49	67.04	66.31	50.24	74.62
平舆县					49.29	50.77	50.82	49.04	46.54	46.59	46.92	47.21	47.83	37.45	55.86
正阳县	90.29	93.92	108.00	111.00	114.65	114.80	107.91	103.38	104.74	105.44	106.90	110.00	107.34	73.03	89.47
确山县	47.72	53.05	57.79	58.00	58.68	58.58	53.89	53.95	54.26	54.41	54.36	55.97	55.99	43.16	49.16
汝南县	58.66	62.29	67.55	68.50	66.65	67.00	68.00	65.82	66.16	65.74	65.14	66.44	65.75	46.75	57.24
遂平县	55.10	59.73	67.00	68.10	70.25	70.50	70.48	70.62	70.22	69.60	69.31	70.94	71.94	47.79	55.45
新蔡县	58.83	62.46	69.00	71.50	70.80	72.00	68.40	65.53	65.78	65.90	65.29	66.55	65.85	50.79	60.94
济源市					36.02	37.10	37.17	35.05	33.89	33.63	32.99	36.00	36.38	17.96	28.00

3－5 续表 1

地 区	#能繁殖母猪(万头)														
	2006年	2007年	2008年	2009年	2010年	2011年	2012年	2013年	2014年	2015年	2016年	2017年	2018年	2019年	2020年
杞 县	5.04	6.87	8.10	8.16	7.99	8.30	8.31	8.36	8.63	8.43	8.07	8.33	7.87	6.74	7.87
通许县					4.91	5.00	5.01	5.40	5.41	5.28	5.12	5.52	5.32	3.59	5.61
尉氏县	4.72	6.44	7.50	7.51	7.48	7.70	8.00	8.60	8.51	8.20	7.86	8.00	7.61	5.15	6.35
祥符区					5.45	5.55	5.56	5.66	5.69	5.53	5.34	5.35	5.40	4.52	5.41
叶 县	4.78	7.72	8.80	8.88	9.18	9.25	8.98	9.22	9.20	8.83	8.43	8.55	8.01	5.27	5.61
汝州市	2.95	5.95	7.10	7.18	7.06	7.10	7.20	7.28	7.08	6.87	6.66	6.85	6.70	4.34	6.48
林州市					8.04	8.20	8.20	7.80	7.46	7.02	6.80	6.74	6.01	3.68	2.20
浚 县					4.69	4.79	4.80	4.60	4.48	4.31	4.24	4.53	4.29	3.08	3.93
封丘县					4.40	4.49	4.50	5.40	5.35	5.27	5.11	5.18	4.96	3.17	5.02
卫辉市	2.56	3.22	4.50	4.70	4.80	4.80	4.94	5.01	5.11	4.94	4.83	4.90	4.62	1.82	3.30
辉县市	4.62	6.93	8.30	8.31	8.11	8.10	8.10	8.00	7.89	7.51	7.23	7.32	6.93	3.84	4.14
许昌县	3.94	5.75	5.86	5.91	6.12	6.60	6.43	6.41	5.99	5.68	5.52	5.63	5.22	3.90	4.21
鄢陵县	4.01	5.85	6.61	6.67	6.55	6.68	6.64	6.10	6.05	5.81	5.66	5.71	5.39	3.95	4.91
襄城县	4.32	4.74	5.20	5.40	5.45	5.46	5.50	5.51	5.64	5.43	5.35	5.42	5.16	3.51	4.65
禹州市	2.57	3.73	4.50	6.00	5.96	6.00	5.83	5.76	5.85	5.68	5.52	5.58	5.30	4.07	4.57
长葛市	2.69	3.92	4.70	4.75	4.72	4.80	4.71	4.70	4.52	4.36	4.29	4.34	4.10	2.60	4.55
郾城区	6.90	3.81	4.23	4.40	4.50	4.50	4.54	4.50	4.40	4.25	4.09	4.14	4.14	3.65	4.63
召陵区	4.71	4.86	4.98	5.10	4.80	4.95	4.90	4.68	4.69	4.59	4.39	4.40	4.20	3.17	3.58
舞阳县					4.70	4.80	4.80	4.82	4.73	4.61	4.51	4.58	4.37	3.42	4.05
临颍县	3.96	5.77	6.72	6.73	6.89	6.85	6.40	6.20	6.24	6.02	5.79	5.82	5.55	4.02	4.66
内乡县	2.85	7.10	8.50	6.58	6.25	6.34	6.41	7.20	7.01	6.94	8.08	8.00	7.64	7.26	8.03
社旗县					5.48	5.59	5.60	5.60	5.63	5.53	5.41	5.64	5.38	4.84	5.09
唐河县	7.69	6.68	7.03	7.73	7.84	8.2	8.34	8.40	8.48	8.21	7.87	7.96	7.50	6.73	7.94
邓州市	5.25	7.81	9.20	9.28	9.62	10.2	10.39	12.80	12.42	12.11	11.66	11.72	10.86	8.12	9.69
睢阳区					4.91	5.00	5.01	5.00	4.98	4.80	4.67	4.74	4.53	3.27	4.31
睢 县					3.52	3.59	3.60	3.60	3.53	3.43	3.33	3.62	3.41	2.49	2.99
柘城县					3.52	3.59	3.60	3.55	3.36	3.33	3.26	3.56	3.41	2.49	3.18
夏邑县					5.97	6.09	6.10	6.02	6.15	6.00	5.87	5.95	5.65	4.48	4.75
固始县	4.02	4.68	6.00	6.05	6.26	6.90	6.76	7.10	7.22	7.01	6.79	6.82	6.48	4.28	4.79
潢川县		2.90	3.92	4.90	4.95	5.09	5.18	5.20	5.00	4.95	4.78	4.85	4.61	2.37	3.88
西华县	3.61	5.50	6.50	6.55	6.33	6.60	6.50	6.52	6.69	6.57	6.38	6.53	6.39	4.71	6.08
商水县	5.32	6.87	7.89	7.95	7.85	8.00	7.90	7.20	7.14	6.88	6.67	7.01	6.66	5.66	7.70
沈丘县	5.23	3.66	5.18	5.56	5.80	6.00	6.20	6.10	6.21	6.07	5.93	6.01	5.75	4.46	4.65
淮阳县	8.20	5.77	6.30	6.45	6.46	6.50	6.70	6.40	6.50	6.30	6.14	6.23	5.95	4.35	4.54
太康县	4.12	6.01	7.20	7.21	7.11	7.30	7.50	7.50	7.52	7.36	7.10	7.21	6.83	6.00	9.59
鹿邑县		4.43	5.28	5.62	5.68	5.83	5.94	6.10	6.14	5.92	5.80	5.83	5.60	5.00	5.33
西平县	7.62	9.41	9.76	9.88	9.76	10.02	9.91	9.90	9.72	9.38	8.93	9.17	8.58	6.53	8.90
上蔡县	4.60	5.22	6.29	6.87	7.40	7.42	7.50	7.40	7.62	7.47	7.20	7.31	6.92	5.52	8.01
平舆县					5.09	5.19	5.20	5.26	5.01	4.85	4.73	4.75	4.55	3.46	5.89
正阳县	7.91	11.70	13.50	13.51	13.66	14.00	14.00	12.00	11.99	11.76	11.27	11.54	10.70	7.44	9.19
确山县	5.37	6.06	6.29	6.42	6.12	6.26	6.26	6.10	6.08	5.85	5.73	5.85	5.60	4.36	4.76
汝南县	4.54	6.33	6.63	7.00	6.88	7.10	7.30	7.30	7.14	6.86	6.65	6.73	6.40	4.78	5.88
遂平县	4.80	6.59	7.80	7.85	8.02	8.12	8.00	7.88	7.62	7.33	7.07	7.18	6.80	4.98	5.61
新蔡县	4.11	5.90	7.00	7.08	7.06	7.22	7.38	7.30	7.22	7.00	6.77	6.86	6.51	5.31	6.56
济源市					4.36	4.45	4.46	4.40	4.11	3.95	3.83	4.09	3.90	2.21	2.90

3－5 续表 2

地 区	生猪出栏(万头)														
	2006年	2007年	2008年	2009年	2010年	2011年	2012年	2013年	2014年	2015年	2016年	2017年	2018年	2019年	2020年
杞 县	71.53	67.61	79.90	84.00	85.10	86.00	87.12	95.66	102.04	100.82	99.26	103.64	107.39	74.14	85.28
通许县					61.56	62.79	62.85	65.60	63.78	63.60	62.98	70.45	72.90	54.04	51.20
尉氏县	68.94	65.17	76.90	80.00	84.50	85.00	87.38	96.55	105.33	103.41	103.98	108.12	111.44	78.76	68.85
祥符区					65.13	66.43	66.50	70.20	68.80	67.81	68.21	70.51	72.26	57.81	55.91
叶 县	81.91	78.62	91.35	97.70	106.32	106.80	108.72	116.80	122.82	120.28	119.35	123.13	127.06	91.30	73.48
汝州市	62.18	65.55	76.10	81.50	86.12	87.00	88.31	90.00	91.08	89.94	89.80	92.24	94.31	62.60	60.48
林州市					83.35	85.01	85.10	86.20	84.29	82.02	81.47	84.65	77.26	45.04	27.10
浚 县					70.57	71.99	72.13	75.20	70.00	68.53	67.37	70.98	73.04	50.00	45.09
封丘县					72.74	74.20	74.27	82.20	83.00	81.50	80.92	84.82	86.54	59.30	51.16
卫辉市	62.25	50.10	50.11	53.00	56.80	57.00	57.80	61.60	60.13	59.51	59.97	61.73	63.95	49.92	32.14
辉县市	87.16	84.10	97.50	104.20	108.00	107.80	107.80	113.20	120.22	116.81	115.06	117.20	119.57	74.14	43.02
许昌县	78.20	68.78	77.80	81.50	88.89	89.20	87.24	90.60	95.94	92.34	90.63	93.24	79.22	51.42	43.53
鄢陵县	72.95	66.53	76.95	81.65	81.52	82.00	82.98	82.40	87.90	85.85	85.50	87.97	81.14	51.80	48.31
襄城县	61.47	60.33	63.09	67.30	69.50	69.60	70.23	70.00	69.57	68.25	67.68	68.47	63.89	39.83	40.03
禹州市	72.35	60.20	66.80	71.20	74.00	74.60	74.50	78.40	82.94	81.16	80.57	83.05	79.32	51.28	49.94
长葛市	60.30	60.01	68.20	72.80	77.56	77.80	74.30	76.60	79.00	77.32	76.72	79.68	73.02	54.57	50.52
郾城区	74.63	60.43	64.32	67.00	72.26	72.40	72.40	75.60	78.74	77.03	76.22	78.66	79.21	55.38	54.27
召陵区	79.77	61.06	63.44	67.80	69.00	69.40	67.25	68.80	72.16	70.18	69.40	72.11	72.96	48.81	46.36
舞阳县					67.83	69.18	69.32	72.20	72.34	72.07	71.39	74.52	77.52	54.45	51.56
临颍县	80.69	75.13	82.70	86.80	91.10	92.00	89.79	94.10	94.85	92.21	91.01	94.44	99.04	58.74	57.96
内乡县	64.90	64.79	70.94	76.00	80.50	81.20	81.77	92.23	92.87	91.79	105.25	112.87	119.17	91.90	88.94
社旗县					66.34	67.66	67.73	71.20	74.19	74.10	73.63	76.77	78.90	53.24	49.30
唐河县	91.35	75.59	88.00	94.00	99.50	99.80	100.20	105.30	110.94	108.03	106.55	109.43	113.53	81.69	78.95
邓州市	106.39	87.66	106.00	113.00	118.66	118.78	119.37	132.00	136.78	133.65	133.02	136.87	142.62	93.99	88.63
睢阳区					67.53	68.88	69.02	73.00	74.93	75.22	73.79	75.01	78.04	51.26	44.16
睢 县		43.29	44.16	44.20	48.00	50.51	49.82	49.07	53.59	54.82	37.70	32.31			
柘城县					39.33	40.12	40.24	43.38	45.93	46.72	46.31	50.62	53.17	35.26	31.55
夏邑县					78.05	79.61	79.61	82.00	84.85	83.80	83.34	86.06	88.75	59.33	48.47
固始县	93.18	79.92	91.00	95.80	102.66	101.60	99.57	104.80	109.35	107.05	105.81	107.54	109.52	69.04	53.07
潢川县		34.30	50.50	65.00	67.02	67.82	68.50	72.00	76.53	76.77	76.34	78.76	81.01	52.45	40.90
西华县	75.72	65.11	74.70	78.30	81.11	81.15	81.56	84.00	87.78	86.34	85.71	89.77	94.68	73.06	76.08
商水县	69.47	65.10	75.00	79.50	79.33	79.50	78.23	84.10	89.27	88.24	89.02	92.17	95.23	55.50	63.11
沈丘县	72.46	55.20	60.00	64.50	67.80	67.90	68.44	72.60	83.00	82.78	82.27	85.01	87.64	57.68	52.81
淮阳县	85.76	65.11	69.37	74.10	76.98	77.50	78.04	82.20	87.42	86.26	85.93	89.35	92.23	59.48	43.44
太康县	88.58	65.20	76.00	81.00	84.45	85.00	85.51	89.20	90.58	89.33	89.16	92.51	98.59	75.45	84.69
鹿邑县		59.28	66.40	72.10	74.41	75.00	75.53	78.60	78.71	77.43	76.94	79.67	82.37	63.83	60.37
西平县	104.83	93.00	108.00	114.80	121.21	122.00	120.17	126.00	132.46	129.93	127.80	132.16	136.82	94.47	84.68
上蔡县	60.25	62.08	68.44	73.00	76.65	77.00	77.85	81.60	86.21	87.14	86.86	89.23	92.66	62.23	70.79
平舆县					70.62	72.03	72.10	76.20	72.00	70.76	70.02	72.17	74.93	48.73	53.81
正阳县	107.26	98.03	114.20	122.00	129.89	130.00	130.78	138.00	145.25	144.71	146.75	150.00	156.42	112.08	103.39
确山县	63.50	51.01	55.16	59.50	63.60	63.50	64.71	68.39	71.86	70.73	70.18	72.40	75.27	50.08	60.58
汝南县	72.24	65.41	75.90	80.80	86.68	86.60	87.38	91.40	91.84	90.36	89.05	91.00	92.16	62.59	65.22
遂平县	70.60	63.77	74.10	79.20	85.69	85.74	86.43	93.25	97.58	95.47	95.02	98.56	100.58	69.85	63.21
新蔡县	68.79	61.96	72.50	77.62	80.26	82.00	82.49	86.80	86.90	86.09	85.75	88.72	91.57	60.04	68.00
济源市					51.68	52.72	52.77	55.20	52.56	51.61	50.95	55.54	56.39	38.15	31.57

3－5 续表 3

地　区	猪肉产量(万吨)														
	2006年	2007年	2008年	2009年	2010年	2011年	2012年	2013年	2014年	2015年	2016年	2017年	2018年	2019年	2020年
杞　县	5.71	5.20	5.99	6.30	6.30	6.38	6.49	7.20	7.68	7.54	7.41	7.72	8.00	5.53	6.44
通许县					4.43	4.57	4.57	4.80	4.77	4.74	4.67	5.19	5.37	3.99	3.86
尉氏县	5.36	4.88	5.76	5.99	6.50	6.54	6.72	7.43	7.97	7.84	7.88	8.18	8.43	5.96	5.23
祥符区					4.84	4.99	4.99	5.29	5.18	5.11	5.15	5.34	5.46	4.37	4.24
叶　县	5.96	5.71	6.63	7.10	7.72	7.80	7.98	8.61	9.23	9.05	8.97	9.28	9.57	6.88	5.58
汝州市	4.53	4.77	5.54	5.93	6.27	6.35	6.48	6.63	6.85	6.75	6.75	6.94	7.10	4.72	4.60
林州市					6.20	6.38	6.39	6.60	6.45	6.26	6.23	6.46	5.91	3.45	2.06
浚　县					5.09	5.24	5.25	5.56	5.31	5.22	5.14	5.44	5.58	3.83	3.43
封丘县					5.25	5.40	5.41	6.05	6.18	6.08	6.04	6.30	6.43	4.41	3.90
卫辉市	4.36	3.52	3.71	3.92	4.20	4.23	4.29	4.58	4.52	4.48	4.50	4.63	4.78	3.73	2.44
辉县市	6.50	6.00	6.96	7.43	7.71	7.70	7.91	8.40	9.01	8.73	8.59	8.76	8.93	5.54	3.26
许昌县	5.76	5.06	5.72	6.00	6.54	6.56	6.44	6.76	7.17	6.90	6.75	6.95	5.94	3.86	3.30
鄢陵县	5.37	4.91	5.68	6.03	6.02	6.06	6.13	6.12	6.60	6.45	6.43	6.59	6.07	3.88	3.68
襄城县	4.49	4.41	4.67	5.05	5.21	5.22	5.27	5.28	5.25	5.13	5.09	5.14	4.79	2.99	3.04
禹州市	5.32	4.43	4.92	5.24	5.45	5.50	5.49	5.78	6.18	6.04	6.00	6.18	5.90	3.82	3.79
长葛市	4.44	4.20	4.76	5.08	5.42	5.46	5.45	5.64	5.94	5.81	5.78	5.99	5.48	4.10	3.83
郾城区	4.58	3.58	4.02	4.31	4.65	4.66	4.73	5.06	5.37	5.37	5.32	5.50	5.54	3.88	4.11
召陵区	6.25	4.20	4.35	4.62	4.70	4.75	4.74	5.01	5.36	5.21	5.14	5.33	5.38	3.60	3.51
舞阳县					4.89	5.04	5.05	5.28	5.42	5.41	5.34	5.57	5.78	4.07	3.91
临颍县	5.68	5.17	5.69	5.97	6.27	6.50	6.45	6.86	7.06	6.84	6.74	6.98	7.32	4.35	4.41
内乡县	4.70	5.01	5.51	5.77	6.11	6.18	6.22	7.02	7.22	6.93	7.97	8.58	9.01	6.96	6.77
社旗县					4.90	5.04	5.05	5.40	5.63	5.63	5.57	5.79	5.95	4.02	3.74
唐河县	6.73	5.68	6.61	7.06	7.48	7.50	7.53	7.92	8.35	8.13	8.01	8.23	8.52	6.15	5.98
邓州市	7.84	6.61	7.99	8.52	8.95	8.96	9.00	9.94	10.33	10.08	10.02	10.29	10.70	7.07	6.74
睢阳区					5.07	5.22	5.23	5.54	5.68	5.68	5.57	5.67	5.89	3.87	3.35
睢　县					3.20	3.30	3.30	3.56	3.81	3.77	3.69	4.03	4.12	2.84	2.45
柘城县					2.95	3.04	3.05	3.30	3.48	3.55	3.49	3.83	4.02	2.67	2.40
夏邑县					5.85	6.03	6.03	6.24	6.43	6.35	6.32	6.54	6.75	4.51	3.67
固始县	7.71	6.65	7.28	7.66	8.21	8.21	7.93	8.32	8.54	8.18	8.09	8.21	8.36	5.27	4.03
潢川县		2.59	3.82	4.92	5.08	5.14	5.19	5.46	5.81	5.82	5.78	5.98	6.15	3.98	3.10
西华县	5.71	5.14	5.68	5.95	6.16	6.18	6.21	6.40	6.69	6.58	6.53	6.80	7.16	5.53	5.76
商水县	5.24	5.14	5.70	6.04	6.03	6.06	6.02	6.34	6.74	6.67	6.74	6.98	7.21	4.21	4.79
沈丘县	5.20	4.36	4.83	5.25	5.52	5.53	5.57	5.85	6.55	6.31	6.29	6.51	6.71	4.42	4.01
淮阳县	6.32	5.14	5.54	5.95	6.18	6.25	6.29	6.50	6.81	6.57	6.55	6.80	7.02	4.53	3.29
太康县	6.68	5.15	5.78	6.16	6.42	6.46	6.50	6.72	6.84	6.77	6.76	7.01	7.44	5.70	6.43
鹿邑县		4.48	5.03	5.46	5.64	5.69	5.72	5.96	5.97	5.88	5.83	6.05	6.22	4.82	4.60
西平县	7.98	6.99	8.12	8.63	9.11	9.18	9.13	9.54	10.04	9.87	9.74	10.08	10.42	7.20	6.46
上蔡县	4.58	4.67	5.17	5.48	5.75	5.78	5.84	6.10	6.50	6.56	6.54	6.72	6.95	4.67	5.42
平舆县					5.31	5.46	5.47	5.78	5.44	5.35	5.27	5.45	5.62	3.66	4.10
正阳县	8.17	7.37	8.59	9.17	9.77	9.80	9.86	10.40	10.96	10.88	11.06	11.60	12.06	8.65	7.91
确山县	4.83	3.84	4.17	4.50	4.81	4.80	4.89	5.10	5.45	5.38	5.33	5.52	5.67	3.78	4.63
汝南县	5.50	4.92	5.71	6.08	6.52	6.52	6.58	6.88	6.91	6.84	6.72	6.85	6.93	4.71	4.97
遂平县	5.38	4.80	5.58	5.97	6.46	6.68	6.73	7.09	7.38	7.24	7.19	7.44	7.59	5.28	4.83
新蔡县	5.24	4.66	5.45	5.83	6.03	6.20	6.24	6.56	6.57	6.52	6.50	6.73	6.95	4.56	5.18
济源市					3.79	3.91	3.91	4.10	3.95	3.89	3.82	4.17	4.23	2.86	2.41

3-6 历年牧渔业产量

年 份	肉类产量（万吨）	#猪肉	#牛肉	#羊肉	大牲畜年末存栏头数（万头）	#役畜	猪年末存栏头数（万头）	禽蛋产量（万吨）	水产品产量（万吨）
1978	45.64	42.20			515.03	401.70	1724.90		2.47
1979	55.14	50.00			521.50	400.40	1592.30		2.30
1980	55.03	49.45	0.69	2.88	541.99	423.75	1474.24	15.86	2.91
1981	51.58	44.30	0.60	3.36	607.00	498.90	1386.50	16.31	3.00
1982	54.26	47.60	0.52	3.46	671.50	542.10	1310.70	16.75	3.25
1983	51.33	43.70	0.88	3.41	704.70	562.20	1195.70	21.41	3.78
1984	58.59	49.60	1.83	3.31	794.70	615.70	1327.00	31.38	4.89
1985	71.83	61.08	3.01	3.38	886.35	664.55	1621.74	37.15	6.37
1986	79.42	65.00	5.50	3.70	957.44	708.10	1539.41	37.32	6.61
1987	86.63	66.10	8.90	5.00	1000.82	738.44	1404.72	43.55	7.62
1988	103.75	76.87	12.24	6.48	1069.20	779.57	1586.18	50.43	9.39
1989	121.53	88.11	15.26	7.89	1111.56	794.04	1680.22	53.62	9.83
1990	134.86	97.45	18.16	8.05	1116.33	798.30	1750.32	59.58	10.48
1991	157.95	108.73	24.82	7.76	1102.10	782.25	1820.80	73.81	10.77
1992	171.66	119.23	25.67	7.96	1135.50	794.90	1959.70	79.29	11.55
1993	203.51	137.60	32.64	9.90	1211.00	843.00	2085.00	95.58	13.83
1994	253.31	165.81	44.00	12.57	1329.18	919.79	2325.17	125.28	15.84
1995	333.00	210.37	64.39	21.10	1420.45	985.76	2667.72	140.01	18.09
1996	347.72	225.63	59.45	21.72	1089.14	783.00	2229.67	154.54	20.51
1997	403.00	256.12	64.88	25.23	1420.87	857.03	2931.91	201.40	23.88
1998	461.63	297.86	76.71	28.00	1416.84	803.70	3439.66	229.34	27.02
1999	485.11	313.95	82.21	29.96	1448.42	530.60	3556.43	251.82	28.83
2000	517.00	337.88	83.00	32.00	1445.73	482.84	3787.69	270.00	32.17
2001	540.65	343.77	89.23	34.51	1435.93	479.53	3672.07	286.00	31.46
2002	570.01	366.49	89.20	37.85	1409.78	437.03	3800.00	302.00	36.22
2003	603.55	386.00	93.00	42.00	1469.45	430.00	3917.80	326.20	38.95
2004	643.00	412.37	98.33	44.06	1491.19	427.00	4152.87	347.40	42.70
2005	689.00	441.20	102.75	47.38	1508.80	412.90	4439.00	375.30	51.68
2006	584.60	391.30	82.00	23.80	1114.24	535.14	3953.30	329.50	61.43
2007	545.87	338.88	75.28	24.82	985.75	387.21	4184.00	333.14	74.74
2008	573.35	366.84	70.70	25.51	910.09	337.42	4458.81	363.82	85.68
2009	591.61	389.18	64.75	24.46	814.97	369.30	4524.05	370.74	92.94
2010	608.96	407.72	58.67	23.35	719.19	296.16	4540.55	372.29	99.41
2011	604.28	405.67	53.14	22.54	619.07	243.38	4560.84	370.13	102.90
2012	632.84	431.57	47.80	22.07	537.56	211.21	4577.45	379.00	109.75
2013	648.97	452.99	43.89	21.66	487.16	200.09	4415.68	380.58	116.65
2014	622.02	476.63	41.02	21.80	447.59	192.82	4407.38	370.81	120.39
2015	647.22	466.45	37.84	21.81	411.70	183.71	4361.95	372.30	125.36
2016	625.94	449.04	34.87	21.85	353.67	167.47	4268.82	379.56	128.35
2017	655.84	466.90	35.04	26.10	376.09	108.50	4390.00	401.18	128.23
2018	669.41	479.04	34.80	26.90	377.01	107.96	4337.15	413.61	98.38
2019	560.06	344.43	36.22	28.11	388.27	92.21	3170.46	442.42	99.08
2020	538.21	324.80	36.71	28.64	394.88	85.00	3886.98	449.42	98.05

主要统计指标解释

全国主要畜禽养殖场户分类标准

品种	大型养殖场(户) (年饲养量	中型养殖场(户) (年饲养量)	小型养殖场(户) (年饲养量)
生猪	5000 头以上	100 - 5000 头	100 头以下
牛	1000 头以上	10 - 1000 头	10 头以下
羊	1000 只以上	50 - 1000 只	50 只以下
禽	100000 只以上	200 - 100000 只	200 只以下

生猪期末存栏 指本调查期末饲养生猪的总量,包括 15 公斤以下仔猪、待育肥猪(架子猪)和种猪等数量之和。

能繁殖母猪 是指猪龄约在 9 个月(包括 9 个月)以上的、具备繁殖能力的母猪。

猪肉产量 指本调查期内出栏肥猪头数折算出的鲜、冷鲜、冷冻猪肉总量,按胴体重计算。

牛期末存栏 指本调查期末饲养各类型的牛总量,包括牛犊、待育肥牛(架子牛)、奶牛和种牛等数量之和。

能繁殖母牛 指牛龄在 16 个月左右,具备繁殖能力的母牛。

牛肉产量 指本调查期内出栏肉牛头数折算出的鲜、冷鲜、冷冻牛肉产量,按胴体重计算。

牛肉产量 = 出栏肉牛头数 × 平均每头肉牛出售重量 × 肉牛产肉率(%)

羊期末存栏 指本调查期末饲养各种羊只总量。包括羊羔、待育肥羊(架子羊)、奶羊和种羊等数量之和。

能繁殖母羊(山羊或绵羊) 指羊龄在 6 个月左右,具备繁殖能力的母羊。

羊肉产量 指本调查期内出栏肥羊头数折算出的鲜、冷鲜、冷冻羊肉产量,按胴体重计算。

家禽期末存栏 指本调查期末饲养家禽的总量,包括幼禽、肉用家禽、蛋用家禽和种家禽等。

禽肉产量 指本调查期内出栏肉用家禽产出的禽肉总量。

禽蛋产量 指本调查期内饲养的蛋用家禽生产的禽蛋总重量。包括出售的和农民自产自用的部分。品种主要为鸡鸭鹅。

肉类总产量 指调查期内各种牲畜及家禽、兔等动物肉产量总计。猪、牛、羊、马、驴、骡、骆驼肉产量按去掉头蹄下水后带骨肉的胴体重量计算,兔禽肉产量按屠宰后去毛和内脏后的重量计算。猪牛羊禽四个品种肉产量由主要畜禽监测抽样调查获得,马、驴、骡、骆驼、兔肉产量由全面统计获得,其它特种养殖肉产量可用住户调查资料推算获得。

消费价格

资料整理：拓福星　赵晨夕

4-1 历年居民消费、商品零售及农业生产资料价格总指数

（上年=100）

年 份	居民消费价格总指数			商品零售价格总指数			农业生产资料价格总指数
	全 省	城 市	农 村	全 省	城 市	农 村	
1965	97.0	96.3	97.3	96.8	96.0	97.3	95.7
1970	99.0	99.8	98.5	98.8	99.8	98.5	99.9
1975	100.1	100.2	100.1	100.2	100.2	100.1	100.0
1978	100.1	100.0	100.1	100.1	100.0	100.1	97.9
1980	104.6	106.0	103.8	104.9	106.4	103.8	100.1
1985	104.6	106.5	103.6	105.4	106.4	103.5	103.0
1990	100.7	100.5	100.9	100.1	99.8	100.4	98.3
1991	102.3	105.1	100.0	102.0	105.0	99.6	100.1
1992	105.4	107.7	102.9	105.0	107.5	102.2	101.2
1993	110.4	110.6	110.3	108.3	108.5	108.1	109.2
1994	125.2	127.4	123.5	120.6	118.2	122.3	124.4
1995	116.5	116.9	116.3	114.9	113.3	116.5	125.8
1996	110.5	109.5	110.9	107.9	106.2	109.4	107.9
1997	103.5	102.4	103.9	100.5	99.8	101.2	99.3
1998	97.5	97.9	97.1	96.6	96.6	96.5	94.2
1999	96.9	96.6	97.1	96.2	95.7	96.6	95.7
2000	99.2	99.1	99.2	98.5	98.8	98.3	99.6
2001	100.7	100.7	100.7	99.8	99.5	100.1	99.1
2002	100.1	99.8	100.6	99.2	99.0	99.3	100.8
2003	101.6	101.7	101.4	101.3	101.2	101.4	101.9
2004	105.4	105.4	105.4	105.7	105.3	106.0	111.4
2005	102.1	102.1	102.1	101.7	101.8	101.6	107.9
2006	101.3	101.2	101.5	100.9	100.7	101.1	101.2
2007	105.4	105.4	105.4	104.4	103.8	105.1	106.1
2008	107.0	106.5	107.9	107.5	107.4	107.5	120.9
2009	99.4	98.8	100.4	99.4	99.6	99.2	98.1
2010	103.5	103.4	103.8	103.7	103.5	104.0	103.1
2011	105.6	105.4	106.1	105.7	105.4	106.1	111.1
2012	102.5	102.6	102.4	102.3	102.4	102.1	105.4
2013	102.9	102.9	102.9	101.9	101.6	102.3	101.3
2014	101.9	102.0	101.6	101.0	101.0	101.0	97.9
2015	101.3	101.3	101.2	99.8	99.6	100.0	100.3
2016	101.9	101.9	102.0	100.3	100.3	100.3	100.8
2017	101.4	101.5	101.2	101.3	101.3	101.6	99.7
2018	102.3	102.4	102.0	102.9	103.0	102.9	104.3
2019	103.0	102.9	103.1	102.4	102.5	102.2	103.8
2020	102.8	102.5	103.3	100.9	100.9	101.2	103.6

4-2 居民消费、商品零售及农业生产资料价格总指数(2020年)

以下列年份为100	居民消费价格总指数			商品零售价格总指数			农业生产资料价格总指数
	全省	城市	农村	全省	城市	农村	
1952	702.5	840.5	632.3	531.6	618.6	509.5	649.7
1957	615.4	731.6	556.1	494.7	542.2	451.1	639.4
1965	566.6	662.3	518.5	436.9	481.8	419.5	617.3
1970	577.7	663.7	533.8	455.8	481.7	432.5	680.4
1975	578.8	663.2	537.2	456.9	481.5	435.1	711.5
1978	574.3	644.1	537.7	445.2	467.4	435.2	697.1
1980	545.4	605.0	513.6	422.6	437.2	417.5	696.3
1985	495.8	518.7	482.9	377.8	375.7	392.0	582.9
1990	310.0	321.2	302.6	238.0	234.5	246.9	346.5
1995	178.6	172.3	185.7	148.6	142.7	157.5	200.2
2000	166.7	163.9	172.1	149.7	147.5	155.4	208.1
2005	151.2	149.0	155.7	138.8	138.0	143.1	170.1
2006	149.3	147.3	153.4	137.6	137.1	141.6	168.1
2007	141.6	139.7	145.5	131.8	132.0	134.7	158.4
2008	132.4	131.2	134.9	122.6	122.9	125.3	131.0
2009	133.2	132.8	134.3	123.4	123.4	126.3	133.5
2010	128.7	128.4	129.4	119.0	119.3	121.5	129.5
2011	121.8	121.8	122.0	112.5	113.2	114.5	116.6
2012	118.9	118.8	119.1	110.0	110.5	112.1	110.6
2013	115.5	115.4	115.8	107.9	108.8	109.6	109.2
2014	113.4	113.2	113.9	106.9	107.7	108.5	111.6
2015	111.9	111.7	112.6	107.1	108.1	108.5	111.2
2016	109.8	109.6	110.3	106.8	107.8	108.2	110.3
2017	108.3	108.1	108.6	106.4	106.5	106.4	112.2
2018	105.9	105.5	106.5	103.4	103.4	103.4	107.5
2019	102.8	102.5	103.3	100.9	100.9	101.2	103.6

4－3 居民消费价格分类指数(2020 年)

(上年＝100)

类别	全省	城市	农村
总指数	**102.8**	**102.5**	**103.3**
食品烟酒	**108.5**	**107.7**	**110.1**
食品	111.2	110.0	113.3
粮食	100.3	100.4	100.2
薯类	101.8	101.4	102.3
豆类	104.6	104.7	104.3
食用油	102.1	100.9	103.7
菜	107.8	107.3	109.0
畜肉类	142.3	139.8	146.0
禽肉类	100.1	101.8	96.9
水产品	100.8	101.1	100.2
蛋类	86.2	86.8	85.2
奶类	100.4	100.6	100.0
干鲜瓜果类	91.6	91.7	91.2
糖果糕点类	100.3	99.6	101.1
调味品	101.9	102.0	101.8
其他食品类	102.4	103.2	101.7
茶及饮料	100.8	100.5	101.1
烟酒	101.1	101.4	100.6
在外餐饮	104.3	104.2	104.5
衣着	**98.8**	**98.7**	**98.8**
服装	98.6	98.5	98.8
服装材料	101.9	102.0	101.6
其他衣着及配件	99.7	99.2	101.2
衣着加工服务费	101.6	101.3	102.6
鞋类	98.9	99.2	98.4
居住	**99.6**	**99.6**	**99.6**
租赁房房租	98.6	98.3	100.1
住房保养维修及管理	100.6	101.0	100.2
水电燃料	99.5	100.1	98.8
自有住房	99.3	99.1	99.7
生活用品及服务	**99.9**	**100.1**	**99.6**
家具及室内装饰品	99.8	99.7	99.8
家用器具	98.8	98.9	98.5
家用纺织品	99.1	98.9	99.6
家庭日用杂品	100.4	100.4	100.2
个人护理用品	100.9	101.1	99.8
家庭服务	102.3	102.8	100.3
交通和通信	**95.8**	**95.4**	**96.6**
交通	95.7	95.4	96.3
通信	96.1	95.5	97.0
教育文化和娱乐	**102.0**	**102.2**	**101.6**
教育	102.7	102.9	102.4
文化娱乐	100.7	101.1	99.9
医疗保健	**103.4**	**103.9**	**102.7**
药品及医疗器具	102.2	102.2	102.0
医疗服务	104.2	105.1	103.1
其他用品和服务	**107.6**	**107.5**	**107.9**
其他用品类	115.7	117.6	112.9
其他服务类	100.8	100.6	101.3

4－4 居民消费价格

（上年同月＝100）

类　别	年平均	1月	2月	3月	4月	5月
总指数	**102.8**	**105.8**	**105.9**	**104.8**	**103.4**	**102.3**
食品烟酒	108.5	117.4	118.5	115.5	111.8	108.4
食品	111.2	124.5	125.9	121.5	115.8	110.7
粮食	100.3	99.7	99.6	99.5	100.0	100.4
大　米	100.1	98.7	99.4	99.7	99.7	100.3
面　粉	100.7	99.4	99.5	99.5	100.1	100.9
其他粮食	104.0	100.8	100.5	100.6	102.6	105.1
粮食制品	99.9	100.3	99.8	99.4	99.7	99.6
薯类	101.8	100.2	105.4	106.5	104.6	100.3
薯　类	101.8	100.2	105.4	106.5	104.6	100.3
豆类	104.6	101.4	102.2	103.9	104.3	105.4
干　豆	103.5	100.1	100.3	100.7	101.6	104.1
豆 制 品	104.6	101.4	102.3	104.1	104.4	105.5
食用油	102.1	101.3	101.6	101.8	101.7	100.9
食用植物油	100.9	99.4	99.7	99.9	100.0	99.4
食用动物油	143.3	177.2	179.1	177.2	170.4	160.1
菜	107.8	123.4	114.4	103.7	95.5	91.7
鲜　菜	108.5	125.5	115.4	103.8	94.9	90.6
干菜及菜制品	101.6	102.1	102.3	102.2	101.9	101.8
畜肉类	142.3	195.1	206.8	188.0	172.5	161.2
猪　肉	153.1	238.2	257.5	222.5	198.3	182.3
牛　肉	114.1	118.6	117.4	120.4	119.1	117.4
羊　肉	106.3	106.8	107.7	111.0	109.2	108.1
畜肉副产品	135.0	153.6	154.8	152.4	151.1	147.6
其他畜肉及制品	111.1	114.1	114.2	114.8	113.8	112.8
禽肉类	100.1	113.0	113.0	111.5	109.4	104.5
鸡	95.3	110.0	110.4	108.4	105.9	99.4
鸭	107.5	123.9	122.0	119.2	116.1	114.7
其他禽肉及制品	110.2	117.1	116.6	116.6	116.0	114.1
水产品	100.8	99.2	99.3	101.2	100.3	101.0
淡 水 鱼	104.5	98.1	99.5	103.2	103.4	106.3
海 水 鱼	102.0	104.2	104.1	103.6	102.9	102.8
虾 蟹 类	95.0	96.1	95.5	97.6	94.6	94.2
其他水产品及制品	101.3	101.6	100.9	101.3	101.4	100.7
蛋类	86.2	102.6	100.0	104.0	95.4	79.6
鸡　蛋	85.6	102.7	99.9	104.2	95.2	78.6
其他蛋及制品	96.3	101.5	101.4	100.3	99.6	98.2
奶类	100.4	100.0	100.3	100.1	100.1	100.1
鲜　奶	100.9	99.9	100.0	100.3	100.5	100.5
酸　奶	99.7	99.8	100.3	99.7	99.2	99.6
奶　粉	99.8	100.2	100.5	99.9	99.8	99.5
其他奶制品	101.2	100.2	100.4	100.5	100.7	100.9
干鲜瓜果类	91.6	93.7	95.9	95.5	90.8	85.8
鲜 瓜 果	88.4	91.4	94.2	93.7	87.6	81.2

分月同比指数(2020 年)

6 月	7 月	8 月	9 月	10 月	11 月	12 月
102.5	**102.9**	**102.7**	**102.2**	**100.9**	**99.6**	**100.8**
109.0	110.1	109.0	105.6	101.4	97.7	101.1
111.7	113.4	111.9	107.0	101.0	96.1	100.9
100.7	100.9	100.7	100.6	100.7	100.6	100.7
100.5	100.6	100.5	100.5	100.2	100.3	100.7
101.1	101.0	101.0	101.3	101.7	101.5	101.4
105.6	105.8	105.6	105.8	105.1	105.3	105.7
100.0	100.3	100.1	99.6	99.9	99.8	99.8
95.4	95.0	99.1	104.1	106.9	102.3	103.4
95.4	95.0	99.1	104.1	106.9	102.3	103.4
105.1	105.5	105.3	105.4	105.2	105.2	105.7
104.3	104.6	104.9	104.9	105.0	105.2	105.9
105.2	105.6	105.3	105.4	105.2	105.2	105.7
101.6	101.8	102.3	102.8	103.0	102.5	104.1
100.2	100.4	100.9	101.8	102.3	102.4	104.0
154.6	153.9	149.9	131.7	122.1	102.8	104.7
103.6	105.1	110.5	116.0	116.2	108.1	106.3
103.9	105.5	111.4	117.6	117.9	108.9	106.8
101.6	101.7	101.8	101.3	101.0	101.0	100.7
161.7	166.0	148.0	123.6	102.0	90.9	101.7
182.5	187.2	159.6	127.5	99.5	87.0	100.5
117.1	117.2	115.9	110.6	108.4	105.4	105.7
108.4	109.0	107.3	102.3	101.0	100.9	105.7
147.2	149.5	144.7	127.2	118.9	103.6	105.8
112.1	112.9	112.4	109.5	109.5	104.6	103.8
101.1	101.8	99.8	92.6	89.0	84.3	89.3
95.4	96.8	94.4	86.0	82.1	78.5	85.3
111.2	109.5	107.7	104.1	97.5	85.8	89.9
112.2	111.8	111.2	107.1	105.5	99.2	99.0
102.5	102.5	102.4	101.0	101.0	99.8	99.9
108.6	108.8	108.9	105.7	105.5	102.9	103.3
101.9	101.2	101.1	101.2	101.0	100.0	99.7
96.4	95.3	94.9	94.4	94.4	93.1	93.9
101.0	101.8	101.5	101.1	101.5	101.8	101.2
80.5	78.6	82.4	77.2	77.6	77.4	87.3
79.6	77.8	81.8	76.5	76.9	76.7	87.1
96.2	94.7	94.9	92.5	92.8	92.0	91.9
100.2	100.0	100.5	100.8	100.8	100.7	100.6
100.7	100.6	101.8	102.0	101.7	101.3	101.6
99.7	100.0	99.3	99.0	99.8	99.6	99.9
99.6	98.8	99.4	100.3	99.7	100.0	99.5
101.1	101.3	101.6	101.5	102.2	101.9	101.8
77.9	77.3	82.9	94.0	102.1	104.8	105.1
71.4	70.3	76.7	91.2	102.4	106.0	106.5

4-4 续表 1

（上年同月=100）

类别	年平均	1月	2月	3月	4月	5月
坚　　果	103.4	102.9	103.8	103.5	104.5	104.7
瓜果制品	98.5	97.1	97.5	97.1	97.3	100.3
糖果糕点类	100.3	100.1	100.1	99.9	100.1	100.1
食　　糖	99.9	101.0	100.8	99.7	100.2	100.3
糖　　果	99.1	97.5	97.7	97.1	98.8	98.6
糕　　点	101.4	101.4	101.4	102.0	101.0	101.2
其他糖果糕点	99.9	99.6	100.2	99.2	99.7	100.0
调味品	101.9	101.8	101.9	101.7	101.7	102.0
食用盐	100.5	102.0	103.1	101.4	102.1	98.5
酱　　油	101.3	100.7	100.9	101.5	101.2	102.1
食　　醋	101.3	99.2	102.0	101.5	101.7	102.3
调味酱	102.0	101.1	100.0	99.9	100.1	101.3
味　　精	103.8	105.2	104.9	104.0	104.5	105.7
其他调味品	102.8	104.2	104.0	103.8	102.9	102.4
其他食品类	102.4	102.4	102.8	102.8	103.0	103.0
方便食品	103.6	104.1	104.6	104.5	104.5	104.5
淀粉及制品	101.8	101.4	101.4	101.4	101.6	101.9
膨化食品	100.5	99.8	100.6	100.9	101.5	101.1
茶及饮料	100.8	101.4	102.2	101.1	101.0	100.7
茶　　叶	100.7	100.3	100.2	100.1	101.4	100.9
固体咖啡	99.5	99.0	99.1	98.7	99.3	99.1
其他固体饮料	99.6	100.3	100.2	100.2	99.8	99.7
饮用水	100.2	100.1	100.5	100.6	100.3	100.1
果汁饮料	100.5	101.5	102.2	101.3	100.9	99.6
其他液体饮料	101.0	102.4	104.0	101.9	100.9	101.1
烟酒	101.1	101.6	101.8	101.4	101.6	101.3
烟草	100.3	100.3	100.3	100.2	100.3	100.2
烟　　草	100.3	100.3	100.3	100.2	100.3	100.2
酒类	101.9	102.9	103.2	102.6	102.9	102.3
白　　酒	102.4	103.3	103.7	103.1	103.6	102.9
葡萄酒	100.6	101.5	102.2	101.6	100.7	100.5
啤　　酒	99.3	99.4	99.5	99.4	99.2	99.1
其他酒类	101.0	105.4	105.6	105.4	103.4	101.2
在外餐饮	104.3	105.1	104.8	104.9	105.1	105.3
正　　餐	105.2	107.1	106.6	106.8	106.7	106.7
快　　餐	103.2	103.0	103.0	103.1	103.7	103.9
地方小吃	104.9	106.0	105.7	105.2	105.5	106.1
其他在外餐饮	102.2	101.9	101.7	101.7	102.3	102.6
衣着	98.8	99.8	99.8	99.1	98.6	98.5
服装	98.6	99.8	99.8	99.0	98.5	98.3
男式服装	98.9	100.2	100.0	99.2	99.1	98.9
男式西服	99.5	99.3	99.1	99.1	99.6	99.6
男式冬衣	98.5	99.9	99.4	98.6	98.4	98.0
男式夹克衫	99.2	102.4	102.3	99.8	98.9	98.7

6月	7月	8月	9月	10月	11月	12月
104.5	104.1	104.1	103.1	102.0	102.0	101.6
97.6	99.1	99.9	99.5	99.2	98.3	99.0
100.1	100.3	100.6	100.8	100.3	100.3	100.3
99.7	100.0	100.0	99.4	98.7	99.1	99.6
99.7	99.6	99.9	100.2	100.0	100.5	100.2
100.9	101.0	101.6	102.2	101.8	101.0	100.9
99.6	100.7	100.4	99.8	100.0	99.9	99.7
101.8	102.4	102.6	101.8	101.7	101.5	102.1
98.8	101.5	99.7	99.7	99.7	99.7	99.6
101.5	101.5	102.3	101.7	101.3	100.2	100.8
100.8	101.9	101.9	100.2	101.0	100.6	102.0
102.8	103.5	104.3	102.7	103.0	102.8	102.9
105.0	104.4	103.2	103.0	101.9	102.3	101.4
101.6	101.9	102.2	102.2	101.7	102.6	103.7
103.0	102.9	102.7	102.5	102.0	101.2	100.7
104.5	104.3	104.1	103.5	102.8	101.4	100.9
101.8	102.1	101.9	102.3	102.2	102.0	101.1
101.2	100.8	100.6	100.6	99.8	99.6	99.7
100.6	100.2	100.3	100.5	100.5	100.2	100.4
100.9	101.1	101.1	101.0	101.2	99.8	100.7
99.2	99.5	99.9	99.8	100.5	99.8	100.0
99.2	100.0	99.3	98.3	99.0	99.7	99.3
99.9	100.0	100.1	100.4	100.1	99.7	100.0
99.6	99.5	99.6	101.0	100.2	100.4	100.2
100.8	99.9	100.2	100.1	100.3	100.5	100.4
101.2	100.9	100.6	100.6	100.6	100.8	100.9
100.3	100.3	100.3	100.3	100.3	100.3	100.2
100.3	100.3	100.3	100.3	100.3	100.3	100.2
102.0	101.5	100.8	101.0	100.8	101.2	101.6
102.6	101.8	101.2	101.4	101.1	101.8	102.2
100.4	101.0	100.7	100.4	99.6	99.2	99.2
99.4	99.9	99.1	98.8	99.6	99.0	99.7
100.0	99.3	98.3	98.7	98.7	98.3	98.4
105.4	105.2	104.7	103.9	103.5	101.9	101.7
106.8	106.2	105.5	104.4	103.9	101.4	101.3
103.9	104.0	103.5	102.9	102.7	102.7	102.6
105.9	105.8	105.8	105.1	104.4	101.9	101.8
103.0	103.6	103.3	102.8	102.6	101.0	100.2
98.4	98.4	98.4	98.5	98.7	98.5	98.5
98.2	98.2	98.2	98.2	98.3	98.2	98.2
98.6	98.7	98.7	98.7	98.7	98.2	98.3
99.7	100.0	100.1	100.1	99.9	99.0	98.7
98.3	98.3	98.3	98.2	98.2	97.8	98.3
98.5	98.4	98.6	98.8	98.7	97.7	97.9

4－4　续表 2

（上年同月＝100）

类　　别	年平均	1 月	2 月	3 月	4 月	5 月
男式毛线衣	98.9	98.1	98.1	98.5	98.9	99.1
男式运动装	98.2	101.5	101.3	99.4	98.9	98.4
男式衬衫 T 恤	98.1	100.8	100.4	98.9	98.8	98.2
男式裤子	100.1	99.4	99.7	99.6	99.9	100.5
男式内衣	99.1	99.4	99.5	99.5	99.2	98.6
女式服装	98.8	99.8	99.8	99.1	98.7	98.5
女式外套	98.0	99.1	99.2	98.1	97.7	97.1
女式冬衣	97.7	98.5	98.4	97.9	97.3	96.9
女式毛线衣	99.8	99.9	99.9	99.8	99.9	99.9
女式运动装	97.3	98.7	98.7	98.1	97.3	97.3
女式衬衫 T 恤	99.0	100.6	101.0	100.1	99.1	98.7
女式裤子	101.5	100.5	100.4	99.5	101.0	101.5
女式裙子	98.9	101.2	101.0	100.4	99.6	99.3
女式内衣	99.2	100.3	100.3	100.1	99.4	99.2
儿童服装	97.2	99.2	99.4	98.1	96.7	96.6
婴幼服装	98.5	100.3	100.6	99.8	98.8	98.5
儿童上衣	97.0	98.8	99.0	97.9	96.4	96.5
儿童裤子	96.4	98.7	98.9	96.8	94.9	95.1
儿童裙子	97.7	99.7	99.6	98.9	98.0	97.4
服装材料	101.9	101.9	101.9	102.5	102.5	102.3
服装材料	101.9	101.9	101.9	102.5	102.5	102.3
其他衣着及配件	99.7	100.2	100.1	100.1	99.9	99.7
袜　　子	99.6	99.6	99.5	99.4	99.4	98.9
帽　　子	99.8	101.1	100.9	101.1	100.3	100.4
其他衣着配件	100.1	100.1	100.1	100.3	100.3	100.4
衣着加工服务费	101.6	102.6	102.3	101.9	101.6	101.7
衣着洗涤保养	101.6	102.0	101.9	101.7	101.3	101.7
衣着加工	101.7	103.3	102.7	102.0	101.8	101.7
鞋类	98.9	99.4	99.5	99.0	98.5	98.3
鞋	98.9	99.3	99.4	99.0	98.5	98.3
男　　鞋	99.3	99.5	99.4	98.7	98.5	98.4
女　　鞋	98.7	99.3	99.5	99.4	98.8	98.5
童　　鞋	98.0	98.5	98.4	98.1	97.2	97.0
鞋类加工服务	101.4	106.5	106.4	101.5	100.7	100.4
鞋类加工服务	101.4	106.5	106.4	101.5	100.7	100.4
居住	99.6	100.3	100.4	100.0	99.7	99.5
租赁房房租	98.6	100.1	100.7	99.4	98.9	98.8
公房房租	100.8	100.0	100.0	100.0	100.0	100.0
私房房租	98.5	100.1	100.7	99.3	98.8	98.7
住房保养维修及管理	100.6	101.6	101.6	100.9	100.7	100.5
住房装潢材料	99.8	101.2	101.2	100.9	100.3	99.6
木 地 板	99.6	100.6	100.4	100.2	99.8	99.7
瓷　　砖	99.7	100.0	99.9	100.3	100.0	99.7
水　　泥	98.7	107.0	107.5	104.7	101.8	97.3

6月	7月	8月	9月	10月	11月	12月
98.8	98.8	98.8	99.7	99.5	99.5	98.8
96.8	97.5	97.9	96.6	97.2	96.3	96.5
97.7	97.5	97.2	96.9	97.1	96.8	96.7
100.3	100.4	100.4	100.7	100.3	100.0	100.1
98.6	98.6	98.5	98.9	99.2	99.5	99.6
98.5	98.4	98.4	98.3	98.5	98.5	98.5
97.2	97.2	97.3	97.8	98.6	98.6	98.4
97.3	97.3	97.3	97.2	97.3	97.7	98.8
99.9	99.9	100.1	99.4	99.2	99.7	99.5
97.0	97.4	97.6	96.5	97.0	96.5	96.0
98.7	98.5	98.3	98.5	98.6	98.1	98.1
101.7	102.1	102.3	102.0	102.3	102.4	102.1
99.0	98.1	98.4	97.9	97.8	97.4	97.0
99.0	98.7	98.3	98.8	98.7	99.1	99.1
96.4	96.4	96.2	96.8	96.9	97.0	96.9
97.9	97.9	97.6	97.7	97.7	97.8	97.4
96.7	96.6	96.9	96.7	96.4	96.2	96.3
95.0	95.1	94.8	95.8	96.8	97.2	97.1
97.1	96.7	96.1	97.8	97.3	97.2	97.0
102.3	102.2	102.2	102.1	102.1	100.2	100.1
102.3	102.2	102.2	102.1	102.1	100.2	100.1
100.0	99.6	99.4	99.6	99.5	99.7	99.4
99.6	99.6	99.7	99.6	99.6	100.1	100.0
100.5	99.4	98.6	99.2	99.0	98.7	98.4
100.1	99.8	99.9	99.9	99.9	100.1	99.9
101.6	101.5	101.5	101.3	101.3	101.1	101.3
101.8	101.7	101.7	101.5	101.4	101.1	101.3
101.3	101.3	101.3	101.2	101.2	101.1	101.2
98.4	98.5	98.5	99.1	99.4	99.1	99.2
98.4	98.4	98.5	99.0	99.4	99.1	99.2
98.8	98.9	99.1	100.0	100.3	100.2	100.2
98.3	98.4	98.3	98.5	98.8	98.4	98.4
97.2	97.5	97.4	98.0	98.6	98.7	98.9
100.5	100.5	100.6	100.1	100.1	100.0	100.3
100.5	100.5	100.6	100.1	100.1	100.0	100.3
99.4	99.2	99.2	99.2	99.2	99.4	99.4
97.7	97.6	97.3	97.6	97.9	98.9	98.9
100.0	100.0	100.0	102.4	102.4	102.4	102.4
97.6	97.5	97.2	97.4	97.7	98.8	98.8
100.3	100.2	100.3	100.2	100.3	100.6	100.5
99.2	99.0	99.2	99.3	99.5	99.3	99.2
99.4	99.2	99.0	99.0	99.2	99.3	99.5
99.4	99.3	99.4	99.8	99.9	99.5	99.5
95.5	94.5	95.9	96.1	96.4	95.5	92.7

4－4 续表 3

（上年同月＝100）

类别	年平均	1月	2月	3月	4月	5月
涂料	100.3	100.6	100.5	100.3	100.1	100.4
板材	101.1	102.0	101.6	101.4	101.2	101.2
管材	101.9	101.4	101.4	101.5	101.5	101.8
厨卫设备	99.1	99.7	99.8	99.4	99.1	99.0
门窗	99.9	101.0	100.8	100.8	100.5	100.1
其他住房装潢材料	99.6	100.5	100.4	100.3	99.5	99.0
物业管理费	101.5	100.3	100.3	102.0	102.0	102.0
住房装潢维修	101.2	102.1	102.1	100.9	100.9	101.0
装潢维修费	101.9	101.8	101.8	101.8	101.8	101.9
其他住房费用	100.6	102.3	102.3	100.0	100.2	100.2
水电燃料	99.5	99.4	99.8	99.8	99.8	99.6
水	101.6	104.0	104.0	103.4	103.2	102.8
电	100.0	100.0	100.0	100.0	100.0	100.0
燃气	97.9	97.7	99.0	98.3	98.0	97.3
管道燃气	100.8	101.0	101.0	101.0	101.4	101.5
液化石油气	96.5	96.1	98.1	97.1	96.3	95.3
取暖费	100.2	100.2	100.2	100.2	100.2	100.2
其他燃料	98.8	97.2	98.0	99.1	99.3	99.0
自有住房	99.3	100.2	100.2	99.8	99.3	99.3
自有住房	99.3	100.2	100.2	99.8	99.3	99.3
生活用品及服务	99.9	100.1	99.7	100.3	100.1	99.8
家具及室内装饰品	99.8	99.5	99.5	99.6	99.5	99.8
家具	99.8	99.6	99.6	99.7	99.6	99.9
柜	99.9	99.3	99.4	99.5	99.5	99.7
床	99.6	99.1	99.1	99.3	99.3	99.9
桌	100.7	100.6	100.5	100.5	100.4	100.9
椅	100.1	100.4	100.5	100.5	99.5	100.0
沙发	99.2	99.1	99.1	99.6	99.6	99.6
其他家具	100.3	101.1	101.0	100.2	99.6	100.3
室内装饰品	99.3	99.0	99.1	99.1	98.8	98.8
灯具	99.8	99.3	99.3	99.4	99.3	99.4
其他室内装饰品	98.9	98.7	98.9	98.9	98.4	98.4
家用器具	98.8	99.0	97.7	99.4	99.2	98.0
大型家用器具	98.9	99.2	97.8	99.5	99.3	98.1
洗衣机	99.1	97.6	95.4	100.1	99.7	100.1
电冰箱（柜）	100.2	98.2	98.7	100.2	100.4	99.7
抽油烟机	101.1	99.5	98.3	100.5	101.1	101.1
空调器	95.0	95.0	93.0	96.1	96.4	93.7
热水器	101.3	106.2	104.1	103.9	101.0	100.7

6月	7月	8月	9月	10月	11月	12月
100.2	99.9	99.9	100.1	99.9	100.6	101.1
101.1	101.2	100.8	100.8	100.5	100.2	100.7
102.0	101.8	102.0	102.2	102.4	102.4	102.2
98.6	98.6	98.8	98.4	99.0	99.0	99.3
99.4	99.3	99.4	99.1	99.1	98.8	100.1
98.7	98.9	98.9	99.5	99.5	99.9	99.8
101.7	101.7	101.7	101.7	101.7	101.7	101.7
101.7	101.7	101.7	101.7	101.7	101.7	101.7
101.1	101.0	101.1	100.8	100.8	101.5	101.4
102.2	102.1	102.3	101.7	101.7	102.1	101.9
100.0	100.0	100.0	100.0	100.0	101.0	101.0
99.6	99.3	99.4	99.4	99.2	99.5	99.7
101.7	100.4	100.0	100.0	100.0	100.0	100.0
101.7	100.4	100.0	100.0	100.0	100.0	100.0
100.0	100.0	100.0	100.0	100.0	100.0	100.0
100.0	100.0	100.0	100.0	100.0	100.0	100.0
97.8	97.3	97.4	97.5	97.6	98.3	98.4
101.6	100.6	100.3	100.3	100.3	100.2	100.3
95.9	95.7	96.0	96.2	96.3	97.4	97.5
100.2	100.0	100.0	100.1	100.2	100.3	100.3
100.2	100.0	100.0	100.1	100.2	100.3	100.3
99.1	98.7	99.4	99.2	98.2	98.9	99.8
99.1	98.7	99.4	99.2	98.2	98.9	99.8
99.1	99.0	99.0	98.9	99.0	99.0	99.0
99.1	99.0	99.0	98.9	99.0	99.0	99.0
100.0	99.6	99.5	100.0	99.9	99.9	99.9
99.4	99.4	99.3	99.8	100.0	100.3	100.9
99.4	99.4	99.3	99.9	100.1	100.4	101.0
99.3	99.4	99.4	100.3	100.3	100.6	101.8
99.5	99.5	99.4	100.3	100.2	100.2	100.1
100.2	100.7	100.0	100.4	100.8	100.8	102.7
99.8	99.8	99.8	100.3	100.3	100.4	100.1
98.7	98.4	98.5	98.8	99.4	99.9	99.9
100.3	100.1	100.1	99.6	99.4	100.4	101.6
99.0	99.3	99.4	99.4	99.7	99.8	100.0
99.9	99.9	99.7	100.1	100.2	100.3	100.4
98.3	98.9	99.1	98.8	99.3	99.5	99.8
99.3	98.0	97.7	99.8	99.3	99.2	98.9
99.5	98.1	97.7	100.1	99.5	99.4	99.1
103.3	97.1	95.1	97.1	100.1	103.0	101.5
102.0	99.8	99.9	101.8	99.9	101.0	100.4
101.7	100.6	100.1	102.5	103.6	101.8	102.1
95.7	93.6	93.5	97.3	96.5	94.4	94.9
100.5	100.4	98.7	100.1	100.8	100.1	99.5

4-4　续表4

（上年同月=100）

类　　别	年平均	1月	2月	3月	4月	5月
炉具灶具	102.7	102.0	101.1	99.4	101.5	101.2
微 波 炉	101.5	101.8	102.0	101.5	101.5	99.9
其他大型家用器具	101.9	103.1	102.4	102.0	101.5	100.4
小家电	97.6	97.3	97.2	98.3	98.1	97.1
厨房小家电	96.8	95.9	95.8	97.4	97.3	96.3
生活小家电	99.1	100.2	99.9	99.9	99.6	98.7
家用纺织品	99.1	99.5	99.7	99.7	98.8	98.9
床上用品	99.0	99.5	99.7	99.7	98.7	98.7
被　　子	98.9	98.8	99.2	99.5	99.0	99.1
床单被套	98.9	100.2	100.4	99.8	98.2	98.3
其他床上用品	99.2	99.5	99.4	99.9	99.1	98.9
窗帘门帘	100.1	99.7	99.7	99.7	99.8	100.9
窗帘门帘	100.1	99.7	99.7	99.7	99.8	100.9
其他家用纺织品	99.2	99.5	99.7	99.6	98.7	98.9
其他家用纺织品	99.2	99.5	99.7	99.6	98.7	98.9
家庭日用杂品	100.4	100.7	100.6	100.9	100.7	100.4
洗涤卫生用品	100.5	101.2	100.8	101.4	101.2	100.9
清洗用品	100.5	101.7	101.0	101.4	100.7	100.7
清洁用具	99.9	100.0	99.9	100.2	100.0	100.5
清洁用纸	100.8	100.8	101.0	101.8	102.5	101.4
厨具餐具茶具	100.1	100.1	100.2	100.3	100.0	99.6
厨　　具	100.2	100.0	100.3	100.3	100.1	100.3
餐　　具	100.3	100.5	100.6	100.6	100.2	98.8
茶　　具	99.5	99.3	99.2	99.1	99.0	99.2
家用手工工具	100.7	101.3	101.2	101.2	101.1	100.7
家用手工工具	100.7	101.3	101.2	101.2	101.1	100.7
其他家庭日用杂品	100.1	100.2	100.2	100.3	100.3	100.1
配电附件	100.4	100.5	100.4	100.4	100.7	100.5
雨　　具	100.0	100.1	100.2	100.2	99.9	99.8
其他日用杂品	99.5	99.6	99.8	100.1	100.0	99.8
个人护理用品	100.9	101.3	101.1	101.3	101.1	101.4
化妆品	101.1	101.2	101.3	101.8	101.4	101.7
清洁化妆品	101.1	100.1	100.5	101.8	101.0	101.8
护肤化妆品	101.2	102.1	101.8	102.0	101.7	101.9
彩妆化妆品	101.0	100.3	101.2	101.5	101.5	101.5
化妆器具	99.4	99.3	99.7	99.5	99.5	99.5
其他护理用品类	100.7	101.4	100.7	100.6	100.6	100.9
清洁类护理用品	100.1	101.0	100.0	99.8	99.7	100.1
护发美发用品	102.1	102.8	102.9	102.4	102.8	102.7
护理器具	101.0	101.3	100.8	101.3	100.8	101.0
其他护理用品	100.6	99.6	99.9	99.7	100.4	100.7
家庭服务	102.3	102.1	102.4	102.7	102.8	102.5
家政服务	103.0	101.9	102.8	103.5	103.8	103.3
家庭维修服务	101.5	102.2	102.0	101.8	101.7	101.5

6月	7月	8月	9月	10月	11月	12月
102.4	102.4	102.4	104.8	104.6	105.7	105.0
100.1	99.8	100.9	102.3	101.9	104.5	102.5
100.1	102.7	103.1	103.9	100.4	101.4	101.4
97.4	97.4	97.4	97.6	97.8	97.7	97.5
96.7	96.7	96.7	96.9	97.3	97.2	96.9
98.6	98.5	98.7	98.8	98.9	98.8	98.8
99.0	98.6	98.8	98.8	98.8	99.3	99.2
98.8	98.3	98.6	98.6	98.6	99.3	99.1
99.0	98.7	98.7	98.5	98.6	99.2	99.0
98.5	97.6	98.2	98.7	98.7	99.1	98.9
99.0	98.9	99.1	98.7	98.6	99.7	99.8
100.5	100.6	100.3	100.1	100.3	100.0	99.7
100.5	100.6	100.3	100.1	100.3	100.0	99.7
99.3	99.1	99.3	99.1	99.0	99.1	99.0
99.3	99.1	99.3	99.1	99.0	99.1	99.0
100.3	100.5	100.3	100.1	100.0	99.9	99.9
100.6	100.7	100.6	100.2	99.7	99.5	99.5
100.8	100.3	99.8	100.1	99.8	99.5	100.6
99.9	100.2	100.1	99.5	99.4	99.3	99.8
100.7	101.3	102.0	100.6	99.8	99.5	97.7
99.8	100.3	100.0	100.1	100.4	100.5	100.3
99.9	100.2	99.9	100.0	100.3	100.2	100.4
99.9	100.8	100.3	100.2	100.8	101.1	100.3
99.0	99.0	99.6	100.2	100.1	100.5	100.2
99.9	99.8	100.1	99.8	100.1	102.2	101.7
99.9	99.8	100.1	99.8	100.1	102.2	101.7
100.0	100.0	99.9	100.0	100.0	100.1	100.5
100.1	100.1	100.0	100.2	100.4	100.4	101.0
99.8	100.0	100.0	99.9	99.9	100.0	100.2
99.6	99.5	99.4	99.2	99.0	99.0	99.4
101.2	100.8	100.8	100.7	100.7	100.3	100.3
101.4	101.0	100.9	100.6	100.5	100.2	100.6
101.6	101.5	101.4	101.7	100.6	100.2	100.7
101.5	100.8	100.8	100.2	100.5	100.1	100.7
101.4	101.0	100.6	100.9	100.6	101.3	100.2
99.5	99.3	99.4	99.1	99.1	99.1	99.3
100.9	100.6	100.7	100.8	100.9	100.4	99.7
100.1	99.9	99.9	100.2	100.5	100.2	99.3
102.4	102.4	102.1	101.7	101.6	100.9	100.6
101.5	100.6	101.5	101.5	101.5	100.6	99.5
101.4	100.0	101.0	101.4	101.0	101.0	101.2
102.5	102.4	102.2	102.0	102.0	101.7	102.0
103.5	103.4	103.2	102.8	102.5	102.1	102.8
101.3	101.2	101.1	101.1	101.3	101.3	101.0

4－4 续表 5

（上年同月＝100）

类　　别	年平均	1 月	2 月	3 月	4 月	5 月
交通和通信	95.8	98.7	96.9	95.1	94.0	94.0
交通	95.7	100.6	97.7	95.1	93.6	93.8
交通工具	98.4	97.0	97.0	97.0	96.9	98.3
小型汽车	97.9	95.4	95.4	95.4	95.3	97.7
电动自行车	98.9	99.3	99.3	99.5	99.1	98.9
自 行 车	99.8	100.4	100.4	99.9	99.8	99.6
其他交通工具	99.5	99.7	99.7	99.5	99.3	99.8
交通工具用燃料	86.0	107.3	97.6	85.5	79.5	77.8
汽　　油	85.7	107.4	97.5	85.2	79.0	77.2
柴　　油	84.7	108.0	97.5	84.1	77.7	75.9
其他车用能源	100.1	101.0	100.5	99.7	100.2	100.0
交通工具使用和维修	101.3	101.3	100.1	101.6	101.9	101.7
停 车 费	100.0	100.0	99.8	100.0	100.0	100.0
车辆使用费	102.1	103.7	102.7	103.7	103.7	101.8
交通工具零配件	99.5	99.4	99.5	99.9	99.8	99.4
车辆修理与保养	101.3	101.3	100.1	101.6	102.0	101.8
交通费	96.6	101.0	97.8	97.1	96.3	96.5
市内公共交通	98.4	100.0	98.8	98.4	97.1	97.1
出租汽车	100.1	101.6	99.2	99.9	100.0	100.0
飞 机 票	76.8	117.2	92.7	79.2	77.1	74.9
火 车 票	100.0	100.0	100.0	100.0	100.0	100.0
长途汽车	97.8	97.3	96.6	98.0	96.9	97.8
其他交通费	99.7	100.2	100.0	100.1	99.9	99.8
通信	96.1	95.3	95.4	95.0	94.9	94.4
通信工具	91.0	91.3	91.5	90.4	90.0	88.8
固定电话机	100.8	100.0	100.0	100.0	100.0	100.0
移动电话机	90.5	90.8	91.0	89.9	89.4	88.2
通信工具零配件	99.4	99.5	99.5	99.2	99.2	99.4
通信服务	98.5	97.2	97.2	97.2	97.2	97.1
固定电话费	99.3	99.4	99.5	99.7	99.8	99.1
移动通信费	98.2	96.6	96.6	96.6	96.6	96.6
上 网 费	99.2	98.7	98.7	98.5	98.5	98.3
其他通信服务	99.7	99.9	99.9	99.9	99.9	99.9
邮递服务	99.8	99.8	99.8	100.1	99.7	99.6
邮政邮寄	100.0	99.9	99.9	100.0	100.0	100.0
快递服务	99.7	99.8	99.8	100.1	99.5	99.5
教育文化和娱乐	102.0	100.9	100.1	100.7	100.8	100.6
教育	102.7	100.7	100.6	100.3	100.4	100.1
教育用品	100.9	101.4	101.0	101.0	100.7	100.7
工 具 书	101.2	103.3	103.2	103.2	100.5	100.4
教　　材	99.4	98.9	98.8	98.7	98.7	98.9
参考资料	102.1	103.3	102.5	102.6	102.6	102.4
其他教育用品	99.3	100.1	100.1	100.1	98.8	98.7
教育服务	102.8	100.6	100.6	100.3	100.4	100.1

6月	7月	8月	9月	10月	11月	12月
94.3	95.4	96.4	96.5	96.3	95.9	96.4
94.5	94.9	95.8	95.7	95.5	95.3	95.9
98.9	98.9	99.5	99.3	99.3	99.4	99.4
98.8	98.9	100.0	99.5	99.6	99.7	99.7
98.8	98.5	98.6	98.9	98.7	98.7	98.7
99.6	99.5	99.5	99.8	99.8	99.7	99.8
99.8	99.5	99.6	99.4	99.3	99.3	99.2
80.5	84.2	85.8	85.0	82.7	82.2	85.4
80.0	83.8	85.5	84.7	82.3	81.9	85.1
78.9	82.8	84.6	83.5	80.8	80.2	83.6
100.1	100.0	99.8	99.7	99.7	99.5	100.8
101.7	101.2	101.1	101.2	101.1	101.1	101.2
100.0	100.0	100.0	100.0	100.0	100.0	100.0
101.8	102.0	102.0	102.3	100.5	101.2	100.2
99.4	99.4	99.6	99.5	99.3	99.6	99.6
101.7	101.2	101.2	101.2	101.1	101.1	101.2
95.6	93.8	94.8	95.8	97.2	96.9	96.4
97.1	98.7	98.7	98.7	98.7	98.7	98.7
100.0	100.0	100.0	100.0	100.0	100.0	99.9
66.8	58.4	63.7	67.7	79.1	71.6	71.4
100.0	100.0	100.0	100.0	100.0	100.0	100.0
97.9	97.1	97.6	98.0	98.6	99.0	98.7
99.5	99.3	99.4	99.6	99.6	99.7	98.8
94.0	96.2	97.7	97.9	97.9	97.0	97.4
87.8	88.7	93.0	93.7	94.0	91.3	92.4
101.8	101.8	101.3	101.3	101.3	100.9	100.9
87.1	88.0	92.6	93.3	93.6	90.8	92.0
99.4	99.5	99.8	99.3	99.5	99.6	99.4
96.9	99.9	100.0	100.0	99.8	99.8	99.8
99.1	99.1	99.1	99.1	99.1	99.3	99.3
96.5	100.0	100.0	100.0	100.0	99.7	99.7
97.7	100.0	100.1	100.1	99.3	100.3	100.2
99.6	99.6	99.6	99.6	99.6	99.4	99.4
99.6	99.6	99.6	100.0	99.9	99.8	99.5
100.0	100.0	100.0	100.0	100.0	100.0	100.0
99.5	99.5	99.5	100.0	99.9	99.8	99.3
100.4	100.3	99.9	104.8	105.1	105.1	105.0
100.0	100.3	100.2	107.4	107.3	107.4	107.4
100.8	100.9	100.9	100.7	100.7	100.7	100.7
100.5	100.5	100.5	100.5	100.5	100.7	100.8
98.9	98.8	99.2	100.3	100.4	100.4	100.4
102.6	102.7	102.5	101.1	101.1	101.1	101.1
99.1	99.0	99.2	98.8	98.9	99.2	99.2
99.9	100.3	100.2	107.8	107.7	107.8	107.8

4－4 续表 6

（上年同月＝100）

类　　别	年平均	1月	2月	3月	4月	5月
学前教育	103.6	104.4	104.0	103.6	103.6	103.6
小学初中教育	102.9	104.6	104.3	103.1	102.8	102.5
高中中职教育	101.5	101.9	101.7	101.6	101.4	101.3
高等教育	108.5	100.0	100.0	100.0	100.0	100.0
课外教育	103.2	103.2	102.8	102.8	102.8	102.9
专业技能培训	93.0	91.7	92.7	92.2	93.1	91.6
文化娱乐	100.7	101.2	99.3	101.4	101.4	101.3
文娱耐用消费品	100.8	100.1	100.8	99.2	99.6	98.8
电 视 机	101.9	92.5	94.8	98.6	100.1	96.8
照 相 机	96.7	96.2	96.2	96.3	96.5	96.5
台式计算机	100.3	108.4	108.7	100.4	99.3	100.3
笔记本平板	102.0	102.3	102.0	98.9	100.5	100.5
乐　　器	99.7	100.1	100.1	100.0	99.4	99.5
音　　响	99.4	99.5	99.4	99.3	99.1	98.8
其他文娱耐用消费品	98.7	100.2	100.2	99.0	98.5	98.5
其他文娱用品	100.1	100.3	100.4	100.3	100.2	100.2
书报杂志	101.0	101.2	101.2	101.2	101.2	101.2
纸张文具	99.7	100.0	100.0	100.0	99.7	99.7
体育户外用品	100.2	100.4	100.6	100.4	100.4	100.4
游戏用品和玩具	99.3	99.1	99.1	99.0	99.1	99.1
园艺花卉及用品	98.6	99.2	99.3	99.0	99.0	99.5
宠物及用品	100.1	100.7	100.6	100.8	100.6	99.5
其他文化娱乐用品	99.8	100.5	100.6	100.4	99.5	99.5
文化娱乐服务	99.2	100.4	98.4	98.9	99.2	97.8
电 影 票	99.5	102.4	93.9	101.1	101.2	100.1
景点门票	97.0	100.8	97.4	95.8	96.9	92.8
有线电视	99.9	99.8	99.8	99.8	99.8	99.8
健身活动	98.9	98.2	98.2	98.3	98.7	99.1
其他文娱服务	101.9	100.5	99.6	101.8	101.6	101.8
旅游	102.9	104.4	97.0	108.7	107.5	110.0
旅行社收费	102.9	104.4	96.9	108.8	107.7	110.1
其他旅游	100.6	103.4	102.4	102.1	98.5	101.1
医疗保健	103.4	103.1	103.1	103.2	103.2	103.4
药品及医疗器具	102.2	102.3	102.2	102.3	102.5	102.3
中药	103.0	103.7	103.7	103.4	104.3	103.6
中 药 材	104.5	101.2	102.1	102.7	106.8	106.1
中 成 药	102.4	104.7	104.3	103.7	103.4	102.7
西药	101.6	102.3	102.3	102.1	101.8	102.0
抗微生物药	99.5	98.6	98.7	99.2	99.2	98.8
消化系统用药	102.1	98.9	99.1	100.4	101.7	101.8
呼吸系统用药	101.6	102.7	103.0	103.4	101.6	101.7
解热镇痛药	103.4	103.1	103.5	104.0	104.8	103.9
抗肿瘤药	103.6	103.9	104.4	104.7	104.2	103.9
激素及影响内分泌药	98.0	101.7	101.6	101.2	98.8	97.5

6月	7月	8月	9月	10月	11月	12月
103.5	103.4	103.5	104.6	103.4	103.1	102.9
102.3	102.1	102.0	103.0	102.9	102.8	102.7
101.1	101.0	100.5	101.7	101.7	101.7	101.7
100.0	100.0	100.0	125.6	125.6	125.6	125.6
103.1	102.9	102.6	104.8	103.8	103.3	103.4
90.7	93.4	93.2	92.8	94.4	95.6	95.6
101.2	100.2	99.5	100.4	101.3	101.2	100.8
99.9	100.0	101.0	102.0	102.5	102.8	103.2
100.9	100.9	103.3	105.4	108.1	111.2	113.0
96.5	96.8	96.5	96.4	97.1	97.9	98.0
99.4	99.1	99.1	99.7	98.4	96.4	95.9
100.5	101.5	103.3	103.9	103.9	103.7	103.7
99.5	99.6	99.3	99.3	99.6	99.7	99.9
99.3	99.4	99.4	99.7	99.7	99.4	99.4
98.4	98.4	98.1	98.2	98.5	98.6	98.5
100.0	99.9	100.0	99.9	100.1	99.8	99.8
101.2	101.2	101.2	100.6	100.6	100.5	100.5
99.5	99.2	99.6	99.9	100.0	99.6	99.6
99.8	99.4	99.9	100.1	100.6	100.1	100.2
99.3	99.2	99.3	99.4	99.5	99.5	99.4
98.9	98.2	98.2	98.3	98.0	98.0	97.7
99.8	100.0	99.8	99.7	99.8	99.7	99.7
99.6	99.4	99.4	99.6	99.9	99.5	99.7
98.7	99.6	99.3	99.4	99.6	99.8	99.6
100.5	100.1	97.4	99.0	98.7	100.2	100.2
95.0	97.6	97.5	97.5	97.7	97.8	97.5
100.0	100.0	100.0	100.0	100.0	100.0	100.0
99.1	98.8	98.6	99.1	99.1	99.6	99.8
102.0	102.4	102.5	102.2	102.8	103.0	102.3
107.3	101.6	96.7	99.5	102.2	101.2	99.2
107.5	101.6	96.7	99.4	102.2	101.3	99.2
100.1	100.1	100.1	100.8	98.3	99.6	100.8
103.5	103.4	103.4	103.3	103.6	103.8	103.9
102.2	101.9	102.1	101.8	101.9	102.2	102.2
103.0	102.7	102.6	102.3	102.3	102.0	102.5
105.4	105.4	105.6	105.1	104.6	104.4	105.2
102.2	101.6	101.5	101.3	101.5	101.1	101.4
101.4	101.2	101.2	101.0	100.7	101.4	101.5
99.8	99.8	99.2	99.1	99.7	100.4	101.0
101.4	100.9	102.3	102.9	104.4	105.5	105.7
101.8	101.8	101.3	100.0	100.4	100.7	100.5
104.0	103.3	103.4	103.0	102.3	103.1	102.8
103.4	103.1	104.4	104.3	102.5	102.1	102.2
96.8	96.8	96.4	96.1	96.6	96.7	95.9

4－4 续表 7

（上年同月＝100）

类　　别	年平均	1月	2月	3月	4月	5月
心血管系统用药	101.6	104.4	103.7	102.3	101.8	103.6
血液系统用药	93.9	100.8	100.2	98.5	92.8	92.3
治疗精神障碍药	102.2	100.0	100.8	100.6	101.1	101.8
神经系统用药	104.3	107.4	106.3	105.3	105.8	105.2
消毒防腐及创伤外科用药	104.1	103.0	103.2	103.6	103.7	104.3
泌尿系统用药	100.4	99.8	99.7	100.3	100.4	100.6
维生素、矿物质类药	104.4	101.1	102.7	103.7	104.1	104.9
调节水、电解质及酸碱平衡药	99.5	102.1	101.0	100.8	100.1	99.5
滋补保健品	103.0	102.0	102.0	102.7	103.2	102.0
滋补保健品	103.0	102.0	102.0	102.7	103.2	102.0
医疗卫生器具	102.8	101.3	100.7	101.2	102.8	103.7
医疗卫生器具	102.8	101.3	100.7	101.2	102.8	103.7
保健器具	101.0	101.4	101.0	101.5	101.2	101.3
保健器具	101.0	101.4	101.0	101.5	101.2	101.3
医疗服务	104.2	103.5	103.7	103.7	103.7	104.1
综合医疗类	109.6	107.0	108.1	107.9	107.9	109.3
一般医疗服务	115.4	111.6	114.3	114.3	114.3	114.8
一般治疗操作	105.9	104.0	104.1	103.9	103.9	106.0
护　　理	111.9	108.9	109.9	110.1	110.0	111.2
其他综合医疗服务	98.2	100.1	100.1	98.5	98.5	98.5
诊断类	100.6	100.7	100.7	100.7	100.7	100.6
病理学诊断	108.4	108.2	107.6	107.6	107.6	107.8
实验室诊断	99.3	99.6	99.6	99.5	99.5	99.3
影像学诊断	98.1	98.2	98.4	98.5	98.5	98.2
临床诊断	108.1	107.7	107.3	107.3	107.3	107.9
治疗类	103.6	103.8	103.5	103.6	103.4	103.5
临床手术治疗	104.3	104.3	104.0	104.0	103.9	104.2
临床非手术治疗	101.6	102.2	102.2	102.1	102.1	101.4
康复类	100.3	101.0	100.4	100.3	100.1	100.2
康复医疗	100.3	101.0	100.4	100.3	100.1	100.2
中医医疗服务类	101.8	101.0	100.7	100.8	100.7	102.1
中医治疗	101.8	101.0	100.7	100.8	100.7	102.1
其他医疗服务	101.9	101.3	101.3	101.3	101.3	102.3
其他医疗服务	101.9	101.3	101.3	101.3	101.3	102.3
其他用品和服务	107.6	107.7	107.8	108.8	108.5	109.9
其他用品类	115.7	114.6	114.7	117.2	117.6	120.0
首饰手表	120.8	119.6	119.7	123.1	123.7	126.9
金 饰 品	125.0	123.8	123.9	128.2	129.1	133.0
银 饰 品	103.2	100.8	100.7	101.3	103.3	103.2
铂金饰品	101.1	104.2	105.1	103.3	98.7	99.1
手　　表	99.6	99.0	99.0	99.1	99.0	99.1
其他杂项用品	99.6	100.0	100.1	100.0	100.0	99.9
箱　　包	99.0	99.2	99.2	99.4	98.9	99.1
母婴用品	100.0	100.6	100.8	100.5	100.7	100.3

6月	7月	8月	9月	10月	11月	12月
101.0	101.0	100.7	100.3	99.5	99.9	100.9
92.0	91.9	92.1	92.2	91.2	91.3	91.5
102.0	102.7	103.4	103.7	103.4	103.7	103.8
104.7	104.4	103.8	102.8	101.6	102.5	102.8
105.0	103.7	104.6	104.7	104.9	105.0	103.1
100.7	100.7	100.4	100.3	100.4	100.4	100.4
104.4	105.0	105.0	105.1	105.1	105.8	105.4
98.8	98.6	99.0	98.4	98.1	99.8	98.2
102.9	102.7	103.2	103.0	103.9	104.0	103.9
102.9	102.7	103.2	103.0	103.9	104.0	103.9
104.2	103.7	103.7	103.5	103.1	102.8	102.4
104.2	103.7	103.7	103.5	103.1	102.8	102.4
100.8	100.5	100.8	101.1	101.2	101.0	100.4
100.8	100.5	100.8	101.1	101.2	101.0	100.4
104.3	104.3	104.3	104.3	104.8	104.9	105.1
110.0	110.0	110.0	110.0	111.0	111.3	112.0
115.6	115.6	115.6	115.6	117.4	117.4	117.8
106.5	106.6	106.6	106.7	107.2	107.2	108.2
111.9	111.8	111.9	111.9	113.1	115.7	115.9
98.2	98.2	98.2	98.2	96.5	96.5	96.4
100.5	100.5	100.5	100.5	100.7	100.8	100.4
107.9	107.9	107.9	107.9	109.8	109.8	110.4
99.2	99.3	99.3	99.3	99.3	99.3	99.1
98.1	98.1	98.1	98.0	98.0	98.0	97.2
108.0	108.0	108.1	108.1	108.6	109.2	109.2
103.5	103.5	103.5	103.5	103.7	103.7	104.0
104.2	104.2	104.2	104.2	104.6	104.6	105.1
101.4	101.5	101.6	101.6	101.1	101.1	100.6
100.2	100.2	100.3	100.3	100.3	100.3	100.5
100.2	100.2	100.3	100.3	100.3	100.3	100.5
102.1	102.1	102.1	102.1	102.4	102.4	103.2
102.1	102.1	102.1	102.1	102.4	102.4	103.2
102.3	102.3	102.3	102.3	102.3	102.1	102.1
102.3	102.3	102.3	102.3	102.3	102.1	102.1
109.2	108.8	109.8	107.9	104.9	104.7	104.0
118.3	117.4	119.2	114.7	112.4	112.3	110.8
124.6	123.2	125.3	119.2	116.2	116.3	114.4
129.9	127.9	130.0	122.7	119.2	119.3	116.9
102.6	103.3	105.4	105.8	104.8	103.4	103.6
101.2	100.9	102.8	99.4	98.9	98.6	101.1
99.3	99.6	99.4	100.1	100.2	100.1	100.5
99.6	99.4	99.3	99.4	99.2	99.0	98.9
99.4	99.3	99.1	99.1	98.8	98.4	98.2
99.7	99.5	99.5	99.8	99.5	99.4	99.4

4－4 续表 8

（上年同月＝100）

类　别	年平均	1月	2月	3月	4月	5月
眼　　镜	99.2	99.2	99.2	99.3	99.6	99.8
其他服务类	100.8	102.2	102.3	102.0	101.1	101.8
旅馆住宿	97.9	101.1	103.2	102.6	90.5	96.5
宾馆住宿	96.8	100.7	100.0	101.2	86.3	96.3
其他住宿	98.5	101.3	104.9	103.4	93.0	96.5
美容美发洗浴	102.6	102.0	102.3	102.9	102.7	102.9
美　　容	100.7	101.0	100.7	100.7	100.8	101.2
美　　发	101.9	100.9	101.5	101.5	101.4	101.8
洗　　浴	105.0	104.1	104.4	106.2	105.6	105.5
养老服务	102.0	104.5	104.2	100.5	101.7	102.0
养老服务	102.0	104.5	104.2	100.5	101.7	102.0
金融保险	98.5	101.7	101.5	101.3	101.2	101.2
金融服务	100.1	100.8	101.0	99.8	99.8	99.8
车辆保险	95.4	100.4	100.0	100.1	100.0	100.0
旅行保险	100.0	100.0	100.0	100.0	100.0	100.0
其他保险	110.6	109.8	109.8	109.8	109.8	109.9
其他服务类	101.1	102.3	101.6	102.5	102.6	102.6
中介服务	100.3	100.6	99.7	100.6	100.8	100.8
其他服务	102.0	104.1	103.7	104.6	104.6	104.6

6月	7月	8月	9月	10月	11月	12月
99.9	99.5	98.9	98.9	98.8	98.5	98.3
101.7	101.5	101.6	101.7	98.0	97.9	97.9
96.3	96.2	98.2	96.2	98.1	98.2	98.9
98.4	95.8	95.2	95.9	97.6	97.5	98.5
95.2	96.4	99.9	96.4	98.4	98.5	99.1
103.0	102.8	102.7	103.0	102.6	102.5	102.3
101.0	100.7	100.4	100.5	100.4	100.4	100.1
102.1	101.9	101.9	101.9	102.3	102.6	102.6
105.8	105.4	105.3	106.3	104.5	103.8	103.6
102.0	101.8	101.4	101.7	101.7	101.4	101.7
102.0	101.8	101.4	101.7	101.7	101.4	101.7
101.3	101.2	101.2	101.6	90.1	89.8	89.8
99.9	100.0	100.0	100.0	100.0	100.3	100.3
100.1	100.0	100.0	100.0	81.6	81.4	81.4
100.0	100.0	100.0	100.0	100.0	100.0	100.0
110.1	109.3	109.3	112.8	113.0	111.4	111.4
100.4	100.4	100.3	100.3	100.2	100.1	100.1
100.4	100.4	100.2	100.2	100.0	99.8	99.8
100.4	100.4	100.4	100.4	100.4	100.4	100.4

4－5 居民消费价格

（上月＝100）

类　　别	1月	2月	3月	4月	5月
总指数	**101.6**	**100.9**	**98.9**	**98.9**	**98.7**
食品烟酒	103.8	102.8	97.4	97.1	96.5
食品	105.4	103.9	96.3	95.8	94.9
粮食	99.8	100.2	100.0	100.4	100.2
大　米	99.4	100.7	100.0	100.1	100.4
面　粉	99.9	100.2	100.1	100.7	100.8
其他粮食	100.0	100.3	100.1	101.5	101.8
粮食制品	100.0	99.8	100.0	100.4	99.5
薯类	111.5	116.0	101.9	103.6	97.4
薯　类	111.5	116.0	101.9	103.6	97.4
豆类	100.7	102.0	101.2	100.1	101.1
干　豆	99.9	100.1	100.2	101.1	102.0
豆制品	100.7	102.1	101.3	100.1	101.1
食用油	99.7	100.3	99.9	99.7	99.6
食用植物油	99.6	100.3	99.9	99.8	99.7
食用动物油	103.4	100.8	99.9	97.3	95.6
菜	120.8	109.4	87.2	87.0	84.0
鲜　菜	122.8	110.1	86.2	85.9	82.5
干菜及菜制品	100.5	100.6	100.1	99.8	100.0
畜肉类	106.9	106.8	95.9	93.6	92.9
猪　肉	108.8	108.4	94.8	92.1	91.1
牛　肉	101.3	101.8	100.0	98.0	98.6
羊　肉	101.3	101.6	99.4	97.4	98.6
畜肉副产品	100.7	101.6	99.7	99.8	98.4
其他畜肉及制品	100.7	100.7	100.5	99.6	99.4
禽肉类	98.6	100.1	97.5	98.9	96.1
鸡	97.6	100.0	96.5	98.6	94.7
鸭	100.1	99.5	97.2	98.4	98.5
其他禽肉及制品	100.5	100.5	100.0	99.6	98.5
水产品	101.8	101.6	99.5	99.3	100.4
淡水鱼	101.3	102.9	98.8	98.8	103.8
海水鱼	101.5	101.3	99.2	99.3	99.4
虾蟹类	105.1	101.6	99.9	99.3	96.9
其他水产品及制品	99.6	100.2	100.3	99.9	99.8
蛋类	98.1	89.4	94.2	97.9	92.2
鸡　蛋	98.0	88.8	93.9	97.9	91.9
其他蛋及制品	100.2	100.3	98.1	98.1	97.5
奶类	100.3	100.2	99.7	99.9	99.8
鲜　奶	100.4	100.2	99.7	99.6	99.7
酸　奶	100.1	100.7	99.2	99.5	100.0
奶　粉	100.2	100.2	99.7	99.9	99.5
其他奶制品	100.2	100.2	100.1	100.3	100.3
干鲜瓜果类	106.6	106.1	99.3	97.7	97.2
鲜瓜果	108.7	107.8	99.1	96.7	96.2

分月环比指数(2020 年)

6 月	7 月	8 月	9 月	10 月	11 月	12 月
99.9	**100.6**	**100.6**	**100.8**	**99.7**	**99.3**	**101.0**
99.8	102.0	101.5	100.6	99.0	98.1	102.8
99.7	103.0	102.2	100.8	98.5	97.2	104.1
100.1	99.9	100.0	100.0	100.0	100.0	100.0
99.8	99.8	100.1	100.0	99.8	100.4	100.0
100.0	99.7	99.9	100.2	100.2	100.0	99.8
100.7	100.1	100.1	100.7	99.7	100.4	100.3
100.2	100.1	100.0	99.7	100.1	99.8	100.1
92.5	98.5	96.8	94.9	95.1	93.2	104.8
92.5	98.5	96.8	94.9	95.1	93.2	104.8
99.9	100.2	100.3	100.2	99.8	99.9	100.2
100.3	100.0	100.2	100.3	100.2	100.8	100.8
99.9	100.2	100.3	100.2	99.8	99.8	100.1
100.5	100.1	100.5	100.6	100.6	100.5	102.0
100.6	100.1	100.4	100.6	100.6	100.6	101.9
98.7	101.6	102.7	100.7	101.0	99.7	103.6
101.0	105.9	108.7	103.8	99.6	94.5	111.1
101.1	106.6	109.6	104.1	99.6	94.0	112.2
100.0	100.0	100.1	100.0	100.1	100.0	99.7
102.8	107.6	101.6	99.3	95.6	94.6	105.9
103.7	109.7	101.7	98.7	93.9	93.0	107.5
99.9	100.4	102.0	101.7	100.8	100.2	101.0
100.4	101.0	100.0	100.4	100.7	100.3	104.5
100.6	103.3	102.1	101.6	100.1	97.0	100.8
99.6	100.8	100.5	100.7	101.4	99.4	100.5
96.7	100.5	100.7	99.8	99.6	99.3	101.2
95.8	101.1	101.1	99.5	98.9	99.0	101.6
96.9	98.0	100.6	100.6	99.6	98.7	101.5
98.5	100.0	99.9	100.3	100.9	100.0	100.1
99.2	99.7	100.2	99.9	99.8	98.6	99.9
102.4	100.7	101.0	99.1	98.8	97.1	98.9
98.8	99.0	99.7	100.8	100.2	100.4	100.2
93.7	97.5	99.5	100.7	100.7	97.8	101.2
100.1	100.5	100.1	99.9	100.3	100.4	99.8
95.7	105.4	112.6	102.1	97.6	97.7	105.8
95.6	105.9	113.4	102.2	97.5	97.6	106.1
97.5	98.3	100.4	100.2	100.6	100.0	100.5
100.4	99.5	100.5	100.1	100.1	100.0	100.1
100.3	99.8	100.7	100.4	100.0	100.1	100.6
100.2	99.9	99.3	100.1	100.6	99.8	100.3
100.4	99.0	100.8	100.0	99.9	100.0	99.8
100.4	99.8	100.3	100.1	100.2	99.9	100.1
91.3	93.9	99.9	107.7	104.3	99.7	102.8
88.5	91.6	99.7	111.1	106.1	99.8	103.7

4－5 续表 1

（上月＝100）

类　　别	1 月	2 月	3 月	4 月	5 月
坚 果	100.3	100.9	100.1	101.1	100.2
瓜果制品	101.4	100.2	99.4	99.7	100.0
糖果糕点类	99.4	100.1	100.1	100.2	100.1
食　　糖	100.0	100.0	99.6	100.7	99.8
糖　　果	97.2	100.2	100.2	101.1	100.1
糕　　点	100.4	100.2	100.5	99.2	100.2
其他糖果糕点	100.0	100.0	99.1	100.4	100.2
味品	100.1	100.4	100.3	100.0	100.4
食 用 盐	100.2	100.1	100.0	99.6	100.2
酱　　油	100.3	100.2	100.3	99.8	100.0
食　　醋	99.5	101.7	100.5	99.9	100.4
调 味 酱	100.5	100.2	99.9	100.3	100.9
味　　精	100.2	100.0	100.3	100.4	101.2
其他调味品	100.0	100.2	100.6	100.0	99.9
其他食品类	99.9	100.4	100.3	100.3	100.2
方便食品	100.0	100.4	100.2	100.4	100.2
淀粉及制品	99.9	100.5	100.5	100.2	100.1
膨化食品	100.0	100.2	100.1	100.0	100.3
茶及饮料	99.5	100.3	100.0	100.2	100.1
茶　　叶	100.3	100.4	100.0	100.6	99.6
固体咖啡	99.9	100.0	99.7	100.1	100.1
其他固体饮料	99.9	99.9	99.7	99.9	100.2
饮 用 水	100.6	100.0	100.0	99.5	100.1
果汁饮料	99.6	100.2	99.8	100.0	100.0
其他液体饮料	98.9	100.3	100.2	100.0	100.4
烟酒	100.2	100.1	100.0	100.0	99.8
烟草	100.0	100.0	100.0	100.1	100.0
烟　　草	100.0	100.0	100.0	100.1	100.0
酒类	100.4	100.2	100.0	100.0	99.6
白　　酒	100.5	100.2	100.0	100.1	99.6
葡 萄 酒	100.2	100.0	100.1	99.6	99.5
啤　　酒	100.2	100.3	100.1	99.7	99.5
其他酒类	99.7	100.1	99.9	99.7	99.3
在外餐饮	100.4	100.1	100.2	100.3	100.2
正　　餐	100.4	100.1	100.1	100.1	100.0
快　　餐	100.6	100.1	100.4	100.4	100.1
地方小吃	100.0	100.1	100.1	100.5	100.6
其他在外餐饮	100.0	100.0	100.1	100.4	100.1
衣着	99.8	99.7	99.6	99.4	99.7
服装	99.8	99.7	99.4	99.3	99.7
男式服装	99.6	99.6	99.7	99.7	99.7
男式西服	99.4	99.7	100.4	100.2	99.5
男式冬衣	99.2	98.8	99.0	99.5	99.9
男式夹克衫	99.6	99.8	99.5	99.1	99.5

6月	7月	8月	9月	10月	11月	12月
100.2	100.2	100.3	99.2	99.3	99.8	100.0
98.3	100.9	100.8	99.5	99.6	99.0	100.1
100.0	100.2	100.4	100.0	99.9	100.1	99.9
99.4	100.3	100.0	99.6	99.7	100.5	100.0
101.1	100.0	100.2	100.2	100.0	100.1	99.9
99.6	100.2	100.9	100.1	99.9	99.7	99.9
99.9	100.6	100.1	99.4	100.2	99.9	100.0
100.0	100.2	100.2	99.8	100.2	99.9	100.6
100.2	99.9	99.6	100.0	99.8	100.0	99.9
100.2	100.0	100.5	99.8	100.0	98.8	100.9
98.9	101.5	100.2	99.0	100.9	99.7	99.9
100.7	99.8	100.1	99.8	100.5	100.0	100.2
99.8	99.8	100.0	100.0	99.3	100.6	99.7
99.6	100.2	100.2	100.2	100.2	100.9	101.7
100.0	100.1	100.0	100.0	99.8	100.1	99.7
100.1	100.0	100.0	99.9	99.8	100.3	99.8
99.8	100.4	100.2	100.2	100.0	99.8	99.6
100.0	100.0	99.8	99.9	99.5	100.0	100.0
100.1	100.0	100.1	99.6	100.1	99.9	100.4
100.5	100.3	99.9	99.6	100.1	98.6	100.9
99.9	99.8	100.1	100.0	100.4	99.5	100.3
99.4	100.3	99.4	99.2	100.7	100.8	99.7
99.8	100.1	100.1	100.1	99.9	99.8	100.0
99.8	100.2	100.1	100.5	99.8	100.3	99.9
100.1	99.8	100.4	99.2	100.1	100.6	100.4
100.1	100.0	99.9	100.2	100.2	100.2	100.2
100.0	100.0	100.0	100.0	100.0	100.0	100.0
100.0	100.0	100.0	100.0	100.0	100.0	100.0
100.1	99.9	99.9	100.4	100.3	100.4	100.4
100.2	99.9	99.9	100.5	100.3	100.6	100.4
100.2	100.6	99.9	99.5	99.6	99.8	100.2
100.0	99.7	99.7	100.1	100.4	99.5	100.5
99.4	100.2	99.8	100.4	100.1	99.6	100.1
100.2	100.1	100.0	100.1	100.1	100.0	100.1
100.1	100.0	100.0	100.1	100.0	100.0	100.3
100.4	100.2	100.0	100.1	100.2	100.1	100.0
99.8	100.0	100.0	100.1	100.0	100.1	100.3
100.4	100.5	100.0	100.0	100.0	99.3	99.3
99.9	99.8	99.9	100.4	100.2	99.9	100.1
99.9	99.8	99.9	100.4	100.2	100.0	100.1
99.9	99.9	99.9	100.4	100.1	99.7	100.1
99.9	100.3	100.1	100.7	99.9	99.0	99.6
100.3	100.0	100.0	100.0	100.1	100.8	100.8
99.9	100.0	100.1	101.2	100.2	98.9	100.1

4－5 续表 2

（上月＝100）

类　　别	1月	2月	3月	4月	5月
男式毛线衣	99.7	99.5	99.4	99.6	100.0
男式运动装	99.7	99.9	99.0	99.5	99.8
男式衬衫T恤	99.7	99.9	99.8	99.9	99.8
男式裤子	99.8	99.9	100.3	99.9	99.7
男式内衣	100.0	100.0	100.0	99.5	99.4
女式服装	99.8	99.8	99.4	99.3	99.8
女式外套	99.9	100.0	99.7	98.7	98.9
女式冬衣	99.4	98.9	98.7	99.1	99.8
女式毛线衣	99.7	99.8	99.2	99.6	99.9
女式运动装	99.9	100.1	98.7	98.3	99.9
女式衬衫T恤	100.0	100.0	99.8	99.5	100.0
女式裤子	99.8	99.9	99.7	101.4	99.8
女式裙子	100.1	99.8	99.5	99.4	100.4
女式内衣	100.1	100.0	99.8	99.3	99.6
儿童服装	99.9	99.7	99.1	98.2	99.6
婴幼服装	99.8	99.9	99.3	98.6	99.7
儿童上衣	99.5	99.4	99.1	98.2	99.5
儿童裤子	100.1	99.7	98.7	97.7	99.6
儿童裙子	100.3	99.8	99.7	98.9	99.7
服装材料	100.0	100.0	100.5	100.0	99.9
服装材料	100.0	100.0	100.5	100.0	99.9
其他衣着及配件	100.2	99.9	99.9	100.1	99.8
袜　　子	100.4	99.9	99.7	100.2	99.5
帽　　子	100.0	99.8	100.2	100.0	100.0
其他衣着配件	100.2	100.0	100.0	99.9	100.0
衣着加工服务费	100.6	100.0	100.0	100.1	100.2
衣着洗涤保养	100.5	100.0	100.1	100.0	100.4
衣着加工	100.6	100.0	100.0	100.2	100.0
鞋类	99.9	99.9	99.9	99.6	99.6
鞋	99.9	99.9	99.9	99.6	99.6
男　　鞋	100.0	99.9	99.8	99.8	99.7
女　　鞋	99.8	99.9	100.0	99.4	99.5
童　　鞋	99.9	99.7	99.8	99.5	99.6
鞋类加工服务	100.0	100.0	100.0	100.0	100.0
鞋类加工服务	100.0	100.0	100.0	100.0	100.0
居住	100.0	100.0	99.8	99.7	99.9
租赁房房租	100.0	99.9	99.6	100.0	99.9
公房房租	100.0	100.0	100.0	100.0	100.0
私房房租	99.9	99.9	99.6	100.0	99.9
住房保养维修及管理	100.1	100.0	99.9	99.8	99.9
住房装潢材料	100.1	99.9	99.7	99.4	99.5
木地板	100.0	100.0	99.8	99.5	100.0
瓷　砖	100.0	100.0	100.2	99.6	99.9
水　泥	100.0	99.5	96.9	98.0	96.3

6月	7月	8月	9月	10月	11月	12月
99.6	100.0	100.0	100.7	100.4	100.2	99.8
99.4	100.1	99.8	100.2	100.1	99.1	99.8
99.6	99.7	99.3	99.8	100.0	99.4	99.8
100.0	99.8	100.0	100.9	100.1	99.7	100.0
99.9	99.8	99.8	100.4	100.3	100.3	100.2
99.9	99.7	99.9	100.3	100.3	100.1	100.2
100.0	100.1	100.1	100.4	100.6	100.0	100.1
100.4	100.0	100.0	100.0	100.1	101.3	101.2
99.6	100.0	100.2	100.3	100.4	100.7	100.2
99.7	100.1	99.8	100.4	100.1	99.2	99.8
99.8	99.4	99.7	100.4	100.2	99.3	99.9
100.0	99.8	100.0	101.2	100.3	100.2	100.1
100.0	98.9	99.5	99.7	100.1	99.7	99.9
99.7	99.7	99.8	100.4	100.4	100.3	100.1
99.8	99.9	99.8	100.7	100.1	100.1	100.0
99.5	100.0	100.0	100.2	100.3	100.4	99.7
100.0	99.9	100.1	100.4	99.8	100.0	100.2
99.7	100.0	99.9	101.1	100.4	100.2	100.0
100.2	99.5	99.0	100.7	99.6	99.5	100.1
99.9	100.0	99.9	100.2	100.0	99.8	99.8
99.9	100.0	99.9	100.2	100.0	99.8	99.8
100.2	99.6	99.8	99.9	99.9	100.1	100.0
100.4	99.8	100.0	99.8	100.1	100.2	100.0
100.2	99.2	99.3	100.0	99.8	100.0	99.9
99.8	99.7	100.1	100.0	99.9	100.2	100.0
100.0	100.1	100.0	100.0	100.0	100.0	100.2
100.0	100.0	100.0	100.0	100.0	99.9	100.3
100.0	100.1	100.0	100.0	100.0	100.0	100.2
100.0	99.9	99.8	100.5	100.3	99.8	100.1
100.0	99.9	99.8	100.5	100.3	99.8	100.1
100.3	100.0	99.9	100.6	100.4	99.8	100.1
99.7	99.8	99.8	100.4	100.3	99.7	100.1
100.0	99.8	99.8	100.6	100.2	100.0	100.0
100.1	100.0	100.1	99.8	100.0	100.0	100.4
100.1	100.0	100.1	99.8	100.0	100.0	100.4
99.8	99.8	100.1	100.0	100.0	100.2	100.1
99.7	99.6	100.0	100.2	100.0	100.0	99.9
100.0	100.0	100.0	102.4	100.0	100.0	100.0
99.7	99.6	100.0	100.1	100.0	100.0	99.9
100.0	99.9	100.1	100.0	100.1	100.5	100.3
99.7	99.8	100.1	100.1	100.1	100.4	100.4
99.9	99.9	100.0	99.9	100.4	100.0	100.1
99.9	99.8	100.1	100.0	100.0	100.0	100.0
98.4	98.5	100.6	100.4	100.4	102.4	101.3

4-5 续表3

（上月=100）

类　　别	1月	2月	3月	4月	5月
涂　　料	100.0	100.0	99.9	100.0	100.1
板　　材	100.1	100.0	100.0	99.8	100.2
管　　材	101.0	100.0	100.2	100.0	100.0
厨卫设备	100.1	100.0	99.9	99.6	99.9
门　　窗	100.2	100.0	100.0	99.7	99.7
其他住房装潢材料	100.0	100.0	99.7	99.0	99.2
物业管理费	100.0	100.0	101.7	100.0	100.0
物业管理费	100.0	100.0	101.7	100.0	100.0
住房装潢维修	100.0	100.0	100.0	100.0	100.2
装潢维修费	100.0	100.0	100.0	100.0	100.3
其他住房费用	100.0	100.0	100.0	100.0	100.0
水电燃料	100.2	100.2	99.8	99.6	99.8
水	100.0	100.0	100.0	100.0	100.0
水	100.0	100.0	100.0	100.0	100.0
电	100.0	100.0	100.0	100.0	100.0
电	100.0	100.0	100.0	100.0	100.0
燃气	100.8	100.9	98.8	98.8	99.4
管道燃气	100.0	100.0	100.0	100.0	100.0
液化石油气	101.2	101.4	98.3	98.2	99.1
取暖费	100.0	100.0	100.0	100.0	100.0
取 暖 费	100.0	100.0	100.0	100.0	100.0
其他燃料	100.1	100.0	100.0	98.8	99.7
其他燃料	100.1	100.0	100.0	98.8	99.7
自有住房	99.9	100.0	99.7	99.8	99.9
自有住房	99.9	100.0	99.7	99.8	99.9
生活用品及服务	99.8	99.9	100.3	99.9	99.8
家具及室内装饰品	100.0	100.0	100.1	99.8	100.2
家具	100.1	100.0	100.1	99.8	100.2
柜	100.0	100.0	100.0	99.6	100.1
床	100.0	100.0	100.2	99.9	100.4
桌	100.1	100.0	100.0	99.9	100.4
椅	100.1	100.0	100.0	99.9	100.5
沙　　发	100.1	100.0	100.2	99.8	100.0
其他家具	100.0	100.0	100.0	99.7	100.4
室内装饰品	99.9	100.1	99.9	99.8	99.9
灯　　具	99.9	100.0	100.2	99.9	99.7
其他室内装饰品	99.9	100.1	99.8	99.7	100.0
家用器具	99.5	99.7	100.9	100.0	99.4
大型家用器具	99.5	99.7	101.0	100.1	99.4
洗 衣 机	99.7	99.8	100.2	100.4	99.2
电冰箱(柜)	100.0	100.0	101.4	101.8	100.2
抽油烟机	100.5	99.5	101.8	101.4	99.6
空 调 器	98.6	99.0	101.9	99.0	98.4
热 水 器	99.8	100.0	100.0	100.0	100.0

6月	7月	8月	9月	10月	11月	12月
99.9	99.7	100.1	100.4	99.7	100.6	100.6
100.1	100.0	100.0	100.1	100.0	100.1	100.4
100.0	100.1	100.1	100.2	100.2	100.0	100.3
99.9	100.0	100.1	99.4	100.2	100.2	100.2
99.6	99.8	100.0	99.8	100.0	100.1	101.3
99.7	100.3	100.3	100.5	100.3	100.3	100.5
100.0	100.0	100.0	100.0	100.0	100.0	100.0
100.0	100.0	100.0	100.0	100.0	100.0	100.0
100.2	100.0	100.0	99.9	100.1	100.8	100.3
100.3	100.0	100.1	99.8	100.2	100.5	100.6
100.0	100.0	100.0	100.0	100.0	101.0	100.0
99.9	99.8	100.1	100.0	100.0	100.3	100.1
100.0	100.0	100.0	100.0	100.0	100.0	100.0
100.0	100.0	100.0	100.0	100.0	100.0	100.0
100.0	100.0	100.0	100.0	100.0	100.0	100.0
100.0	100.0	100.0	100.0	100.0	100.0	100.0
99.2	99.5	100.3	100.1	99.9	100.4	100.3
100.0	100.2	100.0	100.0	100.0	100.0	100.1
98.8	99.1	100.5	100.2	99.8	100.5	100.4
100.0	99.8	100.0	100.1	100.1	100.3	100.0
100.0	99.8	100.0	100.1	100.1	100.3	100.0
100.1	99.6	100.2	100.0	99.9	101.4	100.1
100.1	99.6	100.2	100.0	99.9	101.4	100.1
99.8	99.8	100.1	100.0	100.0	100.0	100.0
99.8	99.8	100.1	100.0	100.0	100.0	100.0
100.0	99.9	99.9	100.3	100.1	99.7	100.2
99.6	100.1	99.9	100.1	100.2	100.3	100.6
99.5	100.1	99.9	100.1	100.2	100.3	100.6
99.6	100.2	99.9	100.3	100.2	100.4	101.1
99.7	100.1	99.8	100.1	100.0	100.1	100.0
99.5	100.4	99.8	100.1	100.4	100.2	101.9
99.6	100.1	99.8	100.2	100.0	100.1	99.8
99.2	99.9	100.1	99.9	100.5	100.3	99.9
99.9	99.9	100.0	99.3	100.0	101.0	101.3
100.1	100.0	99.8	100.0	100.3	100.1	100.2
100.3	100.0	100.0	100.3	100.1	100.0	100.0
99.9	100.0	99.7	99.7	100.5	100.2	100.3
100.1	99.6	99.9	101.1	99.9	98.8	100.1
100.1	99.6	99.9	101.3	99.9	98.7	100.1
100.1	100.0	100.1	100.4	103.5	99.7	98.6
100.5	100.3	99.9	100.2	98.6	98.1	99.3
101.3	99.8	99.6	100.5	101.2	97.0	100.0
99.4	98.4	100.3	102.0	99.3	97.6	100.8
100.0	99.1	98.4	102.4	100.0	98.8	101.0

4－5 续表4

（上月＝100）

类　　别	1月	2月	3月	4月	5月
炉具灶具	100.1	100.0	100.5	100.5	100.0
微 波 炉	100.1	100.2	100.0	100.0	99.9
其他大型家用器具	100.0	100.0	100.2	100.2	100.0
小家电	99.7	99.9	99.9	99.4	98.8
厨房小家电	99.7	99.9	99.8	99.1	98.5
生活小家电	99.9	99.9	100.1	99.8	99.6
家用纺织品	99.8	100.1	99.9	99.3	100.0
床上用品	99.8	100.1	99.9	99.2	100.0
被　　子	99.8	100.1	100.3	99.2	100.2
床单被套	99.9	100.1	99.5	99.0	99.9
其他床上用品	99.4	99.9	100.0	99.7	99.6
窗帘门帘	100.1	100.0	100.0	100.0	100.5
窗帘门帘	100.1	100.0	100.0	100.0	100.5
其他家用纺织品	100.0	100.0	99.8	99.2	100.1
其他家用纺织品	100.0	100.0	99.8	99.2	100.1
家庭日用杂品	99.9	100.0	100.3	100.0	99.6
洗涤卫生用品	99.9	99.9	100.5	99.9	99.5
清洗用品	99.8	99.9	100.4	99.8	100.2
清洁用具	99.6	100.1	100.5	99.9	100.1
清洁用纸	100.2	99.9	100.6	100.1	98.3
厨具餐具茶具	99.7	100.2	100.2	100.1	99.5
厨　　具	99.6	100.2	100.3	100.3	99.9
餐　　具	99.9	100.5	99.9	99.9	98.7
茶　　具	100.0	99.9	100.0	99.9	100.0
家用手工工具	100.0	100.0	100.0	99.9	99.6
家用手工工具	100.0	100.0	100.0	99.9	99.6
其他家庭日用杂品	100.2	100.0	100.0	100.0	99.9
配电附件	100.3	100.0	100.0	100.2	99.9
雨　　具	100.0	100.1	100.0	99.8	99.9
其他日用杂品	100.0	99.9	99.9	100.1	99.7
个人护理用品	99.9	100.1	100.0	100.0	100.1
化妆品	100.0	100.1	100.1	99.9	100.2
清洁化妆品	100.3	100.1	100.2	99.5	100.4
护肤化妆品	100.2	100.0	100.1	100.0	100.2
彩妆化妆品	99.2	101.0	100.0	100.2	99.7
化妆器具	99.7	100.0	99.9	100.0	100.0
其他护理用品类	99.7	100.0	99.8	100.1	100.1
清洁类护理用品	99.9	99.9	99.7	100.1	100.1
护发美发用品	99.6	100.1	99.6	100.4	100.1
护理器具	99.0	100.1	100.6	99.7	100.2
其他护理用品	99.7	100.5	99.1	101.1	100.4
家庭服务	100.4	99.9	100.5	100.4	100.0
家政服务	100.6	99.8	100.6	100.5	100.1
家庭维修服务	100.2	100.0	100.5	100.2	100.0

6月	7月	8月	9月	10月	11月	12月
100.6	100.0	100.0	102.4	101.5	100.1	99.3
101.6	99.7	100.6	100.1	99.6	100.7	100.0
100.5	101.4	100.0	100.4	98.7	100.0	100.0
100.1	99.9	99.9	100.0	100.2	99.6	100.1
100.1	100.0	99.9	100.0	100.3	99.5	100.1
100.1	99.8	99.9	99.9	100.1	99.7	100.0
99.8	99.8	99.9	100.1	100.0	100.4	100.1
99.8	99.7	99.9	100.1	100.0	100.5	100.1
99.7	99.7	99.7	99.9	100.0	100.4	100.0
99.9	99.7	100.1	100.5	100.1	100.4	100.0
99.8	100.0	100.0	99.9	100.1	101.1	100.3
99.6	100.0	99.7	99.8	100.3	99.8	99.9
99.6	100.0	99.7	99.8	100.3	99.8	99.9
100.2	100.1	100.1	99.8	99.8	100.0	99.9
100.2	100.1	100.1	99.8	99.8	100.0	99.9
100.2	100.0	99.9	100.0	100.0	99.8	100.2
100.1	100.0	99.9	99.9	99.9	99.6	100.3
100.0	100.1	100.1	100.2	99.6	99.6	100.9
99.7	100.0	99.9	99.7	99.8	100.0	100.5
100.5	99.8	99.6	99.6	100.4	99.4	99.3
100.4	100.1	99.9	100.2	100.3	100.0	99.8
100.0	100.1	99.9	100.1	100.1	99.9	99.9
101.2	100.2	99.7	100.3	100.7	99.8	99.5
99.8	100.0	100.2	100.1	99.9	100.4	100.0
100.0	99.9	100.3	99.7	100.3	102.1	100.0
100.0	99.9	100.3	99.7	100.3	102.1	100.0
99.9	100.1	99.9	100.1	100.1	100.0	100.3
99.7	100.0	99.9	100.4	100.2	100.0	100.5
100.1	100.3	100.0	99.9	100.0	100.1	100.0
100.0	99.8	99.8	99.9	99.9	100.0	100.3
100.0	99.9	100.1	99.9	100.1	100.0	100.2
100.0	99.8	100.0	99.8	100.2	100.0	100.4
100.2	99.8	100.1	100.1	99.8	99.7	100.5
99.9	99.8	100.0	99.6	100.4	100.2	100.4
100.1	100.0	100.0	100.2	99.8	99.8	100.3
99.9	99.7	100.2	100.0	100.0	100.0	100.0
100.0	99.9	100.1	100.1	100.0	100.1	99.7
100.0	99.9	100.2	100.1	100.0	100.1	99.5
100.3	100.0	100.3	100.1	100.1	100.0	100.0
99.7	100.2	99.7	100.0	100.2	100.1	100.1
100.6	98.6	100.7	100.2	99.8	100.0	100.5
100.1	100.0	100.0	100.0	100.0	100.0	100.5
100.2	100.0	100.0	100.1	100.0	100.0	100.9
100.1	100.0	100.0	99.9	100.1	100.0	100.0

4－5 续表 5

（上月＝100）

类　别	1 月	2 月	3 月	4 月	5 月
交通和通信	100.7	99.1	98.0	99.0	99.5
交通	101.2	98.8	97.3	98.4	99.7
交通工具	100.1	100.0	100.5	99.9	99.7
小型汽车	100.1	100.0	100.8	100.0	99.6
电动自行车	100.1	100.0	100.2	99.5	99.8
自 行 车	100.0	100.0	100.2	99.9	99.9
其他交通工具	100.0	100.0	100.0	99.9	99.9
交通工具用燃料	102.7	94.2	90.7	92.6	100.0
汽　　油	102.8	94.1	90.5	92.4	100.0
柴　　油	102.8	93.8	89.6	91.7	100.0
其他车用能源	100.0	100.0	100.0	100.0	99.9
交通工具使用和维修	100.4	100.1	100.4	100.3	100.0
停 车 费	100.0	100.0	100.0	100.0	100.0
车辆使用费	100.0	100.0	100.0	100.0	99.0
交通工具零配件	100.0	100.0	100.2	99.8	99.7
车辆修理与保养	100.4	100.1	100.4	100.3	100.0
交通费	102.7	100.3	95.2	99.7	99.3
市内公共交通	100.0	100.0	100.0	98.7	100.0
出租汽车	100.0	100.0	100.0	99.9	100.0
飞 机 票	126.1	102.6	62.9	101.1	91.4
火 车 票	100.0	100.0	100.0	100.0	100.0
长途汽车	100.2	100.0	99.4	99.3	100.0
其他交通费	100.2	99.8	99.9	99.8	99.9
通信	99.7	99.6	99.5	100.1	99.2
通信工具	98.8	98.7	98.4	100.3	97.5
固定电话机	101.0	100.0	100.0	100.0	100.0
移动电话机	98.8	98.6	98.3	100.4	97.3
通信工具零配件	99.7	100.0	100.0	100.0	100.0
通信服务	100.1	100.0	100.0	100.0	99.9
固定电话费	100.0	100.0	100.0	100.0	99.3
移动通信费	100.0	100.0	100.0	100.0	100.0
上 网 费	100.5	100.0	100.0	100.0	99.9
其他通信服务	100.0	100.0	100.0	100.0	100.0
邮递服务	100.2	100.0	100.0	99.6	100.0
邮政邮寄	100.0	100.0	100.0	100.0	100.0
快递服务	100.3	100.0	100.0	99.4	100.0
教育文化和娱乐	100.8	100.0	99.9	100.3	99.7
教育	99.9	100.0	99.9	100.1	99.7
教育用品	100.0	100.0	100.1	100.0	100.0
工 具 书	100.0	100.0	100.1	100.1	99.8
教　　材	100.0	100.0	100.0	100.0	100.2
参考资料	100.0	100.0	100.2	100.0	99.8
其他教育用品	100.0	100.0	100.0	100.0	99.7
教育服务	99.9	100.0	99.9	100.2	99.7

6月	7月	8月	9月	10月	11月	12月
99.6	100.4	100.2	99.9	99.7	99.7	100.7
99.8	100.5	100.2	99.6	99.8	99.5	101.0
99.9	99.8	100.0	99.7	100.0	99.9	100.0
100.0	99.8	100.0	99.5	100.0	99.9	100.0
99.6	99.8	100.0	100.0	99.9	99.8	99.9
99.9	99.8	100.0	100.3	100.0	99.9	100.0
99.9	99.9	100.0	99.8	99.9	100.0	99.9
100.2	102.5	100.8	99.1	97.7	99.7	105.3
100.2	102.5	100.9	99.1	97.7	99.6	105.4
100.2	102.7	101.0	99.0	97.2	99.6	105.9
100.0	100.0	99.8	99.9	99.9	100.0	101.3
100.0	100.0	100.0	100.0	100.0	100.0	100.0
100.0	100.0	100.0	100.0	100.0	100.0	100.0
100.0	100.2	100.0	100.3	100.0	100.8	100.0
100.0	99.9	100.0	99.9	100.0	100.3	100.0
100.0	100.0	100.0	100.0	100.0	100.0	100.0
99.3	100.3	100.3	99.7	101.4	98.3	100.2
100.0	100.0	100.0	100.0	100.0	100.0	100.0
100.0	100.0	100.0	100.0	100.0	100.0	100.0
91.2	107.4	104.4	91.7	119.2	79.4	106.9
100.0	100.0	100.0	100.0	100.0	100.0	100.0
100.0	99.2	100.0	100.9	100.0	100.0	99.7
99.7	100.0	100.0	100.4	99.8	100.1	99.2
99.2	100.2	100.1	100.3	99.5	100.0	100.1
97.7	100.6	100.6	100.8	98.7	100.0	100.0
101.8	100.0	98.5	100.0	100.0	99.6	100.0
97.5	100.7	100.7	100.9	98.6	100.0	100.1
100.0	100.0	100.1	99.6	100.2	100.1	99.8
99.9	100.0	99.9	100.0	99.8	100.0	100.2
100.0	100.0	100.0	100.0	100.0	100.0	100.0
100.0	100.0	100.0	100.0	100.0	99.7	100.0
99.4	100.2	99.4	100.0	99.2	101.0	100.8
99.6	100.0	100.0	100.0	100.0	99.7	100.0
100.0	100.0	100.0	100.4	99.8	99.9	99.7
100.0	100.0	100.0	100.0	100.0	100.0	100.0
100.0	100.0	100.0	100.6	99.7	99.8	99.5
99.7	99.9	99.7	105.0	100.4	99.7	99.9
99.9	100.0	100.0	107.9	100.1	100.0	99.9
100.1	100.1	100.0	100.5	100.0	100.0	100.0
100.2	100.0	100.0	100.3	100.0	100.3	100.0
100.0	100.0	100.0	100.2	100.0	100.0	100.0
100.2	100.1	100.0	100.8	100.0	100.0	100.0
100.0	99.8	99.9	99.8	99.9	100.1	99.9
99.9	100.0	100.0	108.4	100.1	100.0	99.9

4－5 续表 6

（上月＝100）

类 别	1月	2月	3月	4月	5月
学前教育	100.0	100.0	100.0	100.0	100.0
小学初中教育	100.0	100.0	100.0	100.0	100.0
高中中职教育	100.0	100.0	100.0	100.0	100.0
高等教育	100.0	100.0	100.0	100.0	100.0
课外教育	100.0	100.0	100.0	100.0	100.1
专业技能培训	99.1	100.0	99.2	101.0	97.7
文化娱乐	102.4	100.1	99.9	100.6	99.7
文娱耐用消费品	100.0	100.4	100.3	100.9	100.0
电视机	100.8	102.0	101.8	103.0	99.1
照相机	98.6	100.0	100.0	100.0	100.0
台式计算机	100.0	99.5	98.4	98.7	101.1
笔记本平板	99.1	99.9	101.8	101.7	100.0
乐器	100.1	100.0	100.0	99.7	99.9
音响	99.7	100.0	100.0	99.9	99.8
其他文娱耐用消费品	99.8	100.0	98.8	100.1	100.1
其他文娱用品	100.2	100.0	100.0	99.9	99.9
书报杂志	100.2	100.0	100.0	100.0	100.0
纸张文具	100.3	100.0	100.1	100.0	99.9
体育户外用品	100.1	100.0	100.0	100.0	100.0
游戏用品和玩具	100.1	100.0	99.9	99.3	100.3
园艺花卉及用品	100.3	100.0	99.6	99.6	99.4
宠物及用品	100.4	100.0	100.0	100.0	99.2
其他文化娱乐用品	100.1	100.0	99.9	99.6	100.1
文化娱乐服务	99.8	99.9	99.5	101.1	98.2
电影票	99.5	100.0	100.0	100.0	100.0
景点门票	99.6	99.6	97.6	103.3	94.8
有线电视	100.0	100.0	100.0	100.0	100.0
健身活动	100.0	100.0	100.0	100.0	100.0
其他文娱服务	100.0	100.0	101.9	100.0	100.0
旅游	111.1	100.0	99.8	100.2	100.4
旅行社收费	111.3	100.0	99.8	100.2	100.4
其他旅游	100.1	100.0	100.0	99.8	100.1
医疗保健	102.0	100.4	100.1	100.1	100.4
药品及医疗器具	100.1	100.2	100.3	100.2	100.2
中药	100.1	100.1	100.4	101.0	100.0
中药材	99.5	100.3	100.7	103.6	100.3
中成药	100.3	100.0	100.3	100.0	99.8
西药	100.3	100.3	100.3	99.6	100.3
抗微生物药	100.4	100.1	100.5	99.6	100.3
消化系统用药	99.8	100.4	101.5	101.0	100.3
呼吸系统用药	101.3	100.1	100.1	98.3	99.7
解热镇痛药	100.2	100.6	100.5	100.7	100.2
抗肿瘤药	101.0	100.4	100.3	99.7	100.0
激素及影响内分泌药	99.7	99.7	99.8	98.0	99.9

6月	7月	8月	9月	10月	11月	12月
99.9	100.0	100.1	102.9	100.0	100.0	100.0
100.0	100.0	100.0	102.7	100.0	100.0	100.0
100.0	100.0	100.0	101.7	100.0	100.0	100.0
100.0	100.0	100.0	125.6	100.0	100.0	100.0
100.3	100.3	99.8	102.2	100.2	100.1	100.1
98.9	100.0	99.7	100.1	100.3	100.2	99.3
99.4	99.7	99.2	100.2	101.0	99.0	99.7
100.0	99.8	100.3	100.3	101.0	99.7	100.3
100.9	99.6	100.7	100.1	103.2	100.0	101.2
100.0	100.0	99.4	99.9	99.9	100.0	100.1
99.0	99.7	99.9	100.6	100.1	99.3	99.5
100.0	100.0	100.7	100.7	100.0	99.6	100.0
100.0	100.1	99.7	100.0	100.0	100.2	100.2
100.4	99.7	100.0	100.0	100.1	99.7	100.0
100.0	100.0	99.7	100.1	100.0	99.9	100.0
99.9	99.9	100.0	100.1	100.1	99.9	99.9
100.0	100.0	100.0	100.1	100.0	100.2	100.0
99.9	99.8	100.0	100.1	100.0	99.6	99.9
99.8	99.9	100.4	100.0	100.4	99.6	99.9
100.1	99.9	99.8	100.2	100.1	100.0	99.7
99.6	99.2	100.0	100.2	100.0	99.9	99.9
100.3	99.9	99.8	100.1	100.1	99.9	100.0
99.9	99.9	99.8	100.3	100.3	99.7	100.0
100.6	100.9	99.8	100.2	100.0	100.1	99.5
100.0	100.3	98.1	102.1	100.3	100.5	99.5
101.7	102.4	99.9	100.0	100.0	100.2	98.7
100.0	100.0	100.0	100.0	100.0	100.0	100.0
100.0	99.5	99.8	100.0	100.0	100.2	100.2
100.0	100.4	100.0	100.0	100.0	100.0	100.0
96.8	98.0	96.1	100.0	102.9	96.0	98.9
96.7	98.0	96.0	100.0	102.9	95.9	98.9
100.1	100.0	100.0	100.7	101.2	99.2	99.6
100.2	100.0	100.1	100.0	100.4	100.1	100.2
100.1	100.0	100.3	100.0	100.3	100.2	100.2
99.6	100.0	100.2	100.0	100.6	100.2	100.3
99.7	99.9	100.1	99.9	100.3	100.1	100.6
99.6	100.0	100.2	100.0	100.7	100.2	100.2
99.7	100.1	100.2	100.0	100.1	100.2	100.4
99.9	99.8	99.9	99.9	100.3	100.0	100.3
99.9	100.1	100.4	101.1	100.9	100.1	100.0
100.0	100.1	100.2	99.7	100.4	100.2	100.4
100.8	100.3	100.2	99.8	99.7	100.2	99.7
99.5	100.1	101.6	100.1	99.9	99.9	99.8
99.7	100.2	100.0	99.6	100.2	99.6	99.3

4－5 续表 7

（上月＝100）

类 别	1月	2月	3月	4月	5月
心血管系统用药	99.9	100.6	99.8	99.6	100.9
血液系统用药	99.8	99.3	98.1	94.5	99.6
治疗精神障碍药	100.4	100.2	99.5	100.5	100.6
神经系统用药	101.4	99.8	100.5	100.4	99.7
消毒防腐及创伤外科用药	100.3	100.3	100.4	100.2	100.3
泌尿系统用药	99.6	100.0	100.1	100.2	100.3
维生素、矿物质类药	99.6	101.8	101.0	100.4	101.0
调节水、电解质及酸碱平衡药	99.8	100.1	99.9	99.7	99.9
滋补保健品	99.8	100.2	100.1	100.4	100.2
滋补保健品	99.8	100.2	100.1	100.4	100.2
医疗卫生器具	99.7	100.2	100.5	101.5	100.6
医疗卫生器具	99.7	100.2	100.5	101.5	100.6
保健器具	100.6	99.9	100.3	99.9	99.8
保健器具	100.6	99.9	100.3	99.9	99.8
医疗服务	103.2	100.5	100.0	100.0	100.4
综合医疗类	106.6	101.3	99.9	100.0	101.3
一般医疗服务	111.6	102.4	100.0	100.0	100.5
一般治疗操作	103.4	100.6	99.8	100.0	102.0
护 理	108.2	101.5	100.2	100.0	101.0
其他综合医疗服务	100.0	100.0	98.4	100.0	100.0
诊断类	100.6	100.1	100.1	100.0	99.9
病理学诊断	107.4	100.2	100.0	100.0	100.2
实验室诊断	99.6	100.0	99.9	100.0	99.8
影像学诊断	98.3	100.1	100.1	100.0	99.7
临床诊断	107.1	100.2	100.0	100.0	100.5
治疗类	103.3	100.1	100.0	100.0	100.1
临床手术治疗	103.7	100.1	100.1	100.0	100.3
临床非手术治疗	102.2	100.1	99.9	100.0	99.3
康复类	100.1	100.0	100.0	100.0	100.1
康复医疗	100.1	100.0	100.0	100.0	100.1
中医医疗服务类	100.4	100.1	100.1	100.0	101.2
中医治疗	100.4	100.1	100.1	100.0	101.2
其他医疗服务	101.3	100.0	100.0	100.0	101.0
其他医疗服务	101.3	100.0	100.0	100.0	101.0
其他用品和服务	101.8	100.0	100.8	100.4	100.9
其他用品类	102.6	100.1	101.9	101.0	101.8
首饰手表	103.4	100.1	102.4	101.3	102.3
金 饰 品	104.0	100.1	102.9	101.6	102.8
银 饰 品	99.5	100.0	100.1	101.2	100.1
铂金饰品	101.1	100.0	98.2	97.5	99.7
手 表	100.3	100.0	100.1	100.0	100.0
其他杂项用品	99.8	100.2	100.1	99.9	99.8
箱 包	100.0	100.0	100.2	99.5	99.5
母婴用品	99.8	100.3	100.0	100.2	99.9

6月	7月	8月	9月	10月	11月	12月
99.2	100.0	100.0	99.9	100.0	100.0	101.1
99.8	100.0	100.0	100.0	99.2	100.2	100.8
100.2	100.9	100.7	100.7	100.1	100.4	99.7
99.1	100.0	100.1	99.7	99.8	100.8	101.5
100.4	100.1	101.1	100.1	100.6	100.1	99.1
100.4	100.0	99.6	100.2	100.1	100.1	100.0
100.1	100.2	99.9	100.1	100.4	100.7	100.1
99.4	100.0	100.2	99.4	100.1	100.4	99.3
101.3	99.9	100.8	100.1	100.8	100.2	100.1
101.3	99.9	100.8	100.1	100.8	100.2	100.1
100.5	99.8	100.1	99.9	99.6	100.0	99.8
100.5	99.8	100.1	99.9	99.6	100.0	99.8
99.9	99.6	100.3	100.3	100.1	100.0	99.7
99.9	99.6	100.3	100.3	100.1	100.0	99.7
100.2	100.0	100.0	100.0	100.4	100.1	100.2
100.6	100.0	100.0	100.0	100.9	100.3	100.6
100.7	100.0	100.0	100.0	101.5	100.0	100.4
100.6	100.0	100.1	100.0	100.5	100.0	101.0
100.6	100.0	100.0	100.0	101.1	102.3	100.2
99.7	100.0	100.0	100.0	98.3	100.0	99.9
99.9	100.0	100.0	100.0	100.2	100.1	99.6
100.1	100.0	100.0	100.0	101.8	100.0	100.5
99.9	100.0	100.0	100.0	100.0	100.0	99.8
99.8	100.0	100.0	100.0	99.9	100.0	99.2
100.1	100.0	100.0	100.0	100.5	100.5	100.0
100.0	100.0	100.0	100.0	100.2	100.0	100.2
100.0	100.0	100.0	100.0	100.4	100.0	100.5
100.1	100.0	100.0	100.0	99.6	100.0	99.5
100.0	100.0	100.0	100.0	100.0	100.0	100.3
100.0	100.0	100.0	100.0	100.0	100.0	100.3
100.1	100.0	100.0	100.0	100.4	100.0	100.9
100.1	100.0	100.0	100.0	100.4	100.0	100.9
100.0	100.0	100.0	100.0	100.0	99.9	100.0
100.0	100.0	100.0	100.0	100.0	99.9	100.0
100.2	100.9	103.0	99.6	98.0	99.3	99.1
100.5	101.9	105.8	98.8	99.0	98.9	98.1
100.7	102.5	107.4	98.6	98.8	98.7	97.7
100.8	102.9	108.4	98.4	98.6	98.5	97.2
100.3	100.5	102.3	100.2	99.8	99.2	100.2
101.4	100.3	103.3	98.7	99.4	99.2	102.4
100.2	100.2	99.9	100.0	99.9	99.9	100.2
99.8	99.7	99.9	100.0	99.9	99.9	99.9
100.1	100.0	99.9	99.8	100.0	99.5	99.8
99.7	99.5	100.1	100.1	99.9	100.1	99.9

4-5 续表8

（上月＝100）

类　别	1月	2月	3月	4月	5月
眼　镜	99.9	100.0	100.0	100.0	100.0
其他服务类	101.1	99.9	99.9	99.8	100.0
旅馆住宿	103.7	99.8	98.7	97.7	98.8
宾馆住宿	101.1	99.7	99.9	99.5	99.8
其他住宿	105.1	99.8	98.2	96.7	98.2
美容美发洗浴	101.5	99.9	99.9	99.9	100.1
美　容	100.8	100.0	100.0	100.1	99.9
美　发	101.2	100.1	99.8	100.1	100.4
洗　浴	102.4	99.7	100.0	99.5	99.9
养老服务	100.5	100.0	100.0	100.0	100.2
养老服务	100.5	100.0	100.0	100.0	100.2
金融保险	100.4	100.0	100.0	100.0	100.0
金融服务	100.0	100.0	100.0	100.0	100.0
车辆保险	100.0	100.0	100.0	100.0	100.0
旅行保险	100.0	100.0	100.0	100.0	100.0
其他保险	103.2	100.0	100.0	100.0	100.0
其他服务类	100.0	99.8	100.4	100.0	100.0
中介服务	100.0	100.0	100.0	100.0	100.0
其他服务	100.0	99.6	100.8	100.0	100.0

6月	7月	8月	9月	10月	11月	12月
99.9	99.8	99.3	100.0	100.0	99.7	99.8
100.0	99.9	100.1	100.4	97.0	99.8	100.1
99.1	99.1	102.2	100.4	103.2	96.1	100.3
98.7	98.8	100.4	100.9	103.8	96.1	99.9
99.4	99.2	103.3	100.1	102.9	96.1	100.5
100.0	99.9	99.9	100.5	100.6	100.1	100.1
99.8	99.6	99.7	100.1	100.0	100.0	100.0
100.0	100.1	100.0	100.3	100.3	100.1	100.2
100.0	99.8	99.9	100.9	101.5	100.1	100.0
100.3	100.0	100.0	100.2	100.0	100.2	100.2
100.3	100.0	100.0	100.2	100.0	100.2	100.2
100.0	100.0	100.0	100.5	89.0	100.0	100.0
100.0	100.0	100.0	100.0	100.0	100.3	100.0
100.0	100.0	100.0	100.0	81.6	99.7	100.0
100.0	100.0	100.0	100.0	100.0	100.0	100.0
100.0	100.3	100.0	103.3	103.6	100.5	100.0
99.9	100.0	100.0	100.0	100.0	100.0	100.0
99.8	100.0	100.0	100.0	100.0	100.0	100.0
100.0	100.0	100.0	100.0	100.0	100.0	100.0

4－6 城市居民消费

（上年同月＝100）

类　　别	年平均	1月	2月	3月	4月	5月
总指数	**102.5**	**105.5**	**105.5**	**104.5**	**103.1**	**102.1**
食品烟酒	107.7	115.9	117.0	114.1	110.4	107.4
食品	110.0	122.4	123.8	119.5	113.8	109.2
粮食	100.4	100.3	100.0	99.9	100.2	100.5
薯类	101.4	99.3	104.9	107.7	105.6	100.2
豆类	104.7	102.1	103.4	104.5	104.9	105.6
食用油	100.9	99.9	100.2	100.9	100.8	100.0
菜	107.3	123.2	115.1	104.1	94.8	91.6
畜肉类	139.8	187.6	199.3	182.4	167.6	157.4
禽肉类	101.8	115.6	116.1	114.6	112.7	107.1
水产品	101.1	99.0	99.2	101.5	100.2	101.0
蛋类	86.8	102.2	100.1	102.0	94.7	81.2
奶类	100.6	99.9	100.3	100.3	100.2	99.9
干鲜瓜果类	91.7	94.6	96.5	96.0	90.9	86.1
糖果糕点类	99.6	99.1	99.1	98.7	99.1	98.9
调味品	102.0	102.1	102.4	102.2	101.8	102.2
其他食品类	103.2	103.0	104.1	104.0	104.2	104.0
茶及饮料	100.5	101.1	101.9	100.8	100.5	100.4
茶叶	100.4	100.6	100.4	100.4	101.3	100.5
固体咖啡	99.0	98.5	98.6	98.0	98.1	98.7
其他固体饮料	99.2	99.7	99.4	99.8	98.8	98.9
饮用水	100.2	100.5	101.1	101.2	100.5	100.3
果汁饮料	100.6	101.6	102.1	101.4	100.8	99.5
其他液体饮料	100.8	101.7	103.8	101.1	99.9	100.9
烟酒	101.4	102.0	102.4	102.0	102.1	101.7
烟草	100.1	100.2	100.2	100.1	100.1	100.0
酒类	102.3	103.2	103.9	103.3	103.5	102.9
在外餐饮	104.2	105.2	104.9	105.1	105.2	105.2
正餐	105.1	107.0	106.4	106.7	106.5	106.6
快餐	103.3	103.0	103.0	103.1	103.5	103.7
地方小吃	105.1	106.7	106.5	106.5	106.8	106.4
其他在外餐饮	100.6	100.2	100.5	100.6	100.4	100.5
衣着	98.7	100.1	100.0	99.1	98.7	98.5
服装	98.5	100.1	99.9	99.0	98.5	98.3
男式服装	98.9	100.5	100.3	99.3	99.2	99.0
女式服装	98.7	100.1	99.9	99.3	98.9	98.7
儿童服装	96.6	98.9	99.1	97.5	95.9	96.0
服装材料	102.0	102.7	102.7	102.7	102.7	102.5
其他衣着及配件	99.2	99.4	99.4	99.2	99.4	99.1
衣着加工服务费	101.3	102.0	101.6	101.5	101.1	101.3
鞋类	99.2	100.0	99.8	99.1	98.7	98.7

价格分月指数（2020 年）

6 月	7 月	8 月	9 月	10 月	11 月	12 月
102.1	102.4	102.3	102.0	100.8	99.6	100.6
107.6	108.6	107.8	105.3	101.5	98.0	100.8
109.6	111.3	110.3	106.6	101.0	96.4	100.6
100.8	101.0	100.8	100.5	100.5	100.3	100.3
93.4	93.1	97.6	103.7	106.6	103.4	104.9
105.4	105.8	105.3	105.1	104.6	104.5	104.9
100.5	100.4	100.8	101.5	101.9	101.2	102.8
103.1	103.8	109.0	114.8	114.6	107.7	105.6
157.7	162.3	144.8	122.7	101.6	90.8	101.2
102.9	103.7	101.3	94.0	89.1	84.0	89.3
102.8	103.2	103.0	101.1	101.4	100.4	100.5
82.1	80.4	83.4	78.3	78.9	78.3	87.0
100.3	99.7	100.7	101.6	101.5	101.3	101.2
76.5	76.0	83.3	95.5	102.9	105.6	104.6
99.4	99.7	100.4	100.3	100.2	99.9	99.8
101.9	102.6	102.7	101.5	101.6	100.9	102.0
103.9	103.5	103.4	103.2	102.4	101.9	100.7
100.2	100.2	100.1	100.3	100.5	100.0	100.1
100.5	100.7	100.5	100.3	100.8	98.9	100.2
98.8	99.3	99.3	99.4	100.0	99.3	99.6
99.2	99.9	99.7	99.1	98.6	99.1	98.5
99.6	99.9	100.0	100.6	100.0	99.4	99.5
99.5	99.5	99.5	101.7	100.5	101.0	100.6
100.4	100.2	100.1	99.9	100.3	100.7	100.1
101.5	101.2	100.7	100.7	100.8	101.0	101.0
100.1	100.2	100.2	100.1	100.1	100.2	100.1
102.5	101.9	101.1	101.1	101.2	101.6	101.6
105.3	105.1	104.6	103.8	103.3	101.6	101.5
106.8	106.0	105.3	104.3	103.7	101.3	101.3
104.0	104.2	103.8	103.1	102.9	102.9	102.8
105.9	105.9	105.9	104.9	103.9	101.0	100.8
100.8	101.5	101.2	101.2	101.2	99.8	98.8
98.4	98.4	98.4	98.3	98.4	98.3	98.3
98.2	98.1	98.0	97.8	98.0	97.9	97.8
98.7	98.7	98.6	98.4	98.3	98.1	98.0
98.6	98.4	98.4	98.1	98.3	98.2	98.3
95.8	95.6	95.5	96.0	96.2	96.4	96.2
102.5	102.5	102.2	102.2	102.2	99.7	99.5
99.4	99.0	98.8	99.1	99.0	99.4	99.2
101.3	101.3	101.3	101.1	101.0	100.9	101.1
98.8	98.9	99.1	99.3	99.4	99.1	99.3

4－6 续表

（上年同月＝100）

类　　别	年平均	1月	2月	3月	4月	5月
居住	99.6	100.7	100.6	100.2	99.8	99.6
租赁房房租	98.3	100.0	100.7	99.2	98.7	98.6
住房保养维修及管理	101.0	102.5	102.5	101.2	101.1	100.6
水电燃料	100.1	100.3	100.4	100.4	100.3	100.3
自有住房	99.1	100.4	100.2	99.9	99.4	99.2
生活用品及服务	100.1	100.3	100.1	100.6	100.3	100.0
家具及室内装饰品	99.7	99.6	99.6	99.7	99.3	99.5
家用器具	98.9	99.0	98.1	99.5	99.5	98.3
家用纺织品	98.9	99.3	99.7	99.6	98.7	98.8
家庭日用杂品	100.4	100.9	100.9	101.3	100.9	100.5
个人护理用品	101.1	101.5	101.3	101.6	101.3	101.7
家庭服务	102.8	102.4	102.9	103.3	103.5	103.0
交通和通信	95.4	98.4	96.4	94.3	93.4	93.4
交通	95.4	100.6	97.5	94.5	93.1	93.4
交通工具	98.3	96.7	96.7	96.6	96.5	98.2
交通工具用燃料	86.1	107.2	97.6	85.6	79.7	78.0
交通工具使用和维修	101.3	101.3	99.8	101.9	102.2	102.0
交通费	95.2	101.7	97.3	95.1	94.6	95.0
通信	95.5	94.2	94.3	94.0	93.8	93.4
通信工具	91.0	91.1	91.4	90.5	90.1	88.8
通信服务	97.6	95.5	95.5	95.5	95.5	95.4
邮递服务	99.9	99.7	99.7	100.1	100.1	100.1
教育文化和娱乐	102.2	101.5	100.4	101.5	101.4	101.1
教育	102.9	101.1	101.2	101.0	100.9	100.5
教育服务	103.1	101.1	101.2	101.0	100.9	100.5
文化娱乐	101.1	101.9	99.4	102.1	102.1	102.0
医疗保健	103.9	104.1	103.9	103.9	103.8	103.6
药品及医疗器具	102.2	102.8	102.6	102.7	102.7	102.2
中药	103.9	104.6	104.6	104.3	105.0	104.4
西药	101.6	103.3	103.2	102.7	102.3	102.0
医疗服务	105.1	105.0	104.8	104.7	104.6	104.6
其他用品和服务	107.5	107.6	107.6	108.8	107.9	109.6
其他用品类	117.6	115.5	115.7	119.3	119.1	122.0
首饰手表	122.0	119.6	119.8	124.4	124.1	127.8
其他杂项用品	99.0	99.2	99.5	99.4	99.2	99.1
其他服务类	100.6	102.5	102.5	102.1	100.8	101.7
旅馆住宿	97.8	101.2	103.6	102.8	89.8	96.2
美容美发洗浴	102.4	102.5	102.1	102.5	102.2	102.6
养老服务	102.3	105.8	105.4	100.6	102.2	102.3
金融保险	97.8	101.2	101.3	101.4	101.3	101.3
其他服务类	101.8	103.8	102.6	104.2	104.4	104.4

6月	7月	8月	9月	10月	11月	12月
99.4	99.2	99.1	99.0	99.0	99.2	99.1
97.2	97.1	96.6	97.1	97.3	98.6	98.6
100.5	100.4	100.5	100.3	100.4	101.0	100.4
100.3	99.8	99.7	99.8	99.8	99.8	99.9
99.0	98.9	98.7	98.6	98.6	98.5	98.5
100.2	99.9	99.8	100.1	99.9	99.8	99.9
99.3	99.6	99.6	99.6	99.7	100.1	101.0
99.4	98.5	98.2	99.9	99.2	99.0	98.8
98.8	98.3	98.6	98.6	98.6	98.8	98.6
100.5	100.4	100.4	100.1	99.8	99.6	99.8
101.5	101.0	101.0	100.9	100.8	100.4	100.3
103.0	102.9	102.7	102.5	102.3	102.0	102.4
93.7	95.0	96.2	96.2	96.1	95.7	96.3
94.2	94.5	95.5	95.4	95.3	95.1	95.7
99.0	98.9	99.6	99.4	99.5	99.5	99.5
80.8	84.4	86.0	85.1	82.8	82.3	85.5
101.8	101.0	101.0	101.1	100.9	100.9	101.1
93.5	91.2	92.8	94.0	96.2	95.7	95.3
92.9	96.1	97.6	97.8	97.8	97.1	97.5
87.9	88.7	92.9	93.5	94.0	91.4	92.6
95.1	99.9	99.9	99.9	99.7	100.0	99.9
100.1	100.1	100.1	100.0	99.8	99.7	99.2
100.9	100.6	100.0	104.6	104.7	104.7	104.5
100.2	100.5	100.4	107.4	107.1	107.2	107.3
100.1	100.5	100.3	108.0	107.6	107.7	107.8
101.9	100.6	99.5	100.5	101.3	101.2	100.6
103.7	103.6	103.7	103.6	104.2	104.4	104.5
102.0	101.7	101.9	101.6	102.1	102.4	102.3
104.0	103.6	103.3	102.9	103.4	103.1	103.4
100.8	100.6	100.6	100.3	100.5	101.3	101.1
104.9	104.9	104.9	104.9	105.7	105.8	106.0
108.8	108.8	110.2	107.9	104.5	104.6	103.8
119.7	119.6	122.4	116.6	114.3	114.8	112.8
124.8	124.6	127.8	120.4	117.6	118.3	116.0
99.2	98.7	98.5	99.0	98.8	98.6	98.2
101.5	101.4	101.5	101.6	97.5	97.3	97.4
96.0	95.9	98.0	96.0	98.1	98.0	98.7
102.7	102.5	102.4	102.9	102.3	102.3	102.1
102.4	102.1	101.6	101.6	101.4	101.2	101.5
101.4	101.3	101.3	101.7	87.5	87.1	87.1
100.6	100.6	100.4	100.4	100.2	100.2	100.2

4－7 农村居民消费

（上年同月＝100）

类　别	年平均	1月	2月	3月	4月	5月
总指数	**103.3**	**106.1**	**106.5**	**105.3**	**104.0**	**102.8**
食品烟酒	110.1	120.3	121.4	118.1	114.3	110.2
食品	113.3	128.1	129.6	125.0	119.3	113.3
粮食	100.2	98.2	98.8	98.8	99.5	100.2
薯类	102.3	101.9	106.3	104.4	102.9	100.4
豆类	104.3	100.1	100.2	102.9	103.2	105.0
食用油	103.7	103.2	103.5	102.9	103.0	102.1
菜	109.0	124.0	113.0	102.8	96.8	91.8
畜肉类	146.0	206.9	218.7	196.8	180.0	167.0
禽肉类	96.9	107.9	106.8	105.3	103.0	99.2
水产品	100.2	99.5	99.5	100.3	100.5	101.1
蛋类	85.2	103.1	99.8	107.1	96.6	77.1
奶类	100.0	100.2	100.3	99.8	99.9	100.3
干鲜瓜果类	91.2	91.4	94.6	94.4	90.5	85.1
糖果糕点类	101.1	101.3	101.4	101.2	101.3	101.6
调味品	101.8	101.2	101.2	101.1	101.5	101.6
其他食品类	101.7	101.7	101.5	101.6	101.8	102.0
茶及饮料	101.1	101.8	102.5	101.6	101.6	101.2
茶叶	101.5	99.5	99.4	99.3	101.7	101.9
固体咖啡	100.4	99.9	99.9	99.9	101.5	99.9
其他固体饮料	99.9	100.9	100.9	100.6	100.6	100.4
饮用水	100.1	99.7	99.7	99.8	100.0	99.9
果汁饮料	100.1	101.4	102.5	101.1	101.2	100.0
其他液体饮料	101.3	103.0	104.1	102.7	101.8	101.3
烟酒	100.6	101.1	100.9	100.6	100.9	100.6
烟草	100.4	100.4	100.4	100.2	100.4	100.4
酒类	101.0	102.1	101.7	101.3	101.5	100.9
在外餐饮	104.5	104.9	104.6	104.4	105.0	105.7
正餐	105.7	107.7	107.2	107.2	107.2	107.0
快餐	103.0	102.8	102.9	103.1	104.0	104.2
地方小吃	104.5	104.3	103.6	102.0	102.2	105.4
其他在外餐饮	106.5	106.4	104.9	104.9	107.2	108.2
衣着	98.8	99.2	99.4	99.0	98.5	98.3
服装	98.8	99.3	99.5	98.9	98.5	98.2
男式服装	98.9	99.3	99.3	98.8	98.7	98.6
女式服装	98.8	99.2	99.4	98.8	98.4	98.2
儿童服装	98.4	99.6	99.8	99.2	98.3	97.8
服装材料	101.6	100.3	100.3	102.0	102.0	101.9
其他衣着及配件	101.2	102.1	101.9	102.4	101.2	101.2
衣着加工服务费	102.6	104.4	104.3	102.8	102.8	102.8
鞋类	98.4	98.3	98.8	98.8	98.1	97.7

价格分月指数(2020 年)

6 月	7 月	8 月	9 月	10 月	11 月	12 月
103.2	**103.7**	**103.3**	**102.6**	**101.0**	**99.6**	**101.2**
111.5	112.8	111.0	106.1	101.3	97.2	101.5
115.4	117.2	114.6	107.6	101.0	95.5	101.5
100.6	100.6	100.7	100.8	100.9	101.4	101.8
99.1	98.4	101.8	104.8	107.5	100.4	100.6
104.6	105.0	105.4	106.1	106.3	106.5	107.2
103.1	103.7	104.4	104.4	104.5	104.1	105.7
104.9	107.9	113.7	118.5	119.6	109.0	107.9
167.9	171.7	152.9	124.9	102.5	91.1	102.6
97.5	97.9	96.8	90.0	88.9	84.8	89.3
101.8	100.9	100.8	100.8	100.1	98.4	98.3
78.1	75.9	81.0	75.6	75.7	76.0	87.8
100.2	100.3	100.3	99.8	99.7	99.8	99.8
81.1	80.6	81.8	90.4	100.4	102.8	106.3
101.0	101.1	100.9	101.3	100.5	100.7	100.8
101.7	102.1	102.4	102.2	101.9	102.6	102.4
102.2	102.3	102.1	101.9	101.5	100.6	100.8
101.0	100.1	100.6	100.7	100.6	100.6	100.7
101.9	102.0	102.8	103.1	102.2	102.2	102.2
100.0	99.9	100.9	100.4	101.3	100.8	100.8
99.2	100.1	99.0	97.8	99.3	100.1	100.0
100.2	100.3	100.3	100.3	100.1	100.0	100.7
99.6	99.3	99.7	99.3	99.3	99.3	99.3
101.2	99.6	100.2	100.3	100.3	100.3	100.6
100.7	100.5	100.3	100.5	100.2	100.4	100.7
100.4	100.4	100.4	100.4	100.4	100.4	100.2
101.0	100.3	100.1	100.7	99.9	100.4	101.5
105.5	105.4	105.1	104.2	104.0	102.5	102.5
107.0	106.9	106.4	104.9	104.4	101.6	101.6
103.6	103.5	103.0	102.6	102.4	102.3	102.1
105.6	105.6	105.6	105.6	105.6	104.2	104.3
109.0	109.0	109.0	106.9	105.9	103.9	103.5
98.3	98.4	98.4	99.0	99.3	99.0	99.0
98.3	98.4	98.5	98.9	99.1	98.8	98.8
98.4	98.7	98.7	99.3	99.4	98.6	98.8
98.4	98.5	98.6	98.9	99.1	99.2	99.0
97.6	97.9	97.6	98.4	98.4	98.0	98.3
101.9	101.6	102.1	102.1	102.1	101.4	101.2
101.3	101.0	101.0	100.8	100.7	100.3	100.2
102.3	102.3	102.3	102.1	102.1	101.8	101.6
97.7	97.7	97.5	98.6	99.4	99.3	99.1

4-7 续表 1

（上年同月=100）

类　别	年平均	1月	2月	3月	4月	5月
居住	99.6	99.6	99.8	99.6	99.4	99.3
租赁房房租	100.1	100.7	100.6	99.8	99.6	99.7
住房保养维修及管理	100.2	100.4	100.4	100.6	100.2	100.2
水电燃料	98.8	98.2	99.1	99.0	99.0	98.6
自有住房	99.7	100.0	100.0	99.5	99.2	99.3
生活用品及服务	99.6	99.7	99.0	99.7	99.6	99.3
家具及室内装饰品	99.8	99.5	99.4	99.5	100.0	100.3
家用器具	98.5	98.8	97.1	99.3	98.8	97.4
家用纺织品	99.6	100.0	99.8	99.9	99.0	99.3
家庭日用杂品	100.2	100.5	100.0	100.2	100.3	100.2
个人护理用品	99.8	100.0	99.9	99.8	99.9	99.5
家庭服务	100.3	100.7	100.4	100.4	100.1	100.2
交通和通信	96.6	99.3	97.9	96.4	95.2	95.1
交通	96.3	100.6	98.2	96.1	94.5	94.5
交通工具	98.6	97.7	97.7	97.9	97.5	98.6
交通工具用燃料	85.7	107.4	97.5	85.2	79.2	77.4
交通工具使用和维修	101.3	101.0	101.0	100.9	101.1	101.1
交通费	98.2	100.2	98.4	99.4	98.2	98.2
通信	97.0	97.1	97.2	96.7	96.5	96.2
通信工具	91.0	91.5	91.7	90.2	89.7	88.8
通信服务	99.9	100.0	100.0	100.0	100.0	100.0
邮递服务	99.5	100.0	100.0	100.0	98.9	98.9
教育文化和娱乐	101.6	99.8	99.6	99.5	99.6	99.5
教育	102.4	99.9	99.9	99.4	99.7	99.6
教育服务	102.4	99.9	99.8	99.4	99.6	99.6
文化娱乐	99.9	99.5	99.0	99.6	99.4	99.3
医疗保健	102.7	101.6	102.0	102.2	102.3	103.1
药品及医疗器具	102.0	101.6	101.5	101.7	102.1	102.6
中药	101.9	102.6	102.4	102.2	103.4	102.6
西药	101.6	100.9	100.9	101.2	100.9	101.8
医疗服务	103.1	101.5	102.3	102.4	102.4	103.5
其他用品和服务	107.9	107.9	108.3	108.8	109.6	110.5
其他用品类	112.9	113.2	113.2	114.1	115.5	117.1
首饰手表	118.9	119.5	119.5	120.9	122.9	125.4
其他杂项用品	100.1	100.7	100.6	100.5	100.7	100.6
其他服务类	101.3	101.2	101.9	101.9	101.9	102.0
旅馆住宿	99.6	99.9	98.3	99.9	99.6	99.4
美容美发洗浴	103.4	100.3	103.0	104.2	104.2	104.3
养老服务	101.1	100.6	100.6	100.1	100.1	100.7
金融保险	99.9	102.5	101.8	101.0	101.0	101.0
其他服务类	100.2	100.2	100.2	100.2	100.2	100.2

6月	7月	8月	9月	10月	11月	12月
99.3	99.3	99.6	99.6	99.6	99.8	100.1
99.9	99.8	100.1	100.1	100.4	100.5	100.6
100.0	99.9	100.1	100.2	100.2	100.1	100.6
98.6	98.5	98.9	98.7	98.4	99.0	99.3
99.4	99.4	99.8	99.8	100.0	100.2	100.3
99.5	99.1	98.7	99.9	100.0	100.2	100.0
99.4	99.0	98.8	100.2	100.7	100.6	100.8
99.1	97.3	96.8	99.7	99.4	99.4	99.2
99.3	99.2	99.2	99.3	99.3	100.6	100.5
99.9	100.6	100.1	100.1	100.3	100.5	100.1
99.7	99.7	99.6	99.8	99.5	100.0	100.0
100.3	100.3	100.2	100.1	100.5	100.4	100.4
95.4	95.9	96.9	97.0	96.7	96.2	96.6
95.2	95.7	96.4	96.4	95.9	95.9	96.3
98.9	98.9	99.5	99.2	99.1	99.3	99.2
79.9	83.9	85.5	84.7	82.4	81.9	85.3
101.2	101.5	101.4	101.6	101.5	101.5	101.2
97.9	96.9	97.1	98.0	98.3	98.2	97.7
95.9	96.2	97.8	98.0	98.1	96.8	97.2
87.7	88.7	93.1	93.9	94.0	91.2	92.2
100.0	100.0	100.0	100.0	100.0	99.5	99.5
98.9	98.9	98.9	100.0	100.0	100.0	100.0
99.7	99.8	99.8	105.3	105.7	105.8	105.7
99.7	100.1	100.0	107.4	107.7	107.8	107.6
99.7	100.1	100.0	107.7	107.9	108.0	107.8
99.7	99.2	99.4	100.1	101.0	101.1	101.2
103.1	103.1	103.1	103.0	102.8	102.8	103.1
102.5	102.3	102.3	102.1	101.6	101.7	102.1
101.8	101.4	101.7	101.5	100.9	100.6	101.2
102.2	102.2	102.2	101.9	101.1	101.4	102.1
103.5	103.5	103.5	103.5	103.5	103.5	103.7
110.1	108.9	109.1	107.9	105.5	104.9	104.4
116.2	114.1	114.4	111.9	109.6	108.7	107.9
124.3	120.8	120.9	117.2	113.8	112.7	111.6
100.0	100.0	100.0	99.9	99.5	99.4	99.4
102.0	101.8	101.8	102.0	99.6	99.4	99.5
99.7	99.8	100.4	99.3	98.4	100.4	100.6
104.3	103.7	103.6	103.3	103.6	102.9	102.9
100.7	100.7	100.7	102.4	102.4	102.3	102.3
101.0	101.0	101.0	101.5	95.4	95.4	95.4
100.2	100.2	100.2	100.2	100.2	100.0	100.0

4－8 商品零售价格

（上年同月＝100）

类　别	年平均	1月	2月	3月	4月	5月
总指数	**100.9**	**104.0**	**104.0**	**102.4**	**101.0**	**100.0**
食品	107.9	116.7	117.7	114.4	110.3	107.0
粮食	100.4	99.9	99.8	99.7	100.0	100.4
薯类	101.6	99.8	106.3	107.8	104.7	99.8
豆类	105.0	102.0	103.5	104.7	104.9	105.8
食用油	100.9	99.7	100.0	100.5	100.4	99.6
菜	107.6	122.6	115.0	104.2	95.0	91.6
畜肉类	141.0	191.1	202.8	184.8	169.8	159.3
禽肉类	100.7	114.1	114.3	112.8	110.8	105.7
水产品	101.1	99.4	99.6	101.7	100.6	101.3
蛋类	86.6	102.4	100.0	103.3	95.3	80.4
奶类	100.6	100.0	100.3	100.4	100.3	100.0
干鲜瓜果类	91.3	93.7	96.1	95.6	90.4	85.2
糖果糕点类	99.9	99.6	99.7	99.4	99.7	99.5
调味品	101.9	102.0	102.2	102.0	101.7	101.9
其他食品类	103.1	102.9	103.8	103.8	104.0	103.9
在外餐饮	104.3	105.3	105.0	105.1	105.3	105.4
饮料、烟酒	101.1	101.6	102.0	101.5	101.6	101.3
茶及饮料	100.5	101.1	101.9	100.7	100.6	100.4
烟草	100.2	100.2	100.2	100.1	100.2	100.1
酒类	102.0	103.0	103.5	102.9	103.3	102.6
服装、鞋帽	98.8	100.2	100.2	99.3	98.8	98.6
服装	98.6	100.4	100.3	99.3	98.7	98.5
男士服装	99.2	100.9	100.6	99.6	99.5	99.3
女士服装	98.7	100.3	100.2	99.4	98.8	98.6
儿童服装	97.2	99.6	99.7	98.1	96.6	96.7
鞋帽袜	99.2	99.7	99.8	99.3	98.9	98.7
鞋	99.1	99.7	99.7	99.2	98.7	98.5
袜子	99.7	99.4	99.3	99.4	99.4	99.0
帽子	99.7	101.0	100.9	100.8	100.3	100.4
其他衣着配件	99.9	99.9	99.9	100.0	100.1	100.2
纺织品	99.6	100.2	100.4	100.3	99.5	99.5
服装材料	101.5	101.9	101.9	102.2	102.0	101.9
床上用品	99.0	99.6	100.0	99.8	98.8	98.8

分月指数(2020 年)

6 月	7 月	8 月	9 月	10 月	11 月	12 月
100.3	**100.8**	**101.1**	**100.5**	**99.5**	**98.5**	**99.6**
107.6	108.8	108.3	105.6	101.7	97.9	101.0
100.7	101.0	100.7	100.6	100.6	100.6	100.6
93.8	93.8	98.5	104.1	106.4	102.9	103.6
105.6	106.0	105.7	105.6	105.1	105.3	105.7
100.3	100.4	100.8	101.5	102.0	101.8	103.4
103.1	104.5	109.5	115.4	115.4	108.1	106.2
159.6	164.2	146.6	123.4	101.9	90.9	101.3
101.8	102.3	100.1	92.9	88.8	84.0	89.0
102.8	102.9	102.7	101.0	101.1	99.9	100.1
81.5	79.7	83.2	77.9	78.4	77.9	87.1
100.4	99.9	100.7	101.4	101.4	101.2	101.1
76.4	76.0	82.7	95.0	102.6	105.2	104.6
99.8	100.1	100.4	100.5	100.2	100.1	100.1
101.8	102.4	102.6	101.5	101.5	101.1	101.9
103.7	103.5	103.4	103.2	102.6	102.0	100.9
105.4	105.2	104.8	103.9	103.4	101.8	101.6
101.0	100.8	100.4	100.5	100.6	100.6	100.8
100.2	100.2	100.1	100.3	100.5	100.0	100.2
100.2	100.2	100.2	100.2	100.2	100.3	100.1
102.2	101.5	100.8	100.9	100.9	101.3	101.7
98.5	98.4	98.4	98.3	98.4	98.3	98.3
98.3	98.2	98.2	98.0	98.1	98.0	97.9
98.9	98.9	98.9	98.6	98.6	98.3	98.2
98.4	98.3	98.3	98.0	98.1	98.1	98.2
96.5	96.4	96.2	96.5	96.7	96.9	96.7
98.9	98.9	98.9	99.2	99.3	99.2	99.4
98.7	98.8	98.8	99.1	99.3	99.2	99.4
99.7	99.9	99.9	99.9	99.8	100.2	100.0
100.5	99.2	98.5	99.1	99.0	98.6	98.2
99.9	99.6	99.6	99.7	99.7	99.9	99.8
99.6	99.3	99.3	99.3	99.2	99.2	99.2
101.9	101.8	101.7	101.6	101.6	99.9	99.8
99.0	98.5	98.6	98.6	98.6	99.1	99.0

4－8 续表

（上年同月＝100）

类　　别	年平均	1月	2月	3月	4月	5月
家用电器及音像器材	99.3	97.4	97.2	99.0	99.3	98.0
家庭设备	98.9	99.0	97.9	99.4	99.3	98.2
文娱用耐用消费品	100.4	94.1	95.7	98.3	99.5	97.3
专业音像器材	98.8	97.5	97.5	98.3	99.0	99.0
文化办公用品	100.9	102.9	102.9	99.9	100.0	100.3
日用品	99.9	100.6	100.4	100.5	100.3	100.0
日用百货	99.6	99.8	100.0	100.2	100.1	99.7
厨具餐具茶具	100.1	99.7	100.1	100.1	100.0	99.6
清洗用品	100.6	102.7	101.8	101.8	101.1	101.1
其他日用品	99.4	99.4	99.6	99.6	99.5	99.5
体育娱乐用品	100.0	100.3	100.5	100.3	100.1	100.1
体育户外用品	100.3	100.6	100.9	100.7	100.6	100.6
娱乐用品	99.6	99.9	99.9	99.8	99.6	99.4
交通、通信用品	95.8	94.6	94.7	94.4	94.2	94.8
交通运输机械	98.3	96.6	96.6	96.6	96.4	98.1
通信器材	91.1	91.1	91.4	90.6	90.1	89.0
家具	99.8	99.4	99.5	99.5	99.3	99.7
化妆品	101.0	101.4	101.2	101.5	101.3	101.5
金银饰品	118.3	116.8	117.4	120.0	119.4	122.3
中西药品及医疗保健用品	102.1	103.0	102.8	102.7	102.7	102.4
医疗卫生器具	102.5	100.6	100.6	101.3	102.2	103.4
中药	103.6	104.3	104.3	104.2	105.0	104.3
西药	101.4	102.8	102.7	102.3	101.9	101.8
保健器具及用品	102.6	101.8	101.3	102.2	102.3	100.8
书报杂志及电子出版物	101.1	101.5	101.3	101.3	101.2	101.2
教材及参考书	100.9	101.4	101.1	101.1	100.8	100.8
书报杂志	101.5	101.9	101.9	101.9	101.9	101.9
计算机办公软件	100.5	100.4	100.2	100.4	100.3	100.3
燃料	91.3	102.5	99.1	91.3	87.5	85.6
煤炭及制品	100.0	92.7	103.6	101.6	101.3	97.5
石油及制品	89.2	105.2	98.0	88.8	84.2	82.7
建筑材料及五金电料	99.8	101.0	101.0	100.7	100.3	99.7
建筑装璜材料	99.7	101.1	101.1	100.7	100.1	99.4
五金水暖	100.3	100.7	100.7	100.7	100.7	100.5

6月	7月	8月	9月	10月	11月	12月
99.4	98.8	98.7	100.5	100.6	101.3	101.5
99.3	98.2	97.9	99.9	99.3	99.2	98.9
99.8	99.9	101.3	102.5	103.9	105.8	107.1
99.0	99.0	96.2	98.4	98.3	102.0	101.9
100.1	100.4	101.0	101.5	101.1	100.4	100.3
100.2	99.7	99.6	99.7	99.5	99.3	99.5
99.6	99.5	99.6	99.6	99.3	99.2	98.8
99.9	100.2	100.0	100.1	100.4	100.5	100.5
101.3	99.9	99.5	99.9	99.4	99.0	100.2
99.7	99.4	99.2	99.4	99.3	99.1	98.8
99.7	99.4	99.7	99.8	100.1	99.9	100.0
99.9	99.5	99.9	100.1	100.6	100.3	100.4
99.4	99.4	99.3	99.4	99.5	99.5	99.6
95.0	95.3	97.4	97.4	97.7	96.8	97.3
98.9	98.9	99.8	99.4	99.6	99.7	99.7
88.0	88.8	93.0	93.7	94.1	91.5	92.8
99.4	99.5	99.5	99.9	100.1	100.4	101.3
101.3	100.9	100.8	100.8	100.7	100.4	100.4
120.4	120.0	123.2	117.4	114.8	115.1	114.0
102.0	101.6	101.7	101.4	101.5	101.9	102.0
104.2	103.3	103.4	103.2	102.6	102.6	102.3
103.7	103.3	103.0	102.6	102.9	102.6	103.0
101.0	100.7	100.8	100.5	100.4	101.1	101.2
102.3	102.2	103.0	102.8	103.9	104.0	103.9
100.9	101.0	101.6	101.0	101.0	100.7	100.7
100.9	101.0	101.1	100.7	100.7	100.7	100.7
101.9	101.9	101.9	100.8	100.8	100.6	100.6
97.8	97.8	102.7	102.7	102.6	100.7	100.8
87.6	90.4	90.5	90.5	89.4	90.0	92.0
97.1	100.9	96.6	99.0	100.3	105.1	105.7
85.1	87.8	89.0	88.4	86.7	86.4	88.8
99.3	99.1	99.3	99.4	99.5	99.5	99.3
98.9	98.7	99.0	99.1	99.4	99.2	99.0
100.2	100.1	100.2	100.0	99.9	100.2	100.2

4-9 城市商品零售

（上年同月=100）

类　别	年平均	1月	2月	3月	4月	5月
总指数	**100.9**	**104.0**	**104.0**	**102.3**	**100.9**	**99.9**
食品	107.6	116.3	117.3	114.0	109.8	106.6
粮食	100.4	100.3	100.0	99.9	100.2	100.4
薯类	101.6	99.5	106.4	108.7	105.4	99.9
豆类	104.9	102.2	103.7	104.7	105.0	105.6
食用油	100.3	99.0	99.3	100.1	100.0	99.2
菜	107.2	122.6	115.5	104.5	94.6	91.5
畜肉类	139.8	187.1	198.6	181.8	167.4	157.4
禽肉类	101.5	115.4	116.0	114.5	112.4	106.9
水产品	101.2	99.3	99.5	101.8	100.5	101.2
蛋类	87.2	102.3	100.6	102.7	95.1	81.5
奶类	100.6	99.9	100.3	100.4	100.4	100.0
干鲜瓜果类	91.4	94.1	96.3	95.8	90.4	85.4
糖果糕点类	99.6	99.2	99.2	98.8	99.2	98.9
调味品	102.0	102.3	102.6	102.3	101.9	102.1
其他食品类	103.3	103.0	104.0	104.1	104.2	104.1
在外餐饮	104.3	105.3	105.0	105.2	105.3	105.3
饮料、烟酒	101.1	101.7	102.2	101.6	101.6	101.3
茶及饮料	100.5	101.1	101.9	100.7	100.5	100.4
烟草	100.1	100.1	100.1	100.1	100.0	100.0
酒类	102.3	103.2	103.9	103.3	103.6	103.0
服装、鞋帽	98.8	100.4	100.3	99.4	98.8	98.7
服装	98.6	100.6	100.4	99.4	98.8	98.6
男士服装	99.2	101.1	100.8	99.8	99.7	99.4
女士服装	98.7	100.5	100.3	99.6	98.9	98.6
儿童服装	96.9	99.6	99.7	97.9	96.3	96.4
鞋帽袜	99.3	100.0	99.9	99.3	98.9	98.8
鞋	99.3	100.1	100.0	99.3	98.9	98.8
袜子	99.1	98.8	98.6	98.6	99.1	98.4
帽子	99.0	100.0	100.0	99.8	99.6	99.6
其他衣着配件	99.6	99.7	99.7	99.8	99.9	100.0
纺织品	99.4	100.1	100.6	100.4	99.5	99.4
服装材料	101.7	102.4	102.4	102.4	102.3	102.1
床上用品	98.7	99.4	100.0	99.7	98.6	98.5

价格分月指数(2020年)

6月	7月	8月	9月	10月	11月	12月
100.2	**100.6**	**101.0**	**100.5**	**99.5**	**98.6**	**99.5**
107.0	108.2	107.8	105.6	101.8	98.0	100.9
100.8	101.1	100.8	100.5	100.6	100.4	100.3
93.0	93.2	98.0	103.9	106.0	103.5	104.3
105.6	106.0	105.5	105.3	104.8	105.0	105.3
99.7	99.6	100.0	100.8	101.4	101.2	102.9
102.6	103.6	108.5	114.6	114.6	107.8	105.7
157.4	162.0	144.9	123.0	101.9	91.0	101.1
102.6	103.2	100.9	93.6	88.8	83.9	89.0
102.8	103.1	102.9	101.0	101.2	100.2	100.4
82.7	80.8	83.9	78.6	79.2	78.6	86.9
100.4	99.9	100.7	101.5	101.6	101.3	101.2
75.9	75.4	82.9	95.7	102.9	105.5	104.2
99.4	99.8	100.3	100.3	100.2	99.9	100.0
101.9	102.6	102.7	101.4	101.5	100.9	101.9
103.9	103.7	103.5	103.3	102.8	102.2	100.9
105.4	105.2	104.7	103.9	103.4	101.7	101.5
101.0	100.8	100.4	100.5	100.7	100.7	100.8
100.2	100.2	100.0	100.3	100.5	99.9	100.2
100.1	100.2	100.2	100.1	100.1	100.2	100.1
102.4	101.8	101.0	101.0	101.3	101.7	101.7
98.5	98.4	98.3	98.1	98.2	98.1	98.1
98.3	98.2	98.1	97.8	97.9	97.8	97.7
99.0	98.9	98.9	98.5	98.5	98.2	98.1
98.4	98.3	98.3	97.8	97.9	97.9	98.0
96.2	95.9	95.8	96.0	96.3	96.6	96.3
99.1	99.0	99.1	99.2	99.2	99.1	99.3
99.0	99.0	99.2	99.3	99.3	99.1	99.4
99.3	99.4	99.4	99.4	99.3	99.9	99.6
99.7	98.4	97.7	98.5	98.4	98.5	98.1
99.8	99.4	99.4	99.5	99.5	99.5	99.5
99.5	99.1	99.1	98.9	98.9	98.7	98.6
102.1	102.1	101.7	101.7	101.6	99.6	99.5
98.7	98.1	98.2	98.1	98.1	98.4	98.3

4－9 续表

（上年同月＝100）

类　　别	年平均	1月	2月	3月	4月	5月
家用电器及音像器材	99.3	97.3	97.3	99.0	99.4	98.1
家庭设备	99.0	99.1	98.1	99.5	99.5	98.4
文娱用耐用消费品	100.2	94.0	95.7	98.3	99.5	97.4
专业音像器材	98.8	97.5	97.5	98.4	99.0	99.0
文化办公用品	101.0	102.7	102.7	99.9	100.1	100.3
日用品	100.1	100.7	100.7	100.8	100.4	100.2
日用百货	99.9	99.9	100.2	100.5	100.4	100.0
厨具餐具茶具	100.0	99.5	100.0	100.0	100.1	99.6
清洗用品	100.8	103.3	102.3	102.3	101.4	101.4
其他日用品	99.2	99.1	99.4	99.4	99.3	99.2
体育娱乐用品	100.0	100.4	100.6	100.4	100.2	100.1
体育户外用品	100.4	100.6	101.1	100.8	100.7	100.7
娱乐用品	99.6	100.1	100.1	99.9	99.6	99.4
交通、通信用品	95.9	94.7	94.8	94.6	94.3	94.9
交通运输机械	98.3	96.7	96.7	96.6	96.4	98.1
通信器材	91.2	91.0	91.3	90.7	90.2	89.0
家具	99.6	99.4	99.5	99.5	99.1	99.4
化妆品	101.2	101.6	101.3	101.7	101.5	101.8
金银饰品	118.4	116.5	117.1	120.1	119.1	122.2
中西药品及医疗保健用品	102.3	103.5	103.3	103.1	103.0	102.6
医疗卫生器具	102.4	100.5	100.6	101.3	102.1	103.4
中药	104.1	105.0	105.0	104.8	105.4	104.8
西药	101.4	103.5	103.4	102.7	102.3	101.9
保健器具及用品	102.7	101.9	101.4	102.3	102.4	100.8
书报杂志及电子出版物	101.1	101.5	101.3	101.4	101.2	101.2
教材及参考书	100.9	101.4	101.1	101.1	100.8	100.7
书报杂志	101.5	102.0	102.0	102.0	102.0	102.0
计算机办公软件	100.6	100.4	100.3	100.4	100.3	100.3
燃料	91.1	102.6	98.8	91.0	87.2	85.4
煤炭及制品	98.5	92.2	102.3	100.1	99.4	95.6
石油及制品	89.5	105.2	98.1	89.0	84.5	83.1
建筑材料及五金电料	99.8	101.0	101.0	100.5	100.3	99.6
建筑装璜材料	99.6	101.2	101.2	100.5	100.2	99.3
五金水暖	100.2	100.6	100.5	100.5	100.5	100.3

6月	7月	8月	9月	10月	11月	12月
99.5	99.0	99.0	100.5	100.5	101.2	101.5
99.4	98.5	98.2	99.9	99.3	99.1	98.8
99.7	99.8	101.2	102.3	103.5	105.3	106.6
99.0	99.0	96.3	98.5	98.4	101.9	101.8
100.2	100.5	101.1	101.7	101.3	100.6	100.6
100.5	99.8	99.6	99.8	99.5	99.3	99.6
100.1	99.8	100.0	99.9	99.6	99.3	99.0
99.9	100.1	100.0	100.1	100.4	100.4	100.5
101.7	99.8	99.4	99.8	99.2	98.7	100.1
99.6	99.3	99.1	99.3	99.1	99.1	98.7
99.6	99.4	99.6	99.7	100.1	99.9	100.0
99.8	99.4	99.9	100.1	100.6	100.3	100.4
99.4	99.4	99.3	99.3	99.4	99.5	99.5
95.1	95.4	97.4	97.4	97.7	96.9	97.4
98.8	98.8	99.7	99.3	99.5	99.7	99.7
88.0	88.8	93.0	93.6	94.2	91.6	93.0
99.2	99.4	99.4	99.5	99.7	100.1	101.2
101.6	101.0	101.0	100.9	100.9	100.5	100.4
120.1	120.1	123.7	117.6	115.0	115.5	114.3
102.0	101.6	101.6	101.3	101.6	102.0	102.0
104.2	103.2	103.3	103.2	102.5	102.5	102.2
104.3	103.9	103.4	103.0	103.5	103.2	103.5
100.6	100.3	100.4	100.1	100.2	101.0	100.9
102.5	102.4	103.2	103.0	104.2	104.3	104.3
101.0	101.0	101.7	101.0	101.0	100.7	100.7
100.9	101.0	101.2	100.8	100.8	100.8	100.8
102.0	102.0	102.0	100.7	100.7	100.6	100.6
97.8	97.8	102.7	102.7	102.7	100.7	100.8
87.4	90.1	90.3	90.3	89.2	89.8	91.8
95.2	99.0	94.7	97.4	98.8	104.1	104.4
85.5	88.1	89.3	88.7	87.0	86.7	89.0
99.3	99.1	99.3	99.3	99.4	99.4	99.2
98.9	98.6	98.9	98.9	99.3	99.3	98.8
100.2	100.1	100.2	100.0	99.8	99.9	99.9

4－10 农村商品零售

（上年同月＝100）

类 别	年平均	1 月	2 月	3 月	4 月	5 月
总指数	**101.2**	**104.0**	**104.1**	**102.6**	**101.4**	**100.2**
食品	109.3	118.7	119.5	116.3	112.7	108.7
粮食	100.2	98.3	98.9	98.9	99.4	100.0
薯类	101.6	101.5	106.0	103.1	101.1	99.1
豆类	105.7	100.8	101.9	104.3	104.5	106.5
食用油	102.5	101.7	101.9	101.6	101.5	100.6
菜	109.7	123.1	111.9	102.1	97.4	92.6
畜肉类	146.4	209.2	221.4	198.0	180.4	167.6
禽肉类	97.0	108.1	106.7	105.1	103.2	99.8
水产品	100.5	99.6	100.0	100.6	100.9	101.9
蛋类	84.6	102.7	97.9	105.3	95.7	76.5
奶类	100.2	100.3	100.4	100.0	100.1	100.3
干鲜瓜果类	91.1	91.3	94.6	94.9	90.4	84.4
糖果糕点类	100.9	101.1	101.1	101.1	101.2	101.3
调味品	101.5	100.9	100.9	100.9	101.2	101.1
其他食品类	101.5	101.8	101.5	101.5	101.7	101.6
在外餐饮	104.4	105.2	104.9	104.7	105.3	105.7
饮料、烟酒	100.9	101.6	101.4	101.2	101.6	101.2
茶及饮料	100.8	101.0	101.4	100.8	101.2	100.9
烟草	100.4	100.3	100.3	100.2	100.5	100.5
酒类	101.3	102.5	102.2	101.9	102.4	101.6
服装、鞋帽	99.0	99.3	99.6	99.1	98.6	98.4
服装	98.8	99.4	99.6	98.8	98.5	98.3
男士服装	99.0	99.5	99.6	98.9	98.9	98.7
女士服装	98.8	99.2	99.6	98.7	98.3	98.1
儿童服装	98.7	99.5	99.8	99.2	98.4	98.0
鞋帽袜	99.0	99.1	99.5	99.4	98.7	98.4
鞋	98.5	98.5	98.9	98.8	98.2	97.8
袜子	100.5	100.5	100.5	100.8	100.0	99.9
帽子	102.6	105.1	104.5	105.1	103.6	103.7
其他衣着配件	100.9	100.9	100.9	101.0	101.0	101.1
纺织品	100.1	100.2	100.0	100.3	99.7	99.9
服装材料	101.0	100.3	100.3	101.3	101.3	101.2
床上用品	99.9	100.2	100.0	100.1	99.3	99.6

价格分月指数(2020年)

6月	7月	8月	9月	10月	11月	12月
100.8	**101.4**	**101.4**	**100.7**	**99.5**	**98.4**	**99.8**
110.4	111.9	110.4	105.8	101.4	97.4	101.6
100.5	100.5	100.6	100.9	101.0	101.5	101.9
98.0	97.1	101.3	105.2	108.4	100.1	99.6
105.9	106.1	106.8	107.4	107.5	107.7	108.6
102.0	102.6	103.2	103.3	103.6	103.4	104.7
106.3	110.4	116.3	120.0	120.5	110.2	109.2
169.2	173.8	153.6	124.8	102.0	90.5	102.0
98.3	98.2	96.8	90.0	88.8	84.6	89.0
103.0	101.6	101.4	101.3	100.5	97.7	98.0
77.4	75.7	81.1	75.5	75.4	75.4	87.5
100.3	100.5	100.4	100.0	100.0	100.1	100.1
80.2	79.9	81.9	90.6	100.8	103.5	106.9
100.9	100.9	100.6	100.9	100.1	100.5	100.5
101.3	101.7	102.1	101.9	101.6	102.1	101.9
101.9	102.1	101.9	101.7	101.5	100.6	100.6
105.4	105.3	104.9	104.0	103.7	102.2	102.1
101.1	100.6	100.4	100.7	100.2	100.4	101.0
100.8	100.1	100.8	100.9	100.7	100.7	100.8
100.5	100.5	100.5	100.5	100.5	100.5	100.3
101.6	100.7	100.3	100.8	99.9	100.3	101.4
98.5	98.6	98.5	99.0	99.3	99.3	99.2
98.3	98.5	98.5	98.9	99.1	99.0	99.0
98.6	98.8	98.8	99.3	99.4	98.9	98.9
98.3	98.4	98.4	98.8	99.1	99.3	99.1
98.1	98.4	98.0	98.6	98.7	98.5	98.6
98.5	98.6	98.3	99.1	99.7	99.6	99.4
97.9	97.9	97.6	98.6	99.4	99.4	99.3
100.3	100.6	100.6	100.6	100.6	100.6	100.6
103.7	102.5	102.2	101.5	101.2	99.2	98.7
100.6	100.7	100.7	100.7	101.0	101.6	101.1
100.0	99.9	100.0	100.1	100.1	100.7	100.6
101.3	101.1	101.7	101.4	101.4	100.7	100.5
99.7	99.6	99.6	99.8	99.8	100.7	100.6

4－10 续表

（上年同月＝100）

类　别	年平均	1月	2月	3月	4月	5月
家用电器及音像器材	99.1	98.0	96.9	99.1	98.9	97.3
家庭设备	98.5	98.9	97.1	99.3	98.8	97.4
文娱用耐用消费品	101.3	94.8	96.2	98.5	99.1	96.6
专业音像器材	98.5	97.1	97.1	97.8	98.8	98.8
文化办公用品	100.5	104.1	104.1	99.9	99.6	100.1
日用品	99.5	99.8	99.7	99.7	99.6	99.4
日用百货	99.0	99.6	99.5	99.5	99.4	99.1
厨具餐具茶具	100.5	101.2	100.9	100.8	100.0	99.9
清洗用品	99.8	99.1	98.8	99.2	99.3	99.1
其他日用品	100.2	100.8	100.8	100.5	100.6	100.7
体育娱乐用品	99.7	99.7	99.2	99.1	99.6	99.6
体育户外用品	100.1	100.7	99.7	99.6	99.6	99.9
娱乐用品	99.4	98.9	98.7	98.8	99.6	99.5
交通、通信用品	95.2	94.0	94.1	93.6	93.4	94.1
交通运输机械	98.5	96.1	96.1	96.4	96.4	98.5
通信器材	91.1	91.6	91.8	90.3	89.7	88.9
家具	100.6	99.6	99.4	99.5	100.4	101.0
化妆品	99.9	100.1	99.9	99.9	100.0	99.6
金银饰品	118.0	119.0	118.9	119.8	121.8	123.5
中西药品及医疗保健用品	101.4	100.6	100.6	101.0	101.1	101.7
医疗卫生器具	103.5	103.0	101.1	101.1	104.2	104.2
中药	101.3	101.4	101.7	101.6	103.1	102.1
西药	101.4	100.1	100.1	100.7	100.3	101.6
保健器具及用品	100.9	101.1	101.2	101.3	101.4	101.1
书报杂志及电子出版物	100.8	101.0	101.0	100.8	100.8	100.8
教材及参考书	100.8	101.5	101.4	101.0	101.0	101.1
书报杂志	100.9	100.9	100.9	100.9	100.9	100.9
计算机办公软件	100.2	100.0	100.0	100.0	100.0	100.0
燃料	92.4	101.9	100.4	92.6	89.0	86.6
煤炭及制品	104.8	94.2	107.5	106.3	107.6	103.7
石油及制品	87.8	105.2	97.8	87.6	82.5	80.6
建筑材料及五金电料	100.1	101.1	101.0	101.1	100.3	100.0
建筑装璜材料	99.8	101.0	100.9	101.0	100.0	99.7
五金水暖	101.3	101.9	101.8	102.0	102.0	102.1

6月	7月	8月	9月	10月	11月	12月
99.3	97.8	97.6	100.4	100.9	101.5	101.5
99.1	97.2	96.7	99.7	99.4	99.4	99.2
100.1	99.9	101.7	103.7	106.9	109.5	110.4
98.8	98.8	95.2	97.6	97.6	102.4	102.4
99.8	99.9	100.2	100.6	100.1	99.1	99.0
99.2	99.5	99.3	99.5	99.4	99.5	99.4
98.8	98.7	98.7	98.9	98.7	98.8	98.6
99.8	100.7	100.2	100.2	100.7	100.9	100.4
99.1	100.6	100.2	100.4	100.5	100.7	100.9
100.3	100.2	99.9	100.0	99.8	99.5	99.5
99.8	99.7	99.8	100.0	100.0	100.0	100.2
100.1	100.0	100.0	100.0	100.0	100.6	100.6
99.5	99.5	99.6	99.9	99.9	99.6	100.0
94.1	94.7	97.2	97.2	97.3	96.0	96.5
99.3	99.5	100.3	99.8	99.8	99.9	99.9
87.8	88.8	93.3	94.0	94.1	91.2	92.4
100.3	99.9	99.8	101.5	101.9	101.7	101.8
99.8	99.8	99.6	99.8	99.7	100.0	100.0
122.6	119.2	119.8	116.2	113.4	112.3	111.8
102.0	101.7	101.9	101.7	100.9	101.2	102.0
104.4	104.2	104.3	104.1	104.1	103.8	102.9
101.2	100.7	101.1	100.9	100.2	100.1	101.1
102.3	102.2	102.4	102.1	101.1	101.6	102.6
100.8	100.2	100.4	100.9	101.1	101.0	100.1
100.5	100.5	100.8	100.7	100.7	100.6	100.6
101.1	101.1	100.4	100.2	100.2	100.4	100.5
100.9	100.9	100.9	100.9	100.9	100.9	100.9
97.9	97.9	102.0	102.0	102.0	100.6	100.6
88.5	91.7	91.7	91.6	90.3	91.0	93.4
103.2	106.9	102.7	104.2	104.9	108.1	109.7
82.9	86.0	87.5	86.9	85.0	84.8	87.4
99.3	99.2	99.5	99.7	99.8	99.7	99.9
99.2	99.0	99.3	99.6	99.7	99.2	99.5
100.3	100.3	100.3	100.3	100.4	102.0	102.1

4－11 农业生产资料

（上年同月＝100）

类　　别	年平均	1月	2月	3月	4月	5月
总指数	**103.6**	**106.9**	**106.9**	**106.3**	**104.5**	**104.1**
农用手工工具	100.5	100.1	100.1	99.6	100.3	100.4
农用手工工具	100.5	100.1	100.1	99.6	100.3	100.4
饲料	102.6	98.4	98.8	100.2	100.9	102.0
混合饲料	101.8	99.5	99.7	101.2	101.8	102.4
其他饲料	104.2	96.0	97.0	98.2	98.9	101.1
仔畜幼禽及产品畜	142.3	244.7	243.5	199.0	168.6	164.3
仔　　畜	160.4	311.4	313.7	231.9	194.5	192.2
幼　　禽	73.7	101.2	92.0	105.4	81.8	70.9
产 品 畜	142.1	229.2	228.8	199.0	173.4	167.4
半机械化农具	100.7	101.0	101.0	100.9	100.7	100.9
半机械化农具	100.7	101.0	101.0	100.9	100.7	100.9
机械化农具	98.1	99.5	99.2	99.0	98.2	98.1
机械化农具	98.1	99.5	99.2	99.0	98.2	98.1
化学肥料	100.0	99.6	100.0	101.5	100.2	99.9
氮　　肥	99.4	98.3	99.4	102.0	98.9	98.4
磷　　肥	100.1	99.2	99.6	100.2	100.1	100.2
钾　　肥	101.0	99.8	99.3	101.1	101.8	101.6
复合肥料	100.1	100.5	100.5	101.7	100.9	100.7
农药及农药器械	102.2	103.4	102.5	102.8	102.8	102.3
化学农药	102.3	103.4	102.6	103.0	102.9	102.4
杀 虫 剂	103.0	104.0	102.8	103.5	103.8	103.5
杀 菌 剂	102.0	102.2	102.0	102.8	102.3	101.9
除 草 剂	101.8	104.8	103.6	102.9	102.6	101.5
生长调节剂	101.0	99.9	99.9	101.2	101.2	101.2
农药器械	100.7	102.8	100.2	99.6	100.2	100.7
农药器械	100.7	102.8	100.2	99.6	100.2	100.7
农机用油	84.9	107.9	97.5	84.6	78.0	76.1
农用柴油	84.6	108.5	97.7	84.2	77.4	75.5
润 滑 油	91.3	95.7	93.4	93.4	93.2	90.5
其他农用生产资料	99.8	100.9	100.8	100.2	99.8	99.9
农用种子	100.2	100.9	101.0	100.6	100.3	100.6
农用薄膜	97.7	101.5	99.9	97.7	97.1	96.5
未列名的其他农用生产资料	99.4	100.6	100.5	100.0	100.0	99.0
农业生产服务	99.7	100.5	99.9	99.9	99.9	99.9
排 灌 费	100.1	101.2	100.0	100.0	100.0	100.0
机械作业费	99.3	100.2	99.7	99.7	99.7	99.9
农业用电	100.0	100.0	100.0	100.0	100.0	100.0
农业用工	100.7	101.2	100.4	100.4	100.4	99.6

价格分月指数(2020年)

6月	7月	8月	9月	10月	11月	12月
104.2	**105.2**	**104.5**	**102.1**	**99.4**	**99.5**	**100.3**
100.4	100.4	100.4	100.7	100.7	101.1	101.1
100.4	100.4	100.4	100.7	100.7	101.1	101.1
99.9	101.7	105.4	105.3	105.7	106.1	106.5
99.7	100.7	103.7	103.5	103.1	103.0	103.3
100.4	103.9	109.0	109.1	111.4	112.7	113.5
177.3	179.6	145.4	115.9	90.7	88.0	92.8
202.1	211.3	169.5	130.5	99.5	93.5	94.9
84.4	73.2	61.5	55.5	49.3	58.6	79.5
169.3	169.5	141.9	118.6	93.4	91.9	92.3
100.8	100.8	100.2	100.4	100.4	100.4	100.4
100.8	100.8	100.2	100.4	100.4	100.4	100.4
98.1	97.5	97.5	97.6	97.6	97.7	97.7
98.1	97.5	97.5	97.6	97.6	97.7	97.7
99.3	99.4	99.3	99.3	99.5	100.7	100.7
98.1	98.2	99.4	99.3	99.3	101.0	101.0
100.1	100.4	99.6	99.7	100.1	100.8	101.1
101.3	100.5	100.2	100.9	101.2	101.7	102.5
99.5	99.9	99.1	99.0	99.3	100.3	100.2
102.0	102.0	101.6	101.6	101.6	101.9	101.9
102.1	102.1	101.7	101.6	101.6	101.9	101.9
103.1	103.2	102.2	102.1	102.0	102.6	102.8
101.9	101.9	101.9	101.9	101.9	101.9	101.9
101.0	101.0	101.0	101.0	101.0	101.0	101.0
101.2	100.9	100.9	100.9	100.9	101.9	101.3
100.3	100.6	100.6	100.8	100.8	100.8	100.8
100.3	100.6	100.6	100.8	100.8	100.8	100.8
78.9	82.7	84.5	83.8	81.2	80.7	84.0
78.4	82.5	84.2	83.5	80.8	80.3	83.8
90.5	89.4	90.2	90.2	90.5	89.9	89.0
99.9	99.9	99.9	99.2	99.2	99.1	99.1
100.6	100.6	100.6	99.5	99.5	99.4	99.4
96.5	96.6	96.6	97.5	97.5	97.4	97.5
99.0	99.0	99.0	99.0	99.0	99.0	99.0
99.5	99.5	99.5	99.5	99.5	99.5	99.5
100.0	100.0	100.0	100.0	100.0	100.0	100.0
98.9	98.9	98.9	98.9	98.9	98.9	98.9
100.0	100.0	100.0	100.0	100.0	100.0	100.0
101.0	101.0	101.0	101.0	101.0	101.0	101.0

4-12 26个调查市县居民

（上年=100）

市 县	居民消费价格总指数	食品烟酒	粮食	鲜菜	畜肉类	蛋类	衣着
全省平均	**102.8**	**108.5**	**100.3**	**108.5**	**142.3**	**86.2**	**98.8**
城市平均	**102.5**	**107.7**	**100.4**	**107.9**	**139.8**	**86.8**	**98.7**
郑州市	102.3	107.3	101.3	104.6	136.3	85.6	99.1
开封市	102.3	106.9	99.6	111.4	142.0	83.7	101.2
洛阳市	102.7	106.7	97.6	103.7	137.4	91.4	99.3
平顶山市	102.6	107.1	101.7	110.1	136.4	91.6	98.4
安阳市	102.6	106.8	101.6	108.7	140.1	87.5	98.1
鹤壁市	102.1	107.6	100.2	110.0	137.4	80.6	92.1
新乡市	102.5	108.2	101.8	105.9	143.6	81.1	97.4
焦作市	102.1	107.2	99.1	113.8	136.8	85.6	95.0
濮阳市	101.6	106.7	98.5	106.9	143.8	83.6	96.7
许昌市	102.6	107.8	101.0	113.4	135.4	96.0	97.7
漯河市	102.4	108.4	100.1	114.3	146.5	86.9	99.8
三门峡市	102.8	108.3	101.7	103.6	142.6	88.7	93.9
南阳市	103.0	108.7	100.8	113.8	143.5	90.2	100.7
商丘市	102.3	107.8	98.6	110.9	138.4	76.7	101.1
信阳市	102.6	108.2	101.7	104.2	141.5	98.4	97.7
周口市	102.4	108.0	100.5	116.9	143.1	79.0	99.5
驻马店市	102.3	107.6	100.4	111.0	138.2	87.9	99.4
农村平均	**103.3**	**110.1**	**100.2**	**109.7**	**146.0**	**85.2**	**98.8**
滑县	103.3	110.3	103.6	110.2	139.7	88.7	99.5
辉县市	103.1	108.3	99.7	109.3	139.9	76.3	99.5
襄城县	102.7	107.5	95.9	108.9	139.2	85.8	94.7
灵宝市	103.1	109.2	101.1	110.6	141.1	88.2	97.5
镇平县	103.2	110.6	99.8	111.7	147.6	83.1	100.6
永城市	102.6	109.3	100.1	107.5	146.4	86.8	98.1
固始县	103.8	112.5	100.7	116.9	154.0	84.3	98.1
淮阳县	103.6	111.3	100.5	107.4	153.2	78.9	100.8
汝南县	103.8	110.9	99.4	104.0	151.2	91.5	100.6

消费价格指数(2020 年)

居住	水、电、燃料	生活用品及服务	交通和通讯	教育文化和娱乐	医疗保健	其他用品和服务
99.6	**99.5**	**99.9**	**95.8**	**102.0**	**103.4**	**107.6**
99.6	**100.1**	**100.1**	**95.4**	**102.2**	**103.9**	**107.5**
99.0	100.1	100.5	93.7	102.5	105.4	108.0
99.9	99.6	99.7	95.4	102.4	102.2	106.3
100.0	99.5	100.9	96.7	102.4	104.6	108.0
100.0	99.6	99.1	95.5	102.2	107.6	106.4
100.0	100.0	100.1	95.9	103.6	104.7	106.4
100.1	100.8	99.2	97.2	99.0	107.6	108.0
99.5	99.7	99.9	95.9	103.0	101.4	107.9
100.5	102.2	99.5	96.2	101.1	102.1	109.2
99.4	101.7	98.4	95.5	100.1	103.0	108.5
101.2	100.2	99.6	95.7	102.4	102.2	107.8
99.9	99.5	100.3	96.1	99.8	100.4	105.7
100.8	100.1	99.3	96.1	100.7	110.0	104.9
99.8	100.9	99.7	96.6	101.9	101.8	107.6
97.8	100.8	100.1	96.1	102.4	100.6	108.1
99.6	100.1	99.8	97.6	103.2	100.8	104.4
99.8	100.3	99.9	96.1	101.4	101.5	104.8
100.0	100.1	98.9	95.6	101.4	100.8	107.1
99.6	**98.8**	**99.6**	**96.6**	**101.6**	**102.7**	**107.9**
98.9	97.0	99.1	96.9	99.6	105.7	106.6
100.7	100.4	101.3	96.7	101.7	104.2	107.2
100.3	98.8	99.6	96.0	102.8	105.9	110.6
100.7	98.6	99.0	96.9	101.2	103.0	108.5
98.5	99.4	100.0	96.5	101.6	100.8	108.0
99.3	99.6	98.8	96.7	100.8	101.1	108.0
98.1	95.7	100.6	96.5	102.5	102.2	106.3
100.2	101.2	98.6	95.8	102.5	100.3	109.5
100.6	99.0	99.7	97.4	101.9	101.1	107.7

4－13 26个调查市县商品

（上年＝100）

市 县	商品零售价格总指数	食品类	饮料、烟酒	服装、鞋帽类	纺织品类	家用电器及音像器材	文化办公用品	日用品
全省平均	**100.9**	**107.9**	**101.1**	**98.8**	**99.6**	**99.3**	**100.9**	**99.9**
城市平均	**100.9**	**107.6**	**101.1**	**98.8**	**99.4**	**99.3**	**101.0**	**100.1**
郑州市	100.8	107.4	100.5	98.9	101.9	99.2	100.9	100.8
开封市	101.4	107.5	102.1	101.2	96.6	99.1	100.9	99.7
洛阳市	100.8	105.7	101.2	99.4	98.5	99.3	101.2	99.8
平顶山市	100.3	107.2	100.4	98.4	98.9	99.7	99.4	100.4
安阳市	100.8	106.7	101.6	97.7	97.4	99.5	101.3	99.8
鹤壁市	100.3	107.8	101.2	91.6	101.0	99.3	101.3	99.0
新乡市	100.5	108.1	102.9	97.1	99.8	99.1	101.0	100.8
焦作市	100.5	107.6	100.1	95.1	99.3	99.5	101.3	100.2
濮阳市	100.3	106.6	101.3	96.5	90.9	99.3	101.2	98.9
许昌市	101.1	108.2	101.8	97.6	98.9	99.2	101.0	98.8
漯河市	101.2	108.7	100.3	99.7	99.6	99.6	101.2	99.3
三门峡市	100.2	108.0	99.4	93.7	95.4	99.7	100.9	99.8
南阳市	101.6	108.8	101.9	100.8	99.6	99.4	100.6	99.7
商丘市	101.5	107.9	100.6	100.7	99.5	99.4	102.4	99.0
信阳市	101.1	108.0	102.1	97.6	99.3	99.6	101.5	100.0
周口市	101.0	108.3	102.5	99.3	99.9	99.8	101.0	99.7
驻马店市	100.8	107.7	101.1	99.7	94.6	99.3	101.2	97.5
农村平均	**101.2**	**109.3**	**100.9**	**99.0**	**100.1**	**99.1**	**100.5**	**99.5**
滑县	101.3	110.1	99.6	99.4	102.7	99.4	101.1	100.6
辉县市	101.5	107.9	100.8	99.5	100.7	99.2	100.6	100.3
襄城县	99.8	106.6	100.9	94.7	96.7	98.9	100.8	97.6
灵宝市	100.1	108.2	100.1	97.6	100.5	99.1	98.9	99.1
镇平县	101.6	109.7	100.8	100.7	101.2	100.1	100.2	98.7
永城市	100.8	108.7	99.5	98.2	98.2	99.1	100.5	99.4
固始县	102.4	111.2	104.1	98.3	100.3	98.7	101.8	100.0
淮阳县	101.4	110.5	100.3	101.0	99.7	98.3	100.7	99.6
汝南县	101.9	109.7	101.5	100.6	100.7	99.1	101.8	100.7

零售价格指数(2020年)

体育娱乐用品	交通、通信用品	家具	化妆品类	金银饰品类	中西药品及医疗保健用品类	书报杂志及电子出版物类	燃料类	建筑材料及五金电料类
100.0	**95.8**	**99.8**	**101.0**	**118.3**	**102.1**	**101.1**	**91.3**	**99.8**
100.0	**95.9**	**99.6**	**101.2**	**118.4**	**102.3**	**101.1**	**91.1**	**99.8**
101.1	95.9	99.5	101.5	120.6	101.5	100.0	91.4	100.0
103.2	95.5	99.5	101.2	119.7	104.7	106.3	90.5	99.1
98.0	96.2	103.6	102.8	121.2	103.5	102.2	90.1	100.6
99.5	95.6	98.3	97.0	110.5	102.7	103.2	90.7	97.3
100.1	95.6	99.9	103.4	116.3	107.1	100.1	91.2	96.6
100.4	95.9	97.7	100.3	122.5	103.7	99.9	92.4	99.6
98.7	95.8	97.6	100.0	120.2	98.3	100.7	91.8	98.6
101.8	95.6	101.4	99.0	119.7	102.7	102.6	91.9	99.4
98.3	95.7	97.3	103.3	117.4	105.9	100.5	91.3	97.5
98.2	95.7	97.6	101.1	120.3	104.5	100.0	91.3	100.0
99.1	95.9	101.8	102.9	113.2	100.6	100.1	91.9	100.0
98.3	96.0	94.3	98.5	114.0	102.8	99.9	91.3	99.3
97.6	95.8	100.8	100.9	117.6	101.7	100.6	90.8	100.9
100.5	95.8	99.4	101.9	122.0	103.0	100.0	92.7	101.0
99.0	95.6	96.6	101.8	115.5	99.0	100.3	91.4	106.3
100.6	95.8	100.1	100.2	112.3	99.9	101.2	92.2	99.4
100.4	95.9	100.2	100.1	113.5	100.1	99.7	91.6	99.6
99.7	**95.2**	**100.6**	**99.9**	**118.0**	**101.4**	**100.8**	**92.4**	**100.1**
99.8	95.0	97.9	99.8	116.3	103.7	99.7	91.8	99.2
99.1	95.1	106.1	100.1	117.7	101.5	102.6	92.7	103.9
96.3	94.8	99.7	100.1	127.2	101.8	100.0	90.2	101.4
100.0	96.0	99.0	100.2	119.7	97.4	100.7	89.9	97.0
100.0	95.8	100.7	100.4	117.2	100.8	100.6	90.2	100.6
100.0	95.0	98.4	100.3	122.0	102.4	100.0	94.2	99.2
100.4	94.7	103.5	100.5	113.3	103.8	101.0	92.5	98.6
99.8	94.7	96.8	96.2	115.0	100.8	100.4	96.2	99.1
100.3	95.0	97.9	100.7	114.9	102.3	101.4	93.3	104.0

主要统计指标解释

居民消费价格指数 是反映一定时期内城乡居民购买并用于日常生活消费的商品和服务项目价格水平变动趋势和程度的相对数。居民消费价格水平的变动率在一定程度上反映了通货膨胀(或紧缩)的程度。编制居民消费价格指数(CPI)的目的,是为了了解市场价格变动的基本情况,分析研究价格变动对社会经济和居民生活支出的影响,满足各级政府制定政策和计划、进行宏观调控的需要;同时居民消费价格指数也是国民经济核算和社会担保实际支付调整的重要指标。

城市居民消费价格指数 是反映城市居民家庭所购买用于日常生活消费的商品和服务项目价格变动趋势和程度的相对数。城市居民消费价格指数可以用以观察分析消费商品和服务项目价格变动对职工货币工资的影响,作为研究职工生活和确定工资政策以及相关社会保障政策的依据。

农村居民消费价格指数 是反映农村居民家庭所购买用于日常生活消费的商品和服务项目价格变动趋势和程度的相对数。农村居民消费价格指数可以用以观察分析农村消费商品和服务项目价格变动对农村居民生活消费支出的影响,直接反映农民生活水平的实际变化情况,为分析和研究农村居民生活问题和制定相关惠农政策提供依据。

商品零售价格指数 商品零售价格是工业、商业、餐饮和其他零售企业向城乡居民、机关团体出售生活消费品和办公用品的价格,不包括服务项目价格。商品零售价格的变动直接影响到城乡居民的生活支出和国家的财政收入,影响居民购买力和市场供需平衡,影响消费与积累的比例。编制商品零售价格指数(RPI),以此反映市场商品零售价格变动趋势和变动程度,从另一个侧面对上述经济活动进行观察和分析。

农业生产资料价格指数 是反映工业、商业及其他单位和个人向农民出售农业生产资料(包括主要生产性服务)价格变动趋势和变动程度的相对数。编制农业生产资料价格指数(AMPI),目的在于掌握农业生产资料的平均价格水平和变动情况,为国家制定经济政策提供依据;同时,为研究城乡市场流通和国民经济核算提供参考依据。

五 生产价格

资料整理：郝雅菁　朱毓瑞

5-1 历年工业生产者出厂及购进价格指数

(上年=100)

年　份	工业生产者出厂价格总指数	按轻、重工业分		按部类分		工业生产者购进价格总指数
		轻工业	重工业	生产资料	生活资料	
1989	119.7	116.6	122.6	121.4	117.5	130.0
1990	105.5	105.3	105.5	105.4	105.4	105.5
1991	104.3	102.0	106.2	105.7	102.1	104.4
1992	106.2	104.1	108.0	107.3	104.6	110.0
1993	118.1	108.8	125.9	124.4	108.4	133.0
1994	124.1	129.5	119.4	119.4	131.1	122.0
1995	115.0	119.9	110.9	114.3	116.2	114.1
1996	104.1	102.8	105.1	104.8	103.0	106.0
1997	100.6	98.5	102.1	101.2	99.5	100.6
1998	95.3	94.2	96.0	95.8	94.2	94.8
1999	95.4	93.9	96.5	96.0	94.4	94.3
2000	104.0	99.6	106.5	106.0	98.0	105.1
2001	100.5	98.7	101.5	101.1	98.6	101.9
2002	98.6	96.8	99.7	98.8	98.2	97.6
2003	105.0	103.2	106.9	105.7	102.7	107.8
2004	110.2	106.4	113.9	111.4	106.4	115.7
2005	106.1	102.6	109.2	107.3	101.9	108.3
2006	104.3	101.3	106.7	105.3	100.7	105.3
2007	105.2	105.7	104.9	104.5	107.7	106.4
2008	112.1	107.9	115.4	113.3	108.1	111.9
2009	94.9	98.4	92.2	93.3	101.1	97.1
2010	107.8	104.3	110.7	108.8	103.9	110.2
2011	107.2	106.9	107.3	107.7	105.5	110.1
2012	99.4	100.1	99.2	98.6	102.5	99.2
2013	98.5	101.8	97.3	97.5	102.2	99.3
2014	98.1	100.9	96.9	97.2	100.9	98.4
2015	95.4	99.8	93.6	93.9	100.4	95.4
2016	99.0	99.1	99.0	99.2	98.6	99.2
2017	106.8	101.9	108.9	109.7	99.6	107.3
2018	103.6	101.3	104.5	104.9	99.9	104.0
2019	100.2	101.0	99.8	100.0	100.5	101.2
2020	99.2	101.3	98.2	98.4	101.2	99.4

5－2　主要年份分类工业生产者出厂价格指数

（上年＝100）

项目名称	1990年	1995年	2000年	2005年	2010年	2015年	2016年	2017年	2018年	2019年	2020年
总指数	**105.5**	**115.0**	**104.0**	**106.1**	**107.8**	**95.4**	**99.0**	**106.8**	**103.6**	**100.2**	**99.2**
核心指数						96.4	99.3	106.5	103.5	99.8	98.6
高技术						101.2	97.4	97.5	99.5	95.6	95.7
能源						87.4	96.3	120.0	107.9	98.1	93.5
按轻重工业分											
轻工业	105.3	119.9	99.6	102.6	104.3	99.8	99.1	101.9	101.3	101.0	101.3
以农产品为原料	106.5	120.8	99.6	101.1	106.0	99.6	99.2	101.8	101.7	101.5	102.4
以非农产品为原料	101.8	116.0	99.5	104.4	102.4	100.5	98.8	102.3	99.9	99.0	97.5
重工业	105.5	110.9	106.5	109.2	110.7	93.6	99.0	108.9	104.5	99.8	98.2
采掘	108.5	108.8	116.3	125.6	116.7	82.1	96.5	116.0	106.7	103.1	98.8
原料	107.1	106.5	108.8	107.1	112.9	93.4	99.4	115.7	105.2	98.7	98.3
加工	102.8	117.2	99.6	104.2	105.0	96.9	99.1	105.5	103.9	99.8	98.1
按两大部类分											
生产资料	105.4	114.3	106.0	107.3	108.8	93.9	99.2	109.7	104.9	100.0	98.4
采掘	108.5	108.8	115.3	123.6	116.8	82.1	96.5	116.0	106.7	103.1	98.8
原料	106.8	112.0	108.2	106.3	112.0	94.1	100.0	116.1	105.1	98.3	98.0
加工	103.1	119.2	100.2	103.3	104.6	96.7	99.2	106.5	104.6	100.2	98.5
生活资料	105.4	116.2	98.0	101.9	103.9	100.4	98.6	99.6	99.9	100.5	101.2
食品	102.7	115.4	94.3	102.1	103.7	100.4	99.6	99.9	100.6	103.8	105.8
衣着	112.1	118.0	104.0	102.8	105.6	100.8	99.1	100.3	99.7	99.8	99.3
一般日用品	100.0	116.8	101.0	101.7	103.7	100.1	97.5	101.4	100.5	99.4	97.9
耐用消费品	96.2	107.1	97.9	99.7	103.9	100.0	96.9	96.5	97.8	93.6	93.4
按初级中间最终产品分											
初级产品						82.1	96.5	116.0	106.7	103.1	98.8
矿产品						82.1	96.5	116.0	106.7	103.1	98.8
中间产品						96.3	99.3	107.9	104.1	100.3	99.4
最终产品						98.9	98.1	101.7	102.2	100.2	99.7
最终投资品						98.3	97.9	102.6	103.3	99.3	97.9
最终消费品						99.6	98.2	100.5	100.5	101.5	102.3
按工业部门分											
冶金工业	116.4	103.9	109.6	104.8	116.4	90.5	103.7	117.3	105.0	101.0	102.2
电力工业	102.3	105.9	105.4	105.0	103.6	96.9	93.6	101.1	101.4	98.4	100.1
煤炭及炼焦工业	103.5	108.9	96.9	124.5	113.1	83.1	100.9	140.9	112.0	98.1	90.3
石油工业	114.8	104.3	146.8	125.8	127.9	77.6	91.9	113.4	113.1	96.5	83.8
化学工业	106.8	124.8	100.6	106.4	107.3	96.8	96.9	107.4	104.7	97.7	97.0
机械工业	100.8	112.2	99.0	101.5	101.4	99.0	97.8	100.1	100.7	98.9	98.2
建筑材料工业	96.8	110.8	100.4	108.4	101.1	98.9	99.0	105.4	104.7	104.2	99.1
森林工业	95.7	108.9	101.4	99.5	99.9	100.7	99.4	101.0	101.7	100.5	100.2
食品工业	102.4	115.4	94.3	101.9	103.7	99.9	99.2	99.8	100.5	103.8	105.9
纺织工业	109.1	119.3	107.7	95.4	116.4	95.9	98.3	105.4	104.2	99.2	94.3
缝纫工业	130.9	129.1	105.7	103.3	105.3	99.5	97.6	101.0	99.9	99.0	99.4
皮革工业	99.9	126.8	100.9	104.0	102.7	109.3	105.2	102.1	101.5	101.1	99.4
造纸工业	98.4	140.5	101.2	102.3	103.4	98.8	99.3	111.7	107.2	93.5	96.5
文教艺术用品工业	97.7	100.4	97.6	101.7	101.8	98.6	97.8	100.0	102.5	100.2	93.7
其它工业	100.9	144.7	100.5	101.9	103.5	99.6	99.3	106.4	107.6	96.9	93.0

5-3 主要年份分类工业生产者购进价格指数

（上年=100）

项目名称	1990年	1995年	2000年	2005年	2010年	2015年	2016年	2017年	2018年	2019年	2020年
总指数	**105.5**	**114.1**	**105.1**	**108.3**	**110.2**	**95.4**	**99.2**	**107.3**	**104.0**	**101.2**	**99.4**
按初级中间最终产品分											
初级产品						91.7	99.2	109.1	104.3	102.4	99.5
农产品						97.0	100.2	99.4	100.1	102.9	104.4
矿产品						86.1	98.6	119.4	107.8	101.7	94.1
废料						90.7	93.1	104.5	110.3	103.9	103.4
中间产品						97.0	99.3	106.5	103.9	100.7	99.4
九大类原材料购进价格指数											
燃料、动力类	105.1	109.2	107.9	115.2	108.9	91.0	98.1	113.1	106.1	98.2	93.0
黑色金属材料类	107.7	95.0	102.2	106.0	108.4	85.4	96.7	117.4	107.1	105.0	100.7
钢材		95.7	104.2	106.7	105.9	91.9	96.2	113.1	106.1	98.9	99.6
其它		94.2	99.3	105.1	113.1	71.8	97.3	122.9	108.3	112.9	102.3
有色金属材料及电线类	98.6	126.7	111.6	115.4	123.2	95.4	101.2	118.3	104.9	98.1	97.6
化工原料类	89.9	123.8	111.2	107.5	116.8	92.7	99.1	107.2	103.9	96.6	93.3
木材及纸浆类	111.5	108.3	100.6	103.1	104.7	98.2	98.1	105.4	106.5	98.4	97.6
建筑材料及非金属类	104.3		99.6	114.9	103.9	98.7	97.7	106.6	107.7	111.1	104.7
其它工业原材料及半成品类			99.9	112.5	107.4	100.5	100.1	101.4	101.9	101.1	101.8
农副产品类	106.2	135.1	98.2	102.5	108.3	97.0	100.2	99.4	100.0	102.9	104.4
纺织原料类	123.6	116.3	107.4	100.6	118.1	93.4	100.0	103.9	99.9	98.3	97.4

5－4 各月分类工业生产者

（上年同期＝100）

项目名称	全年	1月	2月	3月	4月	5月
总指数	**99.2**	**100.9**	**100.9**	**99.7**	**98.6**	**97.9**
核心指数	98.6	99.7	99.4	98.5	97.7	97.5
高技术	95.7	94.1	94.2	95.0	94.6	94.8
能源	93.5	95.6	97.2	94.1	91.4	87.7
按轻重工业分						
轻工业	101.3	104.0	104.3	103.6	102.8	101.4
以农产品为原料	102.4	105.5	105.8	104.9	103.9	102.2
以非农产品为原料	97.5	98.3	98.8	98.8	98.5	98.2
重工业	98.2	99.5	99.4	98.0	96.9	96.3
采掘	98.8	100.4	101.4	98.6	97.0	93.6
原料	98.3	99.2	99.4	97.2	96.0	95.2
加工	98.1	99.5	99.1	98.2	97.2	97.2
按两大部类分						
生产资料	98.4	99.7	99.6	98.3	97.1	96.5
采掘	98.8	100.4	101.4	98.6	97.0	93.6
原料	98.0	98.8	99.0	96.7	95.5	95.0
加工	98.5	99.9	99.6	98.8	97.7	97.4
生活资料	101.2	103.9	104.0	103.3	102.6	101.3
食品	105.8	111.2	111.4	109.8	108.2	106.1
衣着	99.3	99.5	99.3	98.3	98.9	99.5
一般日用品	97.9	98.6	98.8	99.3	99.4	98.4
耐用消费品	93.4	92.7	92.7	92.8	92.9	92.7
按初级中间最终产品分						
初级产品	98.8	100.4	101.4	98.6	97.0	93.6
矿产品	98.8	100.4	101.4	98.6	97.0	93.6
中间产品	99.4	101.5	101.4	100.1	98.8	98.1
最终产品	99.7	101.3	101.3	100.6	100.2	99.5
最终投资品	97.9	98.6	98.5	98.0	97.8	97.6
最终消费品	102.3	105.3	105.5	104.4	103.7	102.4
按工业部门分						
冶金工业	102.2	105.0	103.5	99.9	98.1	98.4
电力工业	100.1	100.3	100.7	99.2	100.1	98.8
煤炭及炼焦工业	90.3	87.3	90.7	89.8	87.7	83.9
石油工业	83.8	106.7	105.3	91.6	77.6	68.0
化学工业	97.0	96.0	96.6	96.5	96.1	95.9
机械工业	98.2	98.5	98.2	98.3	98.1	98.2
建筑材料工业	99.1	102.4	102.1	100.9	99.3	99.4
森林工业	100.2	101.8	101.8	101.1	100.4	100.2
食品工业	105.9	111.0	111.1	109.7	108.3	106.2
纺织工业	94.3	96.4	96.3	96.4	95.1	92.4
缝纫工业	99.4	98.3	98.1	97.1	97.9	99.1
皮革工业	99.4	100.9	100.8	100.2	100.1	99.6
造纸工业	96.5	95.4	98.4	100.0	97.5	95.2
文教艺术用品工业	93.7	99.7	99.5	99.9	99.4	97.8
其它工业	93.0	92.5	92.9	92.4	94.1	92.6

出厂价格同比指数(2020 年)

6 月	7 月	8 月	9 月	10 月	11 月	12 月
98.0	**98.7**	**99.0**	**98.9**	**98.6**	**98.8**	**100.2**
97.6	97.9	98.4	98.5	98.7	99.2	100.0
95.2	96.8	96.9	97.4	97.0	96.4	96.1
88.3	91.8	92.2	93.8	94.2	96.5	99.9
101.2	101.6	101.3	100.6	98.8	97.7	99.1
102.4	102.9	102.4	101.5	99.4	98.0	99.9
96.6	96.9	97.0	96.9	96.5	96.8	96.2
96.7	97.5	98.0	98.2	98.5	99.3	100.6
93.9	97.7	97.8	99.2	99.9	101.5	104.3
95.5	97.2	99.1	98.7	99.1	100.5	103.3
97.5	97.6	97.6	97.9	98.1	98.6	99.2
96.8	97.5	97.9	98.2	98.5	99.5	100.9
93.9	97.7	97.8	99.2	99.9	101.5	104.3
95.2	96.9	98.7	98.4	98.7	100.2	102.8
97.7	97.6	97.7	98.0	98.3	99.0	99.7
101.3	102.0	101.6	100.9	98.7	97.2	98.4
106.6	107.5	106.3	104.5	100.6	98.2	100.8
99.1	98.8	99.6	99.8	100.1	99.1	99.1
96.9	96.8	97.2	97.7	97.4	97.2	97.3
92.9	94.5	94.3	94.9	94.1	93.5	92.9
94.0	97.7	97.8	99.2	99.9	101.5	104.3
94.0	97.7	97.8	99.2	99.9	101.5	104.3
98.3	98.8	99.2	99.0	98.5	98.7	100.3
99.5	99.7	99.5	99.2	98.4	98.1	98.9
97.5	97.6	97.5	97.6	97.6	98.0	98.2
102.3	102.7	102.3	101.5	99.5	98.3	99.7
100.1	101.8	102.6	102.3	102.9	104.8	107.4
99.4	99.7	100.4	100.3	99.9	100.5	101.5
83.8	87.8	87.4	91.1	93.2	98.1	104.9
70.2	80.4	82.2	82.4	80.3	80.7	83.1
95.7	95.7	97.4	97.3	97.9	98.6	100.5
98.2	98.5	98.2	98.4	98.3	98.2	97.9
98.6	97.8	97.7	98.0	98.1	97.5	97.1
100.2	99.9	100.3	99.5	99.0	98.9	98.9
106.6	107.4	106.5	104.6	100.8	98.5	101.2
92.8	92.4	92.4	93.3	94.1	94.6	95.8
99.6	99.3	100.4	100.3	101.0	100.7	100.6
99.0	98.7	99.0	99.5	99.3	98.1	97.8
93.6	95.1	95.5	96.6	97.1	97.4	96.7
91.0	88.2	90.4	91.6	90.5	88.1	88.3
92.6	91.9	92.0	92.0	92.0	95.4	96.3

5-5 各月分大类工业生产者

（上年同期=100）

大类行业名称	全年	1月	2月	3月	4月
煤炭开采和洗选业	87.9	84.8	87.0	86.5	86.4
石油和天然气开采业	74.9	110.5	115.9	94.8	65.5
黑色金属矿采选业	103.1	109.5	102.6	103.0	97.8
有色金属矿采选业	110.3	114.2	114.0	110.8	112.5
非金属矿采选业	108.5	101.5	100.7	101.5	102.0
农副食品加工业	109.1	117.9	117.9	115.9	113.8
食品制造业	102.4	101.2	101.3	101.4	101.3
酒、饮料和精制茶制造业	97.6	98.7	100.0	97.7	98.3
烟草制品业	100.7	103.0	103.0	103.0	100.0
纺织业	94.2	96.0	95.9	95.9	94.7
纺织服装、服饰业	100.5	99.7	99.4	98.5	99.2
皮革、毛皮、羽毛及其制品和制鞋业	98.9	100.1	100.0	99.5	99.8
木材加工和木、竹、藤、棕、草制品业	100.1	102.5	102.2	101.2	100.2
家具制造业	100.7	102.5	102.9	102.9	102.3
造纸和纸制品业	96.5	95.4	98.4	100.0	97.5
印刷和记录媒介复制业	92.1	99.3	99.3	99.8	99.4
文教、工美、体育和娱乐用品制造业	99.6	99.3	99.7	100.9	101.2
石油、煤炭及其他燃料加工业	91.1	99.6	101.9	94.2	85.0
化学原料和化学制品制造业	94.5	92.8	93.8	93.6	92.4
医药制造业	102.6	101.6	101.5	102.3	102.4
化学纤维制造业	92.5	93.6	93.4	93.9	93.7
橡胶和塑料制品业	97.2	97.9	98.2	97.6	97.4
非金属矿物制品业	96.7	99.7	99.6	98.3	97.5
黑色金属冶炼和压延加工业	97.2	100.2	98.3	94.9	90.9
有色金属冶炼和压延加工业	102.3	105.1	103.1	98.6	96.5
金属制品业	100.9	100.5	100.6	99.5	99.5
通用设备制造业	100.9	101.7	102.3	101.6	101.7
专用设备制造业	101.5	101.8	101.8	102.7	102.6
汽车制造业	98.4	100.4	98.8	98.0	98.2
铁路、船舶、航空航天和其他运输设备制造业	101.1	100.3	101.0	100.9	101.8
电气机械和器材制造业	97.2	97.7	96.9	97.0	96.0
计算机、通信和其他电子设备制造业	91.0	89.5	89.6	90.5	90.0
仪器仪表制造业	99.7	98.6	99.1	98.9	98.7
其他制造业	98.8	95.8	95.7	96.2	96.1
金属制品、机械和设备修理业	100.0	100.0	100.0	100.0	100.0
电力、热力生产和供应业	100.1	100.3	100.7	99.2	100.1
燃气生产和供应业	98.2	99.6	99.1	98.5	97.5
水的生产和供应业	103.1	105.1	105.2	104.6	104.6

出厂价格同比指数(2020年)

5月	6月	7月	8月	9月	10月	11月	12月
82.6	83.2	85.6	86.0	89.6	90.6	93.6	100.8
41.8	47.5	70.2	73.7	76.3	71.7	71.3	69.7
95.9	97.6	92.5	94.5	109.3	107.7	111.5	117.7
109.8	108.6	111.2	110.2	107.3	108.3	109.4	108.6
113.3	112.7	112.0	111.5	111.1	111.0	111.5	113.3
110.2	110.6	111.9	110.1	107.1	100.7	96.6	101.3
101.7	102.6	103.0	103.4	102.5	102.6	103.9	103.3
97.7	96.9	96.8	96.3	97.3	97.2	97.0	97.1
100.0	99.9	99.9	99.9	99.9	99.9	99.9	99.9
92.2	92.5	92.1	92.6	93.4	94.2	94.7	95.8
100.7	101.3	101.0	101.2	101.0	101.8	101.5	101.3
99.5	98.6	98.1	98.3	98.7	98.8	97.9	97.9
100.0	100.2	100.0	100.5	99.4	98.5	98.4	98.4
99.5	99.8	99.7	99.2	99.2	99.7	100.8	99.7
95.2	93.6	95.1	95.5	96.6	97.1	97.4	96.7
97.3	88.8	85.0	88.1	89.8	88.2	85.1	85.1
101.5	100.2	100.6	99.3	98.8	96.4	98.6	98.2
80.4	80.3	87.8	86.9	88.8	91.2	96.9	101.8
91.8	92.1	92.1	96.0	94.9	96.2	97.8	101.0
102.0	102.3	102.7	102.9	103.5	103.8	102.8	103.1
93.0	92.1	92.3	91.0	91.6	94.0	93.7	87.7
97.8	96.8	96.3	95.7	97.0	96.1	97.0	98.3
96.5	95.9	95.0	95.1	95.4	95.7	96.1	96.0
90.7	94.7	95.3	96.6	97.9	98.8	102.7	106.1
98.5	99.7	102.5	101.0	102.6	103.4	105.0	108.6
100.2	101.7	101.3	101.4	102.3	101.5	100.9	101.1
102.0	101.9	102.0	100.4	99.7	99.5	99.7	99.0
101.7	101.5	101.4	100.9	100.9	101.2	100.8	101.1
97.7	97.6	97.4	97.2	98.4	98.4	99.1	99.2
101.8	100.5	100.5	101.5	101.1	101.3	101.4	101.6
97.4	97.0	97.0	97.3	97.5	98.0	97.8	97.1
90.3	90.5	92.8	92.4	93.0	91.8	91.1	90.7
98.7	100.2	99.9	100.7	100.7	100.1	100.3	100.4
95.9	92.4	101.6	103.2	101.4	106.5	101.9	101.0
100.0	100.0	100.0	100.0	100.0	100.0	100.0	100.0
98.7	99.4	99.8	100.4	100.3	99.9	100.6	101.6
98.2	98.3	97.7	98.0	96.5	96.6	97.7	100.1
105.3	104.7	102.3	101.5	101.5	101.5	100.8	101.0

5-6 各月分大中类工业生产者

（上年同期=100）

大中类行业名称	全年	1月	2月	3月	4月
煤炭开采和洗选业	87.9	84.8	87.0	86.5	86.4
烟煤和无烟煤开采洗选	87.8	84.8	87.0	86.4	86.3
其他煤炭采选	100.0	100.0	100.0	100.0	100.0
石油和天然气开采业	74.9	110.5	115.9	94.8	65.5
石油开采	72.6	110.8	116.1	92.9	62.5
天然气开采	104.9	107.0	116.7	119.1	106.2
黑色金属矿采选业	103.1	109.5	102.6	103.0	97.8
铁矿采选	103.1	109.5	102.6	103.0	97.8
有色金属矿采选业	110.3	114.2	114.0	110.8	112.5
常用有色金属矿采选	104.7	112.2	112.4	94.2	93.4
贵金属矿采选	115.6	116.6	116.3	118.1	122.7
稀有稀土金属矿采选	86.1	101.0	100.6	99.8	90.1
非金属矿采选业	108.5	101.5	100.7	101.5	102.0
土砂石开采	110.8	102.0	102.0	101.5	102.7
化学矿开采	104.1	94.5	80.0	104.7	98.7
采盐	82.4	96.4	95.6	96.0	85.1
石棉及其他非金属矿采选	100.5	101.4	101.4	101.4	101.4
农副食品加工业	109.1	117.9	117.9	115.9	113.8
谷物磨制	99.7	99.3	99.2	99.3	99.0
饲料加工	102.6	99.9	100.0	100.4	102.6
植物油加工	104.8	105.4	102.7	100.1	101.9
屠宰及肉类加工	122.5	157.3	159.0	151.2	142.0
蔬菜、菌类、水果和坚果加工	99.6	108.4	104.4	103.2	103.3
其他农副食品加工	104.1	98.5	98.0	99.5	98.8
食品制造业	102.4	101.2	101.3	101.4	101.3
焙烤食品制造	102.2	100.0	101.3	102.2	102.2
糖果、巧克力及蜜饯制造	90.9	80.7	80.7	80.7	80.7
方便食品制造	105.0	103.6	104.2	105.1	105.5
乳制品制造	100.1	101.8	101.7	99.5	97.2
罐头食品制造	101.8	108.2	106.8	102.8	102.8
调味品、发酵制品制造	101.8	100.2	100.4	103.4	102.2
其他食品制造	102.4	105.9	103.6	100.6	100.9
酒、饮料及精制茶制造业	97.6	98.7	100.0	97.7	98.3
酒的制造	98.1	97.8	99.0	97.8	99.1
饮料制造	96.9	100.0	101.6	97.6	97.4

出厂价格同比指数(2020年)

5月	6月	7月	8月	9月	10月	11月	12月
82.6	83.2	85.6	86.0	89.6	90.6	93.6	100.8
82.6	83.1	85.5	86.0	89.6	90.6	93.6	100.8
100.0	100.0	100.0	100.0	100.0	100.0	100.0	100.0
41.8	47.5	70.2	73.7	76.3	71.7	71.3	69.7
37.3	43.8	67.9	71.7	74.6	69.6	68.7	67.1
106.2	98.8	100.6	99.4	98.8	98.8	104.2	103.0
95.9	97.6	92.5	94.5	109.3	107.7	111.5	117.7
95.9	97.6	92.5	94.5	109.3	107.7	111.5	117.7
109.8	108.6	111.2	110.2	107.3	108.3	109.4	108.6
100.9	102.4	103.8	106.2	106.2	107.1	109.5	110.8
117.4	114.2	118.0	116.7	113.0	113.7	113.1	109.6
80.6	85.2	81.2	74.8	72.5	76.1	83.6	95.3
113.3	112.7	112.0	111.5	111.1	111.0	111.5	113.3
117.2	116.6	115.4	114.2	114.2	113.7	114.1	116.2
98.2	96.1	103.3	115.8	108.3	116.5	120.4	119.6
84.7	80.3	78.3	78.1	71.9	72.1	73.0	76.8
100.0	100.0	100.0	100.0	100.0	100.0	100.0	100.0
110.2	110.6	111.9	110.1	107.1	100.7	96.6	101.3
98.8	99.8	99.3	100.5	100.7	100.9	100.2	100.0
103.7	102.7	101.9	103.5	102.5	103.0	104.2	107.2
101.3	101.9	104.0	103.5	106.8	109.2	109.5	111.5
128.0	129.0	133.2	124.6	114.5	95.8	85.6	96.1
102.9	100.0	97.6	97.1	95.2	94.9	94.7	94.4
103.1	102.2	103.5	106.7	106.7	108.3	112.2	111.9
101.7	102.6	103.0	103.4	102.5	102.6	103.9	103.3
102.2	101.3	103.0	102.6	101.5	103.2	103.5	103.6
80.7	100.0	100.0	100.0	100.0	100.0	100.0	100.0
106.4	105.2	105.7	106.0	105.6	105.6	103.8	103.7
99.5	99.7	100.1	99.7	100.2	100.2	100.0	101.5
102.5	102.4	101.2	101.2	101.1	100.3	96.4	97.0
103.0	103.3	102.7	104.7	102.2	100.6	101.1	98.4
99.9	99.9	100.2	100.9	99.6	98.7	110.6	108.5
97.7	96.9	96.8	96.3	97.3	97.2	97.0	97.1
99.5	97.6	97.2	96.3	97.7	98.0	98.4	98.5
95.1	95.9	96.3	96.3	96.6	96.0	95.0	94.7

5-6 续表1

（上年同期＝100）

大中类行业名称	全年	1月	2月	3月	4月
精制茶加工	97.9	99.2	99.0	98.3	97.7
烟草制品业	100.7	103.0	103.0	103.0	100.0
烟叶复烤	99.8	100.3	100.3	100.6	100.8
卷烟制造	100.8	103.2	103.2	103.2	100.0
其他烟草制品制造	95.1	97.1	97.1	97.1	97.1
纺织业	94.2	96.0	95.9	95.9	94.7
棉纺织及印染精加工	93.7	95.6	95.5	95.7	94.2
毛纺织及染整精加工	93.1	91.0	90.9	91.3	90.7
麻纺织及染整精加工	103.2	119.5	118.6	118.3	117.8
丝绢纺织及印染精加工	99.3	99.8	99.8	99.6	99.3
化纤织造及印染精加工	100.3	100.3	100.3	100.3	100.3
针织或钩针编织物及其制品制造	90.9	88.2	88.2	85.8	87.9
家用纺织制成品制造	100.9	103.7	103.5	104.0	104.7
产业用纺织制成品制造	93.6	95.3	94.7	94.6	92.5
纺织服装、服饰业	100.5	99.7	99.4	98.5	99.2
机织服装制造	100.2	98.8	98.4	97.9	98.4
针织或钩针编织服装制造	100.7	102.2	102.2	98.9	100.8
服饰制造	105.9	107.2	107.9	106.7	107.5
皮革、毛皮、羽毛及其制品和制鞋业	98.9	100.1	100.0	99.5	99.8
皮革鞣制加工	100.6	101.2	101.2	101.1	100.6
皮革制品制造	96.1	97.7	99.1	98.6	96.9
毛皮鞣制及制品加工	98.3	103.0	101.7	99.0	101.1
羽毛(绒)加工及制品制造	95.3	94.1	93.3	93.5	95.2
制鞋业	100.3	101.2	101.4	101.3	101.5
木材加工和木、竹、藤、棕、草制品业	100.1	102.5	102.2	101.2	100.2
木材加工	101.0	110.1	110.0	105.9	100.2
人造板制造	99.8	101.6	101.3	100.6	100.1
木制品制造	101.1	101.7	101.3	101.1	100.9
竹、藤、棕、草制品制造	100.0	100.0	100.0	100.0	100.0
家具制造业	100.7	102.5	102.9	102.9	102.3
木质家具制造	100.2	99.9	100.6	100.7	100.9
金属家具制造	101.2	106.6	106.6	106.6	104.5
其他家具制造	100.8	100.7	100.7	100.7	100.7
造纸和纸制品业	96.5	95.4	98.4	100.0	97.5
纸浆制造	96.6	93.5	94.0	94.8	95.4

5月	6月	7月	8月	9月	10月	11月	12月
97.6	96.2	97.3	97.3	98.6	97.4	97.2	99.3
100.0	99.9	99.9	99.9	99.9	99.9	99.9	99.9
100.8	99.3	99.3	99.3	99.3	99.3	99.3	99.3
100.0	100.0	100.0	100.0	100.0	100.0	100.0	100.0
97.1	93.3	93.3	93.2	93.2	93.3	93.3	96.1
92.2	92.5	92.1	92.6	93.4	94.2	94.7	95.8
91.3	91.8	91.5	91.6	92.5	93.9	94.8	96.6
90.3	91.9	94.2	93.5	94.5	95.8	97.5	97.0
113.5	112.8	112.1	109.5	109.5	86.7	75.4	57.7
98.9	99.8	99.9	99.1	98.9	98.9	98.8	98.8
100.3	100.3	100.3	100.3	100.3	100.7	100.0	100.0
87.3	87.3	87.3	96.6	96.6	96.0	96.0	96.0
102.7	99.7	99.8	99.0	98.4	98.6	98.6	98.8
92.8	93.8	90.5	91.9	91.5	94.2	95.2	96.7
100.7	101.3	101.0	101.2	101.0	101.8	101.5	101.3
99.6	101.5	101.0	101.2	101.1	101.9	101.4	101.2
100.6	99.1	100.1	100.2	100.2	101.1	101.8	102.0
123.0	105.1	104.2	104.4	103.4	102.6	101.4	100.7
99.5	98.6	98.1	98.3	98.7	98.8	97.9	97.9
100.5	100.6	100.4	100.8	100.7	100.5	100.4	99.7
93.2	93.3	92.9	94.5	97.8	97.6	95.1	96.2
101.4	98.0	97.6	98.4	97.4	96.7	93.5	92.3
93.3	96.5	94.1	93.3	94.6	96.7	97.9	99.3
102.1	100.1	100.0	99.2	99.5	99.6	98.8	99.2
100.0	100.2	100.0	100.5	99.4	98.5	98.4	98.4
96.9	97.0	96.5	99.4	99.5	99.4	99.5	100.3
100.4	100.6	100.5	100.6	99.2	97.9	97.8	97.7
100.7	100.9	101.0	101.0	101.1	101.0	101.2	100.9
100.0	100.0	100.0	100.0	100.0	100.0	100.0	100.0
99.5	99.8	99.7	99.2	99.2	99.7	100.8	99.7
100.6	100.5	99.6	99.8	99.6	100.1	100.2	100.3
97.5	98.5	99.7	98.1	98.4	98.8	101.4	98.5
100.8	100.7	100.6	100.5	100.4	101.3	101.3	101.3
95.2	93.6	95.1	95.5	96.6	97.1	97.4	96.7
93.5	93.0	96.4	98.3	100.0	99.5	100.8	101.2

5－6 续表2

（上年同期＝100）

大中类行业名称	全年	1月	2月	3月	4月
造纸	94.4	93.4	97.2	99.3	95.8
纸制品制造	101.0	99.8	101.1	101.4	101.1
印刷和记录媒介复制业	92.1	99.3	99.3	99.8	99.4
印刷	92.1	99.3	99.3	99.8	99.4
文教、工美、体育和娱乐用品制造业	99.6	99.3	99.7	100.9	101.2
文教办公用品制造	105.1	116.0	113.3	112.3	109.8
乐器制造	95.4	98.5	97.6	99.4	97.7
工艺美术及礼仪用品制造	99.7	99.0	99.7	101.1	101.5
玩具制造	97.9	97.7	97.7	97.7	97.7
游艺器材及娱乐用品制造	97.8	99.2	97.7	97.4	96.8
石油、煤炭及其他燃料加工业	91.1	99.6	101.9	94.2	85.0
精炼石油产品制造	82.2	108.5	103.0	86.7	75.3
煤炭加工	96.9	94.4	101.2	99.3	91.6
化学原料和化学制品制造业	94.5	92.8	93.8	93.6	92.4
基础化学原料制造	94.6	91.1	92.5	91.6	90.4
肥料制造	95.0	93.1	93.6	96.5	94.1
农药制造	99.9	100.0	100.7	103.0	101.4
涂料、油墨、颜料及类似产品制造	98.5	97.8	98.9	98.8	98.4
合成材料制造	87.0	90.5	93.6	86.0	82.3
专用化学产品制造	93.8	93.2	93.4	93.5	93.2
炸药、火工及焰火产品制造	103.6	102.3	102.6	104.5	104.3
日用化学产品制造	97.4	93.3	94.1	93.8	97.7
医药制造业	102.6	101.6	101.5	102.3	102.4
化学药品原料药制造	107.3	102.7	103.2	107.2	108.2
化学药品制剂制造	99.7	97.6	96.5	98.0	97.9
中药饮片加工	98.3	94.3	94.3	94.3	95.6
中成药生产	102.2	101.6	102.4	102.7	102.6
兽用药品制造	104.2	108.3	107.6	106.8	107.0
生物药品制品制造	100.5	104.1	102.8	100.2	98.7
卫生材料及医药用品制造	100.0	100.0	100.0	99.9	100.0
药用辅料及包装材料	100.0	100.0	100.0	99.9	100.0
化学纤维制造业	92.5	93.6	93.4	93.9	93.7
纤维素纤维原料及纤维制造	95.5	96.9	96.4	97.4	97.6
合成纤维制造	82.4	83.2	83.9	82.9	81.3
生物基材料制造	95.5	96.9	96.4	97.4	97.6

5月	6月	7月	8月	9月	10月	11月	12月
92.7	90.2	92.5	92.8	94.3	95.0	95.3	94.4
100.6	100.7	100.7	101.0	101.3	101.4	101.7	101.5
97.3	88.8	85.0	88.1	89.8	88.2	85.1	85.1
97.3	88.8	85.0	88.1	89.8	88.2	85.1	85.1
101.5	100.2	100.6	99.3	98.8	96.4	98.6	98.2
109.8	104.7	100.7	99.7	98.6	100.3	99.7	100.0
96.8	95.5	94.8	94.1	94.5	93.7	92.3	90.4
102.0	100.6	100.9	99.6	99.1	96.0	98.7	98.1
97.7	97.7	98.9	97.8	97.8	97.8	97.8	99.1
95.8	96.5	97.3	97.3	97.8	98.9	98.9	100.0
80.4	80.3	87.8	86.9	88.8	91.2	96.9	101.8
69.5	71.1	78.1	79.7	79.2	77.7	78.1	82.8
88.0	86.1	93.9	91.5	94.9	100.0	109.5	114.8
91.8	92.1	92.1	96.0	94.9	96.2	97.8	101.0
90.9	91.5	92.4	100.5	97.5	95.9	98.4	102.2
94.6	94.6	93.2	95.1	94.3	94.5	98.8	98.3
101.2	99.7	99.6	99.2	98.9	99.0	98.9	97.2
98.0	99.7	97.9	98.6	97.3	98.2	98.0	100.2
79.0	81.5	82.7	84.7	84.8	88.4	90.7	100.0
90.1	89.5	89.8	91.8	92.2	99.1	97.3	102.6
104.2	104.6	104.1	104.2	104.3	103.5	103.0	102.0
98.5	97.8	97.3	98.3	97.5	99.3	99.5	102.6
102.0	102.3	102.7	102.9	103.5	103.8	102.8	103.1
105.1	107.4	107.3	109.8	110.2	110.5	108.3	108.1
97.8	98.0	100.4	100.3	102.0	102.5	102.1	104.0
100.0	100.0	100.0	100.0	100.0	100.0	100.0	102.3
102.8	102.7	102.8	101.4	101.3	102.5	101.6	102.5
106.3	102.9	102.9	101.1	104.3	103.7	101.0	99.5
99.1	99.1	100.0	100.4	100.7	100.5	100.1	100.6
100.1	100.0	100.0	100.0	100.0	100.0	100.0	100.0
100.1	100.0	100.0	100.0	100.0	100.0	100.0	100.0
93.0	92.1	92.3	91.0	91.6	94.0	93.7	87.7
97.8	96.1	96.1	94.0	93.8	95.7	95.7	87.7
77.1	78.6	79.0	80.0	83.5	87.2	86.1	87.5
97.8	96.1	96.1	94.0	93.8	95.7	95.7	87.7

5-6 续表3

（上年同期=100）

大中类行业名称	全年	1月	2月	3月	4月
橡胶和塑料制品业	97.2	97.9	98.2	97.6	97.4
橡胶制品业	98.1	102.1	101.4	101.1	101.2
塑料制品业	96.6	95.8	96.5	95.7	95.5
非金属矿物制品业	96.7	99.7	99.6	98.3	97.5
水泥、石灰和石膏制造	89.7	101.3	102.6	97.6	89.8
石膏、水泥制品及类似制品制造	103.1	106.0	105.3	103.6	104.1
砖瓦、石材等建筑材料制造	96.4	97.3	97.2	95.4	96.6
玻璃制造	103.4	104.4	106.1	104.3	97.8
玻璃制品制造	100.1	100.8	101.8	100.3	98.4
玻璃纤维和玻璃纤维增强塑料制品制造	99.7	94.6	98.2	99.6	100.2
陶瓷制品制造	102.0	106.0	107.4	103.5	103.6
耐火材料制品制造	99.0	103.8	101.4	102.4	99.8
石墨及其他非金属矿物制品制造	88.9	88.5	89.0	87.7	90.2
黑色金属冶炼和压延加工业	97.2	100.2	98.3	94.9	90.9
炼铁	100.6	103.0	101.8	98.5	96.3
炼钢	94.7	90.5	91.0	89.1	87.2
钢压延加工	98.4	102.4	99.6	96.2	91.4
铁合金冶炼	85.6	95.4	97.5	90.2	89.1
有色金属冶炼和压延加工业	102.3	105.1	103.1	98.6	96.5
常用有色金属冶炼	96.7	99.5	97.2	92.1	89.6
贵金属冶炼	121.9	119.5	119.0	120.5	125.5
稀有稀土金属冶炼	86.0	92.4	90.8	88.7	94.8
有色金属合金制造	101.5	103.8	101.4	97.0	92.9
有色金属压延加工	101.1	105.8	103.6	97.1	91.8
金属制品业	100.9	100.5	100.6	99.5	99.5
结构性金属制品制造	101.4	100.9	100.8	99.1	100.0
金属工具制造	100.9	105.9	106.0	98.0	103.4
集装箱及金属包装容器制造	100.2	99.8	99.8	99.0	97.6
金属丝绳及其制品制造	107.5	108.9	111.4	108.9	107.3
建筑、安全用金属制品制造	96.9	95.1	98.2	98.7	96.4
搪瓷制品制造	100.0	100.0	100.0	100.0	100.0
金属制日用品制造	101.5	102.7	103.2	102.0	101.3
锻造及其他金属制品制造	99.6	98.8	98.1	98.0	97.9
通用设备制造业	100.9	101.7	102.3	101.6	101.7
锅炉及原动设备制造	100.0	100.5	100.0	100.0	100.0

5月	6月	7月	8月	9月	10月	11月	12月
97.8	96.8	96.3	95.7	97.0	96.1	97.0	98.3
101.7	97.8	97.6	94.9	95.7	93.7	95.2	96.1
95.8	96.3	95.6	96.1	97.6	97.3	97.9	99.4
96.5	95.9	95.0	95.1	95.4	95.7	96.1	96.0
85.8	83.3	80.5	83.2	88.6	91.2	86.9	86.2
104.7	102.8	102.2	102.7	102.3	102.1	101.1	100.9
96.7	97.0	97.0	97.2	95.8	95.5	96.1	94.9
97.8	100.3	100.7	106.1	107.4	104.4	104.8	106.4
98.4	95.9	98.8	97.3	99.1	101.3	104.7	104.9
97.9	97.8	100.6	100.8	101.3	101.3	100.8	104.1
106.3	104.8	101.7	99.9	98.6	97.7	97.8	97.1
99.3	99.0	98.3	96.9	97.1	96.6	97.3	96.5
87.3	88.1	86.4	87.5	87.4	88.2	92.7	94.6
90.7	94.7	95.3	96.6	97.9	98.8	102.7	106.1
94.6	97.7	98.0	97.1	104.2	104.6	104.7	107.1
87.5	90.1	94.3	97.4	99.5	100.2	103.3	108.7
91.2	96.3	96.5	98.1	98.9	99.8	103.6	107.1
88.7	83.8	80.1	75.7	77.4	79.0	85.7	85.4
98.5	99.7	102.5	104.0	102.6	103.4	105.0	108.6
91.5	93.4	96.6	99.7	98.2	97.9	99.9	104.8
129.5	125.1	122.9	123.7	120.9	119.8	119.6	118.3
89.1	85.7	84.2	80.7	80.7	81.9	81.4	81.0
94.9	99.0	103.3	103.5	103.0	104.7	106.1	108.2
93.9	96.5	101.2	101.8	100.8	103.6	105.7	110.7
100.2	101.7	101.3	101.4	102.3	101.5	100.9	101.1
100.9	103.1	102.3	102.0	102.1	101.6	102.1	101.6
97.9	100.3	102.3	102.3	98.9	99.0	99.0	99.0
98.8	99.3	100.4	100.8	102.1	101.9	101.3	101.2
104.9	106.0	108.1	105.9	112.3	103.7	104.4	108.7
92.5	94.1	97.9	93.0	98.5	99.1	99.5	100.5
100.0	100.0	100.0	100.0	100.0	100.0	100.0	100.0
102.2	101.0	101.6	101.6	102.0	100.6	100.0	100.1
99.5	100.7	99.6	100.8	101.1	101.3	99.6	99.4
102.0	101.9	102.0	100.4	99.7	99.5	99.7	99.0
100.0	100.0	100.0	100.0	100.0	100.0	100.0	100.0

5－6 续表4

（上年同期＝100）

大中类行业名称	全年	1月	2月	3月	4月
金属加工机械制造	101.4	101.6	101.6	102.1	101.8
物料搬运设备制造	99.1	98.6	98.3	98.5	98.5
泵、阀门、压缩机及类似机械制造	106.5	109.8	109.5	107.5	108.1
轴承、齿轮和传动部件制造	100.5	100.1	105.9	101.3	103.1
烘炉、风机、包装等设备制造	99.6	99.5	100.0	100.0	100.0
文化、办公用机械制造	100.0	100.0	100.0	100.0	100.0
通用零部件制造	97.2	98.6	99.8	99.0	98.2
其他通用设备制造	106.1	108.1	108.2	111.9	110.1
专用设备制造业	101.5	101.8	101.8	102.7	102.6
采矿、冶金、建筑专用设备制造	100.6	101.6	101.8	101.3	101.2
化工、木材、非金属加工专用设备制造	99.1	97.6	97.9	100.4	100.4
食品、饮料、烟草及饲料生产专用设备制造	100.3	100.8	100.8	100.6	100.3
印刷、制药、日化及日用品生产专用设备制造	99.8	100.8	100.7	100.2	99.6
纺织、服装和皮革加工专用设备制造	99.7	100.4	101.8	99.5	100.4
电子和电工机械专用设备制造	98.2	94.6	94.6	94.6	95.0
农、林、牧、渔专用机械制造	98.2	100.2	100.3	99.8	100.1
医疗仪器设备及器械制造	105.7	103.8	103.8	104.0	102.9
环保、邮政、社会公共服务及其他专用设备制造	117.8	110.5	109.3	125.0	123.3
汽车制造业	98.4	100.4	98.8	98.0	98.2
汽车整车制造	98.4	97.6	97.3	96.8	98.8
汽车用发动机制造	98.4	97.6	97.3	96.8	98.8
改装汽车制造	91.3	105.3	100.6	93.5	91.8
低速汽车制造	100.0	100.0	100.0	100.0	100.0
汽车车身、挂车制造	100.6	102.6	102.6	102.5	102.5
汽车零部件及配件制造	98.8	101.1	99.1	98.6	98.2
铁路、船舶、航空航天和其他运输设备制造业	101.1	100.3	101.0	100.9	101.8
铁路运输设备制造	101.8	95.5	95.3	94.9	100.2
船舶及相关装置制造	100.0	100.0	100.0	100.0	100.0
摩托车制造	101.6	101.3	102.6	102.6	103.1
助动车制造	99.6	100.4	100.6	100.3	99.6
电气机械和器材制造业	97.2	97.7	96.9	97.0	96.0
电机制造	95.1	95.7	94.9	96.3	95.2
输配电及控制设备制造	99.7	101.5	99.0	99.3	99.8
电线、电缆、光缆及电工器材制造	100.3	99.0	98.2	98.3	97.4

5月	6月	7月	8月	9月	10月	11月	12月
102.8	102.7	102.7	101.7	100.6	100.2	99.8	99.8
99.1	99.4	99.8	99.6	99.5	99.6	99.3	99.4
108.0	110.5	112.3	105.9	102.5	103.2	102.8	100.1
104.1	98.8	99.5	98.5	99.7	97.6	99.8	97.8
99.6	99.7	99.6	99.5	99.3	99.1	99.3	98.9
100.0	100.0	100.0	100.0	100.0	100.0	100.0	100.0
98.8	98.0	95.6	95.4	95.6	95.5	95.5	96.4
110.3	110.7	110.0	102.4	100.8	99.2	102.8	100.7
101.7	101.5	101.4	100.9	100.9	101.2	100.8	101.1
100.2	100.2	100.5	100.4	100.4	100.0	99.4	99.9
100.6	100.2	98.4	98.1	97.9	98.5	99.5	99.7
99.8	100.1	100.1	100.0	100.3	100.2	100.0	100.0
99.7	99.9	98.3	98.7	98.6	99.6	99.8	101.6
100.6	100.8	98.8	98.4	97.7	99.5	99.4	99.0
100.0	100.0	100.0	100.0	100.0	100.0	100.0	100.0
98.2	97.9	97.5	96.9	96.7	96.8	97.0	97.1
107.2	107.2	107.5	107.1	107.1	107.1	105.5	105.2
120.8	118.7	118.7	114.9	114.9	121.0	118.1	118.2
97.7	97.6	97.4	97.2	98.4	98.4	99.1	99.2
97.7	98.8	98.8	98.5	98.7	98.7	99.5	100.0
97.7	98.8	98.8	98.5	98.7	98.7	99.5	100.0
84.6	83.3	81.8	81.7	100.8	93.7	91.9	92.4
100.0	100.0	100.0	100.0	100.0	100.0	100.0	100.0
100.0	99.7	99.8	99.5	99.4	99.5	99.5	99.6
98.7	98.2	98.0	98.0	98.0	98.5	99.4	99.4
101.8	100.5	100.5	101.5	101.1	101.3	101.4	101.6
103.3	96.6	98.7	105.6	105.7	108.4	108.6	109.4
100.0	100.0	100.0	100.0	100.0	100.0	100.0	100.0
102.4	101.9	101.3	101.4	100.8	100.5	100.6	100.8
99.3	99.3	99.2	99.2	99.2	99.2	99.2	99.3
97.4	97.0	97.0	97.3	97.5	98.0	97.8	97.1
94.6	94.6	95.0	94.9	97.2	95.1	93.5	94.3
100.4	100.4	98.7	99.2	98.9	99.9	99.6	99.9
101.8	101.0	100.7	100.6	101.4	101.9	101.9	101.2

5-6 续表5

（上年同期=100）

大中类行业名称	全年	1月	2月	3月	4月
电池制造	93.4	85.8	88.1	91.3	87.1
家用电力器具制造	94.2	98.9	98.6	97.5	94.8
非电力家用器具制造	96.3	95.5	96.0	96.1	95.3
照明器具制造	91.9	96.1	96.1	93.8	92.4
其他电气机械及器材制造	103.2	105.0	105.0	103.7	103.4
计算机、通信和其他电子设备制造业	91.0	89.5	89.6	90.5	90.0
计算机制造	98.6	98.8	99.2	99.1	98.9
通信设备制造	88.8	86.7	86.5	87.0	87.4
广播电视设备制造	81.7	100.0	100.0	100.0	97.5
智能消费设备制造	98.3	97.8	97.4	97.1	97.7
电子器件制造	84.9	102.6	105.6	106.3	84.4
电子元件及电子专用材料制造	103.7	100.4	100.9	104.3	104.6
其他电子设备制造	98.3	97.8	97.4	97.1	97.7
仪器仪表制造业	99.7	98.6	99.1	98.9	98.7
通用仪器仪表制造	102.1	100.5	101.2	101.0	100.7
专用仪器仪表制造	100.9	99.5	100.6	100.1	100.3
光学仪器制造	97.2	96.5	96.4	96.3	96.1
衡器制造	77.6	78.1	78.1	78.1	78.1
其他仪器仪表制造业	97.5	99.5	99.1	99.5	98.6
其他制造业	98.8	95.8	95.7	96.2	96.1
日用杂品制造	101.2	100.6	100.3	101.3	99.0
其他未列明制造业	95.8	90.0	90.0	90.0	92.5
金属制品、机械和设备修理业	100.0	100.0	100.0	100.0	100.0
铁路、船舶、航空航天等运输设备修理	100.0	100.0	100.0	100.0	100.0
电力、热力生产和供应业	100.1	100.3	100.7	99.2	100.1
电力生产	101.5	102.9	104.1	100.2	102.5
电力供应	99.2	98.8	98.7	98.6	98.6
热力生产和供应	99.3	101.0	101.4	101.0	100.8
燃气生产和供应业	98.2	99.6	99.1	98.5	97.5
燃气生产和供应业	98.2	99.6	99.1	98.5	97.5
生物质燃气生产和供应业	98.2	99.6	99.1	98.5	97.5
水的生产和供应业	103.1	105.1	105.2	104.6	104.6
自来水生产和供应	101.5	102.9	102.9	102.2	102.2
污水处理及其再生利用	109.2	114.1	114.3	114.3	114.3

5月	6月	7月	8月	9月	10月	11月	12月
89.2	90.4	97.2	98.0	97.3	98.3	101.1	98.3
94.3	94.1	92.9	93.1	92.9	94.1	89.6	89.5
95.4	93.6	96.3	97.6	97.2	97.7	97.8	97.2
92.2	90.6	90.2	90.4	90.4	90.8	90.8	88.6
104.4	105.1	102.5	102.4	101.8	102.9	102.5	100.1
90.3	90.5	92.8	92.4	93.0	91.8	91.1	90.7
99.8	101.3	99.6	98.9	97.5	97.1	96.8	95.7
87.8	88.3	91.2	90.9	91.9	90.3	89.5	88.8
93.9	86.3	67.8	68.2	66.7	66.7	66.7	67.3
97.1	96.0	97.3	97.1	99.7	101.2	101.2	100.6
84.2	82.0	79.7	76.7	72.7	72.2	75.3	77.6
104.6	103.6	104.7	104.7	104.5	104.7	103.5	103.8
97.1	96.0	97.3	97.1	99.7	101.2	101.2	100.6
98.7	100.2	99.9	100.7	100.7	100.1	100.3	100.4
101.5	101.9	101.8	103.9	103.6	103.4	103.2	102.7
98.7	101.9	100.5	101.4	101.7	102.8	101.9	101.4
95.2	99.9	99.9	99.8	99.7	95.4	95.4	95.4
78.1	76.7	74.4	74.3	73.9	73.2	80.1	89.7
98.9	98.9	100.2	93.1	95.0	95.6	96.5	95.8
95.9	92.4	101.6	103.2	101.4	106.5	101.9	101.0
98.7	99.7	102.8	104.6	101.5	100.5	103.8	101.9
92.5	84.1	100.0	101.4	101.4	115.6	99.5	100.0
100.0	100.0	100.0	100.0	100.0	100.0	100.0	100.0
100.0	100.0	100.0	100.0	100.0	100.0	100.0	100.0
98.7	99.4	99.8	100.4	100.3	99.9	100.6	101.6
98.8	100.0	100.8	102.0	101.2	100.0	101.8	104.4
98.7	99.0	99.2	99.5	99.9	99.9	100.0	100.1
99.9	98.3	98.3	98.3	98.3	98.3	98.3	98.3
98.2	98.3	97.7	98.0	96.5	96.6	97.7	100.1
98.2	98.3	97.7	98.0	96.5	96.6	97.7	100.1
98.2	98.3	97.7	98.0	96.5	96.6	97.7	100.1
105.3	104.7	102.3	101.5	101.5	101.5	100.8	101.0
102.2	101.3	101.9	100.9	101.0	101.0	100.0	100.3
118.2	118.2	103.7	103.7	103.7	103.7	103.7	103.7

5－7 各月分类工业生产者

（上月＝100）

项目名称	全年	1月	2月	3月	4月	5月
总指数	**100.2**	**100.1**	**99.9**	**99.1**	**99.1**	**99.4**
核心指数	100.0	99.8	99.7	99.2	99.3	99.9
高技术	96.1	99.7	99.7	100.4	99.2	99.9
能源	99.9	101.0	100.6	97.8	96.9	96.4
按轻重工业分						
轻工业	99.1	100.1	100.3	99.7	99.5	98.8
以农产品为原料	99.9	100.5	100.3	99.7	99.4	98.6
以非农产品为原料	96.2	98.7	100.1	99.7	99.8	99.5
重工业	100.6	100.1	99.7	98.9	98.9	99.7
采掘	104.3	100.5	100.8	98.5	98.3	98.4
原料	103.3	100.6	99.6	98.0	98.5	99.4
加工	99.2	99.8	99.7	99.2	99.2	99.9
按两大部类分						
生产资料	100.9	100.0	99.8	98.9	98.9	99.6
采掘	104.3	100.5	100.8	98.5	98.3	98.4
原料	102.8	100.4	99.5	97.8	98.6	99.5
加工	99.7	99.8	99.8	99.3	99.1	99.7
生活资料	98.4	100.2	100.2	99.7	99.4	99.0
食品	100.8	100.8	100.5	99.6	99.2	98.7
衣着	99.1	100.3	100.1	99.5	100.0	99.6
一般日用品	97.3	99.3	100.1	100.3	99.5	99.4
耐用消费品	92.9	99.5	99.3	99.7	99.5	99.3
按初级中间最终产品分						
初级产品	104.3	100.5	100.8	98.5	98.3	98.4
矿产品	104.3	100.5	100.8	98.5	98.3	98.4
中间产品	100.3	100.1	99.8	98.9	98.9	99.4
最终产品	98.9	100.1	100.1	99.6	99.5	99.3
最终投资品	98.2	99.9	99.9	99.6	99.5	99.6
最终消费品	99.7	100.4	100.4	99.6	99.5	98.9
按工业部门分						
冶金工业	107.4	100.4	98.8	97.5	99.1	101.7
电力工业	101.5	100.8	100.7	99.2	100.0	99.0
煤炭及炼焦工业	104.9	100.4	100.9	99.2	97.5	95.6
石油工业	83.1	102.9	99.5	90.2	85.9	89.7
化学工业	100.5	99.2	100.1	99.4	99.3	99.0
机械工业	97.9	99.6	99.9	100.0	99.7	99.8
建筑材料工业	97.1	100.1	99.8	98.9	98.0	100.1
森林工业	98.9	99.9	99.9	99.8	99.9	100.2
食品工业	101.2	100.8	100.5	99.6	99.4	98.7
纺织工业	95.8	100.6	99.9	100.0	99.5	97.1
缝纫工业	100.6	100.3	100.2	99.6	100.1	100.0
皮革工业	97.8	100.2	100.0	99.4	99.6	99.3
造纸工业	96.7	100.2	100.6	100.7	97.7	97.6
文教艺术用品工业	88.3	99.8	99.9	100.0	99.5	98.7
其它工业	96.3	98.8	99.9	99.4	100.4	99.4

出厂价格环比指数(2020年)

6月	7月	8月	9月	10月	11月	12月
100.0	**100.7**	**100.3**	**100.1**	**99.9**	**100.6**	**101.0**
99.8	100.4	100.5	100.2	100.0	100.5	100.7
99.8	100.3	99.2	99.6	99.3	99.7	99.4
100.7	102.5	99.8	100.1	100.3	101.6	102.5
99.8	100.3	100.0	100.0	99.6	100.5	100.6
100.1	100.4	99.9	100.0	99.6	100.5	100.9
98.7	99.9	100.4	100.0	99.5	100.3	99.6
100.2	100.8	100.5	100.2	100.1	100.6	101.1
100.5	104.1	100.8	100.1	100.4	100.3	101.6
100.8	101.5	101.9	100.3	99.8	100.8	102.1
99.9	100.1	99.9	100.1	100.1	100.6	100.7
100.0	100.7	100.6	100.2	100.2	100.8	101.2
100.5	104.1	100.8	100.1	100.4	100.3	101.6
100.7	101.5	101.8	100.3	99.8	100.8	102.1
99.7	100.1	100.1	100.2	100.3	100.8	100.8
100.0	100.4	99.8	99.8	99.2	100.1	100.5
100.7	101.0	99.9	99.7	99.0	100.4	101.3
99.5	99.9	100.1	100.0	100.3	100.0	99.8
98.8	99.6	100.4	100.3	99.5	100.3	99.8
99.7	100.0	98.7	99.4	99.0	99.3	99.2
100.5	104.1	100.8	100.1	100.4	100.3	101.6
100.5	104.1	100.8	100.1	100.4	100.3	101.6
100.1	100.6	100.5	100.2	99.9	100.7	101.2
99.7	100.2	99.9	99.9	99.8	100.3	100.4
99.4	100.0	99.8	100.0	100.1	100.3	100.2
100.1	100.5	100.1	99.9	99.3	100.3	100.8
101.7	102.5	102.0	100.4	99.8	100.8	102.7
100.2	100.3	100.3	100.2	99.5	100.5	100.7
100.7	102.8	98.4	100.4	102.1	103.2	103.9
102.6	109.5	101.9	99.1	97.8	100.7	104.6
99.6	100.2	101.4	100.4	100.5	100.5	101.0
99.8	100.0	99.7	99.9	100.0	99.9	99.7
98.7	99.3	99.6	100.7	100.1	101.5	100.3
99.7	99.9	100.1	99.9	99.5	100.0	100.1
100.7	101.0	100.0	99.7	99.1	100.5	101.4
98.9	98.8	99.2	100.1	100.4	101.3	100.0
100.1	99.9	99.9	100.1	100.3	100.1	100.1
99.6	99.9	100.4	99.9	100.0	100.0	99.6
97.3	100.5	100.0	100.7	100.8	100.7	100.0
94.2	96.7	103.1	100.8	98.4	97.3	99.5
98.8	99.9	99.4	99.2	99.6	101.2	100.2

5－8 各月分大类工业生产者

（上月＝100）

大类行业名称	全年	1月	2月	3月	4月
煤炭开采和洗选业	100.8	99.0	101.0	99.6	99.4
石油和天然气开采业	69.7	103.6	103.5	87.6	71.5
黑色金属矿采选业	117.7	100.5	98.4	101.1	96.2
有色金属矿采选业	108.6	101.0	100.5	99.0	101.2
非金属矿采选业	113.3	102.9	100.0	99.7	100.3
农副食品加工业	101.3	101.0	100.7	99.5	99.0
食品制造业	103.3	101.2	99.9	100.7	100.1
酒、饮料和精制茶制造业	97.1	98.5	100.6	98.1	99.9
烟草制品业	99.9	100.0	100.0	100.0	100.0
纺织业	95.8	100.5	99.9	99.9	99.5
纺织服装、服饰业	101.3	100.4	100.2	99.9	100.1
皮革、毛皮、羽毛及其制品和制鞋业	97.9	100.1	100.0	99.4	99.9
木材加工和木、竹、藤、棕、草制品业	98.4	99.9	99.8	99.8	99.9
家具制造业	99.7	100.0	100.0	100.0	99.9
造纸和纸制品业	96.7	100.2	100.6	100.7	97.7
印刷和记录媒介复制业	85.1	100.0	99.9	99.8	99.4
文教、工美、体育和娱乐用品制造业	98.2	99.7	100.1	100.7	100.1
石油、煤炭及其他燃料加工业	101.8	103.7	99.1	94.2	91.2
化学原料和化学制品制造业	101.0	99.0	100.0	98.7	98.7
医药制造业	103.1	100.5	100.4	101.0	99.8
化学纤维制造业	87.7	99.7	99.7	99.7	100.0
橡胶和塑料制品业	98.3	98.7	100.0	99.1	99.5
非金属矿物制品业	96.0	99.6	99.8	98.9	98.4
黑色金属冶炼和压延加工业	106.1	99.7	98.8	97.6	99.0
有色金属冶炼和压延加工业	108.6	100.6	97.8	96.3	98.2
金属制品业	101.1	100.3	100.2	99.5	100.1
通用设备制造业	99.0	99.8	100.6	99.3	100.2
专用设备制造业	101.1	100.2	100.0	101.1	100.3
汽车制造业	99.2	99.7	99.8	99.5	100.1
铁路、船舶、航空航天和其他运输设备制造业	101.6	100.2	100.0	99.9	100.5
电气机械和器材制造业	97.1	98.2	99.8	99.7	99.0
计算机、通信和其他电子设备制造业	90.7	99.8	99.1	100.2	98.6
仪器仪表制造业	100.4	99.8	100.1	99.8	99.7
其他制造业	101.0	99.7	100.0	99.9	100.4
金属制品、机械和设备修理业	100.0	100.0	100.0	100.0	100.0
电力、热力生产和供应业	101.6	100.8	100.7	99.2	100.0
燃气生产和供应业	100.1	101.3	99.7	98.8	97.9
水的生产和供应业	101.0	99.9	100.1	99.4	100.0

出厂价格环比指数(2020年)

5月	6月	7月	8月	9月	10月	11月	12月
94.9	99.0	101.3	99.4	99.9	101.4	102.0	104.1
66.7	115.6	134.8	106.0	100.3	95.8	97.7	100.2
100.9	105.0	102.1	104.0	104.3	98.8	99.7	105.9
102.1	100.4	104.2	101.1	99.9	100.2	99.3	99.6
110.7	99.5	100.0	99.6	100.0	99.8	100.4	100.1
97.9	101.3	101.6	100.0	99.7	98.4	100.1	102.4
100.3	99.6	99.9	100.2	99.7	100.2	101.7	99.7
99.2	99.9	100.1	99.6	100.7	100.0	100.2	100.1
100.0	99.9	100.0	100.0	100.0	100.0	100.0	100.0
97.2	99.0	98.8	99.3	100.1	100.4	101.2	100.0
100.1	100.1	99.9	99.9	100.1	100.4	100.1	100.1
99.5	99.4	99.7	100.1	100.0	100.2	99.9	99.8
100.3	99.5	99.8	100.2	99.9	99.2	100.0	100.2
97.7	100.2	100.7	99.4	99.9	100.5	100.7	100.8
97.6	97.3	100.5	100.0	100.7	100.8	100.7	100.0
98.4	92.4	95.6	104.2	101.0	97.8	96.5	99.4
100.0	99.3	100.4	99.2	99.8	97.7	101.8	99.5
96.7	103.3	106.1	97.8	100.3	101.7	104.4	104.5
97.8	99.6	100.3	103.9	100.1	101.2	100.3	101.6
100.4	99.7	100.4	99.8	100.2	100.3	100.4	100.1
98.5	98.4	99.3	97.8	99.7	101.1	100.1	93.1
99.7	100.0	99.9	99.2	100.7	99.3	100.9	101.2
99.3	98.6	99.3	99.6	100.4	100.2	101.4	100.3
100.2	102.4	100.6	101.8	100.4	99.7	101.8	104.1
103.2	102.0	103.5	102.8	100.2	99.6	101.0	103.4
99.5	100.4	100.4	99.8	100.6	100.3	100.1	100.0
100.0	99.6	100.1	100.1	99.6	100.1	100.2	99.4
99.7	100.0	99.8	99.6	99.9	100.3	99.8	100.4
100.1	99.7	99.9	100.0	100.1	100.2	100.1	100.0
100.4	98.9	99.7	101.4	100.0	100.3	100.2	100.1
99.9	99.8	100.2	100.1	100.5	100.3	99.8	99.6
99.6	99.7	99.7	98.1	99.1	98.5	98.9	98.9
100.6	100.1	99.7	101.2	99.7	99.2	99.8	100.5
98.6	101.6	101.1	100.9	98.5	99.2	101.5	99.6
100.0	100.0	100.0	100.0	100.0	100.0	100.0	100.0
99.0	100.2	100.4	100.3	100.1	99.5	100.5	100.7
99.2	99.0	98.6	99.7	98.8	99.8	102.4	105.0
100.7	100.0	100.4	100.2	100.1	100.0	100.0	100.2

5－9 各月分大中类工业生产者

（上月＝100）

大中类行业名称	全年	1月	2月	3月	4月
煤炭开采和洗选业	100.8	99.0	101.0	99.6	99.4
烟煤和无烟煤开采洗选	100.8	99.0	101.0	99.6	99.4
其他煤炭采选	100.0	100.0	100.0	100.0	100.0
石油和天然气开采业	69.7	103.6	103.5	87.6	71.5
石油开采	67.1	103.8	102.5	86.7	69.8
天然气开采	103.0	101.2	116.0	98.5	89.1
黑色金属矿采选业	117.7	100.5	98.4	101.1	96.2
铁矿采选	117.7	100.5	98.4	101.1	96.2
有色金属矿采选业	108.6	101.0	100.5	99.0	101.2
常用有色金属矿采选	110.8	99.8	100.0	95.9	99.4
贵金属矿采选	109.6	101.4	100.3	99.5	102.9
稀有稀土金属矿采选	95.3	101.1	102.7	102.2	92.6
非金属矿采选业	113.3	102.9	100.0	99.7	100.3
土砂石开采	116.2	103.7	100.0	99.5	100.9
化学矿开采	119.6	100.0	100.0	103.1	97.0
采盐	76.8	97.9	100.0	100.0	88.6
石棉及其他非金属矿采选	100.0	100.0	100.0	100.0	100.0
农副食品加工业	101.3	101.0	100.7	99.5	99.0
谷物磨制	100.0	100.1	100.3	100.1	100.0
饲料加工	107.2	100.0	100.1	100.0	101.6
植物油加工	111.5	102.9	98.4	97.6	100.6
屠宰及肉类加工	96.1	101.7	102.0	99.2	96.4
蔬菜、菌类、水果和坚果加工	94.4	100.8	99.3	99.4	100.2
其他农副食品加工	111.9	100.4	100.2	100.2	100.1
食品制造业	103.3	101.2	99.9	100.7	100.1
焙烤食品制造	103.6	100.6	100.0	101.4	100.3
糖果、巧克力及蜜饯制造	100.0	100.0	100.0	100.0	100.0
方便食品制造	103.7	103.7	100.1	100.6	100.8
乳制品制造	101.5	100.9	99.9	98.6	97.5
罐头食品制造	97.0	99.9	99.8	99.4	100.1
调味品、发酵制品制造	98.4	97.7	100.0	102.3	98.7
其他食品制造	108.5	100.1	99.4	100.3	100.1
酒、饮料及精制茶制造业	97.1	98.5	100.6	98.1	99.9
酒的制造	98.5	98.8	100.1	99.6	100.0
饮料制造	94.7	98.1	101.6	96.0	99.9

出厂价格环比指数(2020年)

5月	6月	7月	8月	9月	10月	11月	12月
94.9	99.0	101.3	99.4	99.9	101.4	102.0	104.1
94.9	99.0	101.4	99.4	99.9	101.4	102.0	104.1
100.0	100.0	100.0	100.0	100.0	100.0	100.0	100.0
66.7	115.6	134.8	106.0	100.3	95.8	97.7	100.2
62.6	120.0	139.8	106.8	100.4	95.3	96.9	100.2
100.0	93.6	101.9	99.4	100.0	100.0	105.5	100.0
100.9	105.0	102.1	104.0	104.3	98.8	99.7	105.9
100.9	105.0	102.1	104.0	104.3	98.8	99.7	105.9
102.1	100.4	104.2	101.1	99.9	100.2	99.3	99.6
106.8	100.8	101.3	102.4	101.3	100.4	101.7	100.9
101.6	99.7	106.2	101.6	99.3	99.5	98.4	99.0
95.2	104.7	95.1	92.7	101.6	106.2	100.9	101.4
110.7	99.5	100.0	99.6	100.0	99.8	100.4	100.1
113.3	99.5	100.0	99.0	100.0	99.6	100.4	100.0
100.0	99.3	100.0	110.5	103.5	104.1	101.1	100.1
97.9	94.6	97.5	99.7	92.0	100.3	101.3	105.3
100.0	100.0	100.0	100.0	100.0	100.0	100.0	100.0
97.9	101.3	101.6	100.0	99.7	98.4	100.1	102.4
100.1	100.3	98.8	100.4	100.0	100.3	100.1	99.5
100.6	99.5	100.4	101.1	99.7	101.2	101.5	101.5
98.7	100.4	101.7	101.4	103.8	101.7	102.3	101.6
93.7	103.7	104.9	98.4	98.1	94.0	98.3	106.4
99.8	99.1	98.2	99.5	98.9	98.8	99.6	100.7
102.5	99.6	101.2	101.8	100.3	101.1	103.4	100.4
100.3	99.6	99.9	100.2	99.7	100.2	101.7	99.7
100.1	100.0	100.0	100.0	99.7	101.5	100.1	99.9
100.0	100.0	100.0	100.0	100.0	100.0	100.0	100.0
100.2	98.9	100.1	100.0	99.5	100.0	99.9	99.9
100.8	100.5	100.2	99.5	101.2	100.8	99.8	101.8
99.9	99.9	98.8	100.0	100.0	100.0	100.0	99.3
101.1	99.8	98.9	101.2	98.6	99.9	99.9	100.4
100.0	99.9	100.2	100.7	100.2	98.8	110.8	98.1
99.2	99.9	100.1	99.6	100.7	100.0	100.2	100.1
99.9	99.3	100.0	99.2	101.2	100.1	100.3	100.2
98.0	100.9	100.3	100.0	100.0	100.0	100.0	100.0

5-9 续表1

(上月=100)

大中类行业名称	全年	1月	2月	3月	4月
精制茶加工	99.3	100.0	100.0	99.6	100.0
烟草制品业	99.9	100.0	100.0	100.0	100.0
烟叶复烤	99.3	100.0	100.0	100.0	100.0
卷烟制造	100.0	100.0	100.0	100.0	100.0
其他烟草制品制造	96.1	100.0	100.0	100.0	100.0
纺织业	95.8	100.5	99.9	99.9	99.5
棉纺织及印染精加工	96.6	100.7	99.9	100.0	99.4
毛纺织及染整精加工	97.0	99.6	100.0	100.0	98.6
麻纺织及染整精加工	57.7	100.0	100.0	100.0	100.0
丝绢纺织及印染精加工	98.8	100.2	100.0	99.7	99.9
化纤织造及印染精加工	100.0	100.0	100.0	100.0	100.0
针织或钩针编织物及其制品制造	96.0	100.0	100.0	96.7	100.0
家用纺织制成品制造	98.8	100.0	99.6	100.0	99.8
产业用纺织制成品制造	96.7	99.8	100.3	99.9	99.2
纺织服装、服饰业	101.3	100.4	100.2	99.9	100.1
机织服装制造	101.2	100.4	100.3	99.8	100.1
针织或钩针编织服装制造	102.0	100.1	100.0	100.6	100.0
服饰制造	100.7	101.6	100.0	99.8	100.5
皮革、毛皮、羽毛及其制品和制鞋业	97.9	100.1	100.0	99.4	99.9
皮革鞣制加工	99.7	100.1	100.0	99.9	99.5
皮革制品制造	96.2	101.0	100.0	99.5	98.7
毛皮鞣制及制品加工	92.3	99.7	99.9	97.7	100.2
羽毛(绒)加工及制品制造	99.3	99.3	100.0	99.0	100.5
制鞋业	99.2	100.2	100.0	100.0	100.3
木材加工和木、竹、藤、棕、草制品业	98.4	99.9	99.8	99.8	99.9
木材加工	100.3	100.0	100.0	100.1	99.9
人造板制造	97.7	99.8	99.7	99.6	99.8
木制品制造	100.9	100.0	100.0	100.2	100.0
竹、藤、棕、草制品制造	100.0	100.0	100.0	100.0	100.0
家具制造业	99.7	100.0	100.0	100.0	99.9
木质家具制造	100.3	99.9	100.0	99.9	100.0
金属家具制造	98.5	100.0	100.0	100.0	99.7
其他家具制造	101.3	100.0	100.0	100.0	100.0
造纸和纸制品业	96.7	100.2	100.6	100.7	97.7
纸浆制造	101.2	99.6	100.1	101.9	101.1

5月	6月	7月	8月	9月	10月	11月	12月
100.0	99.9	100.3	100.0	100.0	99.5	99.8	100.2
100.0	99.9	100.0	100.0	100.0	100.0	100.0	100.0
100.0	99.3	100.0	100.0	100.0	100.0	100.0	100.0
100.0	100.0	100.0	100.0	100.0	100.0	100.0	100.0
100.0	96.0	100.0	100.0	100.0	100.1	100.0	100.0
97.2	99.0	98.8	99.3	100.1	100.4	101.2	100.0
96.7	98.7	98.8	99.1	100.1	101.2	101.5	100.6
99.4	99.5	98.9	99.2	99.8	101.4	101.5	99.3
100.0	100.0	100.0	100.0	100.0	77.3	100.0	74.7
99.5	100.5	99.5	99.5	99.5	100.0	100.4	100.1
100.0	100.0	100.0	100.0	100.0	100.0	100.0	100.0
99.3	100.0	100.0	100.0	100.0	100.0	100.0	100.0
100.6	99.8	100.0	98.8	99.8	100.3	100.1	100.1
99.2	100.4	95.9	100.9	100.1	99.9	100.0	101.1
100.1	100.1	99.9	99.9	100.1	100.4	100.1	100.1
100.1	100.1	99.9	99.9	100.2	100.3	100.1	100.0
99.5	100.0	100.0	100.0	100.0	100.9	100.6	100.2
100.4	100.4	99.5	100.0	99.2	100.0	99.5	99.8
99.5	99.4	99.7	100.1	100.0	100.2	99.9	99.8
100.0	100.2	99.9	100.2	100.0	100.0	100.1	99.8
96.4	99.9	99.5	99.9	101.3	100.2	99.9	99.8
99.3	97.5	99.8	101.7	98.4	99.9	99.7	98.3
100.5	100.0	97.9	98.9	101.1	101.1	100.0	101.0
100.0	99.0	100.2	99.7	99.9	100.3	99.7	100.0
100.3	99.5	99.8	100.2	99.9	99.2	100.0	100.2
99.9	100.1	100.0	99.9	100.1	100.1	100.1	100.1
100.3	99.3	99.7	100.2	99.8	98.9	100.0	100.2
100.0	100.2	100.2	100.0	100.0	100.0	100.2	100.0
100.0	100.0	100.0	100.0	100.0	100.0	100.0	100.0
97.7	100.2	100.7	99.4	99.9	100.5	100.7	100.8
100.0	100.0	100.0	100.0	100.0	100.4	100.0	100.0
94.1	100.4	101.9	98.3	99.7	100.6	101.9	102.1
100.1	100.0	100.0	100.0	100.0	101.0	100.1	100.0
97.6	97.3	100.5	100.0	100.7	100.8	100.7	100.0
98.5	98.7	99.1	100.0	100.8	99.8	100.9	100.8

5-9 续表2

（上月=100）

大中类行业名称	全年	1月	2月	3月	4月
造纸	94.4	100.0	100.6	100.8	96.6
纸制品制造	101.5	100.6	100.8	100.3	99.9
印刷和记录媒介复制业	85.1	100.0	99.9	99.8	99.4
印刷	85.1	100.0	99.9	99.8	99.4
文教、工美、体育和娱乐用品制造业	98.2	99.7	100.1	100.7	100.1
文教办公用品制造	100.0	100.0	100.0	100.0	100.0
乐器制造	90.4	97.8	100.0	101.8	98.3
工艺美术及礼仪用品制造	98.1	99.8	100.2	100.7	100.2
玩具制造	99.1	99.1	100.0	100.0	100.0
游艺器材及娱乐用品制造	100.0	100.0	98.2	101.2	99.4
石油、煤炭及其他燃料加工业	101.8	103.7	99.1	94.2	91.2
精炼石油产品制造	82.8	103.3	97.1	87.8	88.2
煤炭加工	114.8	104.0	100.5	98.4	92.9
化学原料和化学制品制造业	101.0	99.0	100.0	98.7	98.7
基础化学原料制造	102.2	98.3	99.8	96.6	98.1
肥料制造	98.3	98.9	100.9	101.8	99.1
农药制造	97.2	100.0	100.0	102.1	98.0
涂料、油墨、颜料及类似产品制造	100.2	100.3	100.0	99.4	100.6
合成材料制造	100.0	99.8	98.3	94.7	95.5
专用化学产品制造	102.6	99.0	99.9	99.5	99.3
炸药、火工及焰火产品制造	102.0	100.6	100.0	100.4	100.2
日用化学产品制造	102.6	100.0	100.9	98.5	100.5
医药制造业	103.1	100.5	100.4	101.0	99.8
化学药品原料药制造	108.1	101.5	101.0	103.7	99.0
化学药品制剂制造	104.0	100.3	99.5	100.4	100.1
中药饮片加工	102.3	100.0	100.0	100.0	100.0
中成药生产	102.5	100.4	100.9	100.2	100.1
兽用药品制造	99.5	99.4	99.9	99.4	101.3
生物药品制品制造	100.6	100.1	100.2	99.8	99.9
卫生材料及医药用品制造	100.0	100.0	100.0	100.0	100.0
药用辅料及包装材料	100.0	100.0	100.0	100.0	100.0
化学纤维制造业	87.7	99.7	99.7	99.7	100.0
纤维素纤维原料及纤维制造	87.7	100.0	99.5	100.0	100.0
合成纤维制造	87.5	98.5	100.5	98.3	100.1
生物基材料制造	87.7	100.0	99.5	100.0	100.0

5月	6月	7月	8月	9月	10月	11月	12月
96.3	95.9	101.1	100.0	101.0	101.1	101.0	100.0
100.0	100.0	99.6	100.0	100.1	100.1	100.1	99.9
98.4	92.4	95.6	104.2	101.0	97.8	96.5	99.4
98.4	92.4	95.6	104.2	101.0	97.8	96.5	99.4
100.0	99.3	100.4	99.2	99.8	97.7	101.8	99.5
100.0	100.0	100.0	100.0	100.0	100.0	100.0	100.0
99.1	98.7	99.3	99.2	100.4	99.4	98.2	97.8
100.0	99.1	100.4	99.1	99.8	97.2	102.3	99.4
100.0	100.0	100.0	100.0	100.0	100.0	100.0	100.0
99.3	101.3	100.9	100.0	100.4	100.5	99.4	99.5
96.7	103.3	106.1	97.8	100.3	101.7	104.4	104.5
95.3	100.2	106.1	101.1	98.6	97.8	101.3	106.7
97.4	104.9	106.1	96.1	101.2	103.8	106.0	103.5
97.8	99.6	100.3	103.9	100.1	101.2	100.3	101.6
98.4	100.1	101.8	108.7	100.0	99.9	100.0	101.0
98.4	99.0	98.8	101.4	99.7	100.1	101.6	98.6
99.7	98.8	99.9	99.5	99.6	100.0	99.9	99.9
100.1	100.1	98.5	99.9	98.4	100.3	101.0	101.6
94.2	101.6	99.8	101.2	99.3	104.2	102.2	110.3
96.1	99.0	100.2	102.4	101.3	103.8	98.7	103.6
100.4	100.4	100.0	100.3	100.2	99.9	100.0	99.6
99.8	98.7	99.8	100.2	100.4	102.0	100.8	100.9
100.4	99.7	100.4	99.8	100.2	100.3	100.4	100.1
100.4	99.8	99.7	100.1	100.5	100.7	101.8	99.7
99.7	99.9	102.0	100.6	101.7	99.7	99.8	100.3
100.0	100.0	100.0	100.0	100.0	100.0	100.0	102.3
101.7	99.6	100.7	98.5	99.6	100.7	100.0	99.9
101.0	98.7	100.8	98.9	99.8	100.3	100.1	99.9
99.9	99.8	100.5	100.4	100.1	100.0	99.5	100.5
100.0	100.0	100.0	100.0	100.0	100.0	100.0	100.0
100.0	100.0	100.0	100.0	100.0	100.0	100.0	100.0
98.5	98.4	99.3	97.8	99.7	101.1	100.1	93.1
100.0	98.0	100.0	97.6	99.4	101.2	100.0	91.7
92.7	100.2	96.5	98.6	101.1	100.9	100.4	99.3
100.0	98.0	100.0	97.6	99.4	101.2	100.0	91.7

5-9 续表 3

（上月＝100）

大中类行业名称	全年	1月	2月	3月	4月
橡胶和塑料制品业	98.3	98.7	100.0	99.1	99.5
橡胶制品业	96.1	97.1	100.0	100.0	99.9
塑料制品业	99.4	99.4	100.0	98.7	99.4
非金属矿物制品业	96.0	99.6	99.8	98.9	98.4
水泥、石灰和石膏制造	86.2	95.2	99.0	92.8	92.0
石膏、水泥制品及类似制品制造	100.9	100.5	100.2	100.3	99.8
砖瓦、石材等建筑材料制造	94.9	100.8	99.8	97.6	98.1
玻璃制造	106.4	99.5	99.9	99.6	93.3
玻璃制品制造	104.9	100.7	100.7	98.8	99.2
玻璃纤维和玻璃纤维增强塑料制品制造	104.1	100.2	99.8	100.6	100.2
陶瓷制品制造	97.1	99.9	100.1	99.6	99.6
耐火材料制品制造	96.5	101.2	99.8	100.8	98.2
石墨及其他非金属矿物制品制造	94.6	98.1	99.8	98.9	100.5
黑色金属冶炼和压延加工业	106.1	99.7	98.8	97.6	99.0
炼铁	107.1	100.0	99.7	96.6	97.0
炼钢	108.7	98.8	100.5	98.0	98.1
钢压延加工	107.1	100.0	98.0	98.0	99.3
铁合金冶炼	85.4	98.8	105.0	92.2	98.2
有色金属冶炼和压延加工业	108.6	100.6	97.8	96.3	98.2
常用有色金属冶炼	104.8	99.7	96.7	96.0	97.8
贵金属冶炼	118.3	103.6	100.5	99.7	103.7
稀有稀土金属冶炼	81.0	98.9	100.0	97.2	100.0
有色金属合金制造	108.2	99.7	97.7	96.8	97.7
有色金属压延加工	110.7	100.5	97.3	94.9	95.7
金属制品业	101.1	100.3	100.2	99.5	100.1
结构性金属制品制造	101.6	100.6	100.0	98.9	100.2
金属工具制造	99.0	100.0	100.0	100.0	100.0
集装箱及金属包装容器制造	101.2	99.7	100.0	99.7	100.2
金属丝绳及其制品制造	108.7	100.1	102.2	97.7	98.6
建筑、安全用金属制品制造	100.5	100.1	100.0	100.0	98.9
搪瓷制品制造	100.0	100.0	100.0	100.0	100.0
金属制日用品制造	100.1	101.5	100.0	98.7	100.4
锻造及其他金属制品制造	99.4	100.0	100.0	100.3	100.3
通用设备制造业	99.0	99.8	100.6	99.3	100.2
锅炉及原动设备制造	100.0	100.0	100.0	100.0	100.0

5月	6月	7月	8月	9月	10月	11月	12月
99.7	100.0	99.9	99.2	100.7	99.3	100.9	101.2
100.0	99.2	100.5	98.3	100.9	98.2	101.1	100.9
99.5	100.4	99.6	99.7	100.7	99.9	100.8	101.3
99.3	98.6	99.3	99.6	100.4	100.2	101.4	100.3
98.5	97.5	94.1	101.4	106.8	101.9	105.8	101.6
100.1	99.4	100.3	99.6	100.1	100.0	100.4	100.2
98.7	98.8	99.2	98.2	99.9	100.0	102.7	101.1
99.6	103.0	101.3	105.5	102.6	99.1	101.4	101.9
98.5	99.9	100.4	101.5	100.3	101.7	103.0	100.2
99.8	97.7	102.3	100.1	100.3	100.1	99.7	103.3
100.3	98.8	100.0	100.6	99.2	99.3	99.9	99.9
99.5	98.7	99.5	99.1	100.2	99.9	100.7	98.9
98.9	98.3	99.8	99.5	98.7	100.6	100.9	100.5
100.2	102.4	100.6	101.8	100.4	99.7	101.8	104.1
98.7	102.8	101.4	101.0	104.2	100.7	100.9	104.3
100.6	104.4	100.3	103.1	99.9	97.3	101.9	106.0
100.3	102.5	101.0	101.7	100.3	100.1	102.0	104.0
99.7	95.3	95.1	99.5	101.7	99.3	99.4	100.7
103.2	102.0	103.5	102.8	100.2	99.6	101.0	103.4
102.6	102.3	103.3	102.5	99.5	99.3	101.2	104.2
104.0	101.0	102.5	106.4	101.7	97.0	98.6	98.5
94.0	97.4	97.9	96.8	100.0	100.0	99.4	97.8
103.1	103.5	103.1	101.3	100.2	100.9	101.6	102.6
104.3	102.5	104.7	101.9	100.1	101.2	102.1	105.7
99.5	100.4	100.4	99.8	100.6	100.3	100.1	100.0
100.4	101.1	100.1	99.8	100.6	99.7	100.4	99.8
99.0	100.0	100.0	100.0	100.0	100.0	100.0	100.0
100.2	100.0	100.1	100.2	101.4	100.2	99.6	100.1
98.3	100.1	101.9	101.6	104.1	101.0	99.5	103.5
99.1	99.4	100.1	100.2	101.2	100.6	100.4	100.5
100.0	100.0	100.0	100.0	100.0	100.0	100.0	100.0
100.0	100.0	100.0	100.0	100.0	100.0	100.0	99.5
99.1	100.0	100.4	99.3	99.9	100.7	100.0	99.4
100.0	99.6	100.1	100.1	99.6	100.1	100.2	99.4
100.0	100.0	100.0	100.0	100.0	100.0	100.0	100.0

5－9 续表 4

（上月＝100）

大中类行业名称	全年	1月	2月	3月	4月
金属加工机械制造	99.8	100.1	100.0	100.3	99.9
物料搬运设备制造	99.4	100.0	100.0	100.3	99.3
泵、阀门、压缩机及类似机械制造	100.1	100.6	100.0	98.2	100.5
轴承、齿轮和传动部件制造	97.8	98.6	104.6	95.6	103.6
烘炉、风机、包装等设备制造	98.9	99.9	100.0	100.0	100.0
文化、办公用机械制造	100.0	100.0	100.0	100.0	100.0
通用零部件制造	96.4	99.2	100.8	99.2	99.2
其他通用设备制造	100.7	97.5	100.0	103.7	99.3
专用设备制造业	101.1	100.2	100.0	101.1	100.3
采矿、冶金、建筑专用设备制造	99.9	100.1	100.0	99.7	99.9
化工、木材、非金属加工专用设备制造	99.7	101.1	99.9	100.2	100.5
食品、饮料、烟草及饲料生产专用设备制造	100.0	100.0	100.0	99.6	100.1
印刷、制药、日化及日用品生产专用设备制造	101.6	100.1	99.8	99.8	99.4
纺织、服装和皮革加工专用设备制造	99.0	101.9	100.0	98.3	103.3
电子和电工机械专用设备制造	100.0	100.0	100.0	100.0	100.0
农、林、牧、渔专用机械制造	97.1	100.1	100.0	100.1	100.3
医疗仪器设备及器械制造	105.2	100.0	100.0	100.2	100.4
环保、邮政、社会公共服务及其他专用设备制造	118.2	100.0	100.0	116.6	102.5
汽车制造业	99.2	99.7	99.8	99.5	100.1
汽车整车制造	100.0	99.4	100.0	100.0	100.2
汽车用发动机制造	100.0	99.4	100.0	100.0	100.2
改装汽车制造	92.4	98.1	100.0	97.2	100.0
低速汽车制造	100.0	100.0	100.0	100.0	100.0
汽车车身、挂车制造	99.6	99.8	99.9	99.8	99.9
汽车零部件及配件制造	99.4	99.9	99.7	99.5	100.1
铁路、船舶、航空航天和其他运输设备制造业	101.6	100.2	100.0	99.9	100.5
铁路运输设备制造	109.4	100.3	100.0	99.6	103.4
船舶及相关装置制造	100.0	100.0	100.0	100.0	100.0
摩托车制造	100.8	100.2	100.0	100.0	100.1
助动车制造	99.3	100.0	100.0	100.0	99.6
电气机械和器材制造业	97.1	98.2	99.8	99.7	99.0
电机制造	94.3	99.3	99.5	100.0	98.8
输配电及控制设备制造	99.9	100.7	99.5	100.1	99.0
电线、电缆、光缆及电工器材制造	101.2	100.1	99.6	99.9	99.4

5月	6月	7月	8月	9月	10月	11月	12月
100.0	100.0	100.0	100.1	100.2	99.5	99.7	100.0
100.2	99.9	99.8	99.9	99.7	100.1	100.0	100.0
100.2	100.4	102.1	100.3	98.3	101.9	99.7	97.9
99.1	97.1	99.8	100.7	100.9	98.5	101.6	98.0
100.0	99.9	100.0	100.0	99.9	99.8	100.0	99.5
100.0	100.0	100.0	100.0	100.0	100.0	100.0	100.0
100.0	99.2	97.6	100.0	100.1	100.0	100.0	100.9
100.1	99.9	101.6	99.6	98.2	98.5	102.9	99.5
99.7	100.0	99.8	99.6	99.9	100.3	99.8	100.4
99.8	100.1	100.0	100.0	100.0	100.1	99.7	100.5
99.8	99.8	99.2	99.5	99.7	100.0	99.8	100.2
100.1	100.1	100.1	100.1	100.0	100.0	100.0	100.1
100.5	99.9	99.5	100.2	99.8	100.7	100.1	101.8
98.4	100.7	98.0	99.5	98.1	100.6	99.9	100.5
100.0	100.0	100.0	100.0	100.0	100.0	100.0	100.0
98.1	99.5	99.5	99.4	100.0	100.1	100.0	100.0
104.3	100.3	100.0	100.0	100.0	100.0	100.0	100.0
100.0	100.0	99.9	96.8	100.0	102.2	100.1	100.0
100.1	99.7	99.9	100.0	100.1	100.2	100.1	100.0
100.4	100.0	100.0	100.0	100.0	100.0	100.0	100.0
100.4	100.0	100.0	100.0	100.0	100.0	100.0	100.0
98.5	98.2	100.0	100.0	100.2	102.1	98.1	99.8
100.0	100.0	100.0	100.0	100.0	100.0	100.0	100.0
100.0	99.9	100.0	100.1	99.8	100.1	99.9	100.2
100.0	99.7	99.8	100.0	100.1	100.2	100.4	100.1
100.4	98.9	99.7	101.4	100.0	100.3	100.2	100.1
103.3	93.4	100.0	107.0	100.1	102.1	99.9	100.5
100.0	100.0	100.0	100.0	100.0	100.0	100.0	100.0
100.0	99.9	99.5	100.7	100.0	99.9	100.4	100.1
99.7	100.0	100.0	100.0	100.0	100.0	100.0	100.0
99.9	99.8	100.2	100.1	100.5	100.3	99.8	99.6
99.1	99.3	99.9	99.3	100.0	98.4	98.7	101.6
100.0	100.0	99.6	100.5	100.9	100.3	99.5	99.9
100.9	100.9	99.5	99.6	100.5	100.7	100.2	99.9

5-9 续表5

（上月=100）

大中类行业名称	全年	1月	2月	3月	4月
电池制造	98.3	93.5	101.5	99.2	99.3
家用电力器具制造	89.5	95.6	100.0	99.3	97.7
非电力家用器具制造	97.2	99.0	100.1	100.2	99.6
照明器具制造	88.6	93.6	100.0	98.5	98.5
其他电气机械及器材制造	100.1	100.0	100.0	100.0	100.0
计算机、通信和其他电子设备制造业	90.7	99.8	99.1	100.2	98.6
计算机制造	95.7	100.0	100.0	99.9	100.0
通信设备制造	88.8	99.5	98.8	99.5	99.4
广播电视设备制造	67.3	100.0	100.0	100.0	97.5
智能消费设备制造	100.6	100.6	100.0	99.4	100.6
电子器件制造	77.6	102.4	102.4	100.0	78.9
电子元件及电子专用材料制造	103.8	100.3	100.0	104.1	100.3
其他电子设备制造	100.6	100.6	100.0	99.4	100.6
仪器仪表制造业	100.4	99.8	100.1	99.8	99.7
通用仪器仪表制造	102.7	100.0	100.1	99.7	99.4
专用仪器仪表制造	101.4	100.7	100.2	100.1	100.5
光学仪器制造	95.4	100.0	100.0	100.0	99.9
衡器制造	89.7	92.8	100.0	100.0	100.1
其他仪器仪表制造业	95.8	99.6	99.9	100.0	100.0
其他制造业	101.0	99.7	100.0	99.9	100.4
日用杂品制造	101.9	101.7	100.0	99.9	98.7
其他未列明制造业	100.0	97.3	100.0	100.0	102.8
金属制品、机械和设备修理业	100.0	100.0	100.0	100.0	100.0
铁路、船舶、航空航天等运输设备修理	100.0	100.0	100.0	100.0	100.0
电力、热力生产和供应业	101.6	100.8	100.7	99.2	100.0
电力生产	104.4	102.3	102.7	97.7	100.4
电力供应	100.1	100.1	99.6	100.1	99.8
热力生产和供应	98.3	98.6	100.0	99.6	100.0
燃气生产和供应业	100.1	101.3	99.7	98.8	97.9
燃气生产和供应业	100.1	101.3	99.7	98.8	97.9
生物质燃气生产和供应业	100.1	101.3	99.7	98.8	97.9
水的生产和供应业	101.0	99.9	100.1	99.4	100.0
自来水生产和供应	100.3	99.9	100.0	99.2	100.0
污水处理及其再生利用	103.7	100.0	100.2	100.0	100.0

5月	6月	7月	8月	9月	10月	11月	12月
98.0	99.6	106.8	100.6	101.2	100.0	102.4	96.8
99.2	99.4	99.6	100.3	99.8	101.5	96.4	100.2
99.6	99.1	99.1	100.5	100.0	100.3	100.1	99.5
99.8	98.2	99.5	100.4	100.0	100.3	100.0	99.2
100.0	100.0	100.0	100.0	99.9	100.1	100.0	100.1
99.6	99.7	99.7	98.1	99.1	98.5	98.9	98.9
100.4	100.9	98.4	99.3	99.0	99.6	99.3	98.8
99.5	99.5	100.0	97.8	99.1	98.1	98.7	98.4
96.3	92.0	78.6	100.5	97.8	100.0	100.0	100.9
99.4	98.8	101.5	99.6	100.4	100.3	100.1	99.9
99.3	99.6	97.8	95.5	94.9	98.8	103.4	104.7
100.0	100.8	99.2	100.0	100.0	100.0	98.8	100.3
99.4	98.8	101.5	99.6	100.4	100.3	100.1	99.9
100.6	100.1	99.7	101.2	99.7	99.2	99.8	100.5
101.2	100.6	99.9	102.8	99.4	99.6	99.9	100.2
100.0	99.5	99.3	100.3	99.3	100.3	99.0	102.2
99.9	100.1	100.0	100.0	99.9	95.7	100.0	100.0
100.0	98.2	96.0	100.0	100.0	100.0	101.9	100.7
99.7	100.0	101.1	94.0	102.0	100.3	100.1	99.3
98.6	101.6	101.1	100.9	98.5	99.2	101.5	99.6
97.5	103.0	102.0	101.6	97.3	98.5	102.6	99.3
100.0	100.0	100.0	100.0	100.0	100.0	100.0	100.0
100.0	100.0	100.0	100.0	100.0	100.0	100.0	100.0
100.0	100.0	100.0	100.0	100.0	100.0	100.0	100.0
99.0	100.2	100.4	100.3	100.1	99.5	100.5	100.7
97.3	101.1	101.1	100.3	100.1	98.5	101.2	101.8
99.9	99.8	99.9	100.3	100.2	100.1	100.2	100.1
100.0	100.0	100.0	100.0	100.0	100.0	100.0	100.0
99.2	99.0	98.6	99.7	98.8	99.8	102.4	105.0
99.2	99.0	98.6	99.7	98.8	99.8	102.4	105.0
99.2	99.0	98.6	99.7	98.8	99.8	102.4	105.0
100.7	100.0	100.4	100.2	100.1	100.0	100.0	100.2
100.0	100.0	100.5	100.3	100.1	100.0	100.0	100.2
103.4	100.0	100.0	100.0	100.0	100.0	100.0	100.0

5－10 各月分类工业生产者

（2015年＝100）

类　别	年平均	1月	2月	3月	4月	5月
总指数	108.8	110.1	110.0	109.1	108.1	107.4
核心指数	107.7	108.8	108.5	107.6	106.8	106.7
高技术	86.4	87.6	87.4	87.7	87.0	86.9
能源	114.5	119.1	119.8	117.2	113.5	109.4
按轻重工业分						
轻工业	104.7	106.0	106.3	106.0	105.4	104.1
以农产品为原料	106.7	107.9	108.3	107.9	107.3	105.8
以非农产品为原料	97.5	98.9	99.0	98.7	98.4	98.0
重工业	110.4	111.8	111.5	110.3	109.1	108.7
采掘	121.7	121.5	122.6	120.7	118.6	116.8
原料	117.4	118.9	118.4	116.0	114.2	113.5
加工	106.4	108.0	107.6	106.8	105.9	105.8
按两大部类分						
生产资料	112.2	113.6	113.4	112.1	110.9	110.4
采掘	121.7	121.5	122.6	120.7	118.6	116.8
原料	117.6	119.2	118.7	116.1	114.4	113.8
加工	109.0	110.5	110.3	109.5	108.6	108.3
生活资料	99.9	101.1	101.2	101.0	100.4	99.4
食品	110.0	110.7	111.3	110.8	109.9	108.5
衣着	98.2	99.0	99.1	98.6	98.6	98.2
一般日用品	96.8	97.9	98.0	98.3	97.8	97.2
耐用消费品	79.9	82.4	81.8	81.6	81.2	80.6
按初级中间最终产品分						
初级产品	121.6	121.5	122.5	120.6	118.6	116.7
矿产品	121.6	121.5	122.5	120.6	118.6	116.7
中间产品	111.3	112.9	112.7	111.5	110.3	109.7
最终产品	101.8	103.0	103.2	102.7	102.2	101.5
最终投资品	100.9	102.4	102.3	101.9	101.4	100.9
最终消费品	103.0	103.9	104.3	103.8	103.3	102.2
按工业部门分						
冶金工业	132.0	131.1	129.5	126.3	125.1	127.3
电力工业	94.4	94.6	95.3	94.5	94.5	93.5
煤炭及炼焦工业	141.0	144.0	145.2	144.1	140.5	134.3
石油工业	95.3	117.2	116.6	105.2	90.4	81.0
化学工业	103.3	104.0	104.1	103.5	102.8	101.8
机械工业	95.7	96.5	96.4	96.4	96.2	96.0
建筑材料工业	112.7	116.4	116.2	114.9	112.7	112.7
森林工业	102.7	103.3	103.2	102.9	102.8	103.0
食品工业	109.3	109.8	110.4	109.9	109.2	107.8
纺织工业	101.0	104.7	104.6	104.6	104.0	101.0
缝纫工业	96.9	96.9	97.1	96.7	96.8	96.8
皮革工业	109.6	111.3	111.3	110.6	110.2	109.4
造纸工业	107.3	110.6	111.3	112.0	109.4	106.8
文教艺术用品工业	94.0	99.7	99.5	99.5	99.0	97.7
其它工业	102.5	104.3	104.2	103.7	104.1	103.4

出厂价格定基指数(2020 年)

6 月	7 月	8 月	9 月	10 月	11 月	12 月
107.5	108.2	108.5	108.6	108.5	109.2	110.2
106.5	106.9	107.5	107.7	107.7	108.2	109.0
86.7	86.9	86.2	85.9	85.3	85.0	84.5
110.2	112.9	112.7	112.8	113.1	115.0	117.9
103.9	104.2	104.2	104.2	103.7	104.2	104.9
105.8	106.3	106.2	106.1	105.7	106.3	107.2
96.6	96.5	96.9	96.9	96.4	96.7	96.4
108.9	109.7	110.3	110.4	110.5	111.2	112.5
117.4	122.2	123.2	123.3	123.8	124.1	126.1
114.5	116.2	118.4	118.7	118.5	119.5	122.0
105.7	105.8	105.7	105.9	106.0	106.6	107.3
110.5	111.3	111.9	112.2	112.4	113.2	114.6
117.4	122.2	123.2	123.3	123.8	124.1	126.1
114.7	116.4	118.5	118.9	118.7	119.6	122.0
108.0	108.1	108.1	108.3	108.7	109.6	110.4
99.4	99.9	99.7	99.5	98.7	98.8	99.3
109.3	110.4	110.3	110.0	108.8	109.2	110.7
97.8	97.7	97.7	97.7	98.0	97.9	97.8
96.0	95.7	96.1	96.3	95.8	96.2	95.9
80.3	80.4	79.3	78.9	78.1	77.5	76.9
117.4	122.1	123.1	123.3	123.7	124.1	126.1
117.4	122.1	123.1	123.3	123.7	124.1	126.1
109.8	110.4	110.9	111.1	111.0	111.8	113.1
101.2	101.5	101.3	101.3	101.0	101.3	101.8
100.4	100.4	100.2	100.1	100.2	100.5	100.7
102.3	102.8	102.9	102.8	102.1	102.4	103.2
129.4	132.7	135.3	135.8	135.4	136.5	140.1
93.8	94.1	94.4	94.5	94.1	94.5	95.2
135.3	139.1	136.8	137.3	140.2	144.8	150.4
83.1	91.0	92.7	91.9	89.9	90.5	94.7
101.4	101.5	102.9	103.4	103.9	104.4	105.4
95.7	95.7	95.4	95.3	95.2	95.1	94.9
111.3	110.5	110.0	110.8	111.0	112.6	112.9
102.7	102.6	102.7	102.6	102.1	102.2	102.3
108.6	109.6	109.6	109.3	108.3	108.8	110.3
99.9	98.7	98.0	98.0	98.4	99.7	99.7
96.9	96.8	96.7	96.8	97.1	97.2	97.3
109.0	108.8	109.2	109.1	109.1	109.1	108.6
103.9	104.5	104.5	105.2	106.0	106.8	106.8
92.0	89.0	91.8	92.5	91.0	88.6	88.1
102.2	102.1	101.5	100.7	100.3	101.5	101.7

5－11 各月分大类工业生产者

（2015 年＝100）

大类行业名称	全年	1 月	2 月	3 月	4 月
煤炭开采和洗选业	117.4	120.4	121.6	121.1	120.4
石油和天然气开采业	71.2	98.7	102.1	89.5	64.0
黑色金属矿采选业	140.9	134.9	132.8	134.2	129.1
有色金属矿采选业	131.9	126.2	126.8	125.5	127.0
非金属矿采选业	118.4	111.0	111.0	110.7	111.0
农副食品加工业	114.4	115.3	116.1	115.5	114.3
食品制造业	103.1	102.3	102.2	102.9	103.0
酒、饮料和精制茶制造业	100.0	101.5	102.2	100.3	100.2
烟草制品业	102.8	102.9	102.9	102.9	102.9
纺织业	101.0	104.7	104.6	104.5	103.9
纺织服装、服饰业	96.4	96.1	96.3	96.2	96.4
皮革、毛皮、羽毛及其制品和制鞋业	104.8	106.2	106.2	105.6	105.5
木材加工和木、竹、藤、棕、草制品业	104.4	105.3	105.1	104.8	104.7
家具制造业	100.3	101.5	101.5	101.4	101.3
造纸和纸制品业	107.3	110.6	111.3	112.0	109.4
印刷和记录媒介复制业	91.2	98.4	98.3	98.1	97.5
文教、工美、体育和娱乐用品制造业	103.2	103.4	103.5	104.2	104.3
石油、煤炭及其他燃料加工业	165.5	181.6	180.0	169.5	154.6
化学原料和化学制品制造业	102.1	103.6	103.7	102.3	101.0
医药制造业	109.0	107.3	107.7	108.8	108.6
化学纤维制造业	101.4	105.6	105.3	104.9	104.9
橡胶和塑料制品业	100.0	101.3	101.3	100.4	100.0
非金属矿物制品业	110.3	114.4	114.2	112.9	111.1
黑色金属冶炼和压延加工业	154.7	155.6	153.8	150.0	148.5
有色金属冶炼和压延加工业	118.6	118.6	115.9	111.6	109.6
金属制品业	115.2	115.0	115.3	114.7	114.8
通用设备制造业	104.1	104.3	104.9	104.2	104.4
专用设备制造业	102.6	101.9	101.8	103.0	103.3
汽车制造业	102.3	102.8	102.7	102.2	102.3
铁路、船舶、航空航天和其他运输设备制造业	98.2	97.7	97.7	97.7	98.2
电气机械和器材制造业	93.7	94.6	94.5	94.2	93.2
计算机、通信和其他电子设备制造业	72.9	75.8	75.2	75.3	74.3
仪器仪表制造业	98.7	98.4	98.5	98.3	98.1
其他制造业	107.6	106.8	106.8	106.8	107.2
金属制品、机械和设备修理业	99.6	99.6	99.6	99.6	99.6
电力、热力生产和供应业	94.4	94.6	95.3	94.5	94.5
燃气生产和供应业	100.6	105.1	104.8	103.6	101.4
水的生产和供应业	120.1	119.7	119.7	119.0	119.0

出厂价格定基指数(2020 年)

5 月	6 月	7 月	8 月	9 月	10 月	11 月	12 月
114.3	113.1	114.6	113.9	113.9	115.4	117.7	122.5
42.7	49.4	66.5	70.5	70.8	67.8	66.3	66.4
130.2	136.8	139.6	145.2	151.5	149.7	149.3	158.0
129.6	130.1	135.6	137.1	136.9	137.1	136.1	135.6
122.9	122.3	122.3	121.7	121.8	121.5	122.1	122.2
111.9	113.3	115.1	115.1	114.7	112.9	113.0	115.7
103.3	102.8	102.8	103.0	102.7	102.8	104.6	104.4
99.4	99.3	99.4	99.0	99.6	99.7	99.8	100.0
102.9	102.8	102.8	102.8	102.8	102.8	102.8	102.8
101.1	100.0	98.9	98.1	98.2	98.6	99.8	99.8
96.4	96.5	96.3	96.3	96.4	96.7	96.9	96.9
105.0	104.3	104.0	104.0	104.1	104.3	104.2	103.9
104.9	104.4	104.3	104.4	104.3	103.5	103.5	103.7
99.0	99.2	99.9	99.3	99.2	99.7	100.4	101.2
106.8	103.9	104.5	104.5	105.2	106.0	106.8	106.8
96.0	88.7	84.8	88.3	89.2	87.3	84.2	83.7
104.3	103.5	103.9	103.1	102.9	100.5	102.4	101.8
149.4	154.3	163.6	160.1	160.5	163.3	170.5	178.2
98.8	98.4	98.7	102.5	102.6	103.8	104.1	105.8
109.1	108.8	109.2	109.0	109.2	109.6	110.0	110.2
103.4	101.8	101.1	98.8	98.5	99.7	99.7	92.9
99.6	99.6	99.5	98.7	99.5	98.8	99.7	100.9
110.3	108.8	108.1	107.7	108.1	108.3	109.8	110.2
148.8	152.3	153.3	156.0	156.7	156.2	159.0	165.6
113.1	115.4	119.4	122.7	123.0	122.5	123.7	127.9
114.2	114.6	115.1	114.8	115.6	116.0	116.0	116.0
104.4	104.0	104.0	104.2	103.8	103.9	104.1	103.5
103.0	103.0	102.8	102.4	102.3	102.6	102.5	102.8
102.3	102.1	101.9	101.9	102.0	102.2	102.3	102.4
98.5	97.5	97.2	98.5	98.5	98.8	99.0	99.2
93.1	92.9	93.1	93.3	93.8	94.1	93.9	93.5
73.9	73.7	73.5	72.2	71.5	70.4	69.6	68.9
98.7	98.8	98.5	99.7	99.4	98.6	98.4	99.0
105.7	107.5	108.7	109.7	108.0	107.1	108.7	108.3
99.6	99.6	99.6	99.6	99.6	99.6	99.6	99.6
93.5	93.7	94.1	94.4	94.5	94.1	94.6	95.2
100.6	99.7	98.3	98.0	96.8	96.6	98.9	103.9
119.9	119.9	120.4	120.7	120.7	120.7	120.7	121.0

5－12 工业生产者出厂价格完整同比指数(2020 年)

(上年＝100)

项目名称	指 数	项目名称	指 数
煤炭开采和洗选业	87.9	谷物磨制	99.7
烟煤和无烟煤开采洗选	87.8	稻谷加工	99.7
其他煤炭采选	100.0	小麦加工	99.7
石油和天然气开采业	74.9	玉米加工	99.7
石油开采	72.6	杂粮加工	99.7
陆地石油开采	72.6	其他谷物磨制	99.7
海洋石油开采	72.6	饲料加工	102.6
天然气开采	104.9	宠物饲料加工	102.6
陆地天然气开采	104.9	其他饲料加工	102.6
海洋天然气及可燃冰开采	104.9	植物油加工	104.8
黑色金属矿采选业	103.1	食用植物油加工	104.9
铁矿采选	103.1	非食用植物油加工	101.4
有色金属矿采选业	110.3	屠宰及肉类加工	122.5
常用有色金属矿采选	104.7	牲畜屠宰	142.1
铜矿采选	82.0	禽类屠宰	90.6
铅锌矿采选	97.5	肉制品及副产品加工	102.1
铝矿采选	109.8	蔬菜、菌类、水果和坚果加工	99.6
贵金属矿采选	115.6	蔬菜加工	99.6
金矿采选	115.6	食用菌加工	99.6
银矿采选	114.7	水果和坚果加工	99.6
稀有稀土金属矿采选	86.1	其他农副食品加工	104.1
钨钼矿采选	86.1	淀粉及淀粉制品制造	105.2
非金属矿采选业	108.5	豆制品制造	100.6
土砂石开采	110.8	蛋品加工	94.6
石灰石、石膏开采	119.4	食品制造业	102.4
建筑装饰用石开采	93.1	焙烤食品制造	102.2
粘土及其他土砂石开采	119.1	糕点、面包制造	104.3
化学矿开采	104.1	饼干及其他焙烤食品制造	100.7
采盐	82.4	糖果、巧克力及蜜饯制造	90.9
石棉及其他非金属矿采选	100.5	糖果、巧克力制造	90.9
石墨、滑石采选	100.5	方便食品制造	105.0
农副食品加工业	109.1	米、面制品制造	100.9

5－12 续表 1

（上年＝100）

项目名称	指 数	项目名称	指 数
速冻食品制造	106.3	茶饮料及其他饮料制造	100.6
方便面制造	105.6	精制茶加工	97.9
其他方便食品制造	105.6	烟草制品业	100.7
乳制品制造	100.1	烟叶复烤	99.8
液体乳制造	100.1	卷烟制造	100.8
乳粉制造	100.1	其他烟草制品制造	95.1
其他乳制品制造	100.1	纺织业	94.2
罐头食品制造	101.8	棉纺织及印染精加工	93.7
肉、禽类罐头制造	115.1	棉纺纱加工	93.0
蔬菜、水果罐头制造	99.2	棉织造加工	99.8
调味品、发酵制品制造	101.8	棉印染精加工	100.0
味精制造	100.5	毛纺织及染整精加工	93.1
酱油、食醋及类似制品制造	103.9	毛条和毛纱线加工	87.5
其他调味品、发酵制品制造	101.0	毛织造加工	101.6
其他食品制造	102.4	麻纺织及染整精加工	103.2
营养食品制造	104.1	麻织造加工	103.2
保健食品制造	104.2	丝绢纺织及印染精加工	99.3
冷冻饮品及食用冰制造	97.0	缫丝加工	100.0
盐加工	89.1	绢纺和丝织加工	96.3
食品及饲料添加剂制造	102.5	化纤织造及印染精加工	100.3
酒、饮料及精制茶制造业	97.6	化纤织造加工	100.3
酒的制造	98.1	针织或钩针编织物及其制品制造	90.9
酒精制造	92.4	针织或钩针编织物织造	90.9
白酒制造	100.5	家用纺织制成品制造	100.9
啤酒制造	102.8	床上用品制造	100.0
葡萄酒制造	100.1	毛巾类制品制造	101.4
其他酒制造	100.3	窗帘、布艺类产品制造	99.1
饮料制造	96.9	产业用纺织制成品制造	93.6
碳酸饮料制造	101.5	纺织带和帘子布制造	91.3
瓶（罐）装饮用水制造	82.0	其他产业用纺织制成品制造	103.0
果菜汁及果菜汁饮料制造	100.5	纺织服装、服饰业	100.5
含乳饮料和植物蛋白饮料制造	100.3	机织服装制造	100.2

5－12　续表2

（上年＝100）

项目名称	指数	项目名称	指数
运动机织服装制造	100.2	木地板制造	101.9
其他机织服装制造	100.2	竹、藤、棕、草制品制造	100.0
针织或钩针编织服装制造	100.7	棕制品制造	100.0
运动休闲针织服装制造	100.7	家具制造业	100.7
其他针织或钩针编织服装制造	100.7	木质家具制造	100.2
服饰制造	105.9	金属家具制造	101.2
皮革、毛皮、羽毛及其制品和制鞋业	98.9	其他家具制造	100.8
皮革鞣制加工	100.6	造纸和纸制品业	96.5
皮革制品制造	96.1	纸浆制造	96.6
皮箱、包(袋)制造	93.1	木竹浆制造	93.0
皮手套及皮装饰制品制造	102.6	非木竹浆制造	100.2
毛皮鞣制及制品加工	98.3	造纸	94.4
毛皮鞣制加工	102.1	机制纸及纸板制造	94.6
其他毛皮制品加工	90.2	加工纸制造	90.1
羽毛(绒)加工及制品制造	95.3	纸制品制造	101.0
羽毛(绒)加工	93.4	纸和纸板容器制造	102.0
羽毛(绒)制品加工	97.2	其他纸制品制造	98.9
制鞋业	100.3	印刷和记录媒介复制业	92.1
皮鞋制造	100.5	印刷	92.1
橡胶鞋制造	99.9	书、报刊印刷	99.2
木材加工和木、竹、藤、棕、草制品业	100.1	包装装潢及其他印刷	91.3
木材加工	101.0	文教、工美、体育和娱乐用品制造业	99.6
锯材加工	100.6	文教办公用品制造	105.1
单板加工	103.8	教学用模型及教具制造	105.1
人造板制造	99.8	乐器制造	95.4
胶合板制造	101.5	中乐器制造	95.4
纤维板制造	93.7	工艺美术及礼仪用品制造	99.7
刨花板制造	98.3	雕塑工艺品制造	101.5
其他人造板制造	104.8	金属工艺品制造	98.7
木制品制造	101.1	漆器工艺品制造	100.0
木门窗制造	100.0	天然植物纤维编织工艺品制造	103.1
木楼梯制造	100.0	地毯、挂毯制造	97.9

5－12 续表 3

（上年＝100）

项目名称	指 数	项目名称	指 数
珠宝首饰及有关物品制造	102.5	复混肥料制造	95.1
其他工艺美术及礼仪用品制造	99.2	有机肥料及微生物肥料制造	103.0
玩具制造	97.9	农药制造	99.9
电玩具制造	97.9	化学农药制造	98.2
塑胶玩具制造	97.9	生物化学农药及微生物农药制造	115.4
金属玩具制造	97.9	涂料、油墨、颜料及类似产品制造	98.5
弹射玩具制造	97.9	涂料制造	101.3
娃娃玩具制造	97.9	油墨及类似产品制造	99.9
儿童乘骑玩耍的童车类产品制造	97.9	工业颜料制造	94.5
其他玩具制造	97.9	工艺美术颜料制造	94.5
游艺器材及娱乐用品制造	97.8	染料制造	88.6
露天游乐场所游乐设备制造	97.8	密封用填料及类似品制造	107.6
石油、煤炭及其他燃料加工业	91.1	合成材料制造	87.0
精炼石油产品制造	82.2	初级形态塑料及合成树脂制造	91.9
原油加工及石油制品制造	82.2	合成纤维单（聚合）体制造	72.2
煤炭加工	96.9	其他合成材料制造	92.6
炼焦	96.7	专用化学产品制造	93.8
煤制合成气生产	97.2	化学试剂和助剂制造	98.7
煤制液体燃料生产	96.7	专项化学用品制造	92.5
煤制品制造	99.3	林产化学产品制造	111.1
其他煤炭加工	96.7	文化用信息化学品制造	87.3
化学原料和化学制品制造业	94.5	医学生产用信息化学品制造	87.3
基础化学原料制造	94.6	环境污染处理专用药剂材料制造	86.7
无机酸制造	93.3	其他专用化学产品制造	86.5
无机碱制造	76.7	炸药、火工及焰火产品制造	103.6
无机盐制造	114.5	炸药及火工产品制造	103.6
有机化学原料制造	90.2	日用化学产品制造	97.4
其他基础化学原料制造	97.3	肥皂及洗涤剂制造	99.4
肥料制造	95.0	化妆品制造	91.7
氮肥制造	94.0	香料、香精制造	95.9
磷肥制造	92.7	医药制造业	102.6
钾肥制造	88.8	化学药品原料药制造	107.3

5-12 续表 4

（上年 = 100）

项目名称	指 数	项目名称	指 数
化学药品制剂制造	99.7	泡沫塑料制造	94.8
中药饮片加工	98.3	塑料人造革、合成革制造	97.2
中成药生产	102.2	塑料包装箱及容器制造	99.7
兽用药品制造	104.2	人造草坪制造	96.7
生物药品制品制造	100.5	非金属矿物制品业	96.7
生物药品制造	100.5	水泥、石灰和石膏制造	89.7
基因工程药物和疫苗制造	100.5	水泥制造	89.7
卫生材料及医药用品制造	100.0	石膏、水泥制品及类似制品制造	103.1
药用辅料及包装材料	100.0	水泥制品制造	103.3
化学纤维制造业	92.5	石棉水泥制品制造	100.0
纤维素纤维原料及纤维制造	95.5	轻质建筑材料制造	109.8
化纤浆粕制造	100.0	砖瓦、石材等建筑材料制造	96.4
人造纤维(纤维素纤维)制造	94.2	粘土砖瓦及建筑砌块制造	94.6
合成纤维制造	82.4	建筑用石加工	105.5
锦纶纤维制造	80.7	防水建筑材料制造	104.9
涤纶纤维制造	83.9	玻璃制造	103.4
其他合成纤维制造	97.3	平板玻璃制造	109.8
生物基材料制造	95.5	特种玻璃制造	100.0
生物基化学纤维制造	95.5	其他玻璃制造	100.0
生物基、淀粉基新材料制造	95.5	玻璃制品制造	100.1
橡胶和塑料制品业	97.2	技术玻璃制品制造	104.7
橡胶制品业	98.1	日用玻璃制品制造	99.7
轮胎制造	92.9	玻璃包装容器制造	97.3
橡胶板、管、带制造	104.2	制镜及类似品加工	94.4
橡胶零件制造	94.9	玻璃纤维和玻璃纤维增强塑料制品制造	99.7
日用及医用橡胶制品制造	99.7	玻璃纤维及制品制造	98.5
运动场地用塑胶制造	102.3	玻璃纤维增强塑料制品制造	99.9
其他橡胶制品制造	102.3	陶瓷制品制造	102.0
塑料制品业	96.6	建筑陶瓷制品制造	103.0
塑料薄膜制造	95.2	卫生陶瓷制品制造	101.3
塑料板、管、型材制造	97.8	特种陶瓷制品制造	97.2
塑料丝、绳及编织品制造	95.3	日用陶瓷制品制造	100.8

5－12 续表5

（上年＝100）

项目名称	指数	项目名称	指数
耐火材料制品制造	99.0	切削工具制造	100.9
耐火陶瓷制品及其他耐火材料制造	99.0	集装箱及金属包装容器制造	100.2
石墨及其他非金属矿物制品制造	88.9	金属压力容器制造	101.3
石墨及碳素制品制造	69.7	金属包装容器及材料制造	98.5
其他非金属矿物制品制造	97.9	金属丝绳及其制品制造	107.5
黑色金属冶炼和压延加工业	97.2	建筑、安全用金属制品制造	96.9
炼铁	100.6	建筑装饰及水暖管道零件制造	95.1
炼钢	94.7	其他建筑、安全用金属制品制造	100.0
钢压延加工	98.4	搪瓷制品制造	100.0
铁合金冶炼	85.6	搪瓷日用品及其他搪瓷制品制造	100.0
有色金属冶炼和压延加工业	102.3	金属制日用品制造	101.5
常用有色金属冶炼	96.7	金属制餐具和器皿制造	102.3
铜冶炼	103.0	其他金属制日用品制造	99.7
铅锌冶炼	88.7	锻造及其他金属制品制造	99.6
铝冶炼	100.4	黑色金属铸造	100.0
镁冶炼	87.6	锻件及粉末冶金制品制造	97.7
贵金属冶炼	121.9	交通及公共管理用金属标牌制造	100.0
金冶炼	121.9	通用设备制造业	100.9
银冶炼	121.9	锅炉及原动设备制造	100.0
稀有稀土金属冶炼	86.0	锅炉及辅助设备制造	100.1
钨钼冶炼	86.0	内燃机及配件制造	100.0
有色金属合金制造	101.5	金属加工机械制造	101.4
有色金属压延加工	101.1	金属切削机床制造	101.3
铜压延加工	102.5	金属成形机床制造	97.8
铝压延加工	100.7	铸造机械制造	100.5
稀有稀土金属压延加工	100.0	其他金属加工机械制造	105.2
其他有色金属压延加工	103.5	物料搬运设备制造	99.1
金属制品业	100.9	轻小型起重设备制造	100.7
结构性金属制品制造	101.4	生产专用起重机制造	98.6
金属结构制造	100.6	生产专用车辆制造	100.0
金属门窗制造	102.4	连续搬运设备制造	102.5
金属工具制造	100.9	电梯、自动扶梯及升降机制造	100.0

5－12 续表6

（上年＝100）

项目名称	指 数	项目名称	指 数
客运索道制造	104.3	石油钻采专用设备制造	99.8
机械式停车设备制造	104.3	深海石油钻探设备制造	99.8
其他物料搬运设备制造	104.3	建筑工程用机械制造	102.4
泵、阀门、压缩机及类似机械制造	106.5	建筑材料生产专用机械制造	101.3
泵及真空设备制造	106.0	冶金专用设备制造	100.9
气体压缩机械制造	99.7	隧道施工专用机械制造	102.4
阀门和旋塞制造	110.4	化工、木材、非金属加工专用设备制造	99.1
液压动力机械及元件制造	97.5	炼油、化工生产专用设备制造	98.7
液力动力机械元件制造	97.5	模具制造	99.4
气压动力机械及元件制造	97.5	食品、饮料、烟草及饲料生产专用设备制造	100.3
轴承、齿轮和传动部件制造	100.5	食品、酒、饮料及茶生产专用设备制造	99.6
滚动轴承制造	101.3	农副食品加工专用设备制造	100.4
滑动轴承制造	101.3	烟草生产专用设备制造	100.0
齿轮及齿轮减、变速箱制造	99.5	印刷、制药、日化及日用品生产专用设备制造	99.8
烘炉、风机、包装等设备制造	99.6	制浆和造纸专用设备制造	100.1
风机、风扇制造	99.9	制药专用设备制造	96.5
气体、液体分离及纯净设备制造	99.5	其他日用品生产专用设备制造	102.9
制冷、空调设备制造	99.2	纺织、服装和皮革加工专用设备制造	99.7
包装专用设备制造	105.3	纺织专用设备制造	99.7
文化、办公用机械制造	100.0	电子和电工机械专用设备制造	98.2
其他文化、办公用机械制造	100.0	电工机械专用设备制造	98.2
通用零部件制造	97.2	农、林、牧、渔专用机械制造	98.2
金属密封件制造	99.8	拖拉机制造	100.7
紧固件制造	100.6	机械化农业及园艺机具制造	99.5
弹簧制造	93.3	畜牧机械制造	93.9
机械零部件加工	97.3	农林牧渔机械配件制造	92.9
其他通用设备制造	106.1	医疗仪器设备及器械制造	105.7
增材制造装备制造	106.1	医疗、外科及兽医用器械制造	105.8
其他未列明通用设备制造业	106.1	机械治疗及病房护理设备制造	101.6
专用设备制造业	101.5	环保、邮政、社会公共服务及其他专用设备制造	117.8
采矿、冶金、建筑专用设备制造	100.6	环境保护专用设备制造	122.0
矿山机械制造	100.1	社会公共安全设备及器材制造	97.8

5－12　续表 7

（上年＝100）

项目名称	指数	项目名称	指数
水资源专用机械制造	100.0	电线、电缆制造	101.0
汽车制造业	98.4	光纤制造	98.5
汽车整车制造	98.4	光缆制造	98.5
汽柴油车整车制造	98.4	绝缘制品制造	99.6
新能源车整车制造	98.4	其他电工器材制造	96.9
汽车用发动机制造	98.4	电池制造	93.4
改装汽车制造	91.3	锂离子电池制造	90.3
低速汽车制造	100.0	铅蓄电池制造	97.7
汽车车身、挂车制造	100.6	锌锰电池制造	97.7
汽车零部件及配件制造	98.8	其他电池制造	97.7
铁路、船舶、航空航天和其他运输设备制造业	101.1	家用电力器具制造	94.2
铁路运输设备制造	101.8	家用制冷电器具制造	93.5
高铁设备、配件制造	108.3	家用空气调节器制造	99.4
铁路机车车辆配件制造	108.3	家用厨房电器具制造	96.0
铁路专用设备及器材、配件制造	98.8	非电力家用器具制造	96.3
船舶及相关装置制造	100.0	燃气及类似能源家用器具制造	96.3
金属船舶制造	100.0	太阳能器具制造	96.3
摩托车制造	101.6	照明器具制造	91.9
摩托车整车制造	101.6	照明灯具制造	88.6
助动车制造	99.6	舞台及场地用灯制造	88.6
电气机械和器材制造业	97.2	智能照明器具制造	103.2
电机制造	95.1	灯用电器附件及其他照明器具制造	103.2
发电机及发电机组制造	101.0	其他电气机械及器材制造	103.2
电动机制造	92.5	电气信号设备装置制造	100.3
输配电及控制设备制造	99.7	其他未列明电气机械及器材制造	109.5
变压器、整流器和电感器制造	98.4	计算机、通信和其他电子设备制造业	91.0
电容器及其配套设备制造	98.9	计算机制造	98.6
配电开关控制设备制造	102.4	计算机零部件制造	97.4
电力电子元器件制造	100.0	工业控制计算机及系统制造	100.0
光伏设备及元器件制造	84.2	信息安全设备制造	100.0
其他输配电及控制设备制造	97.1	其他计算机制造	100.0
电线、电缆、光缆及电工器材制造	100.3	通信设备制造	88.8

5－12 续表8

（上年＝100）

项目名称	指 数	项目名称	指 数
通信系统设备制造	99.8	电子测量仪器制造	100.9
通信终端设备制造	88.7	光学仪器制造	97.2
广播电视设备制造	81.7	衡器制造	77.6
应用电视设备及其他广播电视设备制造	81.7	其他仪器仪表制造业	97.5
智能消费设备制造	98.3	其他制造业	98.8
可穿戴智能设备制造	98.3	日用杂品制造	101.2
智能车载设备制造	98.3	鬃毛加工、制刷及清扫工具制造	97.8
其他智能消费设备制造	98.3	其他日用杂品制造	103.0
电子器件制造	84.9	其他未列明制造业	95.8
半导体分立器件制造	102.4	金属制品、机械和设备修理业	100.0
显示器件制造	84.3	铁路、船舶、航空航天等运输设备修理	100.0
半导体照明器件制造	84.3	铁路运输设备修理	100.0
光电子器件制造	84.3	电力、热力生产和供应业	100.1
其他电子器件制造	84.3	电力生产	101.5
电子元件及电子专用材料制造	103.7	火力发电	101.7
电阻电容电感元件制造	103.7	热电联产	101.7
敏感元件及传感器制造	103.7	水力发电	99.6
电声器件及零件制造	103.7	生物质能发电	100.0
电子专用材料制造	103.7	其他电力生产	100.0
其他电子元件制造	103.7	电力供应	99.2
其他电子设备制造	98.3	热力生产和供应	99.3
仪器仪表制造业	99.7	燃气生产和供应业	98.2
通用仪器仪表制造	102.1	燃气生产和供应业	98.2
电工仪器仪表制造	104.6	天然气生产和供应业	98.2
绘图、计算及测量仪器制造	104.0	液化石油气生产和供应业	98.2
实验分析仪器制造	97.1	煤气生产和供应业	98.2
供应用仪器仪表制造	100.0	生物质燃气生产和供应业	98.2
其他通用仪器制造	100.0	水的生产和供应业	103.1
专用仪器仪表制造	100.9	自来水生产和供应	101.5
环境监测专用仪器仪表制造	100.7	污水处理及其再生利用	109.2

5－13 各月分类工业生产者购进价格同比指数(2020 年)

(上年同期＝100)

项目名称	全年	1 月	2 月	3 月	4 月	5 月	6 月
总指数	**99.4**	**101.7**	**101.9**	**101.3**	**98.9**	**97.9**	**97.6**
按初级中间最终产品分							
初级产品	99.5	102.0	101.5	100.2	98.4	96.7	97.3
农产品	104.4	108.1	107.5	107.0	106.4	105.1	105.2
矿产品	94.1	95.6	95.3	93.3	90.3	88.1	89.2
废料	103.4	105.4	104.4	103.3	100.9	100.5	101.7
中间产品	99.4	101.5	102.0	101.7	99.1	98.4	97.7
九大类原材料购进价格指数							
燃料、动力类	93.0	96.4	97.4	97.4	90.9	87.9	88.4
黑色金属材料类	100.7	103.2	101.7	100.6	98.3	97.5	98.3
钢材	99.6	100.2	100.7	100.2	98.2	97.9	98.1
其它	102.3	106.9	102.8	101.1	98.4	97.1	98.9
有色金属材料及电线类	97.6	95.9	95.1	93.0	92.5	92.8	93.7
化工原料类	93.3	94.0	94.3	93.4	91.3	90.7	91.1
木材及纸浆类	97.6	99.6	100.4	101.3	97.4	93.8	94.3
建筑材料类及非金属类	104.7	111.0	112.8	111.8	108.1	107.6	104.0
其它工业原材料及半成品类	101.8	103.5	103.7	103.6	102.6	102.5	101.3
农副产品类	104.4	108.2	107.5	107.1	106.5	105.2	105.3
纺织原料类	97.4	97.6	97.9	96.6	96.6	95.4	96.8

5－13 续表

(上年同期＝100)

项目名称	7 月	8 月	9 月	10 月	11 月	12 月
总指数	**98.2**	**98.9**	**99.0**	**98.9**	**98.7**	**100.2**
按初级中间最终产品分						
初级产品	98.2	99.3	99.0	98.9	99.3	102.7
农产品	106.6	105.2	101.9	100.0	99.1	101.9
矿产品	89.5	93.2	95.6	97.3	99.1	103.2
废料	103.3	102.7	103.3	103.8	104.7	106.7
中间产品	98.2	98.8	99.0	98.9	98.5	99.2
九大类原材料购进价格指数						
燃料、动力类	90.1	90.6	92.2	92.3	95.2	96.9
黑色金属材料类	96.6	98.1	102.1	102.6	103.7	106.5
钢材	98.7	97.9	99.3	99.9	100.9	103.0
其它	94.6	98.7	105.9	106.2	107.3	111.1
有色金属材料及电线类	95.7	102.6	101.1	101.9	102.7	104.9
化工原料类	90.8	93.2	93.6	93.9	95.8	97.7
木材及纸浆类	96.7	97.5	98.2	97.7	97.6	97.1
建筑材料类及非金属类	102.5	100.1	100.7	101.4	99.6	99.0
其它工业原材料及半成品类	101.8	101.6	101.4	101.0	98.7	99.7
农副产品类	106.7	105.2	101.9	99.9	99.0	101.9
纺织原料类	96.5	97.1	97.2	99.6	98.9	99.3

5－14　各月分类工业生产者购进价格环比指数(2020 年)

(上月＝100)

项目名称	全年	1 月	2 月	3 月	4 月	5 月	6 月
总指数	**100.2**	**99.8**	**99.9**	**99.5**	**97.9**	**98.9**	**100.2**
按初级中间最终产品分							
初级产品	102.7	100.1	99.7	99.3	98.2	98.3	100.7
农产品	101.9	100.0	99.3	100.0	99.5	98.9	100.4
矿产品	103.2	100.2	100.1	98.6	96.7	97.6	101.1
废料	106.7	100.3	100.0	98.6	98.1	100.0	101.9
中间产品	99.2	99.6	100.0	99.6	97.8	99.1	100.0
九大类原材料购进价格指数							
燃料、动力类	96.9	100.2	100.2	100.0	93.3	96.3	100.5
黑色金属材料类	106.5	99.2	100.0	99.6	98.5	99.9	102.0
钢材	103.0	99.5	100.0	99.4	98.6	99.7	100.1
其它	111.1	98.8	100.0	100.0	98.3	100.2	104.5
有色金属材料及电线类	104.9	100.2	99.3	98.3	98.2	99.8	101.9
化工原料类	97.7	99.6	100.1	98.8	97.6	98.3	99.3
木材及纸浆类	97.1	98.0	100.4	101.0	97.2	97.5	100.2
建筑材料类及非金属类	99.0	100.0	99.8	99.5	98.9	100.0	98.9
其它工业原材料及半成品类	99.7	99.5	100.2	99.5	99.1	99.9	99.6
农副产品类	101.9	100.0	99.3	100.0	99.6	98.9	100.3
纺织原料类	99.3	100.5	100.1	99.0	100.2	98.3	100.5

5－14　续表　(上月＝100)

项目名称	7 月	8 月	9 月	10 月	11 月	12 月
总指数	**100.6**	**100.9**	**100.4**	**100.4**	**100.7**	**101.1**
按初级中间最终产品分						
初级产品	101.5	101.5	100.2	100.3	100.6	102.3
农产品	101.5	100.7	99.4	99.7	100.9	101.7
矿产品	101.4	102.5	101.0	100.9	100.2	103.1
废料	101.4	101.1	101.3	101.0	100.7	102.2
中间产品	100.2	100.6	100.5	100.4	100.7	100.6
九大类原材料购进价格指数						
燃料、动力类	101.0	99.4	100.7	100.7	102.3	102.7
黑色金属材料类	100.7	101.8	101.5	100.4	99.7	103.0
钢材	100.4	100.8	101.1	100.7	100.8	101.8
其它	101.1	103.0	102.0	100.0	98.4	104.5
有色金属材料及电线类	102.4	104.7	99.7	99.7	99.7	101.1
化工原料类	99.5	101.9	100.7	100.7	101.1	100.2
木材及纸浆类	101.0	100.3	101.6	100.2	100.6	99.1
建筑材料类及非金属类	98.8	100.2	101.1	100.9	100.4	100.5
其它工业原材料及半成品类	100.2	100.1	100.2	100.5	100.3	100.4
农副产品类	101.5	100.7	99.4	99.7	100.9	101.7
纺织原料类	99.8	99.9	100.0	100.5	100.1	100.3

5-15 各月分类工业生产者购进价格定基指数(2020年)

(2015年=100)

项目名称	全年	1月	2月	3月	4月	5月	6月
总指数	**111.4**	**113.2**	**113.1**	**112.6**	**110.2**	**109.0**	**109.2**
按初级中间最终产品分							
初级产品	114.9	116.2	115.8	115.0	112.9	111.0	111.9
农产品	107.1	107.6	106.8	106.8	106.3	105.1	105.5
矿产品	121.3	123.8	123.9	122.2	118.1	115.3	116.5
废料	115.3	114.5	114.5	112.9	110.7	110.8	112.9
中间产品	110.0	112.0	112.0	111.6	109.1	108.2	108.2
九大类原材料购进价格指数							
燃料、动力类	107.5	114.1	114.3	114.3	106.7	102.7	103.2
黑色金属材料类	128.5	126.5	126.5	126.1	124.1	124.1	126.5
钢材	113.8	114.1	114.1	113.4	111.9	111.6	111.7
其它	149.6	143.7	143.7	143.6	141.2	141.5	147.9
有色金属材料及电线类	120.2	119.6	118.7	116.7	114.6	114.4	116.6
化工原料类	99.4	102.6	102.7	101.5	99.0	97.3	96.7
木材及纸浆类	105.7	107.0	107.4	108.5	105.5	102.8	103.1
建筑材料类及非金属类	130.4	133.0	132.7	132.0	130.5	130.5	129.0
其它工业原材料及半成品类	106.4	107.1	107.4	106.9	105.9	105.8	105.4
农副产品类	107.0	107.6	106.8	106.8	106.3	105.1	105.5
纺织原料类	99.4	100.8	100.9	99.9	100.1	98.4	98.9

5-15 续表 (2015年=100)

项目名称	7月	8月	9月	10月	11月	12月
总指数	**109.8**	**110.8**	**111.2**	**111.6**	**112.4**	**113.7**
按初级中间最终产品分						
初级产品	113.5	115.2	115.4	115.8	116.5	119.2
农产品	107.1	107.8	107.2	106.9	107.9	109.7
矿产品	118.2	121.1	122.3	123.4	123.7	127.5
废料	114.5	115.7	117.2	118.4	119.3	121.9
中间产品	108.4	109.0	109.6	110.0	110.8	111.5
九大类原材料购进价格指数						
燃料、动力类	104.2	103.5	104.2	105.0	107.5	110.3
黑色金属材料类	127.4	129.7	131.6	132.2	131.8	135.7
钢材	112.1	113.0	114.2	115.1	116.0	118.0
其它	149.4	153.9	157.0	157.0	154.6	161.6
有色金属材料及电线类	119.4	125.0	124.6	124.2	123.8	125.2
化工原料类	96.2	98.0	98.7	99.3	100.4	100.6
木材及纸浆类	104.1	104.5	106.1	106.4	107.0	106.0
建筑材料类及非金属类	127.5	127.7	129.2	130.3	130.8	131.5
其它工业原材料及半成品类	105.7	105.8	106.0	106.5	106.8	107.3
农副产品类	107.1	107.8	107.2	106.9	107.8	109.7
纺织原料类	98.6	98.6	98.6	99.1	99.2	99.5

5－16 工业生产者购进价格完整同比指数(2020 年)

(上年＝100)

项目名称	指 数	项目名称	指 数
农业	101.6	香味料	100.0
谷物种植	102.7	茶及其他饮料作物种植	96.9
稻谷种植	105.1	中药材种植	106.3
小麦种植	102.0	其他农业	95.9
玉米种植	104.0	林业	96.9
其他谷物种植	101.0	木材和竹材采运	100.9
谷子	106.3	木材采运	100.9
高粱	103.2	针叶原木	101.3
大麦	91.1	非针叶原木	101.0
谷物茎、秆、根	101.3	其他木材	100.9
豆类、油料和薯类种植	108.0	林产品采集	95.9
豆类种植	108.5	木竹材林产品采集	92.5
大豆	108.4	非木竹材林产品采集	96.2
其他豆类及豆秸	111.9	天然橡胶	97.1
油料种植	108.5	天然树脂、树胶、栲胶原料	89.0
花生	111.2	畜牧业	109.1
油菜籽	103.4	牲畜饲养	120.6
芝麻	95.7	牛的饲养	101.9
薯类种植	100.0	猪的饲养	130.0
木薯	100.0	羊的饲养	82.1
棉、麻、糖、烟草种植	94.4	家禽饲养	87.6
棉花种植	93.0	鸡的饲养	83.0
麻类种植	99.3	鸭的饲养	93.1
烟草种植	104.2	农、林、牧、渔服务业	94.8
蔬菜、食用菌及园艺作物种植	97.2	农业服务业	94.8
蔬菜种植	96.7	农产品初加工服务	94.8
食用菌种植	97.2	煤炭开采和洗选业	91.4
水果种植	97.8	烟煤和无烟煤开采洗选	91.5
仁果类和核果类水果种植	100.0	无烟煤	94.5
其他水果种植	97.2	烟煤	91.0
坚果、含油果、香料和饮料作物种植	98.2	洗煤	88.4
坚果种植	81.7	筛选煤	92.5
香料作物种植	102.1	其他煤炭采选	86.8
调味香料	103.0	石油和天然气开采业	77.9

5-16 续表 1

（上年=100）

项目名称	指 数	项目名称	指 数
石油开采	77.1	耐火土石开采	95.2
原油	77.1	耐火粘土	98.3
天然气开采	92.7	萤石	90.7
黑色金属矿采选业	103.5	其他耐火土石类	99.9
铁矿采选	103.7	粘土及其他土砂石开采	98.1
铁矿石成品矿	103.4	粘土	105.1
铁矿石原矿	117.7	砂石	92.6
锰矿、铬矿采选	92.7	其他粘土及其他土砂石	96.9
铬矿石	92.7	化学矿开采	92.5
有色金属矿采选业	95.1	磷矿石	93.8
常用有色金属矿采选	92.4	其他化学矿	90.0
铜矿采选	104.8	采盐	93.3
铅锌矿采选	93.6	海盐	94.1
镍钴矿采选	100.3	井盐	92.7
镍矿	100.3	其他采盐	90.3
铝矿采选	87.9	石棉及其他非金属矿采选	98.8
镁矿采选	80.3	石墨、滑石采选	100.1
其他常用有色金属矿采选	101.9	石墨	96.2
钛矿	101.5	滑石	100.2
其他常用有色金属矿	112.4	其他未列明非金属矿采选	98.4
贵金属矿采选	118.5	农副食品加工业	107.0
金矿采选	118.5	谷物磨制	99.5
稀有稀土金属矿采选	92.4	小麦粉	98.8
钨钼矿采选	92.3	小麦专用粉	101.0
钼矿	92.3	大米	99.8
其他稀有金属矿采选	94.2	其他谷物磨制产品	102.6
非金属矿采选业	96.8	饲料加工	106.6
土砂石开采	97.1	浓缩饲料	99.9
石灰石、石膏开采	94.7	混合饲料	110.9
石灰石	95.1	预混合饲料	103.4
石膏类	88.2	其他饲料加工	107.4
建筑装饰用石开采	105.4	植物油加工	103.2
天然大理石荒料	109.6	食用植物油加工	102.9
天然花岗石荒料	105.1	毛油（初榨植物油）	108.9

5-16 续表 2

（上年=100）

项目名称	指 数	项目名称	指 数
精制食用植物油	109.7	食用盐	89.7
其他食用植物油	101.4	非食用盐	95.9
非食用植物油加工	104.0	食品及饲料添加剂制造	100.0
制糖业	100.9	食品添加剂	100.0
原糖	101.6	酒、饮料和精制茶制造业	100.5
成品糖	99.8	酒的制造	102.1
加工糖	100.6	酒精制造	103.3
屠宰及肉类加工	120.2	白酒制造	94.4
牲畜屠宰	122.6	啤酒制造	93.1
鲜、冷藏肉	122.6	葡萄酒制造	101.3
禽类屠宰	86.2	其他酒制造	100.8
肉制品及副产品加工	103.0	饮料制造	100.0
动物肠衣	103.0	果菜汁及果菜汁饮料制造	99.1
水产品加工	103.7	固体饮料制造	102.1
水产饲料制造	103.7	精制茶加工	99.3
蔬菜、水果和坚果加工	101.3	精制茶	99.3
蔬菜加工	99.1	纺织业	97.4
水果和坚果加工	101.7	棉纺织及印染精加工	97.2
其他农副食品加工	101.3	棉纺纱加工	95.5
淀粉及淀粉制品制造	98.7	已梳皮棉	94.7
豆制品制造	102.4	纱	98.0
蛋品加工	96.9	线	94.9
其他未列明农副食品加工	106.5	棉织造加工	102.2
食品制造业	94.5	布	102.7
乳制品制造	96.4	其他棉织造加工	98.3
液体乳	95.2	毛纺织及染整精加工	97.4
固体及半固体乳制品	101.8	毛条和毛纱线加工	99.0
调味品、发酵制品制造	100.2	毛织造加工	97.0
味精制造	104.4	毛机织物(呢绒)	97.0
其他调味品、发酵制品制造	99.4	丝绢纺织及印染精加工	100.4
复合调味品	104.3	缫丝加工	100.4
发酵类制品	98.5	绢纺和丝织加工	102.7
其他食品制造	92.4	蚕丝及交织机织物	105.6
盐加工	91.5	其他绢纺和丝织加工	100.3

5-16 续表 3

（上年=100）

项目名称	指 数	项目名称	指 数
非家用纺织制成品制造	99.9	废纸纸浆	100.1
纺织带和帘子布制造	99.9	化学溶解浆及其他纸浆	86.1
帘子布	100.1	造纸	97.2
其他纺织带和帘子布	97.8	机制纸及纸板制造	97.2
皮革、毛皮、羽毛及其制品和制鞋业	99.4	未涂布印刷书写用纸	99.2
皮革鞣制加工	99.1	新闻纸	89.7
成品革	99.2	其他机制纸及纸板	97.4
其他皮革	98.3	加工纸制造	100.0
毛皮鞣制及制品加工	99.4	纸制品制造	101.0
毛皮鞣制加工	99.4	纸和纸板容器制造	101.5
羽毛(绒)加工及制品制造	101.1	其他纸制品制造	100.0
羽毛(绒)加工	101.1	其他纸制品	100.0
制鞋业	82.5	石油加工、炼焦和核燃料加工业	89.8
橡胶鞋制造	82.5	精炼石油产品制造	87.9
木材加工和木、竹、藤、棕、草制品业	97.7	原油加工及石油制品制造	87.9
木材加工	97.7	汽油	89.7
锯材加工	98.5	柴油	95.4
木片加工	97.0	润滑油基础油	99.9
其他木材加工	97.0	燃料油	97.0
人造板制造	99.2	石脑油	69.8
胶合板制造	100.0	溶剂油	83.9
纤维板制造	100.1	石油液化气	100.1
刨花板制造	97.3	石油焦	91.7
木制品制造	89.3	石油沥青	93.2
木门窗、楼梯制造	89.2	白色油	82.0
地板制造	98.0	其它原油加工及石油制品制造	100.0
复合木地板	98.0	炼焦	92.3
竹、藤、棕、草等制品制造	99.8	焦炭	92.8
竹制品制造	99.8	煤焦油	77.0
造纸和纸制品业	97.2	化学原料和化学制品制造业	91.4
纸浆制造	96.6	基础化学原料制造	92.0
木竹浆制造	92.4	无机酸制造	75.7
非木竹浆制造	98.0	硫酸	72.1
非木材纤维纸浆	95.0	盐酸	100.0

5－16　续表 4

（上年＝100）

项目名称	指 数	项目名称	指 数
其它无机酸产品	66.3	金属氧化物	96.9
无机碱制造	85.0	气体及稀有气体	102.5
烧碱	76.3	硫磺	76.2
纯碱类	93.6	磷	96.7
其它无机碱产品	91.7	其他未列明基础化学原料	99.0
无机盐制造	94.2	肥料制造	92.4
非金属卤化物及硫化物	86.6	氮肥制造	91.7
金属硫化物及硫酸盐	90.0	氮肥（折含 N100%）	91.7
金属硝酸盐、亚硝酸盐	99.0	磷肥制造	92.7
金属氧化物酸盐、金属过氧化物酸盐	76.2	钾肥制造	95.3
磷化物、金属磷酸盐	94.3	复混肥料制造	96.3
氟化物及其盐	89.4	农药制造	97.6
氯化物及其盐	105.2	化学农药制造	97.6
氯氧化物及氢氧基氯化物	96.5	杀虫（杀螨）用原药及制剂	96.7
氰化物、氧氰化物及氰络合物	76.0	其他化学农药	117.1
硅化物及硅酸盐	107.5	涂料、油墨、颜料及类似产品制造	97.2
碳化物及碳酸盐	95.0	涂料制造	96.2
贵金属化合物	120.1	水性涂料	96.2
有机化学原料制造	91.9	油墨及类似产品制造	98.3
链烯烃	83.1	印刷油墨	99.3
芳烃	99.1	其它油墨及类似产品制造	82.0
无环烃饱和氯化衍生物	85.3	颜料制造	103.1
烃磺化、硝化或亚硝化衍生物	73.1	无机颜料	103.1
无环醇及其衍生物	95.1	合成材料制造	89.3
酚	80.6	初级形态塑料及合成树脂制造	95.7
羧酸及其衍生物	94.4	合成橡胶制造	89.2
氨基化合物	95.1	顺丁橡胶	86.2
含氮基化合物	99.3	丁苯橡胶	90.1
醚	99.5	丁腈橡胶	98.2
醛	78.6	氯丁橡胶	100.0
酮	140.8	其他合成橡胶	98.0
其他有机化学原料	86.9	合成纤维单（聚合）体制造	76.7
其他基础化学原料制造	94.9	合成纤维单体	76.6
非金属无机氧化物	91.7	合成纤维聚合物	84.3

5-16 续表5

（上年=100）

项目名称	指 数	项目名称	指 数
其他合成材料制造	82.3	制剂用辅料及附加剂	103.3
油脂类高分子聚合物	82.3	其他化学药品原料药	100.2
专用化学产品制造	86.7	中成药生产	109.9
化学试剂和助剂制造	94.9	其他中成药	109.9
化学试剂	95.4	兽用药品制造	96.6
催化剂及载体	105.1	兽用药品	96.6
橡胶助剂	94.5	生物药品制造	99.6
炭黑	100.9	生物制剂	99.4
其他化学试剂和助剂	93.7	血液制品制剂	99.7
林产化学产品制造	95.0	化学纤维制造业	89.4
松香类产品	97.1	纤维素纤维原料及纤维制造	88.7
其他林产化学产品	92.8	化纤浆粕制造	77.9
信息化学品制造	82.6	人造纤维（纤维素纤维）制造	99.1
电子半导体材料	82.6	人造纤维短纤维	99.1
其他专用化学产品制造	96.3	合成纤维制造	89.4
炸药、火工及焰火产品制造	100.1	锦纶纤维制造	102.7
炸药及火工产品制造	100.1	涤纶纤维制造	89.2
炸药	100.2	其他合成纤维制造	97.2
火工产品	100.0	橡胶和塑料制品业	97.9
日用化学产品制造	99.9	橡胶制品业	101.7
香料、香精制造	99.9	轮胎制造	100.3
香料	100.0	斜交轮胎外胎	98.0
香精	99.8	橡胶内胎	100.6
医药制造业	99.8	日用及医用橡胶制品制造	103.2
化学药品原料药制造	99.5	医疗、卫生用橡胶制品	103.2
抗菌素（抗感染药）	103.5	其他橡胶制品制造	105.0
消化系统用药	100.0	硬质橡胶及其制品	105.0
解热镇痛药	100.0	塑料制品业	96.2
维生素类	61.5	塑料薄膜制造	98.7
中枢神经系统用药	98.0	聚乙烯（PE）塑料薄膜	99.1
激素类药	96.8	聚丙烯（PP）塑料薄膜	96.1
心血管系统用药	100.7	聚氯乙烯（PVC）塑料薄膜	93.5
呼吸系统用药	85.9	聚酯塑料薄膜	98.6
调解水、电解质、酸碱平衡药	91.0	其他塑料薄膜	99.1

5－16 续表6

（上年＝100）

项目名称	指 数	项目名称	指 数
塑料板、管、型材制造	90.5	光学玻璃制造	101.1
塑料板、片	90.5	光学仪器用玻璃	100.2
塑料丝、绳及编织品制造	100.1	信号玻璃器及其他玻璃制光学元件	106.2
塑料编织布	100.0	日用玻璃制品制造	100.0
塑料单丝	100.3	玻璃包装容器制造	99.9
泡沫塑料制造	95.7	玻璃纤维和玻璃纤维增强塑料制品制造	85.8
聚乙烯泡沫塑料	79.0	玻璃纤维及制品制造	85.8
聚氨酯泡沫塑料	97.0	玻璃纤维工业用玻璃球	87.3
塑料人造革、合成革制造	100.1	玻璃纤维增强塑料制品制造	100.3
塑料人造革	100.1	陶瓷制品制造	101.2
塑料包装箱及容器制造	96.7	特种陶瓷制品制造	101.4
塑料容器	96.7	功能陶瓷制品	101.4
其他塑料制品制造	94.4	日用陶瓷制品制造	99.3
塑料粒料	89.7	耐火材料制品制造	122.8
其他未列明塑料制品	98.4	石棉制品制造	88.2
非金属矿物制品业	107.0	耐火陶瓷制品及其他耐火材料制造	125.1
水泥、石灰和石膏制造	95.5	致密定形耐火制品	96.8
水泥制造	94.0	隔热耐火制品	151.8
通用硅酸盐水泥	93.7	其他耐火材料制品	93.0
专用水泥	87.0	石墨及其他非金属矿物制品制造	100.6
硅酸盐水泥熟料	96.0	石墨及碳素制品制造	89.8
石灰和石膏制造	101.0	石墨制品	93.2
石灰	100.1	炭制品	83.3
熟石膏	101.7	炭素新材料	98.5
砖瓦、石材等建筑材料制造	121.0	其他石墨及碳素产品	101.0
其他建筑材料制造	121.0	其他非金属矿物制品制造	105.6
玻璃制造	106.0	磨具	100.9
平板玻璃制造	107.2	磨料	101.2
浮法玻璃	107.4	其他非金属矿物制品	110.2
压延玻璃	100.0	黑色金属冶炼和压延加工业	99.5
其他玻璃制造	98.4	炼铁	102.3
玻璃制品制造	100.0	生铁	102.3
技术玻璃制品制造	100.0	其他炼铁产品	100.0
夹层玻璃	100.0	炼钢	98.4

5－16 续表 7

（上年＝100）

项目名称	指 数	项目名称	指 数
非合金钢粗钢	98.2	铜冶炼	98.9
低合金钢粗钢	97.5	粗铜	97.9
合金钢粗钢	101.2	精炼铜（电解铜）	100.4
不锈钢粗钢	99.4	铅锌冶炼	89.1
其他炼钢	98.3	铅	87.2
黑色金属铸造	99.0	锌	90.0
铸铁件	99.1	镍钴冶炼	100.2
铸钢件	98.9	镍	100.2
钢压延加工	99.8	铝冶炼	92.3
非合金钢钢坯	101.4	氧化铝	89.7
低合金钢钢坯	130.2	原铝（电解铝）	95.8
合金钢钢坯	96.6	再生铝	99.4
大型型钢	97.7	镁冶炼	87.1
中小型型钢	96.3	其他常用有色金属冶炼	101.1
钢筋	93.8	碱金属及碱土金属	101.1
棒材	98.2	贵金属冶炼	121.9
线材（盘条）	96.4	金冶炼	121.9
特厚板	101.2	冶炼产金	121.9
厚钢板	98.5	银冶炼	119.8
中板	99.2	再生银	119.8
热轧薄板	98.9	稀有稀土金属冶炼	108.2
冷轧薄板	99.9	钨钼冶炼	91.2
中厚宽钢带	104.0	钨	99.9
冷轧薄宽钢带	99.9	钼	82.5
热轧窄钢带	99.2	稀土金属冶炼	108.4
冷轧窄钢带	93.5	混合稀土金属	108.4
镀层板带	99.3	有色金属合金制造	101.9
无缝钢管	94.1	铝合金	100.0
焊接钢管	99.4	镁合金	100.0
其他钢材	96.8	稀土金属合金	100.0
铁合金冶炼	97.3	其他有色金属合金	109.7
普通铁合金	97.4	有色金属铸造	101.2
有色金属冶炼和压延加工业	99.1	有色金属压延加工	99.4
常用有色金属冶炼	93.4	铜压延加工	97.2

5－16 续表8

（上年＝100）

项目名称	指 数	项目名称	指 数
铝压延加工	99.8	内燃机及配件制造	98.1
铝棒材	101.6	其他内燃机	98.1
铝型材	100.3	泵、阀门、压缩机及类似机械制造	99.7
铝板材	99.2	泵及真空设备制造	84.5
铝箔材	100.0	动力式泵	84.5
其他铝材及附件	96.9	气体压缩机械制造	99.7
铝盘条、铝粉及片状粉末	103.1	冰箱压缩机	99.7
稀有稀土金属压延加工	80.5	其他气体压缩机械及零件	98.8
钼加工材	80.5	阀门和旋塞制造	100.8
其他有色金属压延加工	103.3	阀门	100.8
铅压延加工材	100.0	液压和气压动力机械及元件制造	111.9
锌压延加工材	115.5	液压元件	111.9
镁、钛及其他相关常用有色金属加工材	97.9	轴承、齿轮和传动部件制造	100.0
金属制品业	99.0	轴承制造	99.9
集装箱及金属包装容器制造	97.1	轴承零配件	99.9
金属包装容器制造	97.1	齿轮及齿轮减、变速箱制造	100.8
钢铁制包装容器	96.9	齿轮	101.0
其他金属包装容器	101.5	齿轮传动装置（齿轮箱）	99.6
金属丝绳及其制品制造	99.5	其他传动部件制造	100.0
铁丝	94.9	其他齿轮、传动和驱动部件及零件	100.0
钢丝	96.9	烘炉、风机、衡器、包装等设备制造	98.9
铜丝	101.0	制冷、空调设备制造	98.9
钢丝绳	106.9	制冷、空调设备零部件	98.9
其他金属丝绳及其制品	100.1	通用零部件制造	95.8
建筑、安全用金属制品制造	107.4	其他通用零部件制造	86.7
安全、消防用金属制品制造	107.4	汽车制造业	97.5
其他安全、消防用金属制品	107.4	汽车零部件及配件制造	97.5
其他金属制品制造	98.2	机动车（汽车）零配件	99.6
锻件及粉末冶金制品制造	98.0	汽车底盘、车架、车身及其零配件	94.8
锻件	98.0	铁路、船舶、航空航天和其他运输设备制造业	99.8
其他未列明金属制品制造	98.3	铁路运输设备制造	99.9
其他未列明的金属制品制造	98.3	铁路机车车辆配件制造	99.9
通用设备制造业	98.2	铁路机车转向架、轴、轮	100.0
锅炉及原动设备制造	98.1	铁道车辆用制动装置及其零件	99.8

5－16 续表9

（上年＝100）

项目名称	指 数	项目名称	指 数
摩托车制造	100.9	铅酸蓄电池	99.9
摩托车零部件及配件制造	100.9	照明器具制造	100.0
自行车制造	96.7	电光源制造	100.0
助动自行车制造	96.7	其他电光源、灯具零件	100.0
助动自行车零件	96.7	计算机、通信和其他电子设备制造业	95.8
电气机械和器材制造业	99.4	计算机制造	100.0
电机制造	99.4	计算机整机制造	100.0
发电机及发电机组制造	99.3	微型计算机设备	100.0
直流发电机	100.8	通信设备制造	90.8
电机及发电机组专用零件	99.2	通信系统设备制造	90.8
电动机制造	99.3	通信传输设备零件	90.3
交流电动机	97.0	电子器件制造	99.9
交直流两用电动机	100.8	半导体分立器件制造	100.0
其他电机及零件	100.2	传感器	100.0
微电机及其他电机制造	101.8	集成电路制造	104.7
驱动微电机	101.8	集成电路成品	104.8
输配电及控制设备制造	100.0	其他集成电路	102.6
变压器、整流器和电感器制造	99.4	光电子器件及其他电子器件制造	85.0
互感器	99.5	显示器件	85.0
静止式变流器	99.4	电子元件制造	95.8
配电开关控制设备制造	99.9	电子元件及组件制造	94.9
高压开关设备	98.3	电容器	100.0
隔离开关及断续开关	100.0	电子元件、组件零件	94.0
避雷器、电压限幅器及电涌抑制器	100.0	其他电子元件及组件	102.1
高压开关、保护或连接用组合装置	100.0	印制电路板制造	96.6
电力电子元器件制造	100.5	刚性印制电路板	100.2
其他电力电子元器件	100.6	挠性印制电路板	96.2
电线、电缆、光缆及电工器材制造	97.8	仪器仪表制造业	100.1
电线、电缆制造	97.7	通用仪器仪表制造	101.1
绝缘电线	97.5	电工仪器仪表制造	102.6
其他电线、电缆	98.7	其他电工仪器仪表	102.6
电池制造	99.9	供应用仪表及其他通用仪器制造	99.7
其他电池制造	99.9	执行器	98.9

5－16 续10

（上年＝100）

项目名称	指 数	项目名称	指 数
其他供应用仪表及通用仪器	100.4	热力生产	98.6
废弃资源综合利用业	103.4	热力供应	99.2
金属废料和碎屑加工处理	103.7	燃气生产和供应业	94.4
熔炼用废钢	104.5	煤气生产	99.8
熔炼用废铁	105.8	人工煤气供应	100.0
有色金属废料与碎屑	99.3	天然气供应	92.8
非金属废料和碎屑加工处理	100.8	液化天然气（LNG）供应	77.5
造纸废料、废纸	101.4	水的生产和供应业	97.6
塑料废料	100.0	自来水生产和供应	97.4
其他非金属废料和碎屑	101.5	自来水生产	96.9
电力、热力生产和供应业	98.4	自来水供应	100.0
电力供应	98.4	其他水的处理、利用与分配	100.4
热力生产和供应	98.9		

5－17 郑州市分月商品住宅

（上年同月＝100）

类 别	1月	2月	3月	4月	5月
新建商品住宅	**101.4**	**101.1**	**100.5**	**100.2**	**99.8**
90平方米及以下	102.0	101.8	101.1	100.6	100.1
90－144平方米	100.5	100.1	99.6	99.5	99.1
144平方米以上	101.9	101.6	101.2	100.8	100.4
二手住宅	**96.6**	**97.0**	**96.6**	**96.0**	**95.3**
90平方米及以下	95.2	95.6	95.5	95.1	94.2
90－144平方米	97.4	97.7	97.1	96.2	95.6
144平方米以上	98.1	98.3	97.7	97.5	97.0

5－17 续表

（上月＝100）

类 别	1月	2月	3月	4月	5月
新建商品住宅	**100.0**	**99.7**	**99.8**	**100.1**	**99.8**
90平方米及以下	99.9	100.0	99.8	100.0	99.6
90－144平方米	100.3	99.5	99.8	100.2	99.9
144平方米以上	99.4	99.5	100.0	99.9	100.2
二手住宅	**99.6**	**100.0**	**99.4**	**99.5**	**99.4**
90平方米及以下	99.3	100.0	99.7	99.5	98.9
90－144平方米	99.7	100.0	99.1	99.4	99.6
144平方米以上	99.9	100.0	99.3	99.9	99.7

销售价格指数(2020年)

6月	7月	8月	9月	10月	11月	12月
99.6	**99.3**	**99.6**	**99.3**	**98.8**	**99.0**	**99.2**
99.9	99.6	100.3	99.5	98.5	98.7	98.9
98.8	98.6	98.7	98.9	99.0	99.0	99.2
100.9	100.4	99.9	99.5	99.4	99.6	99.8
95.5	**95.4**	**95.6**	**95.5**	**95.5**	**95.7**	**96.4**
95.0	94.8	94.8	95.3	95.7	96.4	96.6
95.9	95.9	96.3	95.6	94.9	95.0	96.1
95.7	95.5	95.7	95.3	96.1	95.9	96.6

6月	7月	8月	9月	10月	11月	12月
100.4	**100.0**	**100.6**	**99.9**	**99.5**	**99.7**	**99.8**
100.5	100.2	100.7	99.6	99.2	99.8	99.6
100.1	99.9	100.5	100.1	99.6	99.4	99.7
100.6	99.7	100.2	100.0	100.2	99.8	100.3
99.8	**99.7**	**99.9**	**99.5**	**99.8**	**99.7**	**99.9**
100.1	99.8	100.0	99.8	99.6	100.0	99.8
99.9	99.8	99.7	99.3	99.7	99.8	99.8
99.1	99.3	100.0	99.2	100.7	99.0	100.5

5－18 洛阳市分月商品住宅

（上年同月＝100）

类 别	1 月	2 月	3 月	4 月	5 月
新建商品住宅	**112.4**	**111.9**	**111.5**	**110.7**	**109.0**
90 平方米及以下	113.4	112.7	112.2	111.0	109.5
90－144 平方米	111.8	111.7	111.4	110.3	108.4
144 平方米以上	113.2	111.7	111.5	111.6	110.7
二手住宅	**109.6**	**109.7**	**110.2**	**109.1**	**108.5**
90 平方米及以下	112.6	112.8	112.5	111.5	110.8
90－144 平方米	107.6	107.6	108.9	108.2	107.5
144 平方米以上	109.9	110.0	110.0	107.9	107.7

5－18 续表

（上月＝100）

类 别	1 月	2 月	3 月	4 月	5 月
新建商品住宅	**100.1**	**100.1**	**99.9**	**100.3**	**100.1**
90 平方米及以下	99.4	100.4	100.0	100.4	100.0
90－144 平方米	100.0	100.1	100.0	100.1	100.1
144 平方米以上	101.0	99.6	99.4	100.5	100.3
二手住宅	**100.6**	**100.0**	**100.3**	**100.1**	**100.2**
90 平方米及以下	101.2	100.0	100.3	99.9	100.4
90－144 平方米	100.1	100.0	100.7	100.2	100.2
144 平方米以上	100.7	100.0	99.7	100.0	100.1

销售价格指数(2020年)

6月	7月	8月	9月	10月	11月	12月
106.6	**106.9**	**106.6**	**104.8**	**103.1**	**102.5**	**102.1**
106.5	106.8	106.8	105.0	102.8	101.7	101.0
106.5	106.6	106.2	104.5	102.9	102.4	102.1
107.1	107.8	107.5	105.3	104.0	103.4	102.9
107.9	**107.1**	**106.9**	**105.1**	**104.6**	**103.7**	**103.2**
109.8	109.0	107.6	105.3	104.5	104.0	103.4
106.8	106.0	106.8	105.4	104.9	103.5	103.2
107.6	106.9	106.3	104.2	104.3	103.7	103.0

6月	7月	8月	9月	10月	11月	12月
100.2	**100.8**	**100.3**	**100.3**	**100.0**	**100.1**	**100.0**
100.0	101.0	100.4	100.0	99.9	99.7	99.8
100.2	100.7	100.3	100.2	100.1	100.2	100.0
100.2	100.9	100.2	100.6	100.1	100.0	100.1
100.3	**100.8**	**100.5**	**100.2**	**100.1**	**99.8**	**100.3**
100.1	101.0	100.1	100.2	100.1	100.1	100.0
100.3	100.6	100.8	100.1	99.8	99.8	100.6
100.5	100.8	100.3	100.5	100.5	99.7	100.1

5-19 平顶山市分月商品住宅

（上年同月＝100）

类 别	1月	2月	3月	4月	5月
新建商品住宅	**108.6**	**107.4**	**106.2**	**105.6**	**105.5**
90平方米及以下	110.1	108.3	107.0	106.2	107.5
90－144平方米	108.3	107.3	106.2	105.6	105.2
144平方米以上	107.1	106.3	104.9	104.7	103.7
二手住宅	**106.7**	**106.0**	**106.1**	**105.6**	**105.3**
90平方米及以下	106.0	105.5	105.4	105.1	105.3
90－144平方米	108.1	107.4	107.2	106.9	106.1
144平方米以上	105.8	104.8	105.6	104.3	104.3

5-19 续表

（上月＝100）

类 别	1月	2月	3月	4月	5月
新建商品住宅	**100.2**	**100.0**	**100.1**	**100.0**	**100.5**
90平方米及以下	101.0	100.0	100.4	99.9	101.0
90－144平方米	99.9	100.0	100.0	100.0	100.4
144平方米以上	100.0	100.0	100.1	100.2	100.2
二手住宅	**100.3**	**100.0**	**100.3**	**100.2**	**100.2**
90平方米及以下	100.0	100.0	100.1	100.4	100.5
90－144平方米	100.4	100.0	100.4	100.3	100.1
144平方米以上	100.7	100.0	100.5	99.6	100.2

销售价格指数(2020年)

6月	7月	8月	9月	10月	11月	12月
105.2	**103.9**	**103.9**	**104.3**	**103.7**	**103.8**	**103.4**
108.0	107.2	106.8	106.5	105.3	106.1	104.5
104.5	103.0	102.9	103.2	102.9	103.0	102.9
103.8	103.0	103.4	105.0	104.8	103.7	103.9
105.3	**105.2**	**105.8**	**105.5**	**105.1**	**104.4**	**103.4**
105.1	105.0	105.4	105.4	105.4	104.5	103.9
106.0	105.8	106.4	106.2	105.3	104.7	103.1
104.6	104.9	105.5	104.4	104.3	103.5	103.1

6月	7月	8月	9月	10月	11月	12月
100.7	**100.4**	**100.3**	**100.4**	**100.1**	**100.6**	**100.1**
101.3	100.3	100.6	100.1	99.9	100.9	99.0
100.5	100.5	100.2	100.4	100.1	100.5	100.4
100.8	100.0	100.4	100.7	100.4	100.4	100.5
100.4	**100.3**	**100.5**	**100.5**	**100.4**	**100.1**	**100.1**
100.4	100.0	100.8	100.6	100.8	100.2	100.1
100.3	100.3	100.5	100.7	100.1	100.0	100.0
100.6	100.9	100.2	100.1	100.0	99.9	100.3

5－20 郑州、洛阳、平顶山市

郑州市(2015 年＝100)

类　别	1 月	2 月	3 月	4 月	5 月
新建商品住宅	**144.7**	**144.2**	**144.0**	**144.1**	**143.9**
90 平方米及以下	147.8	147.8	147.4	147.5	147.0
90－144 平方米	142.7	142.0	141.8	142.1	142.0
144 平方米以上	140.7	140.0	140.1	139.9	140.2
二手住宅	**127.7**	**127.7**	**126.9**	**126.3**	**125.5**
90 平方米及以下	127.1	127.1	126.7	126.2	124.8
90－144 平方米	128.3	128.3	127.1	126.3	125.8
144 平方米以上	127.8	127.8	126.9	126.9	126.4

5－20 续表 1

洛阳市(2015 年＝100)

类　别	1 月	2 月	3 月	4 月	5 月
新建商品住宅	**143.8**	**143.9**	**143.7**	**144.1**	**144.3**
90 平方米及以下	151.8	152.4	152.5	153.2	153.2
90－144 平方米	142.6	142.8	142.8	142.9	143.1
144 平方米以上	141.2	140.7	139.9	140.6	141.0
二手住宅	**128.8**	**128.8**	**129.2**	**129.3**	**129.5**
90 平方米及以下	134.9	134.9	135.3	135.2	135.7
90－144 平方米	125.8	125.8	126.7	126.9	127.1
144 平方米以上	127.2	127.2	126.8	126.9	127.0

5－20 续表 2

平顶山市(2015 年＝100)

类　别	1 月	2 月	3 月	4 月	5 月
新建商品住宅	**130.2**	**130.2**	**130.4**	**130.4**	**131.0**
90 平方米及以下	129.7	129.7	130.2	130.1	131.4
90－144 平方米	130.8	130.8	130.8	130.8	131.3
144 平方米以上	128.9	128.9	129.0	129.3	129.6
二手住宅	**122.8**	**122.8**	**123.2**	**123.4**	**123.7**
90 平方米及以下	118.9	118.9	119.0	119.4	120.0
90－144 平方米	124.7	124.7	125.1	125.6	125.7
144 平方米以上	126.4	126.4	127.1	126.6	126.8

商品住宅销售价格定基指数(2020年)

6月	7月	8月	9月	10月	11月	12月
144.4	**144.4**	**145.2**	**145.0**	**144.3**	**143.8**	**143.5**
147.7	148.0	149.0	148.4	147.2	146.9	146.4
142.2	142.0	142.7	142.9	142.4	141.5	141.1
141.0	140.6	140.9	140.9	141.2	141.0	141.4
125.3	**125.0**	**124.9**	**124.2**	**124.0**	**123.7**	**123.6**
125.0	124.7	124.8	124.5	124.0	123.9	123.7
125.8	125.6	125.2	124.4	124.0	123.8	123.6
125.3	124.4	124.4	123.4	124.2	123.0	123.6

6月	7月	8月	9月	10月	11月	12月
144.5	**145.7**	**146.1**	**146.5**	**146.6**	**146.7**	**146.6**
153.2	154.6	155.3	155.3	155.1	154.6	154.3
143.4	144.4	144.8	145.2	145.3	145.6	145.6
141.3	142.6	142.8	143.8	143.8	143.8	143.9
129.9	**131.0**	**131.6**	**131.8**	**131.9**	**131.7**	**132.2**
135.8	137.2	137.3	137.6	137.7	137.8	137.8
127.5	128.3	129.3	129.4	129.2	128.9	129.7
127.6	128.7	129.1	129.8	130.4	130.0	130.2

6月	7月	8月	9月	10月	11月	12月
132.0	**132.5**	**132.9**	**133.4**	**133.5**	**134.3**	**134.4**
133.1	133.5	134.2	134.4	134.3	135.6	134.2
132.0	132.6	132.9	133.4	133.4	134.0	134.6
130.6	130.6	131.2	132.1	132.6	133.2	133.9
124.2	**124.7**	**125.3**	**126.0**	**126.4**	**126.5**	**126.6**
120.4	120.5	121.4	122.2	123.2	123.5	123.6
126.1	126.4	127.0	127.9	128.1	128.0	128.0
127.5	128.7	129.0	129.1	129.1	129.0	129.5

主要统计指标解释

工业生产者出厂价格指数 是反映一定时期内全部工业产品第一次出售时的出厂价格总水平的变动趋势和变动幅度的相对数。工业生产者出厂价格是指工业企业向商业（物资）部门或商业企业、其他生产单位、个人出售产品的价格，它是工业产品进入流通领域的最初价格，是制定工业产品批发价格和零售价格的基础。工业生产者出厂价格指数按轻重工业分类，可以分为轻工业出厂价格指数和重工业出厂价格指数；按两大部类分类，可以分为生产资料出厂价格指数和生活资料价格指数。

工业生产者购进价格指数 是反映工业企业作为生产投入，从物资交易市场或能源、原材料生产企业购买原材料、燃料及动力产品时，所支付的价格水平变动趋势和程度的统计指标，它是扣除工业企业物质消耗成本中的价格变动影响的重要依据。目前，编制的工业生产者购进价格指数所调查的产品包括燃料、动力类，黑色金属材料类，有色金属材料和电线类，化工原料类，木材及纸浆类，建筑材料及非金属矿类，其它工业原材料及半成品类，农副产品类，纺织原料类共九大类的产品。

国家统计局从2011年1月开始实施新的工业生产者价格统计调查制度方法。“工业品价格统计”改称为“工业生产者价格统计”，相应地将“工业品出厂价格指数”和“原材料、燃料、动力购进价格指数”分别改称为“工业生产者出厂价格指数”和“工业生产者购进价格指数”。

2016年制度更名为《工业生产者价格统计报表制度》，基期年份更新为2015年，调整调查项目目录。

按国家统计局的要求，新的国家标准《国民经济行业分类》（GB/T4754－2017）从2017年统计年报和2018年定期统计报表起统一使用新标准。2018年工业生产者出厂价格指数行业分类标准按新的国民经济行业分类标准执行。

为适应分析的需要，在工业生产者出厂价格指数分类中增加了核心指数、高技术指数、能源类指数、初级产品、中间产品、最终产品等新的分类指数。核心指数是指扣除农副食品加工产品、煤炭、石油、发电等能源类相关产品的其他产品价格变动总体情况的度量指标。

高技术指数是指核电、生物制品、部分药品及医疗器械、飞机制造、大部分通讯电子产品、部分仪表、机床等科技含量比较高的产品价格变动总体情况的度量指标。

能源指数是指煤炭开采、石油天然气开采及加工、核能发电、火力发电、风能发电等能源类产品价格变动总体情况的度量指标。

初级产品指数是指直接开采的产品及废旧物资回收直接粗加工的产品价格波动指数。

中间产品指数是指工业加工处理后可能重新投入生产环节的产品价格变动总体情况的度量指标。

最终产品指数是指工业加工处理后可能投入最终消费或者投资的产品价格变动总体情况的度量指标。

部分产品可以既是中间产品，又是最终产品。

商品住宅销售价格指数 商品住宅销售价格指数是综合反映商品住宅价格水平总体变化趋势和变化幅度的相对数。中国商品住宅销售价格指数由70个大中城市的新建商品住宅销售价格指数和二手住宅销售价格指数组成，河南只有郑州、洛阳、平顶山三市作为国家调查城市，开展商品住宅销售价格指数调查编制工作。

自 2018 年 1 月起，国家统计局取消保障性住房销售价格统计指标，只编发新建商品住宅销售价格指数，不再编发新建住宅销售价格指数。调查范围为 70 个大中城市的市辖区，不包括县。新建商品住宅销售价格、面积、金额等资料直接采用当地房地产管理部门的网签数据；二手住宅销售价格调查为非全面调查，采用重点调查和典型调查相结合的方法，按照房地产经纪机构上报、房地产管理部门提供与调查员实地采价相结合的方式收集基础数据。

农产品价格

资料整理：樊福顺

6－1 历年农产品生产者价格指数

（上年＝100）

农产品名称	2001年	2005年	2010年	2015年	2016年	2017年	2018年	2019年	2020年
总指数		**100.7**	**112.5**	**100.7**	**103.2**	**94.9**	**97.9**	**119.9**	**116.8**
农业产品	**105.2**	**99.8**	**120.5**	**95.9**	**96.4**	**99.8**	**100.1**	**103.2**	**105.4**
谷物	121.0	96.5	111.3	94.3	91.4	103.8	100.8	99.9	105.4
小麦	124.3	97.4	110.5	98.3	95.6	107.5	98.6	98.7	100.9
稻谷	102.6	97.5	105.4	98.0	100.2	94.2	92.7	100.3	104.3
玉米	117.9	94.4	115.0	86.5	81.2	100.3	107.0	101.7	113.6
薯类	94.4	111.5	115.9	95.1	111.7	105.8	118.7	106.7	90.3
豆类	93.9	88.8	112.0	84.9	92.3	93.8	92.0	102.8	107.5
油料	94.8	97.0	118.1	98.8	102.0	91.0	89.6	113.1	113.1
花生	92.4	97.1	118.1	102.0	105.1	91.6	87.9	114.6	115.2
油菜籽	103.2	87.3	105.4	99.6	100.0	86.2			
芝麻	101.6	105.0	103.0	96.1	78.5	94.5	98.4	105.2	102.1
棉花（籽棉）	85.0	100.4	141.8	96.4	97.0	101.5	89.4		
烟草	114.9	104.3	103.9	105.2	96.7	104.4	102.7	97.7	97.6
蔬菜	101.6	111.3	138.4	100.9	112.7	85.2	96.9	109.6	104.6
水果	85.2	118.0	120.5	87.0	98.2	108.4	108.6	126.5	85.4
林业产品		**104.9**	**92.3**	**84.9**	**102.9**	**103.7**	**105.8**	**102.3**	**96.3**
牧业（畜产品）		**102.0**	**99.5**	**109.2**	**114.0**	**86.6**	**94.0**	**148.4**	**137.4**
牛	126.8	112.6	105.9	100.2	97.9	97.2	108.2	121.7	107.5
羊	112.8	116.7	110.2	88.0	75.2	119.9	116.0	118.6	105.0
猪	95.8	96.4	97.7	116.9	123.4	81.4	81.2	162.4	160.4
家禽		102.5	113.3	93.3	101.8	90.8	127.5	106.9	78.7
禽蛋	118.7	104.9	105.9	94.2	92.3	85.8	120.8	106.1	76.1
渔业	**89.2**	**103.0**	**102.0**	**99.4**	**99.3**	**100.9**	**102.8**	**95.8**	**106.6**

6-2 分季度农产品生产者价格指数(2020年)

(以上年同期价格为100)

农产品名称	全年				
		一季度	二季度	三季度	四季度
总指数	**116.8**	**159.5**	**126.8**	**105.9**	**107.6**
种植业产品	**105.4**	**104.1**	**104.1**	**106.8**	**117.0**
谷物	105.4	98.1	101.5	104.9	114.4
小麦	100.9	98.7	99.6	102.3	103.0
稻谷	104.3	102.1	100.1	111.6	104.9
玉米	113.6	96.1	113.6	119.6	125.7
薯类	90.3	96.7			89.7
豆类	107.5	99.7			114.5
油料	113.1	119.7	120.3	114.7	110.5
花生	115.2	121.4	121.8	114.7	110.9
油菜籽					
芝麻	102.1	100.6	97.7		108.1
棉花(籽棉)					
烟草	97.6			90.7	101.9
蔬菜	104.6	108.7	101.0	129.0	176.2
水果	85.4	73.4	83.5	90.5	121.9
林业产品	**96.3**	**108.7**	**90.3**	**88.2**	**102.3**
牧业(畜产品)	**137.4**	**215.0**	**163.4**	**139.4**	**90.8**
牛	107.5	115.3	107.5	102.5	109.2
羊	105.0	105.7	100.0	109.1	106.0
猪	160.4	295.7	209.0	166.2	93.0
家禽	78.7	80.0	86.0	87.7	76.5
禽蛋	76.1	96.8	70.4	70.0	72.1
渔业	**106.6**	**102.8**	**104.6**	**112.0**	**97.5**

6-3 各月农产品集贸市场平均价格(2020年)

单位:元/公斤

农产品名称	1月	2月	3月	4月	5月	6月	7月	8月	9月	10月	11月	12月
粮食类												
籼稻(中等)	2.20		2.44	2.44	2.44	2.44	2.44	2.44	2.40	2.40	2.40	2.40
粳稻(中等)	2.65		2.60	2.60	2.95	2.80	2.80	2.85	2.90	3.08	3.00	3.00
小麦(中等)	2.30	2.36	2.30	2.32	2.23	2.24	2.27	2.29	2.32	2.35	2.35	2.37
玉米(中等)	1.80	1.80	1.82	1.89	1.92	1.94	2.00	2.19	2.13	2.23	2.27	2.32
大豆(中等)	5.27	5.30	5.30	5.63	5.67	5.72	5.78	5.88	5.83	5.89	5.89	5.97
籼米(中等)	4.90	5.45	5.09	5.05	5.05	5.08	5.08	5.03	4.98	4.99	5.00	5.03
粳米(中等)	4.97	5.08	5.01	5.06	5.09	5.12	5.13	5.15	5.14	5.09	5.09	5.16
经济类												
棉花[籽棉](中准级)	6.22		6.10	6.10	6.05	6.10	6.14	6.00	6.10	6.00	5.95	6.15
花生仁(中等)	11.74	12.08	12.08	12.83	12.90	12.89	12.71	12.68	12.25	12.19	12.13	12.27
油菜籽(普通)	5.75	6.50	6.00	5.95	5.90	5.33	5.27	5.50	5.43	5.47	5.53	5.40
畜产品类												
活猪(中等)	34.84	35.56	34.15	32.20	28.48	32.70	35.36	35.78	33.78	30.02	30.18	33.53
仔猪(普通)	75.34	74.83	88.90	93.35	92.80	98.40	103.50	105.25	104.10	87.15	83.50	84.00
猪肉(去骨统肉)	53.93	57.50	53.13	49.20	44.77	48.07	53.03	53.67	51.28	46.63	44.70	48.57
活牛(中等)	33.07	33.20	32.67	31.94	31.80	31.86	32.35	32.95	33.09	33.35	33.46	33.86
牛肉(去骨统肉)	74.92	76.33	76.38	75.46	75.96	75.46	75.29	76.88	77.38	77.00	77.58	78.58
活羊(中等)	36.18	34.28	35.28	34.26	33.86	33.39	33.89	34.35	34.23	34.28	34.45	35.65
羊肉(去骨统肉)	82.46	78.29	82.54	79.77	78.96	78.19	78.50	79.96	79.88	79.92	81.23	83.65
活鸡(普通肉鸡)	17.15	17.88	16.27	17.51	16.24	15.54	15.35	15.58	15.77	15.54	15.21	15.75
鸡蛋(普通鲜蛋)	9.24	7.37	6.89	6.73	5.98	6.02	7.11	7.76	8.13	7.77	7.45	8.38
水产品类												
草鱼(1-2公斤)	13.29	13.83	13.35	13.55	14.05	13.70	13.90	14.06	14.00	13.82	13.51	13.82
鲤鱼(1-2公斤)	12.81	13.31	12.65	12.57	13.00	12.77	13.02	13.32	13.08	12.83	12.44	12.63
鲢鱼(1-2公斤)	9.09	9.40	9.89	9.69	9.43	9.11	9.51	9.64	9.84	9.50	9.49	9.43
带鱼(0.5-1公斤)	20.87	29.75	21.50	21.47	21.33	20.33	20.67	20.73	20.73	20.67	20.50	20.40
蔬菜类												
大白菜(中等)	1.83	2.50	2.54	2.74	1.85	2.63	2.69	3.36	2.76	2.03	1.37	1.28
黄瓜(中等)	9.63	8.71	5.87	3.77	3.13	3.59	3.70	5.54	4.79	4.78	5.04	5.48
西红柿(中等)	8.68	9.85	7.26	7.37	3.63	3.88	4.54	4.57	5.04	5.78	5.40	5.98
菜椒(中等)	6.24	7.94	7.09	6.11	4.04	4.35	4.85	5.10	5.76	5.87	5.99	8.07
四季豆(中等)	12.23	13.19	10.93	10.58	8.42	8.57	7.49	8.17	7.86	8.11	8.37	9.74
水果类												
红富士苹果(中等)	8.46	7.71	8.86	9.17	9.35	9.51	9.28	9.53	9.70	9.57	9.23	9.12
香蕉(中等)	4.77	5.71	5.63	5.28	5.12	4.28	4.26	4.28	4.58	4.48	4.47	4.43
橙子(中等)	10.40	9.10	11.47	11.40	11.20	11.00	10.93	11.67	11.00	10.87	10.73	10.43

主要统计指标解释

农产品生产者价格指数 是指农产品生产者第一手(直接)出售其产品时实际获得的单位产品价格,采取抽样调查和重点调查相结合的方法。农产品生产者价格指数是反映一定时期内,农产品生产者出售的农产品价格水平变动趋势及幅度的相对数。该指数可以客观反映农产品生产价格水平和结构变动情况,满足农业与国民经济核算需要。其中某代表品生产价格指数是通过对全部有出售该产品行为的调查单位的个体指数进行几何平均求得的,类价格指数是通过对其所属的类(或代表品)的价格指数进行加权平均求得的。季度累计价格指数的计算方法与分季指数的计算方法相同。

农产品集贸市场价格 是指农产品主产区集贸市场主要农产品的成交价格。

七 人民生活

资料整理：汪　清　韩　超　左俊勇　吴　婕　李　静

7－1　居民家庭基本情况(2020年)

指　标	单位	绝对数
基本情况		
户均常住人口	人	3.3
户均劳动力人数	人	2.2
平均每户家庭从业人口比重	%	65.7
平均每一从业人口负担人数	人	1.5
户主文化程度		
未上过学	%	1.8
小学	%	16.2
初中	%	47.5
高中	%	20.7
大学专科	%	8.8
大学本科	%	4.7
研究生	%	0.3
常住从业人员就业类型		
雇主	%	0.6
公职人员	%	1.9
事业单位人员	%	4.7
国有企业雇员	%	2.9
其他雇员	%	53.7
农业自营	%	26.8
非农自营	%	9.4
常住从业人员从事主要行业		
第一产业	%	29.5
第二产业	%	23.3
第三产业	%	47.3

7-2 居民可支配收入(2020 年)

指　标	绝对数(元)	构成(%)
可支配收入	**24810.10**	**100.0**
工资性收入	**12439.71**	**50.1**
工资	11726.68	47.3
实物福利	40.83	0.2
其他	672.20	2.7
经营净收入	**5142.42**	**20.7**
第一产业经营净收入	2052.94	8.3
农业	1756.59	7.1
林业	37.80	0.2
牧业	240.41	1.0
渔业	18.14	0.1
第二产业经营净收入	576.60	2.3
第三产业经营净收入	2512.88	10.1
财产净收入	**1563.25**	**6.3**
转移净收入	**5664.72**	**22.83**

7-3 居民现金可支配收入(2020 年)

指　标	绝对数(元)	构成(%)
现金收入	**26071.91**	**100.00**
现金工资性收入	**12398.88**	**47.60**
工资	11726.68	45.00
其他工资性收入	672.20	2.60
现金经营性收入	**6861.15**	**26.30**
第一产业现金经营收入	3121.66	12.00
农业	2215.23	8.50
林业	52.49	0.20
牧业	823.62	3.20
渔业	30.32	0.10
第二产业现金经营收入	680.61	2.60
第三产业现金经营收入	3058.88	11.70
现金财产性收入	**659.22**	**2.50**
现金转移性收入	**6152.67**	**23.60**

7-4 居民生活消费支出(2020年)

指　标	绝对数(元)	构成(%)
消费支出	**16142.63**	**100.0**
食品烟酒	4417.90	27.4
衣着	1221.79	7.6
居住	3807.64	23.6
生活用品及服务	1077.55	6.7
交通通信	1917.25	11.9
教育文化娱乐	1685.35	10.4
医疗保健	1621.90	10.0
其他用品和服务	393.24	2.4

7-5 居民现金生活消费支出(2020年)

指　标	绝对数(元)	构成(%)
现金消费支出	**13288.45**	**100.0**
食品烟酒	4316.08	32.5
衣着	1221.55	9.2
居住	1386.96	10.4
生活用品及服务	1072.07	8.1
交通通信	1915.47	14.4
教育文化娱乐	1685.31	12.7
医疗保健	1302.44	9.8
其他用品和服务	388.56	2.9

7－6 居民主要食品消费量(2020年)

指　标	单位	绝对量
粮食消费量	公斤	150.89
小麦	公斤	97.74
稻谷	公斤	27.40
玉米	公斤	7.20
薯类消费量	公斤	3.48
豆类消费量	公斤	10.09
油脂类消费量	公斤	8.91
植物油	公斤	8.83
动物油	公斤	0.08
蔬菜及菜制品消费量	公斤	94.06
肉类	公斤	15.93
猪肉	公斤	10.29
牛肉	公斤	1.46
羊肉	公斤	1.12
其他肉类及制品	公斤	3.06
禽类	公斤	8.68
水产品	公斤	5.20
蛋类及蛋制品	公斤	18.89
奶和奶制品	公斤	13.45
干鲜瓜果类	公斤	62.69
糖果糕点类	公斤	6.57
酒	公斤	5.57

7－7 居民每百户年末主要耐用消费品拥有量(2020年)

指　标	单位	绝对数
家用汽车	辆	33.01
摩托车	辆	27.67
助力车	台	120.49
洗衣机	台	100.28
电冰箱(柜)	台	98.54
微波炉	台	28.78
彩色电视机	台	115.44
空调	台	143.73
热水器	台	87.03
洗碗机	台	1.18
排油烟机	台	49.55
固定电话	线	8.83
移动电话	部	262.92
其中:接入互联网	部	223.16
计算机	台	47.39
其中:接入互联网	台	36.45
照相机	台	6.78
中高档乐器	架	3.89
健身器材	台	3.38

7－8 历年城镇居民家庭基本情况

单位:户、人、元

年　份	调查户数	家庭人口	平均每户就业人口	每一就业者负担人数	平均每人全年总收入	#平均每人生活费收入	#平均每人可支配收入	均每人全年总支出
1978	4.65	2.08	2.24	315.86	291.00	315.00		
1980	948	4.60	2.16	2.13	365.12	341.60	365.00	
1981	1000	4.58	2.36	1.94	395.59	369.73	395.00	
1982	1020	4.51	2.39	1.89	429.50	402.23	429.00	
1983	1020	4.42	2.44	1.81	456.98	422.06	452.50	
1984	1542	4.29	2.37	1.81	501.46	466.82	497.49	
1985	1800	4.11	2.25	1.83	605.15	560.95	600.59	
1986	1781	4.02	2.21	1.82	728.57	667.55	724.21	705.56
1987	1781	3.91	2.18	1.79	818.29	744.25	814.20	775.24
1988	1860	3.80	2.15	1.77	950.99	862.12	946.10	992.56
1989	1862	3.70	2.10	1.76	1116.00	1015.01	1111.46	1078.03
1990	1860	3.60	2.09	1.72	1274.62	1152.95	1267.73	1188.91
1991	2040	3.49	2.01	1.73	1388.93	1249.50	1384.81	1355.56
1992	2200	3.47	2.03	1.71	1609.37	1459.15	1608.03	1532.10
1993	2200	3.43	2.00	1.72	1962.75	1792.88	1962.75	1870.02
1994	2200	3.37	1.90	1.77	2619.44	2398.35	2618.55	2598.42
1995	2200	3.34	1.89	1.77	3302.14	3029.47	3299.46	3161.27
1996	2400	3.33	1.89	1.76	3756.78	3450.11	3755.44	3586.22
1997	2440	3.29	1.92	1.71	4111.54	3713.47	4093.62	3945.82
1998	2440	3.24	1.85	1.75	4238.49	3797.27	4219.42	4073.45
1999	2440	3.21	1.82	1.77	4553.74	4077.48	4532.36	4320.88
2000	2820	3.23	1.66	1.94	4784.04	4303.74	4766.26	4486.47
2001	2920	3.18	1.60	1.98	5292.09	4781.95	5267.42	4894.74
2002	2551	3.07	1.52	2.02	6515.52		6245.40	5745.12
2003	2444	3.03	1.52	1.99	7245.00		6926.12	6465.61
2004	2414	3.00	1.53	1.96	8073.36		7704.90	6734.01
2005	2408	2.97	1.53	1.94	9145.98		8667.97	7830.68
2006	2459	2.94	1.53	1.92	10339.20		9810.26	8722.49
2007	2459	2.90	1.53	1.90	12082.99		11477.05	10039.21
2008	2399	2.88	1.44	2.00	13907.80		13231.11	11135.44
2009	2399	2.85	1.43	1.99	15408.04		14371.56	12902.14
2010	2400	2.84	1.46	1.95	17141.80		15930.26	13802.49
2011	2299	2.87	1.48	1.94	19526.92		18194.80	15477.17
2012	2298	2.85	1.50	1.90	21897.23		20442.62	17300.48
2013	2300	2.99	1.55	1.92	23686.53		22398.03	17837.95
2014 新口径	3263	3.17	1.80	1.76	25595.32		23672.06	20337.92
2015	3305	3.17	1.76	1.80	27484.28		25575.61	21339.12
2016	3367	3.11	1.66	1.88	29220.70		27232.92	22644.47
2017	3342	3.10	1.66	1.86	31910.18		29557.86	25419.94
2018	3850	3.40	1.75	1.94	34638.43		31874.19	27415.50
2019	3670	3.37	2.19	1.54	36817.71		34200.97	28932.48
2020	3850	3.24	2.24	1.44	37258.86		34750.30	26516.54

注:本表1978年数据为估算数;1980数据为推算数。1981－1991年城镇居民可支配收入根据当年生活费收入测算。2014年为新口径(下同)。

7－9 历年城镇居民家庭平均每人消费支出

单位:元

年 份	平均每人消费支出	食 品 支 出	衣 着 支 出	居 住 支 出	家庭设备用品服务	交通通信 支 出	娱乐教育文化服务	医疗保健 支 出	其它商品与 服 务
1978	274.00	163.00	43.00	12.00	20.00	5.20	14.00	2.90	13.90
1980	335.02	192.66	50.19	15.30	24.30	8.86	20.84	3.22	19.65
1981	363.23	205.18	54.88	16.91	26.74	10.04	25.31	3.68	20.49
1982	382.47	214.17	56.49	19.70	29.03	12.19	25.27	3.93	21.69
1983	405.00	232.07	57.97	19.92	28.55	13.64	28.31	3.83	20.71
1984	431.68	244.37	65.23	22.65	32.56	11.47	28.63	5.01	21.76
1985	556.72	277.74	80.90	33.76	55.15	12.19	62.50	7.69	26.79
1986	653.83	333.59	96.56	39.35	62.66	15.64	63.97	8.75	33.31
1987	711.27	379.57	100.18	41.09	66.80	16.52	57.22	9.68	40.21
1988	896.55	465.99	124.21	42.02	104.28	17.18	82.66	16.23	43.98
1989	963.97	533.19	131.09	44.17	86.31	16.88	86.84	18.96	46.53
1990	1067.67	585.27	156.43	54.19	91.90	19.33	86.93	23.24	50.38
1991	1199.95	644.26	191.31	59.16	92.98	23.95	101.38	29.61	57.30
1992	1342.58	716.99	221.79	67.88	108.89	27.53	102.65	38.92	57.93
1993	1609.24	798.78	260.17	96.38	148.94	49.29	136.80	50.01	68.89
1994	2155.15	1074.18	347.31	131.89	185.55	92.86	159.78	70.07	93.51
1995	2673.95	1338.93	437.45	159.31	220.24	114.35	200.18	96.67	106.82
1996	3009.35	1439.32	488.52	281.61	215.52	131.74	211.41	125.97	115.26
1997	3378.02	1506.25	491.33	352.46	256.77	171.60	299.00	159.64	140.97
1998	3415.65	1454.99	442.34	406.54	280.23	193.65	320.88	172.84	144.19
1999	3497.53	1427.65	431.79	421.31	288.55	217.00	337.76	208.14	165.32
2000	3830.71	1386.76	460.99	547.19	312.97	246.24	407.26	280.78	188.52
2001	4110.17	1424.90	484.16	650.25	333.24	299.89	427.88	298.74	191.10
2002	4504.68	1517.04	570.48	499.44	324.48	477.60	586.32	389.64	139.80
2003	4941.60	1662.30	602.64	566.30	345.68	533.86	629.91	443.27	157.63
2004	5294.19	1855.44	650.30	578.60	332.06	569.85	694.56	436.53	176.84
2005	6038.02	2067.51	806.39	651.98	376.27	636.57	805.08	472.31	221.91
2006	6685.18	2215.32	919.31	737.00	431.02	762.08	847.12	520.57	252.76
2007	7826.72	2707.44	1053.13	795.39	549.14	858.33	936.55	626.55	300.19
2008	8837.46	3079.82	1141.76	963.59	633.32	915.12	988.95	790.87	324.03
2009	9566.99	3272.75	1270.74	1004.37	684.79	1033.99	1048.14	875.52	376.70
2010	10838.49	3575.75	1444.63	1080.10	866.72	1374.76	1137.16	941.32	418.04
2011	12336.47	4212.76	1706.94	1087.08	977.52	1573.64	1373.94	919.83	484.76
2012	13732.96	4607.47	1885.99	1190.81	1145.42	1730.35	1525.33	1085.47	562.13
2013	14821.98	4913.87	1916.99	1315.28	1281.06	1768.28	1911.16	1054.54	660.81
2014 新口径	16184.46	4662.45	1823.36	3136.02	1389.25	1735.02	1721.92	1204.14	512.28
2015	17154.30	4818.75	1797.63	3391.14	1382.18	1874.12	1991.87	1365.49	533.12
2016	18087.79	5067.71	1746.62	3753.39	1430.23	1993.75	2078.78	1524.52	492.79
2017	19422.27	5187.76	1779.34	4226.57	1572.09	2269.62	2226.94	1611.50	548.47
2018	20974.63	5390.39	1705.04	5017.40	1489.39	2510.60	2429.90	1923.67	508.24
2019	21971.60	5549.80	1706.48	5189.50	1528.84	2691.33	2673.86	2081.10	550.70
2020	20644.91	5584.35	1620.05	4992.75	1413.81	2391.83	2141.93	1899.29	600.90

注:本表1978年数据为估算数;1980年数据为推算数。2014年后的食品支出指的是食品烟酒的支出。

7－10　城镇居民家庭居住情况（2020 年）

指　标	计量单位	数值
家庭居住人口数	**人/户**	**3.24**
现住房总建筑面积	**平方米/人**	**45.04**
现住房房屋来源	%	**100**
租赁公房	%	0.79
租赁私房	%	2.14
自建住房	%	35.14
购买商品房	%	42.85
购买房改住房	%	9.83
购买保障性住房	%	3.89
拆迁安置房	%	3.31
继承或获赠住房	%	0.31
免费借用房	%	0.86
雇主提供免费住房	%	0.22
其他来源	%	0.67
本住户居住空间样式	%	**100.00**
单栋楼房	%	25.90
单栋平房	%	11.04
四居室及以上单元房	%	3.74
三居室单元房	%	34.97
二居室单元房	%	21.60
一居室单元房	%	2.00
筒子楼或连片平房	%	0.53
其他	%	0.22
住户主要饮用水来源情况	%	**100.00**
经过净化处理的自来水	%	90.93
受保护的井水和泉水	%	7.42
不受保护的井水和泉水	%	1.13
江河湖泊水	%	0.15
收集雨水	%	0.00
桶装水	%	0.26
其他水源	%	0.11
住户厕所类型	%	**100.00**
水冲式卫生厕所	%	91.54
水冲式非卫生厕所	%	4.60
卫生旱厕	%	1.72
普通旱厕	%	1.78
无厕所	%	0.37
住户洗澡设施情况	%	**100.00**
统一供热水	%	4.43
家庭自装热水器	%	86.31
其他	%	3.37
无洗澡设施	%	5.90
住户主要取暖设备状况	%	**100.00**
由市政或小区集中供暖	%	28.25
自行供暖	%	55.35
无取暖设备	%	16.40

7-11 城镇居民家庭人口情况(2020年)

单位:人

指　标	城镇平均	按比例分组				
		城镇低收入户	城镇中低收入户	城镇中等收入户	城镇中高收入户	城镇高收入户
期内住户常住成员数	**3.24**	**3.80**	**3.73**	**3.31**	**2.82**	**2.55**
是否离退休人员						
行政事业单位离退休	0.01	0.01	0.02	0.05	0.10	0.15
其他单位离退休	0.02	0.08	0.19	0.32	0.49	0.38
未退休	1.79	2.25	2.22	1.93	1.55	1.46
户均就业人数	1.49	1.67	1.78	1.67	1.40	1.41
雇主	0.00	0.01	0.01	0.01	0.02	0.02
公职人员	0.01	0.01	0.02	0.05	0.05	0.11
事业单位人员	0.02	0.03	0.08	0.14	0.16	0.23
国有企业雇员	0.00	0.03	0.07	0.09	0.11	0.13
其他雇员	0.67	1.11	1.28	1.08	0.84	0.62
农业自营	0.67	0.32	0.17	0.13	0.08	0.09
非农自营	0.12	0.17	0.15	0.18	0.14	0.20

7-12 城镇居民家庭人均收入(2020年)

单位:元

指　标	城镇平均	按比例分组				
		城镇低收入户	城镇中低收入户	城镇中等收入户	城镇中高收入户	城镇高收入户
可支配收入	**34750.34**	**14110.51**	**22623.70**	**30798.79**	**42067.93**	**77117.57**
工资性收入	19620.35	9215.79	15197.55	18386.54	22898.09	39823.37
工资	18696.70	8958.55	14722.58	17567.18	21823.52	37297.27
按月发放的工资	16041.22	7162.34	12937.98	15551.98	19470.67	31136.78
补发工资	407.32	127.90	151.89	306.04	527.33	1113.17
不按月发放的奖金、津贴、过节费等	2248.16	1668.31	1632.71	1709.17	1825.52	5047.32
实物福利	73.28	26.19	27.23	68.19	112.62	169.46
其他	850.36	231.05	447.75	751.17	961.95	2356.63
住房公积金	600.05	52.12	189.06	525.58	701.70	1996.87
辞退金	5.30					33.36
自由职业劳动所得(如稿费、翻译费)	40.99	7.71	25.43	31.22	8.21	161.97
安家费	3.91	3.04	1.24	2.81		14.76
股票期权	9.07					57.08
其他劳动所得	191.05	168.18	232.02	191.56	252.03	92.60
经营净收入	5105.30	1518.34	1920.17	3074.31	4879.69	16964.09
财产净收入	3077.43	1287.29	1907.07	2984.11	3729.84	6734.99
利息净收入	41.09	-16.16	-51.34	-66.70	-58.10	440.91
红利收入	180.98	118.78	191.13	217.65	191.33	397.19
储蓄性保险净收益	5.74	5.98	0.66	4.28		20.78
转让承包土地经营权租金净收入	57.45	58.80	62.64	70.13	56.44	33.95
出租房屋财产性收入	669.65	75.40	256.41	749.24	679.24	2014.03
出租机械、专利、版权等资产的收入	2.92	0.31	2.70	0.39	0.81	12.75
其他财产净收入	26.86	10.36	9.65	-1.62	-7.63	64.74
房屋虚拟租金	2092.74	1033.82	1435.22	2010.74	2867.75	3750.65
转移净收入	6947.26	2089.10	3598.91	6353.83	10560.32	13595.13
转移性收入	8296.59	2761.41	4385.30	7562.70	12024.77	16593.14
养老金或离退休金	5740.29	1013.69	2732.06	4994.44	9522.43	11296.00
离退休金	5595.69	856.20	2613.73	4841.75	9419.33	11161.50
(城镇)居民社会养老保险	37.62	42.39	41.93	51.43	29.04	17.19
新型农村养老保险	48.15	86.61	43.87	41.85	28.07	22.17
其他养老金	58.83	28.49	30.51	59.41	45.99	95.15
社会救济和补助	50.84	82.52	42.10	27.89	35.03	61.29
政策性生活补贴	75.50	34.19	35.31	47.95	97.35	206.12
报销医疗费	383.06	144.48	134.03	252.76	482.29	1128.05
家庭外出从业人员寄回带回收入	1631.62	1039.94	1161.54	1832.44	1449.83	3337.17
赡养收入	332.16	369.14	221.83	278.84	370.60	476.39
其他经常转移收入	50.50	41.25	21.91	101.28	36.10	57.50
失业保险金	15.13	11.45	17.22	25.81	2.57	18.19
经常性捐赠收入	4.05	2.13		15.41		2.80
经常性赔偿收入	0.23					0.98
其他转移性收入	30.81	26.70	4.33	59.86	32.61	36.51
从政府和组织得到的实物产品和服务折价	10.54	6.85	6.78	10.08	19.80	12.27
现金政策性惠农补贴	22.09	29.33	29.73	17.01	11.33	18.35
转移性支出	1349.33	672.30	786.39	1208.86	1464.45	2998.01

7－13　城镇居民家庭人均支出(2020 年)

单位:元

指　标	城镇平均	按比例分组				
		城镇低收入户	城镇中低收入户	城镇中等收入户	城镇中高收入户	城镇高收入户
总支出	**26516.54**	**15100.18**	**18097.17**	**24454.93**	**31536.97**	**48522.32**
消费支出	20644.91	11839.32	15157.92	19603.37	25006.37	35389.06
食品烟酒	5584.34	3437.70	4380.40	5639.76	6951.70	8565.70
衣着	1620.04	884.63	1241.86	1633.51	1838.31	2945.11
居住	4992.75	2833.01	3891.55	4706.02	6437.72	8507.79
生活用品及服务	1413.81	669.27	980.11	1319.78	1661.82	2858.93
交通通信	2391.82	1279.74	1379.88	2213.33	2843.58	4550.81
教育文化娱乐	2141.93	1533.71	1852.80	2193.19	2458.02	2994.21
医疗保健	1899.29	990.48	1157.93	1562.51	2282.80	3917.06
其他用品和服务	600.89	210.78	273.37	335.29	532.43	1049.44
生产经营费用支出	807.53	635.13	271.56	407.85	710.40	2811.83
财产性支出	138.95	48.11	73.17	128.04	183.62	269.08
生活贷款利息支出	111.13	44.79	72.83	124.40	172.17	184.85
住房贷款利息支出	106.01	28.33	70.28	122.52	172.08	183.36
其他生活贷款利息支出	5.12	16.46	2.55	1.88	0.09	1.49
其他财产性支出	27.82	3.33	0.35	3.64	11.45	84.23
转移性支出	1349.33	672.30	786.39	1208.86	1464.45	2998.01
个人所得税	87.27	6.50	16.59	27.49	46.31	252.70
社会保障支出	1132.83	593.38	732.10	1048.71	1324.26	2367.44
个人缴纳的养老保险	740.02	344.24	442.27	687.34	901.40	1605.47
个人缴纳的医疗保险	315.97	230.13	257.15	304.42	337.79	521.14
个人缴纳的失业保险	29.38	4.75	20.02	24.79	37.67	76.24
其他社会保障支出	47.46	14.26	12.67	32.16	47.40	164.59
外来从业人员寄给家人的支出	6.45	5.93	0.93	11.08	5.74	10.12
赡养支出	56.13	27.81	16.29	36.14	49.11	189.80
其他转移性支出	66.66	38.67	20.47	85.44	39.04	177.95
部分商业保险支出	236.20	74.75	127.85	254.03	179.73	701.79
意外伤害保险	24.72	14.29	24.31	50.05	21.39	89.55
商业医疗保险(含大病保险)	73.38	36.71	59.56	119.15	103.72	217.91
其他非储蓄性商业保险	34.79	6.66	14.92	15.79	17.84	151.76
其他储蓄性商业保险	103.32	17.09	29.06	69.03	36.77	242.58
购置资产及非经常性转移支出	2205.66	1505.27	1175.77	1956.13	3163.00	3935.88
购置资产支出	845.74	753.16	244.74	525.12	1253.65	1159.73
建造住房支出	247.83	265.86	21.80	18.98	295.16	53.55
购买住房支出	390.87	410.84	186.35	431.69	441.10	858.11
购建第一产业生产性固定资产	98.69	21.95	15.30	2.01	41.50	44.51
购建第二产业生产性固定资产支出	16.33	5.25	2.80		74.76	56.49
购建第三产业生产性固定资产支出	82.54	48.32	14.60	62.70	383.16	102.86
购建其他资产支出	9.48	0.94	3.89	9.74	17.97	44.22
非经常性转移支出	1359.92	752.11	931.04	1431.00	1909.35	2776.15
博彩支出	3.88	3.32	4.79	4.58	11.89	9.49
婚丧嫁娶礼金支出	817.05	494.31	580.87	983.96	986.95	1340.93
一次性赔偿支出	10.67	3.46	2.60	0.00	0.77	3.06
一次性馈赠支出	385.46	195.99	269.40	329.44	818.28	1236.35
其他非经常性转移支出	39.43	12.56	19.95	43.80	23.44	32.52
借贷性支出	698.99	325.28	504.50	896.66	829.41	2416.67
存入储蓄款	53.12	1.56	0.89	8.70	47.08	169.24
借出款	11.63	1.39	4.39	26.03	0.04	11.66
归还借款	112.60	102.21	33.96	83.17	31.36	155.07
购买有价证券	1.65	0.17			1.68	19.88
其他投资支出	29.30	6.02	11.75	2.25	1.21	57.96
归还住房贷款	368.03	172.44	373.55	647.47	710.06	1623.40
归还汽车贷款	79.75	35.07	72.10	106.06	30.63	90.15
归还教育贷款	3.31	0.30	0.09	2.51		
归还其他贷款	37.29	3.69	7.78	20.24	7.35	288.58
其他借贷支出	2.32	2.43		0.24		0.73

7-14 城镇居民家庭人均购买生活消费品及服务现金支出(2020年)

单位:元

指　标	城镇平均	按比例分组				
		城镇低收入户	城镇中低收入户	城镇中等收入户	城镇中高收入户	城镇高收入户
购买生活消费品及服务	**16770.68**	**9823.59**	**12595.65**	**16101.76**	**20051.26**	**27685.18**
食品烟酒	**5422.30**	**3384.79**	**4332.22**	**5573.94**	**6765.03**	**7983.12**
食品	3760.97	2520.75	3181.79	3988.66	4646.91	5017.56
谷物	458.86	389.30	424.11	455.08	523.15	541.79
小麦	0.75	2.14	0.19	0.43	0.38	0.32
面粉	71.00	63.11	68.49	75.85	78.42	72.66
稻谷	0.03	0.01	0.04	0.08	0.00	0.02
大米	96.60	82.81	91.09	101.40	112.51	100.56
玉米	12.28	5.09	6.08	7.83	14.09	35.21
小米	18.30	15.02	16.97	17.62	22.26	21.91
其他谷物	3.67	1.77	3.19	3.96	5.92	4.39
面粉制品	230.55	203.13	218.16	224.73	255.27	267.32
其他谷物制品	25.68	16.22	19.92	23.18	34.31	39.39
薯类	72.10	58.02	68.72	78.50	81.28	78.22
红薯	18.46	12.18	16.37	20.22	23.96	22.18
马铃薯	25.75	23.58	25.07	28.48	27.66	24.39
其他薯类及制品	27.89	22.25	27.28	29.80	29.66	31.66
豆类	62.21	49.30	54.39	63.43	75.63	74.56
大豆	3.00	1.75	2.88	3.06	3.07	4.36
其他豆类及制品	59.21	47.55	51.51	60.37	72.56	70.19
食用油	119.56	90.23	107.47	125.52	144.52	140.03
食用植物油	118.21	88.65	106.64	124.44	142.87	138.89
食用动物油	1.36	1.58	0.83	1.08	1.65	1.14
蔬菜和食用菌	457.18	307.82	388.55	497.06	568.03	582.15
鲜菜	401.38	271.66	344.30	436.17	497.60	504.86
干菜及制品	16.53	11.00	13.02	17.05	21.99	22.95
鲜菌	28.37	18.50	22.47	31.91	35.15	39.05
干菌及制品	10.90	6.66	8.75	11.93	13.28	15.29
肉类	722.07	568.62	761.29	1001.28	1212.83	1304.27
猪肉	437.26	356.85	441.36	558.69	654.26	674.23
牛肉	90.78	69.75	105.91	148.73	192.31	187.29
羊肉	65.85	49.06	76.31	118.44	145.56	150.40
其他肉类及制品	128.18	92.95	137.71	175.41	220.71	292.35
禽类	161.05	145.53	173.57	225.83	254.33	257.96
鸡	102.02	90.10	108.85	141.69	144.23	139.23
鸭	8.62	11.21	8.12	9.46	11.53	12.64
鹅	2.20	2.53	2.00	2.11	3.16	0.98
其他禽类及制品	48.21	41.69	54.60	72.57	95.41	105.11
水产品	94.97	71.77	103.21	146.73	190.44	212.18
鱼类	59.61	45.38	62.01	85.77	103.39	104.08
虾类	17.37	12.57	22.06	32.69	44.04	51.27
蟹类	2.94	2.00	2.24	4.40	9.33	12.89
贝类	1.37	0.88	1.23	2.33	3.26	4.53
藻类	2.12	2.16	2.78	3.22	2.47	3.30
其他水产品及制品	11.56	0.46	0.55	0.68	0.88	1.04
蛋类	139.24	124.81	144.27	159.85	182.96	176.12
鲜蛋	132.08	118.56	135.99	150.04	172.40	161.95
蛋制品	7.17	6.25	8.28	9.82	10.56	14.17

7－14 续表 1

单位:元

指　标	城镇平均	按比例分组				
		城镇低收入户	城镇中低收入户	城镇中等收入户	城镇中高收入户	城镇高收入户
奶类	263.54	200.89	282.69	392.96	400.05	487.94
鲜奶	104.35	89.84	124.81	151.40	169.66	220.41
酸奶	38.77	34.66	43.64	55.61	84.05	111.91
奶粉	104.87	65.16	99.12	168.60	125.90	131.83
其他奶制品	15.55	11.23	15.12	17.35	20.45	23.80
干鲜瓜果类	336.37	255.81	379.73	468.78	583.68	689.89
鲜瓜果	269.62	203.92	303.53	376.12	459.45	551.23
瓜果制品	15.57	11.70	17.20	21.48	29.56	33.94
坚果类	51.18	40.19	58.99	71.18	94.67	104.73
糖果糕点类	108.96	93.65	113.90	135.44	170.32	214.54
食糖	8.99	7.41	7.92	7.88	10.35	8.68
糖果	11.84	10.24	12.36	14.76	20.23	23.40
糕点	80.24	70.28	82.75	103.18	126.85	164.54
其他糖果糕点	7.88	5.71	10.87	9.62	12.89	17.92
其他食品	211.29	165.02	179.90	238.20	259.68	257.91
调味品	85.46	71.56	87.18	106.59	124.57	125.65
其他食品	125.83	93.46	92.71	131.61	135.11	132.26
饮料	96.30	63.47	87.98	109.79	146.99	186.64
茶叶	24.55	8.82	25.10	33.59	53.41	87.54
咖啡	1.04	0.49	0.72	1.53	3.37	4.11
其他固体饮料	6.23	6.08	5.41	7.75	7.85	9.52
瓶装饮用水	12.90	9.93	9.86	11.27	21.21	17.07
果汁饮料	4.91	3.14	4.54	4.65	8.50	7.65
其他液体饮料	46.68	35.00	42.36	51.01	52.65	60.76
烟酒	455.05	289.69	365.25	497.93	615.98	915.85
烟草	270.51	190.73	213.96	276.19	307.35	416.98
卷烟	269.10	190.68	213.74	276.18	307.23	416.75
烟丝、烟叶	1.41	0.05	0.22	0.01	0.12	0.23
酒类	184.54	98.96	151.29	221.74	308.63	498.87
啤酒	21.32	17.01	16.77	20.13	26.66	27.90
白酒	154.15	77.34	127.19	190.47	261.01	439.27
果酒	5.67	3.00	4.19	6.38	13.97	25.20
其他酒	3.40	1.61	3.15	4.76	6.99	6.50
饮食服务	689.06	510.88	697.20	977.55	1355.15	1863.07
食堂用餐	44.62	46.62	51.20	45.90	62.41	78.27
其他在外饮食	640.95	462.88	645.03	930.61	1291.11	1783.47
食品加工服务费	3.50	1.38	0.97	1.03	1.63	1.32
衣着	1191.38	883.00	1239.47	1630.36	1796.33	2594.92
衣类	922.71	679.43	961.16	1283.85	1409.31	2082.59
服装	887.44	653.71	920.40	1231.00	1348.70	2008.36
服装材料	1.43	0.99	1.39	2.09	1.87	2.16
其他衣类及配件	32.09	23.75	36.95	47.49	55.02	65.69
衣类加工服务费	1.76	0.98	2.42	3.28	3.72	6.38
鞋类	268.67	203.57	278.30	346.51	387.02	512.33
鞋	266.71	202.45	276.77	344.46	385.25	508.25
鞋类配件及加工服务费	1.95	1.13	1.53	2.04	1.77	4.08

7－14 续表2

单位:元

指　标	城镇平均	按比例分组				
		城镇低收入户	城镇中低收入户	城镇中等收入户	城镇中高收入户	城镇高收入户
居住	1686.12	992.46	1510.60	1469.95	2048.79	2887.40
租赁房房租	124.82	102.04	84.78	93.56	112.14	270.97
租赁公房房租	10.03	3.85	5.34	14.36	7.36	23.59
租赁私房房租	114.79	98.19	79.44	79.20	104.78	247.38
住房维修及管理	642.19	257.16	638.52	456.39	797.21	1346.99
住房装潢	290.09	108.34	146.92	237.41	459.32	771.41
住房维修	169.99	82.41	356.04	80.30	82.45	202.76
物业管理费	141.92	46.00	78.25	119.63	220.52	306.41
其他	40.19	20.42	57.30	19.05	34.92	66.41
水电燃料及其他	919.11	633.26	787.30	919.99	1139.44	1269.43
水	110.37	68.65	94.30	118.62	138.75	150.70
电	462.81	364.02	434.88	472.15	512.12	576.59
燃料	181.48	139.09	159.22	188.03	201.84	242.80
柴	0.00	0.01		0.00		
草	0.05	0.00	0.20	0.03		
煤炭	4.26	6.84	7.44	2.69	0.92	1.83
沼气	0.00		0.02			
管道天然气	126.43	76.44	101.36	126.89	158.42	198.33
管道煤气	2.71	2.03	2.86	2.99	4.28	1.53
管道液化石油气	2.59	1.80	1.36	3.61	3.03	3.85
罐装液化石油气	43.26	51.03	44.85	46.55	33.87	34.95
汽油(生活燃料)	1.31	0.45	0.44	3.95	0.36	1.53
柴油(生活燃料)	0.17	0.07	0.16	0.35	0.12	0.18
其他油(生活燃料)	0.06	0.01	0.13	0.01	0.03	0.12
其他生活燃料	0.63	0.40	0.42	0.99	0.82	0.46
取暖费	112.38	33.33	60.52	93.78	169.22	257.94
其他	52.07	28.17	38.38	47.41	117.50	41.40
生活用品及服务	1387.48	667.98	978.09	1313.78	1646.22	2722.52
家具及室内装饰品	241.97	89.21	155.53	256.54	251.73	552.46
家具	216.05	70.13	144.21	238.12	226.36	493.11
家具材料	8.82	11.18	4.11	3.78	3.05	24.83
室内装饰品	17.10	7.90	7.20	14.65	22.31	34.52
家用器具	348.32	147.67	226.94	287.73	430.47	741.27
耐用消费品	295.47	124.16	188.03	239.30	353.68	653.69
洗衣机	43.96	23.93	26.31	49.03	58.89	77.46
电冰箱(柜)	41.25	20.14	28.99	31.66	58.76	84.43
空调器	115.52	44.56	68.49	94.40	116.66	304.62
吸尘器	3.46		2.20	2.39	2.45	12.42
抽油烟机	15.36	8.03	14.81	9.35	17.94	29.81
微波炉	2.43	0.51	1.62	3.58	3.53	3.85
非太阳能热水器	17.66	6.02	12.56	14.32	23.86	39.31
太阳能热水器	3.95	4.60	2.04	4.02	5.13	3.95
燃气炉具	9.61	5.14	7.53	9.10	13.95	12.24
太阳能炉具	0.08		0.13	0.24		
洗碗机	0.73		0.15		1.82	2.42
消毒碗柜	0.15	0.03	0.02	0.10	0.42	0.31
其他	40.94	11.22	23.19	19.22	50.27	82.86
小家电	52.84	23.52	38.90	48.44	76.79	87.58

7－14 续表 3

单位:元

指标	城镇平均	按比例分组				
		城镇低收入户	城镇中低收入户	城镇中等收入户	城镇中高收入户	城镇高收入户
家用纺织品	126.38	53.26	105.87	127.36	146.08	204.13
床上用品	105.15	41.67	89.21	105.85	119.91	168.77
窗帘门帘	11.54	7.11	10.26	9.13	14.14	21.03
其他家用纺织品	9.69	4.49	6.41	12.38	12.03	14.33
家庭日用杂品	280.80	191.35	241.74	274.74	330.47	410.23
洗涤及卫生用品	77.09	59.34	67.54	82.75	88.56	95.31
厨具、餐具、茶具	49.75	26.95	36.67	48.72	68.09	78.94
家用手工工具	2.27	1.33	2.66	1.85	2.60	3.58
其他	151.69	103.73	134.86	141.42	171.22	232.40
个人用品	327.65	167.16	222.77	326.50	408.83	623.02
化妆品	200.52	85.79	117.86	196.07	264.59	431.37
其他个人用品	127.13	81.38	104.91	130.43	144.24	191.65
家庭服务	62.35	19.32	25.24	40.91	78.64	191.41
家政服务	33.89	3.96	3.14	12.36	41.15	142.92
家庭设备修理费	28.46	15.36	22.10	28.55	37.50	48.49
交通通信	2178.38	1185.70	1263.48	2041.69	2615.05	3992.01
交通	1504.03	742.02	717.58	1371.27	1812.56	2967.46
交通工具	763.58	0.00	0.00	0.01	0.01	0.01
汽车	606.00	229.92	129.32	481.96	731.51	1380.48
摩托车	6.06	1.88	0.79	1.76	23.52	6.40
自行车	6.58	3.97	3.24	5.50	10.00	14.21
电动自行车	92.84	70.06	89.86	95.31	99.55	120.46
其他交通工具	52.10	39.26	16.88	146.57	39.21	16.91
交通费	112.68	58.55	60.74	88.56	131.13	261.20
飞机	17.06	6.82	5.63	4.34	17.81	64.88
火车	49.79	23.17	26.59	40.04	61.76	114.28
长途汽车	13.25	8.21	9.11	9.98	16.17	20.76
市内公共交通	9.13	5.72	5.66	10.48	9.35	17.16
出租汽车费	17.38	9.82	10.84	15.92	18.65	35.26
其他交通费	6.07	4.80	2.91	7.79	7.38	8.87
交通工具用燃料	414.21	225.30	264.66	376.64	531.10	762.06
汽油	407.27	219.37	261.26	367.93	526.04	748.48
柴油	3.01	2.85	0.84	2.19	1.67	8.89
其他燃料和润滑剂	3.93	3.08	2.56	6.51	3.39	4.70
交通工具使用及维修	213.56	113.09	152.10	174.98	246.53	405.73
交通工具零配件和维修	144.01	88.35	112.93	118.28	158.77	253.53
停车费	17.14	2.81	6.00	13.40	24.53	45.30
车辆使用税费(含过桥过路费)	40.68	16.39	26.19	31.95	48.94	86.30
其他	11.73	5.53	6.98	11.35	14.30	20.60
通信	674.35	443.68	545.90	670.42	802.49	1024.55
通信工具	246.38	142.59	183.12	248.78	296.45	413.66
电话机	0.20	0.06	0.44	0.19	0.26	0.01
移动电话机	234.14	133.81	172.60	236.84	285.06	393.91
其他通信工具及零配件	12.04	8.72	10.08	11.74	11.13	19.73
通信服务	427.97	301.09	362.78	421.65	506.03	610.90
固定电话费	8.03	5.12	5.65	7.42	10.31	14.10
移动电话费	369.60	262.13	319.43	359.80	434.10	524.80
上网费	41.56	28.20	30.17	45.25	53.56	57.47
邮费	3.68	2.03	2.15	3.41	4.22	6.98
其他通信服务费	5.10	3.61	5.39	5.76	3.84	7.55

7－14 续表 4

单位:元

指　标	城镇平均	按比例分组				
		城镇低收入户	城镇中低收入户	城镇中等收入户	城镇中高收入户	城镇高收入户
教育文化娱乐	2089.30	1520.20	1847.36	2188.78	2393.55	2766.46
教育	1550.57	1270.42	1501.93	1691.98	1713.17	1651.26
学前教育	249.88	199.98	210.33	255.85	345.34	293.61
教育用品	3.87	2.01	2.60	3.00	5.19	8.35
学杂费	119.20	116.77	105.32	135.04	139.87	111.96
培训费	44.88	18.68	30.85	40.91	92.86	63.33
赞助费	0.67	0.02	0.98		2.60	
一揽子教育服务(含食宿)	76.60	59.35	67.37	73.32	94.94	105.11
其他费用	4.67	3.16	3.21	3.57	9.88	4.86
小学教育	286.88	221.06	267.64	321.95	333.30	268.71
教育用品	21.68	24.51	27.50	21.80	15.94	16.42
学杂费	18.57	22.51	24.26	21.30	13.69	6.47
培训费	175.61	100.29	123.13	219.14	234.64	209.97
赞助费	6.58	6.49	0.03	1.56	16.80	3.41
一揽子教育服务(含食宿)	43.91	52.64	73.97	37.38	30.07	12.73
其他费用	20.53	14.62	18.74	20.77	22.18	19.70
初中教育	233.21	185.57	223.81	303.84	266.24	205.10
教育用品	20.94	22.56	23.25	27.50	17.52	12.56
学杂费	38.84	30.95	31.64	40.71	55.32	42.76
培训费	67.87	39.36	53.61	79.10	105.44	77.50
赞助费	4.50	0.03		11.96	12.11	
一揽子教育服务(含食宿)	67.84	71.70	76.17	93.20	40.59	53.55
其他费用	33.20	20.97	39.14	51.38	35.26	18.72
高中教育	277.78	172.28	311.88	337.40	282.17	277.10
教育用品	18.12	14.42	21.64	21.99	16.69	13.44
学杂费	29.97	24.29	53.23	22.51	21.84	27.05
培训费	68.63	12.83	36.40	72.32	120.33	114.78
赞助费	25.09	10.25	17.94	65.63	13.99	18.80
一揽子教育服务(含食宿)	122.10	97.24	162.92	134.74	101.08	100.22
其他费用	13.87	13.25	19.74	20.22	8.23	2.81
中专职高教育	13.87	20.28	4.21	18.69	21.61	3.78
教育用品	0.48	1.26	0.04	0.59	0.27	0.04
学杂费	5.93	12.31	1.65	5.05	9.34	
培训费	0.71				0.91	3.49
一揽子教育服务(含食宿)	4.42	3.78	2.12	13.06	2.18	0.24
其他费用	2.32	2.92	0.40	0.01	8.90	
大专及以上教育	384.22	400.59	414.14	318.99	369.99	434.93
教育用品	5.84	8.09	5.91	5.38	5.21	4.09
学杂费	145.16	146.99	160.12	119.63	173.04	132.65
培训费	24.84	3.03	27.53	6.18	24.23	76.70
一揽子教育服务(含食宿)	200.73	239.51	212.33	181.72	154.02	211.88
其他费用	7.65	2.98	8.25	6.09	13.49	9.61
成人教育	104.73	70.67	69.93	135.23	94.53	168.02
教育用品	3.69	3.45	4.28	0.83	1.79	9.02
培训费	72.97	34.94	49.14	112.19	59.94	118.04
其他费用	28.06	32.27	16.51	22.22	32.80	40.96

7－14　续表5

单位:元

指　标	城镇平均	按比例分组				
		城镇低收入户	城镇中低收入户	城镇中等收入户	城镇中高收入户	城镇高收入户
文化娱乐	538.73	249.78	345.43	496.80	680.38	1115.20
文娱耐用消费品	156.50	77.00	105.09	145.89	189.74	330.22
组合音响	0.76	0.81	1.05	0.05	0.96	0.95
彩色电视机	37.36	19.05	27.39	33.15	49.44	72.06
影碟机	0.01				0.05	
摄像机	1.56		4.20		0.55	3.27
照相机	3.24	2.13	0.05	0.02		17.11
家用台式电脑	12.96	12.13	8.71	7.85	14.33	25.56
家用笔记本电脑	44.63	16.62	28.45	39.85	37.48	131.88
中高档乐器	14.81	1.26	2.25	22.99	45.27	9.80
健身器材	4.80	0.27	6.96	10.47	2.03	3.90
其他文娱耐用消费品	15.88	15.43	11.62	15.00	21.34	17.84
文娱耐用消费品的零配件及维修	20.50	9.31	14.42	16.52	18.28	47.85
其他文娱用品	168.75	104.49	131.60	157.85	203.45	294.57
书、报、杂志及音像制品	37.57	25.44	28.53	38.29	43.41	54.17
文具纸张	29.75	26.91	31.77	32.05	26.99	31.18
体育户外用品	9.12	6.01	7.98	7.98	12.90	12.96
游戏用品和玩具	44.35	23.76	33.53	41.39	62.33	82.97
园艺花卉及有关产品	16.60	8.43	11.31	13.50	24.34	34.69
宠物及有关产品	13.42	3.95	5.49	9.12	14.55	43.21
其他文娱用品及维修	17.95	9.99	13.00	15.53	18.93	35.39
文化娱乐服务	213.48	68.29	108.74	193.05	287.19	490.41
团体旅游	122.74	27.79	67.82	113.36	163.16	290.43
景点门票	25.11	9.28	12.38	25.39	37.05	52.32
体育健身活动	14.44	7.70	2.42	4.41	16.19	52.75
电影、话剧、演出票	4.43	1.57	1.99	5.49	5.54	9.90
有线电视费	13.44	8.06	8.76	14.34	18.55	21.77
其他文化娱乐服务	33.31	13.90	15.37	30.07	46.70	63.25
医疗保健	1881.44	989.13	1155.75	1559.22	2268.78	3829.20
医疗器具及药品	652.90	330.96	462.04	527.21	845.10	1013.23
药品	463.59	287.05	349.99	434.90	648.68	694.24
滋补保健品	95.01	22.04	80.69	42.41	137.97	221.68
医疗卫生器具	34.91	20.37	27.64	30.14	45.32	57.17
保健器具	59.38	1.50	3.72	19.77	13.13	40.14
医疗服务	1228.54	658.17	693.71	1032.01	1423.69	2815.98
门诊医疗总费用	426.49	294.37	315.14	437.44	519.33	647.01
住院医疗总费用	802.06	363.80	378.58	594.57	904.36	2168.97
其他用品和服务	570.06	200.31	268.69	324.04	517.51	909.54
其他用品	221.05	83.74	127.70	163.97	278.50	469.81
首饰及手表	120.14	34.20	56.92	69.87	141.15	283.10
其他杂项用品	100.91	49.54	70.78	94.10	137.34	186.72
其他服务	349.01	116.57	140.99	160.07	239.01	439.73
旅馆住宿费	24.58	8.22	14.41	12.45	32.42	63.41
美容美发洗浴	237.19	67.94	94.09	106.34	146.59	245.65
其他杂项服务	87.24	40.41	32.49	41.28	60.00	130.66

7-15 城镇居民家庭平均每人购买食品数量(2020年)

单位:千克、盒

指 标	城镇平均	按比例分组				
		最低收入户	更低户	低收入户	较低收入户	中间收入户
面粉	19.72	18.98	19.52	20.73	20.44	19.20
大米	18.46	17.88	18.10	19.64	19.43	17.16
食用植物油	8.55	7.05	8.37	9.04	9.67	8.79
鲜菜	100.40	76.71	90.43	112.07	115.63	115.63
猪肉	11.96	8.57	10.46	13.34	14.23	14.94
牛肉	2.18	1.14	1.68	2.56	3.03	2.97
羊肉	1.70	0.79	1.31	2.11	2.38	2.36
鸡	6.65	5.35	6.13	7.97	7.37	6.91
鸭	0.55	0.55	0.45	0.52	0.59	0.67
鱼类	4.71	3.40	3.89	5.69	5.56	5.38
虾类	0.71	0.34	0.55	0.81	0.98	1.04
鲜蛋	18.98	15.91	18.01	19.82	21.40	20.19
鲜奶	12.13	7.42	10.91	11.54	14.15	18.56
酸奶	5.41	2.97	3.63	4.40	7.09	11.03
奶粉	0.64	0.41	0.54	0.93	0.81	0.62
鲜瓜果	66.63	45.92	61.08	69.60	78.40	85.80
坚果类	4.24	2.77	3.88	4.49	5.01	5.63
糕点	5.19	4.13	4.23	5.32	5.77	6.77
茶叶	0.18	0.06	0.15	0.19	0.25	0.28
卷烟	19.84	17.01	17.15	20.91	20.89	24.37
啤酒	3.21	2.83	2.60	3.10	3.99	3.96
白酒	1.99	1.23	1.46	1.99	2.50	3.16
果酒	0.12	0.05	0.07	0.11	0.16	0.26

注:卷烟单位为盒。

7－16　城镇居民家庭购买非食品数量（2020年）

指　标	计量单位	城镇平均	按比例分组				
			城镇低收入户	城镇中低收入户	城镇中等收入户	城镇中高收入户	城镇高收入户
鞋	双/人	335.71	203.57	278.30	346.51	387.02	512.33
水	吨/人	38.33	27.71	33.89	40.84	46.70	47.00
电	度/人	793.20	626.08	742.54	812.99	874.11	990.37
煤炭	千克/人	5.04	7.46	8.54	3.78	1.33	2.40
管道天然气	立方米/人	49.86	32.81	40.18	48.70	61.27	75.95
管道煤气	立方米/人	0.77	0.64	0.70	0.86	1.22	0.48
管道液化石油气	千克/人	0.59	0.38	0.43	0.75	0.75	0.80
罐装液化石油气	千克/人	7.03	8.10	7.05	7.54	5.58	6.32
洗衣机	台/百户	7.06	4.95	6.67	7.59	8.83	7.72
电冰箱(柜)	台/百户	4.62	3.72	4.24	3.37	5.82	5.55
空调器	台/百户	9.73	6.64	8.41	10.25	10.37	16.55
吸尘器	台/百户	1.19		1.07	1.56	1.07	3.01
抽油烟机	台/百户	3.40	2.88	3.58	3.14	4.05	4.37
微波炉	台/百户	1.22	0.26	1.23	1.67	1.28	1.40
非太阳能热水器	台/百户	3.53	1.67	3.67	2.96	4.55	5.95
太阳能热水器	台/百户	1.04	0.85	0.38	1.23	1.06	0.65
燃气炉具	套/百户	5.09	5.60	4.81	4.04	6.03	5.23
太阳能炉具	套/百户	0.05		0.07	0.10		
洗碗机	台/百户	0.08		0.26		0.28	0.28
消毒碗柜	台/百户	0.18	0.06	0.11	0.09	0.24	0.26
汽车	辆/百户	2.05	1.50	0.74	2.13	2.19	3.07
摩托车	辆/百户	0.31	0.16	0.21	0.23	1.11	0.32
自行车	辆/百户	10.42	2.91	3.45	2.10	85.30	3.92
电动自行车	辆/百户	167.55	781.31	12.76	10.99	10.88	11.60
电话机	部/百户	0.31	0.09	0.24	0.52	0.61	0.18
移动电话机	部/百户	36.97	31.57	35.94	37.73	38.51	38.19
组合音响	台/百户	0.34	0.20	0.62	0.22	0.25	0.27
彩色电视机	台/百户	4.75	3.62	4.85	4.41	5.33	6.66
影碟机	台/百户	0.03				0.15	
摄像机	台/百户	0.13		0.38		0.12	0.13
照相机	台/百户	0.21	0.10	0.03	0.05		1.16
家用台式电脑	台/百户	1.13	1.28	0.87	0.47	1.03	1.25
家用笔记本电脑	台/百户	2.57	1.43	2.38	2.57	2.17	5.90

7-17 城镇居民家庭平均每百户主要消费品年末拥有量(2020年)

指 标	计量单位	城镇平均	按比例分组				
			城镇低收入户	城镇中低收入户	城镇中等收入户	城镇中高收入户	城镇高收入户
家用汽车	辆	40.11	32.60	38.35	39.75	37.78	50.27
摩托车	辆	15.57	21.78	15.68	13.99	13.02	16.20
助力车	台	116.48	126.60	135.46	117.91	108.55	94.78
洗衣机	台	101.57	101.07	102.19	100.82	102.24	102.04
电冰箱(柜)	台	100.16	100.16	99.57	100.02	99.90	101.60
微波炉	台	44.66	28.97	40.13	41.80	50.00	60.91
彩色电视机	台	115.98	114.26	118.16	113.92	116.14	116.93
空调	台	183.65	152.36	176.82	182.68	192.58	212.00
热水器	台	97.45	90.52	96.25	97.78	99.49	103.47
洗碗机	台	1.70	2.15	1.75	1.23	1.58	1.84
排油烟机	台	77.56	61.39	73.44	79.98	86.17	85.86
固定电话	线	11.75	8.72	9.63	12.79	14.37	13.02
移动电话	部	254.06	257.49	270.65	255.55	242.98	244.29
其中:接入互联网	部	223.74	219.52	237.59	224.86	212.58	223.63
计算机	台	64.66	50.26	58.14	66.98	71.17	77.32
其中:接入互联网	台	51.61	41.00	45.76	50.50	53.91	66.83
照相机	台	12.52	3.52	6.38	11.39	15.70	25.10
中高档乐器	架	7.50	3.54	4.86	7.04	6.45	15.52
健身器材	台	5.53	1.52	3.08	4.50	7.09	10.14

7－18 历年农村居民收支

（指数以上年为100，按可比口径计算）　　单位：元

年　份	农民家庭人均可支配收入	可支配收入指数	农民家庭人均生活消费支出	#食品
1978	104.71		81.70	
1979	133.56		110.83	67.32
1980	160.78		135.51	78.49
1981	215.57		165.57	89.08
1982	216.74		177.90	101.18
1983	272.00		196.35	113.71
1984	301.17		219.64	122.46
1985	328.78		260.19	145.83
1986	333.64	99.7	292.48	159.88
1987	377.72	110.1	309.90	164.03
1988	401.32	98.2	346.73	179.42
1989	457.06	102.5	390.05	199.99
1990	526.95	105.5	437.73	240.93
1991	539.29	102.3	454.68	242.83
1992	588.48	104.9	472.61	264.02
1993	695.85	109.0	564.93	334.52
1994	909.81	103.4	731.78	426.17
1995	1231.97	109.5	929.39	544.26
1996	1579.19	113.8	1206.43	670.89
1997	1733.89	107.4	1270.52	693.09
1998	1864.05	106.5	1240.30	700.78
1999	1948.36	106.4	1163.98	617.46
2000	1985.82	103.9	1315.83	654.13
2001	2097.86	104.9	1375.60	668.77
2002	2215.74	105.1	1451.51	697.02
2003	2235.68	99.6	1508.67	726.57
2004	2553.15	108.1	1664.09	808.27
2005	2870.58	107.5	1891.57	858.97
2006	3261.03	112.1	2229.28	911.48
2007	3851.60	112.2	2676.41	1017.43
2008	4454.24	107.2	3044.21	1165.81
2009	4806.95	107.5	3388.47	1220.36
2010	5523.73	111.0	3682.21	1371.17
2011	6604.03	112.7	4319.95	1559.74
2012	7524.94	111.3	5032.14	1701.75
2013	8475.34	109.5	5627.73	1938.47
2014	9966.07	109.4	7277.21	2153.81
2015	10852.86	107.6	7887.45	2301.27
2016	11696.74	105.7	8586.59	2447.29
2017	12719.18	107.5	9211.52	2495.89
2018	13830.74	106.5	10392.01	2778.29
2019	15163.70	106.3	11545.99	3030.24
2020	16107.90	102.8	12201.10	3396.74

注：2013年以前为纯收入口径。

7－19 农民家庭人口与劳动力状况

项 目	单 位	2005年	2010年	2015年	2016年	2017年	2018年	2019年	2020年
调查户数	户	**4200**	**4200**	**3806**	**3837**	**3838**	**3429**	**3409**	**3350**
调查户常住人口	人	**17591**	**17007**	**13403**	**13359**	**13034**	**11982**	**11649**	**11331**
平均每户常住人口	人	4.19	4.05	3.52	3.79	3.37	3.49	3.39	3.38
整半劳动力	人	2.87	2.92	2.21	2.23	2.16	2.21	2.09	2.10
劳动力占常住人口比重	%	68.5	72.2	62.8	64.2	64.1	63.3	63.5	0.62
平均每个劳动力负担人口	人	1.46	1.39	1.59	1.56	1.56	1.58	1.62	1.61
平均每百个常住人口中									
学龄前人数	人	6.44	6.21	6.65	7.29	5.74	7.98	7.28	5.89
6－15岁人数	人	14.69	10.27	16.79	17.14	17.54	18.70	19.68	20.28
16－60岁人数	人	72.63	73.91	61.64	61.12	61.13	55.83	52.27	54.93
61岁及以上人数	人	6.24	9.66	14.91	14.46	15.59	17.75	19.06	18.90

7－20 农民家庭劳动力就业情况

项 目	单 位	2005年	2010年	2015年	2016年	2017年	2018年	2019年	2020年
每百个就业劳动力文化程度									
未上过学	人	6.65	5.26	4.00	2.66	3.71	5.31	5.13	4.94
小学	人	18.48	16.20	19.89	18.85	20.47	24.32	25.49	23.74
初中	人	61.23	60.90	59.75	59.7	59.68	54.06	52.80	53.46
高中	人	10.52	12.91	12.68	14.99	12.07	12.02	12.18	13.02
大学专科	人	2.11	2.78	2.63	2.85	3.06	3.11	3.18	3.42
大学本科	人	1.01	1.95	0.95	0.89	0.94	1.14	1.16	1.31
研究生	人			0.10	0.06	0.07	0.04	0.05	0.11
每百个就业劳动力从事的主要行业									
一产业就业劳动力	人	66.75	56.88	58.94	50.85	56.47	54.67	28.29	48.62
二产业就业劳动力	人	17.27	24.15	21.61	26.12	22.47	21.22	22.57	22.86
三产业就业劳动力	人	15.98	18.97	19.44	23.03	21.06	24.11	21.91	28.51

7-21 农民家庭居住情况

项　目	单 位	2005年	2010年	2015年	2016年	2017年	2018年	2019年	2020年
期末人均住房情况									
住房面积	平方米	27.21	34.69	43.60	46.65	47.84	47.88	50.04	51.24
#租用住房面积	平方米	0.04	0.09	0.42	0.25	0.10	0.62		
住房价值	万元	0.58	1.12	3.10	3.69	3.79	4.71	5.36	5.80
主要建筑材料									
钢筋混凝土	%			14.29	17.86	17.74	23.94	24.50	24.03
砖混材料	%			61.13	62.02	62.28	60.32	60.48	61.94
砖瓦砖木	%			23.42	19.02	18.88	15.10	14.64	13.73
竹草土坯	%			0.78	0.74	0.74	0.37	0.30	
其他	%			0.38	0.37	0.37	0.28	0.13	
住宅外道路路面情况									
水泥或柏油路面	%	26.07	44.88	52.49	59.51	61.13	72.25	74.05	73.28
沙石或石板等硬质路面	%	8.93	11.95	15.79	16.08	15.90	12.25	11.92	11.94
其他	%	65.00	43.17	31.72	24.41	22.97	15.51	14.09	14.78
住户主要饮用水来源情况									
经过净化处理的自来水	%			33.84	45.41	46.74	55.11	59.76	62.27
受保护的井水和泉水	%			32.82	31.34	31.32	33.62	33.03	31.22
不受保护的井水和泉水	%			28.56	18.94	17.87	9.51	6.67	5.88
江河湖泊水	%			0.49	0.61	0.61	0.76	0.36	0.21
收集雨水	%						0.03		
桶装水	%			0.02	0.04	0.02	0.06	0.04	0.27
他水源	%			4.28	3.65	3.45	0.91	0.20	0.15
住户厕所类型									
水冲式卫生厕所	%			4.76	7.20	7.33	17.80	51.64	55.49
水冲式非卫生厕所	%			1.44	2.57	2.43	3.55	31.94	23.88
卫生旱厕	%			21.28	22.78	23.29	26.85	7.20	8.69
普通旱厕	%			71.83	66.74	66.26	51.60	9.18	11.82
无厕所	%			0.69	0.70	0.69	0.21	0.09	0.12
住户主要取暖用能源状况									
柴草	%			13.03	13.20	12.68	7.89	7.76	4.78
煤炭	%			23.61	20.59	14.46	9.48	5.71	4.48
罐装液化石油气	%			3.04	5.04	4.69	4.73	4.58	4.60
管道液化石油气	%				0.03	0.07		0.08	0.06
管道煤气	%						0.06	0.06	0.03
管道天然气	%			0.18	0.48	0.42	0.75	0.91	1.16
电	%			18.36	23.82	30.38	48.38	54.88	65.19
燃料用油	%				0.03	0.03	0.07	0.07	
沼气	%			0.15	0.36	0.34	0.05	0.05	0.03
其他	%			2.16	2.55	2.26	2.55	2.64	1.25
无取暖行为	%			39.47	33.89	34.67	26.05	23.31	18.42
主要炊用能源状况									
柴草	%			30.64	26.10	26.87	18.16	15.56	9.70
煤炭	%			18.86	15.03	10.99	6.81	2.92	2.00
罐装液化石油气	%			28.57	33.81	33.53	38.58	36.27	45.94
管道液化石油气	%			0.66	0.28	0.36	0.24	0.62	0.54
管道煤气	%				0.13	0.13	0.16	0.15	0.24
管道天然气	%			0.78	0.82	0.86	2.79	4.69	7.28
电	%			17.46	21.52	24.86	31.69	37.37	33.43
燃料用油	%						0.03	0.06	0.03
沼气	%			1.75	1.15	1.36	0.88	0.54	0.21
其他	%			1.01	0.61	0.55	0.41	1.62	0.48
无炊用行为	%			0.28	0.55	0.50	0.25	0.25	0.15

7－22 农民家庭土地经营情况

项　目	单 位	2005年	2010年	2015年	2016年	2017年	2018年	2019年	2020年
平均每百人土地经营情况									
期末实际经营的土地面积	亩	160.69	174.61	198.55	206.82	208.14	222.01	226.65	214.83
耕地	亩	151.65	168.00	183.81	189.90	194.67	189.14	190.89	185.62
有效灌溉面积	亩	110.62	125.20	151.97	158.86	163.56	157.52	160.00	157.87
林地	亩	0.92	2.38	8.78	10.94	7.81	28.06	28.31	23.88
园地	亩	3.30	3.40	4.47	4.31	4.43	3.67	6.07	3.73
牧草地	亩	0.09	0.08	0.05				0.04	0.18
养殖水面	亩	4.74	0.75	1.45	1.68	1.23	1.13	1.34	1.42
期内主要粮食播种面积	亩	233.70	269.52	284.36	289.26	286.04	267.48	272.30	247.05
#小麦播种面积	亩	125.69	134.93	140.40	141.86	142.82	141.33	145.11	134.52
水稻播种面积	亩	11.69	15.69	22.88	24.46	28.13	19.63	19.92	17.94
玉米播种面积	亩	71.62	103.40	110.98	108.74	101.05	93.97	95.68	87.19
豆类播种面积	亩	19.56	12.86	8.44	11.77	11.07	10.64	8.54	6.00
薯类播种面积	亩	3.39	1.93	1.66	2.43	2.97	1.90	3.07	1.40
经济作物播种面积	亩	70.12	35.18	32.70	40.65	47.51	58.18	51.93	53.87
#棉花播种面积	亩	19.10	5.24	0.39	0.31	0.11	0.32	0.07	0.03
油料播种面积	亩	30.15	16.09	22.43	29.65	36.34	41.16	35.18	35.98
蔬菜播种面积	亩	12.45	7.98	5.54	6.19	7.31	11.10	8.55	10.79
果用瓜播种面积	亩	2.55	2.92	3.58	4.49	3.64	5.39	7.76	6.68

7－23 农民家庭生产经营情况

项　目	单 位	2005年	2010年	2015年	2016年	2017年	2018年	2019年	2020年
谷物产量	**公斤/人**	**845.87**	**1170.43**	**1447.88**	**1397.22**	**1355.77**	**1266.84**	**1304.83**	**1213.52**
#小麦产量	公斤/人	461.33	599.19	692.56	666.40	686.50	614.66	732.59	626.02
稻谷产量	公斤/人	67.83	80.22	143.06	151.83	161.73	131.31	103.74	99.21
玉米产量	公斤/人	312.21	489.62	611.02	578.39	507.50	520.57	467.81	486.30
薯类产量	公斤/人	4.31	5.67	8.79	11.83	14.07	11.10	5.96	4.51
豆类产量	公斤/人	26.62	21.27	19.90	22.86	19.04	24.57	15.75	11.00
棉花产量	公斤/人	25.68	10.94	0.94	0.56	0.29	0.44	0.11	0.06
油料产量	公斤/人	50.23	34.45	65.33	88.46	111.86	120.27	101.56	84.38

7－24 农民家庭出售产品情况

项 目	单 位	2005年	2010年	2015年	2016年	2017年	2018年	2019年	2020年
出售粮食数量	公斤/人	367.21	540.63	897.57	972.61	882.04	916.28	1004.34	994.35
#小麦	公斤/人	177.84	260.74	420.91	417.62	444.00	410.28	565.34	522.32
稻谷	公斤/人	40.70	43.55	121.88	109.51	106.18	111.01	85.98	95.64
玉米	公斤/人	133.44	222.44	354.13	421.53	306.23	370.17	335.51	374.28
薯类	公斤/人	0.31	2.08	4.03	5.19	6.62	2.10	3.03	2.76
豆类	公斤/人	13.61	11.49	15.89	17.41	13.94	19.78	14.48	11.04
出售棉花数量	公斤/人	17.96	4.42	0.42	0.34	0.32	0.03	0.10	0.23
出售油料数量	公斤/人	22.70	15.12	32.47	54.46	63.33	105.92	86.57	71.63
出售麻类数量	公斤/人	0.60	0.47	0.38	0.50	0.04	0.27		0.03
出售烟叶数量	公斤/人	3.11	4.12	4.30	2.87	2.64	7.38	5.15	3.88
出售蔬菜数量	公斤/人	116.79	126.29	144.62	137.53	153.65	171.30	149.38	182.16
出售水果数量	公斤/人	49.22	39.25	50.45	42.68	42.69	50.76	56.27	64.28
出售肉猪数量	公斤/人	39.54	47.95	54.21	44.56	51.73	45.06	27.84	22.33
出售肉牛数量	公斤/人	3.96	3.13	1.49	2.74	2.49	4.87	4.07	3.23
出售菜羊数量	公斤/人	1.36	1.18	3.10	2.54	2.05	3.03	3.16	2.23
出售家禽数量	公斤/人	4.59	6.84	6.72	10.76	16.12	5.42	7.26	6.81
出售蛋类数量	公斤/人	13.67	17.46	12.66	11.81	9.16	9.37	14.04	24.71
出售渔业产品数量	公斤/人	4.24	4.05	7.24	7.64	10.02	1.84	3.00	8.02

7－25 农民家庭主要食品消费量

项 目	单 位	2005年	2010年	2015年	2016年	2017年	2018年	2019年	2020年
粮食消费量	公斤/人	211.62	188.47	132.45	126.91	128.28	124.80	137.13	160.96
小麦	公斤/人	170.48	145.21	91.75	88.26	89.93	85.03	92.37	106.23
稻谷	公斤/人	19.58	20.84	24.19	21.97	22.49	22.62	22.92	27.24
玉米	公斤/人	16.86	15.51	5.98	5.84	4.93	4.90	7.05	9.98
薯类消费量	公斤/人	0.86	0.95	2.05	1.88	1.98	2.13	2.72	4.59
豆类消费量	公斤/人	2.93	1.87	4.87	6.13	5.64	6.78	8.44	3.49
油脂类消费量	公斤/人	4.36	4.85	7.61	7.49	7.54	7.95	7.68	9.43
植物油	公斤/人	4.25	4.79	7.53	7.41	7.47	7.86	7.62	8.81
动物油	公斤/人	0.11	0.05	0.08	0.07	0.07	0.09	0.06	0.09
蔬菜及菜制品消费量	公斤/人	100.75	88.03	67.72	73.71	72.59	71.41	76.34	81.75
肉类	公斤/人	8.68	12.42	12.79	12.36	12.72	15.68	14.81	12.91
猪肉	公斤/人	5.46	8.03	9.74	9.04	9.24	11.75	10.94	8.95
牛肉	公斤/人	0.83	0.34	0.66	0.67	0.67	0.67	0.79	0.84
羊肉	公斤/人	0.14	0.15	0.47	0.54	0.57	0.58	0.52	0.62
其他肉类及制品	公斤/人			1.92	2.11	2.24	2.68	2.56	2.49
禽类	公斤/人	1.57	2.28	3.88	4.53	4.24	5.21	5.69	7.76
水产品	公斤/人	1.30	1.50	2.53	2.80	2.51	2.66	3.30	3.95
蛋类及蛋制品	公斤/人	8.48	9.10	10.73	11.29	13.02	11.33	13.04	18.68
奶和奶制品	公斤/人	0.85	2.44	5.03	5.82	6.12	7.01	7.98	8.63
干鲜瓜果类	公斤/人	15.39	20.96	39.10	46.40	49.23	46.20	52.83	54.69
糖果糕点类	公斤/人			4.56	4.86	4.55	4.74	5.46	5.83
酒	公斤/人	5.97	6.24	6.71	6.54	6.75	6.02	5.86	5.99

7－26 农民家庭平均每百户主要耐用消费品年末拥有量

项 目	单 位	2005年	2010年	2015年	2016年	2017年	2018年	2019年	2020年
家用汽车	辆	0.33	1.76	11.99	18.10	19.28	22.32	24.32	26.57
摩托车	辆	39.14	54.88	65.18	58.12	55.33	44.25	39.60	38.64
助力车	辆			87.64	101.60	104.80	114.65	121.24	124.13
洗衣机	台	55.67	84.64	92.92	95.15	95.86	97.32	98.50	99.11
电冰箱(柜)	台	13.48	46.12	79.11	87.63	88.25	93.98	96.23	97.07
微波炉	台	0.67	5.12	8.99	8.75	8.75	11.40	13.67	14.37
彩色电视机	台	81.69	106.26	112.61	115.08	116.28	113.23	114.36	114.96
其中:接入有线电视	台	10.07	30.83	51.50	52.86	46.49	34.49		
空调	台	5.19	22.86	54.78	70.37	74.79	94.28	103.13	107.52
热水器	台	3.24	16.26	48.32	57.94	59.46	70.08	72.42	77.57
其中:太阳能热水器	台			39.40	48.21	49.10	54.39		
洗碗机	台			0.45	0.84	0.77	0.50	0.88	0.71
排油烟机	台	0.48	3.02	6.29	10.45	11.57	16.65	20.13	24.14
固定电话	部	51.33	34.26	20.06	13.93	13.63	11.58	8.07	6.19
移动电话	部	55.38	151.67	220.99	242.07	244.92	262.71	269.69	270.95
其中:接入互联网	部	1.69	13.45	67.71	100.86	106.58	157.51	173.24	222.63
计算机	台	0.57	7.50	26.56	31.13	31.23	29.19	30.07	31.74
其中:接入互联网	台	0.24	5.00	19.92	22.59	20.72	20.55	18.61	22.71
照相机	架	2.14	2.83	3.10	2.28	2.63	1.29	1.64	1.57
中高档乐器	台	0.07	0.21	0.23	0.46	0.48	0.48	0.67	0.61
健身器材	台			0.45	0.84	1.30	1.19	1.38	1.44

7－27 农民家庭平均每人总收入

单位:元

项 目	2005年	2010年	2015年	2016年	2017年	2018年	2019年	2020年
总收入	**3945.67**	**7293.38**	**13666.79**	**14383.60**	**15629.73**	**16844.67**	**18175.60**	**19409.32**
工资性收入	853.95	1943.86	3728.36	4227.98	4770.37	5335.62	5866.65	6153.43
工资			2807.33	3253.79	3706.62	4480.08	5205.27	5624.78
实物福利			3.78	4.34	7.73	4.78	6.53	12.42
其他			917.24	969.84	1056.01	850.75	654.85	516.22
经营性收入	2965.64	4968.63	7082.78	7140.18	7408.71	7448.56	7693.24	8109.94
第一产业经营收入	2532.24	4099.02	5319.44	5275.01	5397.36	5164.69	5333.78	5789.08
农业	1801.64	2977.76	4055.98	3921.63	3997.35	4029.87	4243.75	4298.68
林业	34.24	51.45	105.12	115.54	89.59	136.01	120.17	88.34
牧业	672.68	1041.67	1089.49	1162.45	1217.95	979.44	915.41	1347.13
渔业	23.68	28.14	68.86	75.39	92.47	19.37	54.45	54.94
第二产业经营收入	129.81	241.37	392.19	348.17	370.93	538.94	488.85	495.01
第三产业经营收入	303.59	628.24	1371.15	1517.00	1640.41	1744.92	1870.62	1825.85
财产性收入	35.85	59.29	161.11	173.75	205.18	233.70	243.50	252.64
转移性收入	90.24	321.59	2694.55	2841.70	3245.47	3826.79	4372.21	4893.32
家庭外出从业人员寄回带回收入			1877.18	2011.64	2302.68	2540.37	2912.56	3172.25

7－28　农民家庭平均每人总收入构成

单位：%

项　目	2005年	2010年	2015年	2016年	2017年	2018年	2019年	2020年
总收入	**100.00**	**100.00**	**100.00**	**100.00**	**100.00**	**100.00**	**100.00**	**100.00**
工资性收入	21.60	26.70	27.30	29.40	30.50	31.70	32.30	31.70
工资			20.50	22.60	23.70	26.60	28.60	29.00
实物福利			0.00	0.00	0.00	0.00	0.00	0.10
其他			6.70	6.70	6.80	5.10	3.60	2.70
经营性收入	75.20	68.10	51.80	49.60	47.40	44.20	42.30	41.80
第一产业经营收入	64.20	56.20	38.90	36.70	34.50	30.70	29.30	29.80
农业	45.70	40.80	29.70	27.30	25.60	23.90	23.30	22.10
林业	0.90	0.70	0.80	0.80	0.60	0.80	0.70	0.50
牧业	17.00	14.30	8.00	8.10	7.80	5.80	5.00	6.90
渔业	0.60	0.40	0.50	0.50	0.60	0.10	0.30	0.30
第二产业经营收入	3.30	3.30	2.90	2.40	2.40	3.20	2.70	2.60
第三产业经营收入	7.70	8.60	10.00	10.60	10.50	10.40	10.30	9.40
财产性收入	0.90	0.80	1.20	1.20	1.30	1.40	1.30	1.30
转移性收入	2.30	4.40	19.70	19.80	20.80	22.70	24.10	25.20
家庭外出从业人员寄回带回收入			13.70	14.00	14.70	15.10	16.00	16.30

7－29　农民家庭平均每人总支出

单位：元

项　目	2005年	2010年	2015年	2016年	2017年	2018年	2019年	2020年
总支出	**3106.97**	**5767.35**	**12175.63**	**13006.08**	**13978.72**	**15926.43**	**17077.31**	**18010.62**
消费支出	1891.57	3682.21	7887.45	8586.59	9211.52	10392.01	11545.99	12201.10
生产经营费用支出	944.69	1562.48	2339.18	2247.18	2394.96	2399.66	2368.69	2683.15
第一产业经营费用支出	841.82	1320.02	1907.83	1791.93	1923.33	1897.98	1876.72	2214.63
农业	470.37	723.59	1203.18	1063.12	1080.71	1225.05	1263.69	1213.451782
林业	3.89	2.36	15.34	15.73	13.11	23.08	26.23	30.55085564
牧业	357.09	586.91	651.39	669.95	782.87	638.57	554.99	949.24
渔业	10.49	7.15	37.92	43.13	46.64	11.28	31.81	21.39
第二产业经营费用支出	40.72	91.66	109.46	97.95	129.55	139.41	66.20	79.05
第三产业经营费用支出	62.15	150.80	321.89	357.29	342.08	362.27	425.78	389.46
财产性支出	4.95	7.11	4.15	5.77	5.71	12.31	12.20	14.97
转移性支出	133.65	323.36	189.22	184.06	243.37	343.75	383.24	351.34
部分商业保险支出			33.12	40.70	41.35	84.16	81.75	80.36
购置资产及非经常性转移支出			1484.28	1710.55	1775.60	2238.54	905.20	2193.64
借贷性支出			238.22	231.24	306.21	456.00	414.64	486.05

7－30 农民家庭平均每人总支出构成

单位:%

项 目	2005年	2010年	2015年	2016年	2017年	2018年	2019年	2020年
总支出	**100.00**	**100.00**	**100.00**	**100.00**	**100.00**	**100.00**	**100.00**	**100.00**
消费支出	60.90	63.80	64.80	66.00	65.90	65.30	67.60	67.70
生产经营费用支出	30.40	27.10	19.20	17.30	17.10	15.10	13.90	14.90
第一产业经营费用支出	27.10	22.90	15.70	13.80	13.80	11.90	11.00	12.30
农业	15.10	12.50	9.90	8.20	7.70	7.70	7.40	6.70
林业	0.10	0.00	0.10	0.10	0.10	0.10	0.20	0.20
牧业	11.50	10.20	5.30	5.20	5.60	4.00	3.20	5.30
渔业	0.30	0.10	0.30	0.30	0.30	0.10	0.20	0.10
第二产业经营费用支出	1.30	1.60	0.90	0.80	0.90	0.90	0.40	0.40
第三产业经营费用支出	2.00	2.60	2.60	2.70	2.40	2.30	2.50	2.20
财产性支出	0.20	0.10	0.00	0.00	0.00	0.10	0.10	0.10
转移性支出	4.30	5.60	1.60	1.40	1.70	2.20	2.20	2.00
部分商业保险支出			0.30	0.30	0.30	0.50	0.50	0.40
购置资产及非经常性转移支出			12.20	13.20	12.70	14.10	5.30	12.20
借贷性支出			2.00	1.80	2.20	2.90	2.40	2.70

7－31 农民家庭平均每人生活消费支出

单位:元

项 目	2005年	2010年	2015年	2016年	2017年	2018年	2019年	2020年
全年生活消费支出	**1891.57**	**3682.21**	**7887.45**	**8586.59**	**9211.52**	**10392.01**	**11545.99**	**12201.10**
食品	858.97	1371.17	2301.27	2447.29	2495.89	2778.29	3030.24	3396.74
衣着	132.36	261.52	655.17	677.41	712.35	736.11	819.23	873.14
居住	317.97	765.18	1643.28	1767.81	2005.50	2273.68	2478.78	2770.13
家庭设备、用品及服务	82.69	254.47	560.58	588.10	647.16	697.48	738.86	783.18
交通和通讯	159.73	401.44	970.34	1210.89	1245.38	1285.97	1369.01	1501.78
文化、教育、娱乐用品及服务	177.66	250.47	851.38	948.76	1030.30	1226.85	1459.30	1285.64
医疗保健	123.41	287.83	768.98	797.80	908.95	1226.62	1461.81	1379.05
其他商品和服务	38.76	90.14	136.45	148.54	165.98	167.03	188.76	211.44

7－32 农民家庭平均每人生活消费支出构成

单位:%

项　目	2005年	2010年	2015年	2016年	2017年	2018年	2019年	2020年
全年生活消费支出	**100.00**	**100.00**	**100.00**	**100.00**	**100.00**	**100.00**	**100.00**	**100.00**
食品	45.40	37.20	29.20	28.50	28.50	26.70	26.20	27.80
衣着	7.00	7.10	8.30	7.90	7.90	7.10	7.10	7.20
居住	16.80	20.80	20.80	20.60	20.60	21.90	21.50	22.70
家庭设备、用品及服务	4.40	6.90	7.10	6.80	6.80	6.70	6.40	6.40
交通和通讯	8.40	10.90	12.30	14.10	14.10	12.40	11.90	12.30
文化、教育、娱乐用品及服务	9.40	6.80	10.80	11.00	11.00	11.80	12.60	10.50
医疗保健	6.50	7.80	9.70	9.30	9.30	11.80	12.70	11.30
其他商品和服务	2.00	2.40	1.70	1.70	1.70	1.60	1.60	1.70

7－33 农民家庭平均每人可支配收入

单位:元

项　目	2005年	2010年	2015年	2016年	2017年	2018年	2019年	2020年
可支配收入	**2870.58**	**5523.73**	**10852.86**	**11696.74**	**12719.18**	**13830.74**	**15163.75**	**16107.93**
工资性收入	853.95	1943.86	3728.36	4227.98	4770.37	5335.62	5866.65	6153.43
工资			2807.33	3253.79	3706.62	4480.08	5205.27	5624.78
实物福利			3.78	4.34	7.73	4.78	6.53	12.42
其他			917.24	969.84	1056.01	850.75	654.85	516.22
经营净收入	1913.66	3240.43	4462.22	4643.18	4747.24	4790.71	5076.84	5174.92
第一产业经营净收入	1610.82	2658.12	3265.14	3338.90	3321.13	3126.69	3318.95	3419.41
农业	1260.82	2154.11	2721.77	2737.55	2787.44	2692.99	2875.96	2981.76
林业	30.22	49.00	89.28	98.60	75.73	112.15	93.32	56.99
牧业	306.82	434.27	423.76	471.16	412.79	315.44	331.01	348.19
渔业	12.96	20.74	30.34	31.59	45.16	6.11	18.67	32.46
第二产业经营净收入	80.67	137.21	262.89	238.19	230.66	367.30	398.30	400.15
第三产业经营净收入	222.17	445.10	934.18	1066.09	1195.45	1296.72	1359.59	1355.36
财产净收入	35.85	59.29	156.96	167.97	199.47	221.39	231.29	237.67
转移净收入	67.13	280.14	2505.33	2657.61	3002.11	3483.02	3988.97	4541.92

7－34　农民家庭平均每人可支配收入构成

单位:%

项　目	2005年	2010年	2015年	2016年	2017年	2018年	2019年	2020年
可支配收入	**100.00**	**100.00**	**100.00**	**100.00**	**100.00**	**100.00**	**100.00**	**100.00**
工资性收入	29.70	35.20	34.40	36.10	37.50	38.60	38.70	38.20
工资			25.90	27.80	29.10	32.40	34.30	34.90
实物福利			0.00	0.00	0.10		0.00	0.10
其他			8.50	8.30	8.30	6.20	4.30	3.20
经营净收入	66.70	58.70	41.10	39.70	37.30	34.60	33.50	32.10
第一产业经营净收入	56.10	48.10	30.10	28.50	26.10	22.60	21.90	21.20
农业	43.90	39.00	25.10	23.40	21.90	19.50	19.00	18.50
林业	1.10	0.90	0.80	0.80	0.60	0.80	0.60	0.40
牧业	10.70	7.90	3.90	4.00	3.20	2.30	2.20	2.20
渔业	0.50	0.40	0.30	0.30	0.40		0.10	0.20
第二产业经营净收入	2.80	2.50	2.40	2.00	1.80	2.70	2.60	2.50
第三产业经营净收入	7.70	8.10	8.60	9.10	9.40	9.40	9.00	8.40
财产净收入	1.20	1.10	1.40	1.40	1.60	1.60	1.50	1.50
转移净收入	2.30	5.10	23.10	22.70	23.60	25.20	26.30	28.20

7－35　农民家庭平均每人现金收入

单位:元

项　目	2005年	2010年	2015年	2016年	2017年	2018年	2019年	2020年
现金可支配收入	**3015.69**	**5899.95**	**12311.29**	**13171.81**	**14236.22**	**15714.00**	**17153.69**	**18584.53**
现金工资性收入	850.94	1942.05	3724.58	4223.63	4762.64	5330.83	5860.11	6141.00
工资			2807.33	3253.79	3706.62	4480.08	5205.27	5624.78
其他工资性收入			917.24	969.84	1056.01	850.75	654.85	516.22
现金经营净收入	2046.46	3586.81	5878.51	6079.09	6182.46	6583.77	6941.83	7570.55
第一产业现金经营净收入	1614.99	2717.20	4115.17	4213.92	4171.11	4299.90	4582.36	5249.69
农业	918.61	1623.14	2874.50	2902.96	2797.20	3207.19	3525.17	3781.77
林业	26.25	49.51	90.78	82.15	72.85	105.09	103.43	83.56
牧业	648.04	1016.82	1081.65	1153.92	1209.15	968.70	899.61	1329.85
渔业	22.09	27.73	68.24	71.89	91.91	18.92	54.16	54.52
第二产业现金经营净收入	128.95	241.37	392.19	348.17	370.93	538.94	488.85	495.01
第三产业现金经营净收入	302.52	628.24	1371.15	1517.00	1640.41	1744.92	1870.62	1825.85
现金财产净收入	31.88	54.78	161.11	173.75	205.18	233.70	243.50	252.64
现金转移净收入	86.40	316.31	2547.09	2695.35	3085.95	3565.70	4108.25	4620.34

7－36　农民家庭平均每人现金收入构成

单位：%

项　目	2005年	2010年	2015年	2016年	2017年	2018年	2019年	2020年
现金可支配收入	**100.00**	**100.00**	**100.00**	**100.00**	**100.00**	**100.00**	**100.00**	**100.00**
现金工资性收入	28.20	32.90	30.30	32.10	33.50	33.90	34.20	33.00
工资			22.80	24.70	26.00	28.50	30.30	30.30
其他工资性收入			7.50	7.40	7.40	5.40	3.80	2.80
现金经营净收入	67.90	60.80	47.70	46.20	43.40	41.90	40.50	40.70
第一产业现金经营净收入	53.60	46.10	33.40	32.00	29.30	27.40	26.70	28.20
农业	30.50	27.50	23.30	22.00	19.60	20.40	20.60	20.30
林业	0.90	0.80	0.70	0.60	0.50	0.70	0.60	0.40
牧业	21.50	17.20	8.80	8.80	8.50	6.20	5.20	7.20
渔业	0.70	0.50	0.60	0.60	0.60	0.10	0.30	0.30
第二产业现金经营净收入	4.30	4.10	3.20	2.60	2.60	3.40	2.80	2.70
第三产业现金经营净收入	10.00	10.60	11.10	11.50	11.50	11.10	10.90	9.80
现金财产净收入	1.10	0.90	1.30	1.30	1.40	1.50	1.40	1.40
现金转移净收入	2.90	5.40	20.70	20.50	21.70	22.70	23.90	24.90

7－37　农民家庭平均每人现金支出

单位：元

项　目	2005年	2010年	2015年	2016年	2017年	2018年	2019年	2020年
现金支出	**2657.85**	**5767.35**	**10906.80**	**11569.41**	**12512.32**	**14136.15**	**15144.33**	**15922.96**
现金消费支出	1520.18	3682.21	6635.06	7167.24	7762.56	8632.07	9628.37	10128.42
生产经营现金费用支出	868.03	1562.48	2322.74	2229.86	2377.51	2369.33	2353.33	2668.17
第一产业经营现金费用支出	765.60	1320.02	1891.39	1774.61	1905.88	1867.64	1861.35	2199.66
农业	451.87	723.59	1194.18	1053.61	1070.30	1206.12	1255.64	1205.04
林业	3.89	2.36	15.34	15.73	13.10	23.06	26.23	30.55
牧业	299.39	586.91	643.95	662.14	775.84	627.24	547.71	942.88
渔业	10.45	7.15	37.92	43.13	46.64	11.22	31.77	21.19
第二产业经营现金费用支出	40.60	91.66	109.46	97.95	129.55	139.41	66.20	79.05
第三产业经营现金费用支出	61.84	150.80	321.89	357.29	342.08	362.27	425.78	389.46
现金财产性支出	4.95	7.11	4.15	5.77	5.71	12.31	12.20	14.97
现金转移性支出	132.64	323.36	189.22	184.06	243.37	343.75	383.24	351.34
部分商业保险支出			33.12	40.70	41.35	84.16	81.75	80.36
购置资产及非经常性转移支出			1484.28	1710.55	1775.60	2238.54	2270.79	2193.64
借贷性支出			238.22	231.24	306.21	456.00	414.64	486.05

7－38 农民家庭平均每人现金支出构成

单位:%

项 目	2005年	2010年	2015年	2016年	2017年	2018年	2019年	2020年
现金支出	**100.0**	**100.0**	**100.0**	**100.0**	**100.0**	**100.0**	**100.0**	**100.0**
现金消费支出	57.2	63.8	60.8	61.9	62.0	61.1	63.6	63.6
生产经营现金费用支出	32.7	27.1	21.3	19.3	19.0	16.8	15.5	16.8
第一产业经营现金费用支出	28.8	22.9	17.3	15.3	15.2	13.2	12.3	13.8
农业	17.0	12.5	10.9	9.1	8.6	8.5	8.3	7.6
林业	0.1	0.0	0.1	0.1	0.1	0.2	0.2	0.2
牧业	11.3	10.2	5.9	5.7	6.2	4.4	3.6	5.9
渔业	0.4	0.1	0.3	0.4	0.4	0.1	0.2	0.1
第二产业经营现金费用支出	1.5	1.6	1.0	0.8	1.0	1.0	0.4	0.5
第三产业经营现金费用支出	2.3	2.6	3.0	3.1	2.7	2.6	2.8	2.4
现金财产性支出	0.2	0.1	0.0	0.0	0.0	0.1	0.1	0.1
现金转移性支出	5.0	5.6	1.7	1.6	1.9	2.4	2.5	2.2
部分商业保险支出			0.3	0.4	0.3	0.6	0.5	0.5
购置资产及非经常性转移支出			13.6	14.8	14.2	15.8	15.0	13.8
借贷性支出			2.2	2.0	2.4	3.2	2.7	3.1

7－39 农民家庭平均每人生活消费现金支出

单位:元

项 目	2005年	2010年	2015年	2016年	2017年	2018年	2019年	2020年
全年生活消费现金支出	**1520.20**	**3292.00**	**6635.06**	**7167.24**	**7762.56**	**8632.07**	**9628.37**	**10128.42**
食品	533.67	1024.32	2135.59	2296.02	2349.08	2688.37	2920.48	3265.98
衣着	131.94	261.44	655.16	677.25	712.23	736.04	819.15	872.86
居住	272.33	722.56	701.49	645.18	863.27	850.59	933.36	1099.74
家庭设备、用品及服务	82.62	253.81	560.43	587.06	646.91	695.87	733.34	775.46
交通和通讯	159.73	401.44	970.31	1210.39	1245.29	1285.90	1368.96	1501.64
文化、教育、娱乐用品及服务	177.66	250.47	851.38	948.73	1030.24	1226.38	1459.29	1285.64
医疗保健	123.41	287.83	624.34	654.25	749.71	982.70	1205.96	1116.24
其他商品和服务	38.59	90.14	136.37	148.36	165.83	166.22	187.83	210.86

7－40 农民家庭平均每人生活消费现金支出构成

单位：%

项 目	2005年	2010年	2015年	2016年	2017年	2018年	2019年	2020年
全年生活消费现金支出	**100.0**	**100.0**	**100.0**	**100.0**	**100.0**	**100.0**	**100.0**	**100.0**
食品	35.1	31.1	32.2	32.0	30.3	31.1	30.3	32.2
衣着	8.7	7.9	9.9	9.4	9.2	8.5	8.5	8.6
居住	17.9	21.9	10.6	9.0	11.1	9.9	9.7	10.9
家庭设备、用品及服务	5.4	7.7	8.4	8.2	8.3	8.1	7.6	7.7
交通和通讯	10.5	12.2	14.6	16.9	16.0	14.9	14.2	14.8
文化、教育、娱乐用品及服务	11.7	7.6	12.8	13.2	13.3	14.2	15.2	12.7
医疗保健	8.1	8.7	9.4	9.1	9.7	11.4	12.5	11.0
其他商品和服务	2.5	2.7	2.1	2.1	2.1	1.9	2.0	2.1

7－41 按收入分组的农民家庭人口与劳动力状况（2020年）

项 目	单 位	低收入户	中低收入户	中等收入户	中高收入户	高收入户
调查户数	**户**	**670**	**670**	**670**	**670**	**670**
调查户常住人口	**人**	**2469**	**2446**	**2363**	**2150**	**1903**
平均每户常住人口	人	3.7	3.7	3.5	3.2	2.8
整半劳动力	人	2.1	2.1	2.2	2.1	2.1
劳动力占常住人口比重	%	56.1	57.4	61.4	64.6	73.2
平均每个劳动力负担人口	人	1.8	1.7	1.6	1.5	1.4
平均每百个常住人口中						
5岁及以下	人	7.8	6.4	6.0	5.1	3.5
6－15岁	人	24.0	23.7	21.0	17.5	13.3
16－19岁	人	4.9	5.5	6.3	6.0	5.8
20－24岁	人	3.6	4.0	3.9	4.2	3.4
25－29岁	人	2.9	3.6	3.6	3.9	5.4
30－34岁	人	5.5	5.5	6.0	6.5	3.6
35－40岁	人	4.2	5.5	5.4	4.7	4.4
41－50岁	人	10.5	10.8	12.2	13.7	18.1
51－60岁	人	14.4	15.4	16.8	21.7	26.0
61－65岁	人	5.9	6.6	6.4	6.3	7.1
66岁及以上	人	16.3	13.1	12.3	10.4	9.5

7－42 按收入分组的农民家庭劳动力就业情况（2020年）

项 目	单 位	低收入户	中低收入户	中等收入户	中高收入户	高收入户
每百个就业劳动力文化程度						
未上过学	人	6.71	5.27	4.75	5.12	2.87
小学	人	32.56	25.12	23.21	20.61	17.24
初中	人	48.38	55.59	56.06	54.32	52.80
高中	人	10.18	10.53	12.40	14.05	17.96
大学专科	人	1.52	2.85	2.41	4.39	5.96
大学本科	人	0.58	0.57	1.10	1.44	2.87
研究生	人	0.07	0.07	0.07	0.07	0.29
每百个就业劳动力从事的主要行业						
一产业就业劳动力	人	62.16	54.21	47.00	39.17	41.20
二产业就业劳动力	人	16.76	22.46	23.84	27.73	23.35
三产业就业劳动力	人	21.08	23.33	29.16	33.10	35.45

7－43　按收入分组的农民家庭居住情况(2020年)

项　目	单 位	低收入户	中低收入户	中等收入户	中高收入户	高收入户
期末人均住房情况						
住房面积	平方米	43.80	46.24	51.24	56.91	68.08
住房价值	万元	4.43	4.96	5.80	6.36	7.75
主要建筑材料						
钢筋混凝土	%	19.70	24.48	24.03	24.48	23.13
砖混材料	%	64.33	60.90	61.94	65.07	66.42
砖瓦砖木	%	15.67	14.18	13.73	10.15	10.00
竹草土坯	%	0.15	0.45		0.30	0.15
其他	%	0.15		0.30		0.30
住宅外道路路面情况						
水泥或柏油路面	%	77.46	74.18	73.28	77.76	77.46
沙石或石板等硬质路面	%	11.79	13.13	11.94	10.60	10.60
其他	%	10.75	12.69	14.78	11.64	11.94
住户主要饮用水来源情况						
经过净化处理的自来水	%	57.31	62.09	63.28	65.07	63.58
受保护的井水和泉水	%	34.78	31.64	29.70	29.40	30.60
不受保护的井水和泉水	%	7.01	5.97	6.12	4.93	5.37
江河湖泊水	%	0.30		0.30	0.15	0.30
收集雨水	%					
桶装水	%	0.15	0.30	0.60	0.15	0.15
其他水源	%	0.45			0.30	
住户厕所类型						
水冲式卫生厕所	%	51.64	57.16	54.18	55.52	58.96
水冲式非卫生厕所	%	26.87	23.73	26.27	22.69	19.85
卫生旱厕	%	10.00	8.96	7.16	9.70	7.61
普通旱厕	%	11.34	10.00	12.39	12.09	13.28
无厕所	%	0.15	0.15			0.30
住户主要取暖用能源状况						
柴草	%	6.87	5.37	3.73	4.48	3.43
煤炭	%	3.88	3.43	5.52	5.07	4.48
罐装液化石油气	%	5.22	4.48	4.78	2.99	5.52
管道液化石油气	%			0.15	0.15	
管道煤气	%					0.15
管道天然气	%	0.30	1.79	1.19	1.94	0.60
电	%	63.43	65.82	63.88	64.78	68.06
燃料用油	%					
沼气	%				0.15	
其他	%	0.75	1.19	1.19	1.34	1.79
无取暖行为	%	19.55	17.91	19.55	19.10	15.97
主要炊用能源状况		100.00	100.00	100.00	100.00	100.00
柴草	%	12.99	11.19	10.00	8.36	5.97
煤炭	%	1.79	1.49	2.99	1.79	1.94
罐装液化石油气	%	46.27	45.52	44.78	45.67	47.46
管道液化石油气	%	0.30	0.60	0.90	0.30	0.60
管道煤气	%	0.15	0.45	0.15		0.45
管道天然气	%	3.13	5.07	7.46	10.45	10.30
电	%	35.07	34.48	33.28	32.39	31.94
燃料用油	%				0.15	
沼气	%	0.15	0.15		0.30	0.45
其他	%	0.15	1.04	0.15	0.60	0.45
无炊用行为	%			0.30		0.45

7－44 按收入分组的农民家庭土地经营情况(2020 年)

项目	单位	低收入户	中低收入户	中等收入户	中高收入户	高收入户
平均每百人土地经营情况						
期末实际经营土地面积	亩	158.87	160.58	188.46	212.95	392.07
耕地面积	亩	128.82	137.59	160.91	190.20	346.59
其中:有效灌溉面积	亩	99.10	116.00	135.88	166.74	305.25
林地面积	亩	28.26	21.15	24.57	15.87	29.88
园地面积	亩	1.29	0.96	2.64	2.88	12.76
牧草地面积	亩	0.20	0.41		0.05	0.21
养殖水面面积	亩	0.28	0.46	0.34	3.95	2.63
期内主要粮食播种面积	亩	146.08	192.69	225.52	256.23	464.36
小麦播种面积	亩	83.85	109.00	124.99	135.47	243.87
水稻播种面积	亩	4.92	8.58	14.28	23.82	44.75
玉米播种面积	亩	54.00	68.82	80.20	86.92	162.86
大豆播种面积	亩	2.16	4.96	4.68	9.02	10.56
薯类播种面积	亩	1.15	1.32	1.38	1.00	2.32
期内主要经济作物播种面积	亩	34.35	37.98	46.20	55.75	107.05
棉花播种面积	亩	0.06			0.07	0.05
油料作物播种面积	亩	23.93	26.31	33.96	33.56	69.26
蔬菜播种面积	亩		0.25	0.14	1.35	0.32
水果播种面积	亩	7.83	7.89	7.70	13.70	18.91

7－45 按收入分组的农民家庭生产经营情况(2020 年)

项目	单位	低收入户	中低收入户	中等收入户	中高收入户	高收入户
谷物产量	公斤/人	699.81	926.65	1128.97	1270.78	2289.28
#小麦产量	公斤/人	378.02	499.10	590.68	659.17	1117.45
稻谷产量	公斤/人	30.88	47.21	86.51	122.85	243.81
玉米产量	公斤/人	289.29	379.86	450.33	488.64	920.87
薯类产量	公斤/人	1.46	2.42	4.80	2.82	12.71
豆类产量	公斤/人	4.28	7.70	7.50	16.16	22.47
棉花产量	公斤/人	0.20			0.08	
油料产量	公斤/人	48.18	64.22	73.77	77.44	178.30

7-46 按收入分组的农民家庭出售产品情况(2020年)

项 目	单位	低收入户	中低收入户	中等收入户	中高收入户	高收入户
出售粮食数量	公斤/人	791.41	740.22	865.02	995.89	1743.32
#小麦	公斤/人	394.03	424.38	423.06	471.74	995.15
稻谷	公斤/人	89.74	40.04	101.27	115.11	145.79
玉米	公斤/人	305.20	273.95	338.55	406.11	601.35
薯类	公斤/人	2.54	1.09	3.44	2.66	4.45
豆类	公斤/人	5.98	7.89	7.64	12.37	24.39
出售棉花数量	公斤/人	0.04	0.14	0.71	0.15	0.07
出售油料数量	公斤/人	58.83	61.66	70.22	65.96	109.23
出售麻类数量	公斤/人		0.02	0.11	0.02	
出售烟叶数量	公斤/人	3.80		1.86	0.30	15.50
出售蔬菜数量	公斤/人	100.74	128.20	129.51	243.87	352.86
出售水果数量	公斤/人	13.64	8.98	31.72	48.00	259.92
出售肉猪数量	公斤/人	0.96	7.24	1.24	11.39	108.02
出售肉牛数量	公斤/人	1.42	1.06	2.09	1.99	11.17
出售菜羊数量	公斤/人	1.59	1.63	1.42	2.59	4.45
出售家禽总重量	公斤/人	8.38	0.42	0.31	0.19	28.53
出售蛋类数量	公斤/人	51.55	0.32	0.10	0.20	79.47
出售渔业产品数量	公斤/人	2.07	1.00	3.02	3.00	36.66

7-47 按收入分组的农民家庭主要食品消费量(2020年)

项 目	单位	低收入户	中低收入户	中等收入户	中高收入户	高收入户
粮食消费量	公斤/人	145.91	146.30	145.69	163.25	215.72
小麦	公斤/人	99.46	100.64	96.51	112.09	127.66
稻谷	公斤/人	26.28	25.95	27.17	26.07	31.56
玉米	公斤/人	5.21	4.96	4.35	7.31	32.63
薯类消费量	公斤/人	2.72	2.76	5.01	3.27	3.78
豆类消费量	公斤/人	8.88	8.37	8.96	9.68	11.82
油脂类消费量	公斤/人	7.66	7.94	8.51	9.35	11.70
植物油	公斤/人	7.51	7.85	8.43	9.30	11.62
动物油	公斤/人	0.14	0.09	0.08	0.04	0.08
蔬菜及菜制品消费量	公斤/人	73.10	74.12	77.93	86.64	102.00
肉类	公斤/人	9.94	10.88	12.22	14.11	18.88
猪肉	公斤/人	7.05	7.71	8.39	9.68	12.91
牛肉	公斤/人	0.53	0.63	0.84	0.84	1.52
羊肉	公斤/人	0.48	0.40	0.56	0.71	1.08
其他肉类及制品	公斤/人	1.88	2.13	2.43	2.87	3.37
禽类	公斤/人	6.50	6.78	7.29	8.37	10.52
水产品	公斤/人	2.80	3.89	3.76	4.30	5.37
蛋类及蛋制品	公斤/人	14.74	15.83	17.10	25.11	22.19
奶和奶制品	公斤/人	6.68	8.22	8.29	9.56	11.08
干鲜瓜果类	公斤/人	42.78	47.65	52.25	59.30	77.04
糖果糕点类	公斤/人	5.21	5.26	6.08	6.14	6.68
酒	公斤/人	3.83	4.90	6.23	6.75	9.06

7－48 按收入分组的农民家庭平均每百户主要耐用消费品年末拥有量(2020 年)

项　目	单 位	低收入户	中低收入户	中等收入户	中高收入户	高收入户
家用汽车	台	21.36	24.88	28.63	24.22	34.84
摩托车	台	39.47	37.72	35.17	36.62	41.71
助力车	台	111.88	123.39	122.62	131.00	130.13
洗衣机	台	94.54	98.11	99.90	99.80	102.72
电冰箱(柜)	台	94.29	95.37	96.52	97.13	102.00
微波炉	台	11.29	13.04	16.02	13.12	17.86
彩色电视机	台	109.56	113.52	115.67	118.41	117.27
空调	辆	91.13	101.77	108.92	110.20	125.28
热水器	辆	71.55	75.75	76.85	79.73	85.16
洗碗机	部		0.94	0.91	0.35	1.07
排油烟机	台	19.64	21.70	23.08	23.81	32.02
固定电话	台	6.94	4.93	6.13	5.68	7.83
移动电话	台	259.81	267.21	280.54	270.90	278.41
其中:接入互联网	台	210.16	217.80	230.87	215.20	236.34
计算机	架	25.66	28.49	29.84	32.36	41.86
其中:接入互联网	台	16.86	21.00	22.85	23.74	28.40
照相机	台	0.62	1.28	1.55	1.13	3.64
中高档乐器	台	0.36	0.79	0.30	0.54	0.96
健身器材	台	1.74	1.03	0.96	1.98	1.90

7－49 农民家庭平均每户年末生产性固定资产原值

单位:元

项　目	2005年	2010年	2015年	2016年	2017年	2018年	2019年	2020年
农业固定资产原价	4353.48	5990.78	6848.49	6264.57	6526.41	5763.14	5290.28	5174.48
生产性用房及建筑物	675.79	1192.92	1525.05	1364.15	1343.56	996.85	844.93	1087.69
役畜	248.36	199.46	138.28	103.31	115.55	59.18	50.62	46.23
农业设施			508.59	330.71	395.71	313.86	400.85	349.55
农业机械	3039.92	3999.67	4392.50	4273.89	4966.60	4046.55	3850.94	3408.60
林业固定资产原价	7.80	5.35	26.10	62.43	37.79	40.17	31.26	39.74
生产性用房及建筑物	0.24	0.42	11.21	3.75	3.72	4.91	6.11	4.64
机械设备	7.56	0.98	11.44	48.33	23.42	19.85	21.98	19.42
牧业固定资产原价	534.36	1221.65	749.67	1104.88	1125.81	1310.58	1494.93	2485.07
生产性用房及建筑物	261.52	618.31	342.67	631.63	644.59	932.94	603.29	564.99
产品畜	259.07	547.07	369.29	456.32	471.85	294.97	885.35	1898.84
渔业固定资产原价	15.07	14.82	31.31	34.80	33.78	101.57	202.05	54.28
农林牧渔服务业固定资产原价			36.05	158.63	168.80		2.52	20.74
期末非农产业固定资产原价								
采矿业	138.10	107.14	4.96	7.57	4.88	26.86	10.15	32.63
制造业	301.21	416.91	353.13	201.46	239.90	1055.21	906.80	406.85
电力、热力、燃气及水生产和供应业		54.76	475.98	0.70	0.69		0.15	1.13
建筑业	60.12	136.05	202.61	413.28	296.11	579.34	320.59	350.21
批发和零售业	169.58	370.48	2966.26	1489.95	1610.18	1317.73	1358.82	1635.28
交通运输、仓储和邮政业	692.95	1193.25	1857.63	2180.93	2274.54	1522.48	1609.71	1213.26
住宿和餐饮业	84.48	121.47	305.05	190.15	193.37	479.00	265.35	351.29
房地产业	3.54	16.19	12.27	14.36	13.05			
租赁和商务服务业			49.85	107.68	69.33	72.73	70.92	5.07
居民服务、修理和其他服务业			705.27	551.07	507.99	377.59	641.65	516.78
其他行业	34.19	64.55	95.29	169.57	372.88	658.47	383.42	309.70

7-50 农民家庭平均每百户拥有主要生产性固定资产数量

指　标	单 位	2005年	2010年	2015年	2016年	2017年	2018年	2019年	2020年
生产性用房及建筑物	平方米	1208.12	1490.96	805.81	872.52	675.52	880.36	1013.29	1650.57
大中型农用拖拉机	台	5.58	10.11	2.31	2.64	3.51	3.04	2.54	2.35
小型农用拖拉机	台	44.18	31.17	41.92	36.49	33.69	35.62	32.42	30.26
农用排灌动力机械	台	14.73	14.51	26.33	22.75	21.00	14.00	14.24	12.75
插秧机	台			0.73	0.34	0.16	0.69	0.60	0.66
收割机	台	1.82	2.20	1.44	1.46	1.22	1.20	1.20	0.96
脱粒机	台	6.51	7.15	12.44	12.40	9.91	7.08	7.17	7.16
役畜	头	12.92	5.57	30.05	7.68	35.58	6.10		
产品畜	头	31.69	26.83	43.62	51.08	49.39	44.85	146.44	141.86

7-51 按收入分组的农民家庭平均每户年末生产性固定资产原值(2020年)

项　目	单 位	低收入户	中低收入户	中等收入户	中高收入户	高收入户
期末农业生产性固定资产原价	--					
农业固定资产原价	元	3989.05	3234.47	5182.95	4893.84	8965.73
生产性用房及建筑物	元	703.64	412.69	1273.13	1221.23	1796.61
役畜	元	4.64	43.78	128.45	53.62	
农业设施	元	475.76	169.19	260.03	348.34	446.27
农业机械	元	2764.15	2560.44	3312.47	2938.48	5919.02
林业固定资产原价	元	14.04	23.13	80.95	54.58	25.42
生产性用房及建筑物	元	1.83	2.99	2.99	10.85	4.47
机械设备	元	7.97	20.15	8.96	43.33	16.41
牧业固定资产原价	元	1651.65	1055.56	574.97	1243.42	7429.96
生产性用房及建筑物	元	480.80	81.98	39.95	673.06	1366.67
产品畜	元	1158.99	973.58	535.02	564.72	5975.01
渔业固定资产原价	元	151.01	1.54	245.80	28.70	1.54
农林牧渔服务业固定资产原价	元			1.41	102.07	
期末非农产业固定资产原价	--					
采矿业	元					162.49
制造业	元	30.21	561.72	618.34	99.82	700.73
电力、热力、燃气及水生产和供应业	元	5.62				
建筑业	元	206.42	400.34	160.72	48.01	822.86
批发和零售业	元	1405.14	974.01	2057.26	1197.71	2628.85
交通运输、仓储和邮政业	元	1220.91	820.61	534.70	1212.83	2250.11
住宿和餐饮业	元	28.75	191.29	129.73	706.20	629.80
房地产业	元					
租赁和商务服务业	元		12.74			12.53
居民服务、修理和其他服务业	元	215.73	229.28	447.52	729.92	883.07
其他行业	元	766.96		10.24	174.21	642.22

7－52 按收入分组的农民家庭平均每百户拥有主要生产性固定资产数量(2020年)

项 目	单 位	低收入户	中低收入户	中等收入户	中高收入户	高收入户
生产性用房及建筑物	平方米	2856047.75	2857689.50	2857385.50	2854797.25	2859655.25
大中型农用拖拉机	台	1.20	1.61	1.92	1.41	5.63
小型农用拖拉机	台	27.22	26.07	31.49	32.93	33.49
农用排灌动力机械	台	9.76	10.25	12.94	14.72	17.69
插秧机	台	0.39	0.15	0.18	1.35	1.07
收割机	台	1.03	1.15	0.70		2.11
脱粒机	台	6.15	7.30	8.38	6.23	8.11
产品畜	头	458.85	34.93	7.62	57.24	150.32

7－53 按收入分组的农民家庭平均每人总收入(2020年)

单位:元

项 目	低收入户	中低收入户	中等收入户	中高收入户	高收入户
总收入	**10226.01**	**13123.47**	**16422.15**	**21841.20**	**40559.40**
工资性收入	2653.43	4662.26	5943.58	8493.56	10791.28
工资	2347.96	4257.50	5253.18	7761.22	10255.35
实物福利	11.08	10.10	6.89	8.71	28.60
其他	294.39	394.66	683.52	723.62	507.33
经营性收入	4077.17	4266.64	5332.42	7466.08	22222.51
第一产业经营收入	3012.79	3320.82	4027.62	5703.38	15325.31
农业	2247.87	2817.52	3585.46	4538.83	9900.37
林业	62.67	79.85	65.42	105.31	144.04
牧业	681.04	397.46	253.55	764.27	5210.64
渔业	21.21	25.99	123.20	294.97	70.26
第二产业经营收入	34.99	167.89	109.02	158.21	1862.48
第三产业经营收入	1029.39	777.93	1195.77	1604.49	5034.72
财产性收入	135.66	127.46	181.46	279.60	662.45
转移性收入	3359.74	4067.11	4964.68	5601.96	6883.17
家庭外出从业人员寄回带回收入	2081.80	2904.47	3582.87	3476.69	3876.74

7－54 按收入分组的农民家庭平均每人总支出(2020年)

单位:元

项目	低收入户	中低收入户	中等收入户	中高收入户	高收入户
总支出	**13165.10**	**14759.54**	**15433.60**	**19160.61**	**29716.62**
消费支出	9133.96	10729.14	11706.53	13259.03	17730.82
生产经营费用支出	2357.19	1574.04	1443.16	1992.67	6177.39
第一产业经营费用支出	1780.62	1238.98	1192.95	1692.05	5375.37
农业	913.71	877.27	1050.54	1071.22	2594.09
林业	54.95	13.56	13.93	14.67	66.61
牧业	793.49	344.85	90.27	465.76	2683.54
渔业	18.48	3.30	38.20	140.40	31.12
第二产业经营费用支出	1.35	108.66	6.33	4.24	136.57
第三产业经营费用支出	575.22	226.40	243.88	296.38	665.46
财产性支出	18.24	5.93	11.90	12.28	29.16
转移性支出	288.76	325.53	322.46	384.48	496.65
部分商业保险支出	48.62	51.08	49.96	91.74	169.13
购置资产及非经常性转移支出	1017.26	1725.01	1571.36	2666.50	4317.59
借贷性支出	301.07	348.81	328.24	753.92	795.88

7－55 按收入分组的农民家庭平均每人可支配收入(2020年)

单位:元

项目	低收入户	中低收入户	中等收入户	中高收入户	高收入户
可支配收入	**7384.82**	**11078.34**	**14452.84**	**19232.30**	**33248.26**
工资性收入	2653.43	4662.26	5943.58	8493.56	10791.28
工资	2347.96	4257.50	5253.18	7761.22	10255.35
实物福利	11.08	10.10	6.89	8.71	28.60
其他	294.39	394.66	683.52	723.62	507.33
经营净收入	1542.99	2552.97	3697.47	5254.23	15437.17
第一产业经营净收入	1126.08	2001.56	2718.50	3881.37	9553.05
农业	1261.27	1880.07	2435.96	3365.36	7089.60
林业	7.47	65.86	49.94	89.50	76.81
牧业	－142.63	32.97	152.30	272.54	2347.53
渔业	－0.03	22.66	80.30	153.97	39.11
第二产业经营净收入	29.21	41.33	87.82	150.88	1685.17
第三产业经营净收入	387.70	510.08	891.15	1221.98	4198.96
财产净收入	117.42	121.53	169.56	267.32	633.29
转移净收入	3070.97	3741.58	4642.22	5217.19	6386.52

7－56 按收入分组的农民家庭平均每人现金可支配收入(2020 年)

单位:元

项目	低收入户	中低收入户	中等收入户	中高收入户	高收入户
现金收入(未扣除生产费用)	**7697.32**	**10708.19**	**13822.12**	**18405.55**	**31315.86**
现金工资性收入	2642.36	4652.16	5936.70	8484.84	10762.68
工资	2347.96	4257.50	5253.18	7761.22	10255.35
其他工资性收入	294.39	394.66	683.52	723.62	507.33
现金经营性收入	1998.71	2338.57	3273.22	4734.22	14242.38
第一产业现金经营收入	1510.90	1727.81	2218.64	3272.13	8147.21
农业	1632.70	1603.16	1932.32	2743.17	5518.16
林业	2.54	61.22	46.85	86.50	72.72
牧业	－127.31	41.42	154.80	287.93	2517.71
渔业	2.98	22.02	84.67	154.53	38.62
第二产业现金经营收入	33.64	59.23	102.69	153.97	1725.92
第三产业现金经营收入	454.17	551.53	951.89	1308.11	4369.26
现金财产性收入	117.42	121.53	169.56	267.32	633.29
现金转移性收入	2938.83	3595.93	4442.65	4919.17	5677.51
家庭外出从业人员寄回带回收入	2081.80	2904.47	3582.87	3476.69	3876.74

7－57 按收入分组的农民家庭平均每人现金支出(2020 年)

单位:元

项目	低收入户	中低收入户	中等收入户	中高收入户	高收入户
现金支出	**11590.25**	**12948.48**	**13454.50**	**16928.67**	**26630.67**
现金消费支出	7566.98	8933.94	9736.37	11048.32	14667.64
生产经营现金费用支出	2349.32	1558.18	1434.22	1971.44	6154.63
第一产业经营现金费用支出	1772.75	1223.12	1184.00	1670.82	5352.60
农业	909.36	868.06	1046.84	1055.90	2583.83
林业	54.95	13.56	13.93	14.67	66.61
牧业	790.32	338.20	85.03	460.25	2671.28
渔业	18.12	3.30	38.20	140.01	30.88
第二产业经营现金费用支出	1.35	108.66	6.33	4.24	136.57
第三产业经营现金费用支出	575.22	226.40	243.88	296.38	665.46
现金财产性支出	18.24	5.93	11.90	12.28	29.16
现金转移性支出	288.76	325.53	322.46	384.48	496.65
部分商业保险支出	48.62	51.08	49.96	91.74	169.13
购置资产及非经常性转移支出	1017.26	1725.01	1571.36	2666.50	4317.59
借贷性支出	301.07	348.81	328.24	753.92	795.88

7-58 按收入分组的农民家庭平均每人生活消费支出(2020年)

单位:元

项　目	低收入户	中低收入户	中等收入户	中高收入户	高收入户
全年生活消费支出	**9133.96**	**10729.14**	**11706.53**	**13259.03**	**17730.82**
食品	2602.61	2940.92	3203.17	3771.57	4946.96
衣着	665.06	781.51	852.94	949.71	1186.20
居住	2054.30	2590.85	2682.24	2939.14	3860.44
家庭设备、用品及服务	571.68	672.98	774.75	860.30	1130.12
交通和通讯	970.65	1219.34	1404.95	1625.28	2494.19
文化、教育、娱乐用品及服务	1040.31	1263.03	1335.69	1453.61	1437.60
医疗保健	1073.72	1095.22	1230.38	1426.35	2373.92
其他商品和服务	155.62	165.28	222.41	233.06	301.39

7-59 按收入分组的农民家庭平均每人生活消费现金支出(2020年)

单位:元

项　目	低收入户	中低收入户	中等收入户	中高收入户	高收入户
全年生活消费支出	**7566.98**	**8933.94**	**9736.37**	**11048.32**	**14667.64**
食品	2477.61	2813.68	3092.40	3635.39	4785.87
衣着	664.27	781.17	852.90	949.65	1186.16
居住	745.95	1068.59	1020.19	1157.74	1664.23
家庭设备、用品及服务	564.67	664.82	765.63	854.26	1121.27
交通和通讯	970.17	1219.25	1404.92	1625.28	2494.19
文化、教育、娱乐用品及服务	1040.30	1263.02	1335.68	1453.61	1437.60
医疗保健	948.71	958.52	1042.38	1139.70	1678.80
其他商品和服务	155.31	164.87	222.27	232.68	299.51

7-60 贫困地区农民家庭平均每人总收入

单位:元

项目	2000年	2005年	2010年	2015年	2016年	2017年	2018年	2019年	2020年
全年总收入(未扣除生产费用)	**2348.31**	**3151.89**	**5577.39**	**11696.51**	**12344.28**	**13516.33**	**14391.86**	**15816.52**	**16733.74**
工资性收入	454.22	763.18	1709.82	2424.47	2829.11	3257.37	3919.55	4536.64	4838.77
工资	88.77	76.43	135.15	1477.61	1806.91	2082.38	2867.03	3643.87	4214.97
实物福利	135.81	195.48	452.61	1.23	0.91	1.11	8.31	5.68	10.96
其他	229.64	491.27	1122.07	945.64	1021.28	1173.88	1044.21	887.09	612.84
经营性收入	1788.70	2260.04	3582.47	6374.38	6442.34	6714.12	6316.75	6664.22	6633.08
第一产业经营收入	1553.94	1986.31	3050.84	5097.82	4868.79	5004.18	4546.92	4787.33	4936.69
农业	1162.36	1457.49	2310.89	3937.37	3770.77	3876.47	3574.68	3877.27	3756.20
林业	43.22	52.85	107.30	155.42	126.80	154.54	186.78	136.51	124.92
牧业	343.27	467.94	613.46	988.84	954.92	951.89	757.10	712.39	1011.25
渔业	5.09	8.03	19.18	16.19	16.30	21.28	28.36	61.15	44.32
第二产业经营收入	63.84	70.83	141.75	297.63	364.69	491.91	421.99	319.89	311.47
第三产业经营收入	170.92	202.90	389.88	978.93	1208.86	1218.03	1347.84	1557.00	1384.92
财产性收入	12.21	28.58	28.86	96.63	122.98	133.55	170.41	129.53	185.31
转移性收入	93.18	100.09	256.24	2801.02	2949.85	3411.29	3985.15	4486.13	5076.57
其中:家庭外出从业人员									
寄回带回收入				2128.88	2277.60	2656.84	2956.70	3191.69	3522.89

注:2007年以前为44个扶贫开发重点县数据,2008-2012年为31个国家级扶贫开发重点县数据,2013年以后为53个贫困县数据。2014年开始为新口径数据

7-61 贫困地区农民家庭平均每人总支出

单位:元

项　目	2000年	2005年	2010年	2015年	2016年	2017年	2018年	2019年	2020年
全年总支出	**1771.76**	**2573.91**	**4567.50**	**10646.53**	**10976.24**	**11903.28**	**13170.07**	**14469.43**	**14990.91**
生产经营费用支出	433.97	700.13	1225.27	2106.26	1930.84	2103.82	1908.00	2000.26	1939.09
第一产业经营费用支出	381.61	630.77	1058.27	1784.36	1524.61	1623.22	1551.18	1544.93	1662.71
农业	247.80	406.12	754.92	1223.34	1057.88	1128.54	1119.12	1138.89	1051.00
林业	2.21	7.52	13.39	18.91	10.45	10.09	13.39	23.98	23.73
牧业	130.42	215.07	282.58	538.66	451.75	482.97	402.89	352.71	583.30
渔业	1.18	2.06	7.38	3.46	4.53	1.63	15.77	29.36	4.68
第二产业经营费用支出	15.98	24.74	63.71	81.19	118.21	187.19	63.03	45.13	35.08
第三产业经营费用支出	36.38	44.62	103.28	240.71	288.02	293.41	293.79	410.20	241.29
部分商业保险支出				13.41	16.16	15.41	49.25	79.93	35.33
购置资产及非经常性转移支出				1368.04	1369.82	1353.85	1686.61	1828.58	1720.80
借贷性支出				134.99	130.47	169.12	229.48	270.18	336.87
消费支出	1128.84	1694.82	3088.58	6865.51	7360.17	8044.71	8979.10	9958.13	10637.69
食品烟酒	567.39	823.10	1306.01	2157.17	2261.08	2339.16	2555.32	2831.93	3199.56
衣着	76.86	109.15	224.72	539.16	558.01	602.10	669.58	749.13	784.53
居住	155.79	289.02	654.85	1482.22	1559.60	1749.62	2035.67	2210.34	2393.64
生活用品及服务	49.08	73.14	178.58	502.32	550.83	574.41	653.39	689.23	772.64
交通通信	50.89	127.63	297.07	784.73	916.71	1008.21	1035.97	1093.06	1193.32
教育文化娱乐	128.04	160.65	175.69	658.09	755.31	879.22	986.39	1137.72	1082.35
医疗保健	54.67	84.82	196.00	598.70	607.22	720.06	890.76	1082.54	1046.44
其他用品和服务	46.12	27.31	55.67	143.11	151.42	171.92	152.01	164.18	165.19
财产性支出	16.56	2.38	2.92	2.02	3.15	3.28	5.23	5.02	9.35
转移性支出	67.69	93.12	214.77	156.31	165.62	213.08	312.41	327.34	311.78

注:2007年以前为44个扶贫开发重点县数据,2008－2012年为31个国家级扶贫开发重点县数据,2013年以后为53个贫困县数据。2014年开始为新口径数据。

7－62 贫困地区农民家庭平均每人可支配收入

单位:元

项　目	2000年	2005年	2010年	2015年	2016年	2017年	2018年	2019年	2020年
全年可支配收入	**1749.31**	**2330.90**	**4208.78**	**9176.02**	**10020.66**	**10945.31**	**11966.02**	**13282.35**	**14276.50**
工资性收入	454.22	763.18	1709.82	2424.47	2829.11	3257.37	3919.55	4536.64	4838.77
工资				1477.61	1806.91	2082.38	2867.03	3643.87	4214.97
实物福利				1.23	0.91	1.11	8.31	5.68	10.96
其他				945.64	1021.28	1173.88	1044.21	887.09	612.84
经营净收入	1215.22	1472.65	2254.07	4013.96	4287.49	4359.46	4208.58	4462.41	4497.03
第一产业经营净收入	1050.51	1276.41	1904.26	3163.01	3201.51	3219.91	2861.45	3112.90	3150.20
农业	835.46	994.33	1485.23	2575.58	2586.79	2603.64	2347.92	2626.82	2605.21
林业	40.30	44.58	93.01	135.90	114.72	143.69	172.85	112.06	99.53
牧业	171.22	231.70	314.56	439.04	488.40	453.09	331.17	345.41	405.95
渔业	3.53	5.80	11.46	12.49	11.60	19.48	9.51	28.61	39.51
第二产业经营净收入	42.10	44.04	74.82	203.63	234.15	292.08	348.77	264.06	262.92
第三产业经营净收入	122.61	152.20	274.99	647.32	851.83	847.47	998.37	1085.45	1083.90
财产净收入	12.21	29.04	28.86	91.78	119.83	130.27	165.18	124.51	175.95
转移净收入	67.66	66.03	216.03	2645.80	2784.23	3198.21	3672.71	4158.79	4764.75
其中:家庭外出从业人员寄回带回收入				2128.88	2277.60	2656.84	2956.70	3191.69	3522.89

注:2007 年以前为 44 个扶贫开发重点县数据,2008－2012 年为 31 个国家级扶贫开发重点县数据,2013 年以后为 53 个贫困县数据。2014 年开始为新口径数据。

7－63 贫困地区农民家庭平均每人现金收入

单位:元

项　目	2000年	2005年	2010年	2015年	2016年	2017年	2018年	2019年	2020年
全年现金收入(未扣除生产费用)	**1500.48**	**2237.64**	**4234.55**	**10160.85**	**11109.43**	**12137.11**	**13297.81**	**14506.54**	**15706.68**
现金工资性收入	450.17	763.18	1708.34	2423.25	2828.20	3256.26	3911.24	4530.96	4827.81
工资				1477.61	1806.91	2082.38	2867.03	3643.87	4214.97
其他工资性收入				945.64	1021.28	1173.88	1044.21	887.09	612.84
现金经营性收入	960.63	1358.43	2250.75	4961.61	5333.35	5471.12	5377.29	5563.10	5819.70
第一产业现金经营收入	739.87	1084.70	1719.69	3685.05	3759.79	3761.18	3607.46	3686.21	4123.30
农业	452.32	598.97	1030.96	2564.01	2710.76	2686.89	2700.20	2834.72	2997.24
林业	23.96	42.77	96.61	132.76	94.52	118.25	142.98	105.02	101.07
牧业	260.74	435.95	576.07	972.46	938.70	935.19	736.59	686.00	981.43
渔业	2.85	7.01	16.04	15.83	15.81	20.86	27.68	60.47	43.56
第二产业现金经营收入	58.11	70.83	141.18	297.63	364.69	491.91	421.99	319.89	311.47
第三产业现金经营收入	162.65	202.90	389.87	978.93	1208.86	1218.03	1347.84	1557.00	1384.92
现金财产性收入	10.60	28.58	27.11	95.37	122.98	133.55	170.41	129.53	185.31
现金转移性收入	79.08	87.45	248.35	2680.63	2824.91	3276.18	3838.87	4282.95	4873.87
家庭外出从业人员寄回带回收入				2128.88	2277.60	2656.84	2956.70	3191.69	3522.89

注:2007 年以前为 44 个扶贫开发重点县数据,2008－2012 年为 31 个国家级扶贫开发重点县数据,2013 年以后为 53 个贫困县数据。2014 年开始为新口径数据。

7-64 贫困地区农民家庭平均每人现金支出

单位:元

项目	2000年	2005年	2010年	2015年	2016年	2017年	2018年	2019年	2020年
全年现金支出	**1317.56**	**2033.84**	**4056.58**	**9454.47**	**9734.81**	**10578.99**	**11612.30**	**12710.22**	**13110.57**
生产经营现金费用支出	339.65	562.10	1071.24	2078.91	1903.04	2061.43	1881.37	1978.47	1923.25
第一产业经营现金费用支出	290.79	501.90	909.73	1757.01	1496.80	1580.83	1524.55	1523.15	1646.87
农业	210.30	345.09	655.81	1208.24	1037.08	1093.92	1102.43	1125.03	1044.31
林业	2.16	6.27	12.68	18.88	10.45	10.04	13.39	23.98	23.73
牧业	77.48	149.22	236.36	526.44	444.75	475.24	393.04	344.93	574.20
渔业	0.85	1.32	4.87	3.45	4.53	1.62	15.69	29.21	4.63
第二产业经营现金费用支出	15.74	23.83	60.50	81.19	118.21	187.19	63.03	45.13	35.08
第三产业经营现金费用支出	33.12	36.37	101.01	240.71	288.02	293.41	293.79	410.20	241.29
部分商业保险支出				13.41	16.16	15.41	49.25	79.93	35.33
购置资产及非经常性转移支出				1368.04	1369.82	1353.85	1686.61	1828.58	1720.80
借贷性支出				134.99	130.47	169.12	229.48	270.18	336.87
现金消费支出	786.88	1294.62	2643.34	5700.80	6146.55	6762.81	7447.95	8220.70	8773.19
食品烟酒	263.59	473.12	901.51	1929.50	2087.55	2161.32	2405.80	2679.08	3022.64
衣着	73.87	109.15	224.72	539.04	557.88	601.94	669.35	748.79	783.57
居住	120.64	238.81	614.11	665.12	644.38	777.56	800.88	828.41	911.63
生活用品及服务	49.07	73.14	178.57	501.49	548.87	572.71	651.81	684.99	758.88
交通通信	50.89	127.63	297.07	784.73	916.70	1008.17	1035.83	1092.80	1193.05
教育文化娱乐	128.04	160.65	175.69	657.78	754.74	879.20	985.61	1137.63	1082.31
医疗保健	54.67	84.82	196.00	480.05	485.15	590.02	747.80	887.80	859.67
其他用品和服务	46.11	27.30	55.67	143.08	151.28	171.88	150.88	161.21	161.40
现金财产性支出	6.67	2.38	2.92	2.02	3.15	3.28	5.23	5.02	9.35
现金转移性支出	66.42	91.38	213.13	156.31	165.62	213.08	312.41	327.34	311.78

注:2007年以前为44个扶贫开发重点县数据,2008-2012年为31个国家级扶贫开发重点县数据,2013年以后为53个贫困县数据。2014年开始为新口径数据。

7－65 主要年份农村农户固定资产投资情况

单位：元

指　标	2000年	2005年	2010年	2015年	2016年	2017年	2018年	2019年	2020年
农村投资总额	**2549526**	**450200**	**7866446**	**7090634**	**6611615**	**6065769**	**6292064**	**5801276**	**5107626**
按投资来源分									
国内贷款	209704	8114	35450	97688	247007	258350	285469	270071	152913
自筹资金	3758	4468528	7732178	6922895	6321870	5756872	5947315	5472752	4891088
其他资金	2294758	25358	98818	70051	42737	50547	59280	58453	63625
按投资构成分									
建筑工程	1834257	3293919	6923459	6413649	5842618	5241444	5424050	4634375	3995198
安装工程	10741	5524	7873						
设备工器具购置	604245	947275	800540	595780	617002	440058	521988	736505	548604
其他	100283	255283	134574	81205	151995	384267	346027	430395	563825
按投资方向分									
农林牧渔业	495605	916446	850420	724561	906768	1018041	1138885	833672	1143130
采矿业				126					
制造业	111632	45436	40859	66211	41796	32486	32223	41069	29616
电力煤气及水的生产和供应业		10799	4006	7544		7560	2302	3138	2743
建筑业	19399	118045	26340	45680		5807	76408	56923	27644
交通运输仓储和邮电业	170367	349604	280767	312028	143329	109709	140793	554194	175368
信息传输、计算机服务和软件		5630			99292				
批发和零售	28518	36392	34536	40094		153575	78764	61357	131106
住宿和餐饮		2060	2544	36945		9577	51605	45490	12781
金融业									
房地产业	1678599	2699392	6412652	5592884	5350269	4641694	4660315	4153432	3531369
租赁和商务服务业		1093		28344	51334	61392	8597	17086	11124
科学研究、技术服务和地质勘探业									
水利、环境和公共设施管理业		1593		2935	3344	8277	7083		
居民服务和其他服务业		314408	214322	233283	15482	17651	95090	34914	42745
教育									
卫生、社会保障和社会福利业	36240								
文化、体育和娱乐业	137	1101							
公共管理和社会组织	9029								

7－66 农村劳动力外出从业情况构成

单位：%

项 目	2010年	2011年	2012年	2013年	2014年	2015年	2016年	2017年	2018年	2019年	2020年
年末就业状况	**100**	**100**	**100**	**100**	**100**	**100**	**100**	**100**	**100**	**100**	**100**
本地务农	51.2	51.4	48.1	40.8	40.1	40.1	38.8	38.9	35.3	32.2	31.9
本地非农自营	5.6	5.6	5.6	6.6	6.9	6.8	7.0	7.2	6.1	6.2	6.6
本地非农务工	8.9	10.0	11.5	18.2	18.5	19.7	19.7	20.3	19.1	20.0	21.1
外出从业	28.2	26.9	28.2	26.5	26.3	26.8	28.0	28.9	31.3	32.4	32.9
未从业及其他	6.1	6.1	6.6	7.9	8.2	6.6	6.5	4.7	8.2	9.2	7.5
外出从业地区（人）	**100**	**100**	**100**	**100**	**100**	**100**	**100**	**100**	**100**	**100**	**100**
本省	38.9	42.0	43.0	51.4	51.3	54.3	54.8	53.2	50.2	50.4	50.6
乡外县内	49.5	39.3	39.9	43.7	42.2	46.4	41.3	42.9	42.4	45.4	43.7
县外省内	50.5	60.7	60.1	56.3	57.8	53.6	58.7	57.1	57.6	54.6	56.3
省外	61.1	58.0	57.0	48.6	48.7	45.7	45.2	46.8	49.8	49.6	49.4
东部地区	81.1	81.9	79.9	81.6	80.9	80.1	78.5	78.1	81.4	79.1	81.4
北京	12.2	9.8	10.0	12.5	13.1	11.1	14.0	10.3	12.2	11.0	7.2
上海	6.5	10.1	9.2	6.8	7.4	8.6	8.6	7.1	11.0	11.8	9.0
江苏	11.6	13.5	12.9	17.8	16.4	15.9	16.1	13.8	17.4	17.7	17.5
浙江	13.8	15.7	17.1	16.8	18.0	18.1	17.4	13.8	20.9	21.5	17.6
广东	40.4	33.4	34.3	30.2	30.3	32.2	28.9	20.8	26.4	25.4	25.7
中部地区	10.2	9.8	9.1	7.8	9.4	9.6	10.7	10.6	8.5	9.8	8.5
西部地区	8.4	7.8	10.5	10.2	9.0	9.8	8.8	9.3	8.7	9.5	8.6
其他地区	0.3	0.5	0.5	0.4	0.7	0.5	2.0	2.0	1.4	1.6	1.5
外出从事行业	**100**	**100**	**100**	**100**	**100**	**100**	**100**	**100**	**100**	**100**	**100**
一产业	1.2	2.0	2.0	1.6	1.3	1.1	1.7	1.5	1.4	1.0	0.9
二产业	64.9	68.9	67.8	65.2	63.8	62.1	58.5	57.2	56.4	55.9	58.1
制造业	54.7	53.4	52.5	44.2	46.9	45.6	44.3	45.9	48.7	48.5	47.6
建筑业	40.7	42.5	43.8	51.3	49.6	50.3	50.6	49.0	47.4	47.9	48.6
三产业	33.9	29.0	30.2	33.2	34.9	36.8	39.8	41.3	42.2	43.1	41.0
批发和零售业	7.5	5.3	4.9	23.5	24.2	26.6	21.5	19.7	16.3	15.9	16.3
住宿和餐饮业	5.6	5.5	6.0	18.1	20.0	16.1	17.7	18.0	15.6	17.2	15.5
外出务工月均收入（元）	**1640**	**2108**	**2315**	**2858**	**2930**	**3123**	**3295**	**3500**	**3827**	**4133**	**4340**
社会保障与福利情况											
外出从业的劳动关系	100	100	100	100	100	100	100	100	100	100	100
无固定期限劳动合同工	14.3	15.0	14.5	14.3	17.0	17.0	9.3	9.0	10.5	15.2	16.6
一年及以上劳动合同工	9.6	9.5	9.7	13.2	13.9	10.5	11.9	10.8	11.1	11.4	10.9
一年以下劳动合同工	2.5	2.5	2.7	2.6	2.7	2.7	2.6	2.5	3.7	4.2	4.5
没有劳动合同	61.4	68.1	68.3	64.8	59.1	62.6	68.6	70.2	65.8	61.0	60.8
自营及其他	12.2	4.9	4.8	5.1	7.3	7.2	7.5	7.5	9.0	8.2	7.1

注：1. 2012 年以前为全省 42 个县，2013 年以后为全省 18 市 43 县（区）。

2. 外出从业地区类型里“中部地区”不包含河南。

3. 外出从业不含本地非农自营和本地非农务工。

4. 外出务工月均收入包括劳动报酬和各种实物福利。

7－66 续表

单位:%

项　目	2010年	2011年	2012年	2013年	2014年	2015年	2016年	2017年	2018年	2019年	2020年
单位或雇主提供伙食情况	**100**	**100**	**100**	**100**	**100**	**100**	**100**	**100**	**100**	**100**	**100**
每天提供三顿	42.3	39.8	41.1	37.7	35.7	28.7	30.9	30.2	29.9	29.4	26.5
每天提供两顿	6.6	9.5	10.3	8.3	8.9	12.7	10.1	10.0	10.4	13.7	11.9
每天提供一顿	9.3	10.9	12.7	13.1	12.2	15.4	14.9	16.3	15.4	13.3	14.3
不提供,但补贴部分伙食费	3.8	5.5	5.9	5.0	5.6	5.1	5.0	5.4	4.7	4.3	7.2
不提供,也没有补贴	38.0	34.3	30.0	35.9	37.6	38.1	39.1	38.1	39.7	39.3	40.1
单位或雇主提供住宿情况	100	100	100	100	100	100	100	100	100	100	100
提供住宿	57.8	66.3	64.3	55.0	52.6	56.5	53.3	54.0	56.9	55.6	57.5
不提供住宿,但住房有补贴	6.8	5.0	7.5	7.8	8.3	5.7	5.3	5.1	4.7	5.4	3.5
不提供住宿,也没有住房补贴	35.4	28.7	28.2	37.2	39.1	37.8	41.4	40.9	38.4	39.0	39.0
五险一金缴纳情况											
缴纳养老保险	5.9	4.6	5.1	9.0	10.7	9.1	8.5	8.6	9.1	9.8	9.2
缴纳工伤保险	15.9	11.6	14.1	15.7	17.4	15.2	18.3	17.7	19.1	22.8	20.9
缴纳医疗保险	8.0	7.5	7.4	9.4	12.2	10.2	18.3	9.7	10.1	10.9	10.5
缴纳失业保险	3.3	2.5	2.4	3.9	4.5	5.1	5.6	6.1	6.9	7.2	7.7
缴纳生育保险	1.9	1.3	1.3	2.8	3.0	3.4	3.8	5.2	6.2	6.1	6.1
缴纳住房公积金	1.8	2.4	2.5	3.6	4.2	4.2	4.9	4.9	5.9	5.8	6.3

主要统计指标解释

一、住户收支与生活状况调查指标解释

从2013年度起，国家统计局对分别进行的城乡住户调查实施了一体化改革，规范了城乡划分范围，统一了城乡居民收入指标名称、分类和统计标准，建立了城乡统一的一体化住户调查，并据此采集全国居民有关数据。

（一）居民可支配收入

居民可支配收入指居民可用于最终消费支出和储蓄的总和，即居民可用于自由支配的收入。既包括现金收入，也包括实物收入。按照收入的来源，可支配收入包含四项，分别为：工资性收入、经营性净收入、转移性净收入和财产性净收入。

工资性收入　指就业人员通过各种途径得到的全部劳动报酬和各种福利，包括受雇于单位或个人、从事各种自由职业、兼职和零星劳动得到的全部劳动报酬和福利。

经营净收入　指住户或住户成员从事生产经营活动所获得的净收入，是全部经营收入中扣除经营费用、生产性固定资产折旧和生产税之后得到的净收入。计算公式具体为：

经营净收入＝经营收入－经营费用－生产性固定资产折旧－生产税**财产净收入**　指住户或住户成员将其所拥有的金融资产、住房等非金融资产和自然资源交由其他机构单位、住户或个人支配而获得的回报并扣除相关的费用之后得到的净收入。财产净收入包括利息净收入、红利收入、储蓄性保险净收益、转让承包土地经营权租金净收入、出租房屋净收入、出租其他资产净收入和自有住房折算净租金等。财产净收入不包括转让资产所有权的溢价所得。

转移净收入　计算公式为：转移净收入＝转移性收入－转移性支出

转移性收入　指国家、单位、社会团体对住户的各种经常性转移支付和住户之间的经常性收入转移。包括养老金或退休金、社会救济和补助、政策性生产补贴、政策性生活补贴、救灾款、经常性捐赠和赔偿、报销医疗费、住户之间的赡养收入，本住户非常住成员寄回带回的收入等。转移性收入不包括住户之间的实物馈赠。

转移性支出　指居民家庭对国家、单位、住户或个人的经常性或义务性转移支付。包括缴纳的税款、各项社会保障支出、赡养支出、经常性捐赠和赔偿支出以及其他经常转移支出等。

（二）居民消费支出

居民消费支出是指居民用于满足家庭日常生活消费需要的全部支出，既包括现金消费支出，也包括实物消费支出。消费支出可划分为食品烟酒、衣着、居住、生活用品及服务、交通通信、教育文化娱乐、医疗保健以及其他用品及服务八大类。

食品烟酒　指用于各种食品和烟草、酒类的支出。

衣着　指与居民穿着有关的支出，包括服装、服装材料、鞋类、其他衣类及配件、衣着相关加工服务的支出。

居住　指与居住有关的支出，包括房租、水、电、燃料、物业管理等方面的支出，也包括自有住房折算租金。

生活用品及服务　指家庭及个人的各类生活品及家庭服务。包括家具及室内装饰品、家用器具、家用纺织品、家庭日用杂品、个人用品和家庭服务。

交通通信　指用于交通和通信工具及相关的各种服务费、维修费和车辆保险等支出。

教育文化娱乐 指用于教育、文化和娱乐方面的支出。

医疗保健 指用于医疗和保健的药品、用品和服务的总费用。包括医疗器具及药品，以及医疗服务。

其他用品及服务 指无法直接归入上述各类支出的其他用品与服务支出。

二、2012 年及以前的分城镇和农村住户调查指标解释

2012 年及以前年份，中国的住户调查一直分城乡分别开展。由于分别调查，农村与城镇居民收入、支出等指标的统计口径有所不同，数据也不完全可比，城镇调查城镇居民可支配收入，农村调查农村居民纯收入。城镇居民收入与支出数据，指现金收入或现金支出，不包括实物收支；其中，计算城镇居民人均可支配收入和消费支出时，不包括自有住房折算租金，也不包括购建房支出。农村居民收入与支出数据，分为总收支和现金收支，即农村居民的总收支部分包括了自产自用的实物收支；其中，计算农村居民人均纯收入和消费支出时，也不包括自有住房折算租金，但农村居民居住消费支出中，包括了购建房支出。

为了保持历史数据的可比，本年鉴中 2012 年及以前年份的数据和指标解释仍保持了原城镇住户调查和农村住户调查方案的原貌。

（一）城镇住户调查主要收支指标解释

1. 城镇居民家庭总收入

家庭总收入 指居民家庭中生活在一起的所有家庭成员在调查期得到的工薪收入、经营净收入、财产性收入、转移性收入的总和，不包括出售财物和借贷收入。收入的统计标准以实际发生的数额为准，无论收入是补发还是预发，只要是调查期得到的都应如实计算，不作分摊。

工薪收入 指就业人员通过各种途径得到的全部劳动报酬，包括所从事的主要职业的工资以及从事第二职业、其他兼职和零星劳动得到的其它劳动收入。

经营净收入 指家庭成员从事生产经营活动所获得的净收入。是全部生产经营收入中扣除生产成本和税金后所得的收入。如当期收入小于生产费用的开支，其差额记入“其他借贷支出 ”中。

财产性收入 指家庭拥有的动产（如银行存款、有价证券）、不动产（如房屋、车辆、土地、收藏品等）所获得的收入。包括出让财产使用权所获得的利息、租金、专利收入；财产营运所获得的红利收入、财产增值收益等。

利息收入 指资产所有者按预先约定的利率获得的高于存款本金以外的那部分收入。包括各类定期和活期存款利息、债券利息、储蓄性奖券和存款的“中奖”收入。利息与红利的差异：利息一般是预先约定的，与企业的经营状况无关，而红利的多少与企业的经营效益直接有关，一般不预先约定。利息收入是应得收入，包括银行代扣的利息所得税。

转移性收入 指国家、单位、社会团体对居民家庭的各种转移支付和居民家庭间的收入转移。包括政府对个人收入转移的离退休金、失业救济金、赔偿等；单位对个人收入转移的辞退金、保险索赔、住房公积金、家庭间的赠送和赡养等。

记账补贴 指居民家庭因承担记账工作从统计部门、工作单位和其它途径所得到的现金。不包括实物部分。

2. 城镇居民可支配收入

可支配收入 指居民家庭可用于最终消费支出和其它非义务性支出以及储蓄的总和，即居民家庭可以用来自由支配的收入。它是家庭总收入扣除交纳的所得税、个人交纳的社会保障费以及调查户的记账补贴后的收入。计算公式为：

可支配收入 = 家庭总收入 − 交纳所得税 − 个人交纳的社会保障支出 − 记账补贴

3. 城镇居民家庭总支出

家庭总支出 指家庭除借贷支出以外的全部实际支出。包括消费支出、购房建房支出、转移性支出、财产性支出、社会保障支出。支出统计是以实际购得的商品或服务的总价值填报，不论其付款方式是一次

付清、分期付款，还是赊购，只要商品或服务已被消费就要按其总价值计量。如果采用分期付款或赊购形式，则要在借贷收入类相应的项目填入实付款与总的应付款的差额。

4. 城镇居民消费支出

消费支出 指居民家庭用于满足家庭日常生活消费需要的全部支出，包括食品、衣着、居住、家庭设备及用品、交通通信、文教娱乐、医疗保健、其他等八大类。消费支出构成是按照商品或服务的用途进行分类，如果消费支出的目的与用途不一致时，必须按照用途归入相应类内。

服务性消费支出 指居民家庭用于本家庭支付社会提供的各种文化和生活方面的非商品性服务费用。不包括为别人付款的服务。服务消费与商品消费不同，其特点在于其劳动过程和消费过程在时间与空间上的统一。

财产性支出 指家庭购买或维护财产所支付的利息等有关费用。

社会保障支出 指居民家庭成员参加国家法律、法规规定的社会保障项目中由个人交纳的保障支出。不包括职工所在单位交纳的那部分社会保障金。

食品支出 指居民为摄取身体所需要的营养和满足某种嗜好而进食的各种消费品，包括在商店、集市、工作单位食堂和饮食业购买的主食、副食、烟草、酒、饮料以及干鲜瓜果、糖果、糕点、奶制品等。

衣着支出 指各种穿着用品及加工穿着品的各种材料，包括棉、麻、丝、毛和各种人造纤维、合成纤维纺织的各种布匹、呢绒、绸缎及其加工的服装，各种鞋、袜、帽及其他零星穿着用品等。

居住支出 指与居住有关的支出，包括住房、水、电、燃料方面的支出。其中的住房支出：指居民家庭用于住房的直接支出，包括房租、房屋维修支出、物业管理费、房屋装潢支出。不包括购建房支出，也不包括自有住房虚拟租金。

家庭设备及用品支出 指家庭各类日用消费品及家庭服务。包括日用耐用消费品、室内装饰品、床上用品、家庭日用杂品、家具、家庭服务。不含个人用品和服务。

交通通信支出 指用于交通和通信工具和相关的各种服务费、维修等支出。

交通 指购置交通工具及零配件、支付各种交通费、修理服务费、油料费等的支出。

通信 指家庭用于通信方面的全部支出。包括通信工具、电话费、邮费及其他通信费用。

文教娱乐支出 指居民家庭用于教育和文化娱乐方面的支出。

文化娱乐用品 指居民家庭用于购置家庭文娱用耐用消费品和其它文娱用品的支出。其中，购买家庭影院的根据其设备配置情况分别记为彩色电视机、影碟机、组合音响等。

文化娱乐服务 指和文化娱乐活动有关的各种服务费用。

教育支出 是指按一定的目的要求，对受教育者的德育、智育、体育、爱好、技能等诸方面施以影响的一种有计划的活动，与这一活动直接相关的支出即为教育支出。包括学费、教材费、家教费、赞助费、寄宿学生的住宿费等。

医疗保健支出 指用于医疗和保健的药品、用品和服务费用。包括医疗器具、保健用品、医药费、滋补保健品、医疗保健服务及其他医疗保健费用。实行医疗改革的单位，医疗基金（医保卡）支付的全部费用计入工资及补贴收入中，同时记入相应的医疗保健支出中。个人先现金支付然后到单位报销的医疗费在记入相应消费的同时，如果是在职职工则记入工资性收入，如果是离退休职工则记入离退休金中。

其他支出 指无法直接归入上述各类支出以外的个人用品和其他商品与服务支出。

其他商品 指七大类以外的个人用品和各种其他商品。

服务 指用于个人消费中的服务费，包括旅馆住宿费、理发洗澡费、美容费等。

（二）农村住户调查主要收支指标解释

1. 农村居民总收入与总支出

总收入 指调查期内农村住户和住户成员从各种来源渠道得到的收入总和。按收入的性质划分为工资性收入、家庭经营收入、财产性收入和转移性收入。

工资性收入 指农村住户成员受雇于单位或个人，靠出卖劳动而获得的收入。

在非企业组织中劳动得到的收入 指农村住户成员在不具备企业性质的行政事业单位和各种组织中劳动得到的收入。包括村干部和民办教师的工资（奖金、补贴），乡及以上行政、事业单位工作人员的工资（奖金、补贴）等。

在本地劳动得到的收入 指农村住户成员在住户所属乡（镇）地域范围内受雇于单位或个人，靠出卖劳动而获得的收入。

常住人口外出从业得到的收入 指农村住户成员到住户所属乡（镇）地域范围以外从业得到的收入。

家庭经营收入 指农村住户以家庭为生产经营单位进行生产筹划和管理而获得的收入。农村住户家庭经营活动按行业划分为农业、林业、牧业、渔业、工业、建筑业、交通运输业邮电业、批发和零贸易餐饮业、社会服务业、文教卫生业和其他家庭经营。

农业收入 指包括谷物种植业，豆类和薯类作物种植业，棉、麻等植物性纺织原料种植业，油料、糖料作物种植业，烟草种植业，药材种植业，蔬菜、瓜类作物种植业，饲料作物种植业，茶、桑、果树种植业。种植业收入 是指农村住户当年从承包地和自营地上收获的粮食、经济作物、蔬菜、茶叶、水果、水生植物（如菱、藕等）等的主产品和副产品的全部收入。但生产用的绿肥和青饲料不作为收入，用来沤肥的副产品以及野生植物的采集和家庭兼营商品性手工业不作为种植业收入。

林业收入 是指农村住户当年采伐竹木收入、出售树苗和从人工栽培的竹林上不经砍伐而取得的各种林产品收入，如生漆、棕片、五倍籽、松脂、紫胶、竹笋、油桐籽、油茶籽、乌柏籽、核桃、各种林木子实，以及修剪竹木枝叶（荆条、柳条、蒲葵叶）等等；包括野生林木的采集产品收入；但不包括桑叶、茶叶、水果、花卉，它们算在种植业收入中。

畜牧业收入 是指农村住户当年出售、屠宰的畜禽、小动物和畜禽产品收入。包括家畜（仔畜、架子猪也包括在内）、家禽（包括幼禽）及其他小动物收入；也包括出售鹌鹑、鸽子等收入，按出售和屠宰的产品计算。畜禽的繁殖和增重，不计算收入；活的家畜、家禽及其他小动物的产品（如蛋类、羊毛、蜂蜜、蜂蜡等）收入，按全部产品计算；动物屠宰和死后的畜产品（如猪鬃、羊皮、蚕茧等）收入，按全部产品计算。牧区和半牧区农民出卖大牲畜的收入，应作为畜牧业收入；农户出售肉牛的收入和专门饲养大牲畜出售的收入应作为畜牧业收入，但变卖属于固定资产的役畜的现金收入，不能作为牧业收入，而应计算在出售财物收入中；包括野生动物的狩猎及其产品的采集收入。

渔业收入 是指农村住户当年捕捞天然水生的和人工养殖的鱼、虾、蟹、贝、藻类等淡水水产品和海水水产品的全部收入。包括养殖观赏鱼类的收入。

工业收入 是指农村住户的个体企业（有固定场所和生产设备、有专业生产劳动力，年内生产三个月以上）利用手工和机械进行自然资源开采，农副产品，工业品加工和修理以及从事手工业（手工业指依靠手工劳动，使用简单工具从事的工业性生产活动，包括各种制作、刺绣、编织、雕刻、加工等手工业。）所得全部产品收入，来料加工的产品，按加工费计算收入。自制自用的产品不计收入。

建筑业收入 是指农村住户成员当年从事房屋或建筑物的新建和维修以及设备安装所得到的劳动报酬，参加国家举办的基本建设工程所得到的收入。

交通运输业、邮电业收入 是指农村住户成员当年从事对本户以外的单位或个人进行货物运送、旅客运送及从事邮电行业活动的收入。

批零和零售贸易、餐饮业收入 是指从事批发贸易、零售商业和餐饮业活动的收入。

社会服务业 是指从事于日常生活及社会公共服务等服务活动的收入。包括从事社会服务 业、金融保险业、房地产管理、旅馆、车店、理发、照相、洗染、缝纫、修理、导游等收入。

文教卫生业 指在文教卫生等单位从事有关活动的收入。如在教育、文化艺术事业、广播电视业从事有关活动的收入；在体育事业单位、体育设施管理单位、体育队、体育训练机构等从事体育活动的收入；在医疗、防治、检疫及其他卫生事业的收入等。

财产性收入 指金融资产或有形非生产性资产的所有者向其他机构单位提供资金或将有形非生产性资产供其支配，作为回报而从中获得的收入。

转移性收入 指农村住户和住户成员无需付出任何对应物而获得的货物、服务、资金或资产所有权等，不包括无偿提供的用于固定资本形成的资金。一般情况下，是指农村住户在二次分配中的所有收入。包括在外人口寄回和带回、农村外部亲友赠送、救济金、保险赔偿收入、退休金、土地征用补偿收入等。

总支出 是指农村住户全年用于生产、生活和再分配等方面的全部实际支出。包括家庭经营费用支出、购置生产性固定资产支出、税费支出、生活消费支出、转移性支出和财产性支出。

家庭经营费用支出 指农村住户以家庭为基本生产经营单位从事生产经营活动而消费的商品和服务、自产自用产品。所消费的未计算为住户收入的自产自用产品，不计算为费用支出；库存的化肥、农药也不计算为本期费用支出。

农业生产支出 指用于农业生产活动费用。如种籽、肥料、农药、小农具购置和修理、油料费、耕畜的饲料、饲草费、机耕费、排灌费、电费等，此外还包括家庭兼营商品性手工业等所支付的有关费用。

种植业生产支出 是指种植各种农作物所支付的生产费用。如种籽、肥料、农药、小农具购置和修理、油料费、耕畜的饲料、饲草费、机耕费、排灌费、电费等。

林业生产支出 是指经营林业生产而支付的费用。如树种、树苗、肥料、农药、电费及小型工具的购置维修等开支，但不包括林业的基本建设投资。

牧业生产支出 是指经营牧业生产所支付的费用。如购买仔畜（包括架子猪）、幼禽支出；肉用牛、羊的饲料、饲草支出；生猪、家禽等的饲料、燃料、防疫医疗费；电费和小型用具购置、维修等支出。但耕畜的饲料费应列为"种植业生产费用支出"。

渔业生产支出 是指养殖水生动物、培养海藻和捕捞生产过程中的开支。包括鱼苗、饵料、电费以及小型渔具和用具的购置、维修及油料费等支出。但不包括添置的固定资产支出。

工业生产支出 是指进行工业生产所支付的生产费用。包括工业生产耗用的原料、燃料、电费及小型工具的购置、维修等开支，还包括来料加工产品所耗用的燃料、电费，但不包括自产自用和来料加工产品所耗用的原材料。

建筑业生产支出 是指为了从事本户以外的房屋或建筑物的新建与维修以及设备安装而耗用的建筑材料、电器设备、燃料、电费以及小型工具的购置、维修等开支。

交通运输业生产支出 是指为从事对本户以外单位或个人进行货物运送和旅客运送所耗用燃料和小型工具的购置、维修等开支。

批零和零售贸易、餐饮业生产支出 是指从事批发贸易、零售商业、和餐饮业活动时所购买的生产用具支出、租用铺面支出、帮工工资支出、燃料支出、电费支出及其他费用开支。

社会服务业生产支出 指用于包括金融保险业、房地产管理、旅馆、车店、理发、照相、洗染、缝纫、修理、导游等日常生活及社会公共服务等服务活动的费用支出。

文教卫生业生产支出 指在文教卫生等单位从事有关活动的支出。如在教育、文化艺术事业、广播电视业从事有关活动的支出；在体育事业单位、体育设施管理单位、体育队、体育训练机构等从事体育活动的支出；在医疗、防治、检疫及其他卫生事业的支出等。

其他家庭生产经营支出 是指上述各项家庭经营费用支出以外的其他支出，包括各项劳务所支出的费用。

购置生产性固定资产支出 指农村住户用于建造和购置生产性固定资产所支出的费用。

税费支出： 是指农村住户从事生产经营活动以现金和实物形式缴纳的各种税费。

消费支出 指农村住户用于物质生活和精神生活方面的消费支出。消费支出分为食品支出、衣着支出、居住支出、家庭设备及用品支出、交通通信支出、文教娱乐支出、医疗保健支出、其他支出。

食品支出 指农村居民年内消费各类食品支出。包括主食、副食、其他食品、在外饮食和食品加工费支出。

衣着支出 指农村住户用于各种穿着用品及加工穿着用品的材料支出。包括棉花、丝棉、化纤棉、驼毛、棉布、各种化纤布、绸、缎、呢绒、各类成衣、棉、毛、丝、麻纺织品，背心、汗衫、棉毛衫裤、卫生衫裤、袜子等针织品，毛线、毛线织品、各种鞋、帽等消费品及衣着的加工修理费（指农村住户为加工或修补服装、鞋帽等衣着所支付的服务费）。但不包括用各种布料做的床上用品，室内装饰品。

居住支出 指与农村住户居住有关的所有支出。包括新建（购）房屋、房屋维修、居住服务、租赁住房所付的租金、生活用水、生活用电、用于生活的燃料等支出。

家庭设备及用品支出 指农村住户消费的各种耐用消费品、其他家庭用品及用品的加工修理费用。

交通通信支出 指农村住户用于交通和通讯的工具、各种服务费、维修费用支出。

文教娱乐支出 指农村住户用于文化、教育、娱乐方面的支出。包括文化教育娱乐用品支出和文化教育娱乐服务支出。

医疗保健支出 指农村住户用于医疗和保健的药品、医疗器械和服务费用。包括医药卫生保健用品、医疗保健服务费和医疗卫生设备、用品加工修理费等。

其他支出 指上述各类支出以外的商品和服务支出。

财产性支出 为获得其他住户财产（包括无形资产）的使用权而支付的各种费用。

转移性支出 指农村住户和住户成员没有获得任何对应物而支出的货物、服务、资金或资产所有权等，不包括无偿提供的用于固定资本形成的资金。一般情况下，指农村住户在二次分配中的所有支出。

2. **农村居民现金收入与支出现金收入** 指农村住户和住户成员在调查期内得到以现金形态表现的收入。按来源分成工资性收入、家庭经营现金收入、财产性收入、转移性收入。

现金支出 指农村住户在调查期内用于生产、生活和再分配所支付的现金。包括家庭经营费用支出、缴纳的税费、购买生产性固定资产、生活消费、财产性和转移性支出。

3. **农村居民纯收入纯收入** 指农村住户当年从各个来源得到的总收入相应地扣除所发生的费用后的收入总和。纯收入主要用于再生产投入和当年生活消费支出，也可用于储蓄和各种非义务性支出。“农民人均纯收入”按人口平均的纯收入水平，反映的是一个地区或一个农户农村居民的平均收入水平。计算方法：

纯收入 = 总收入 − 家庭经营费用支出 − 税费支出 − 生产性固定资产折旧 − 农村内部亲友赠送

县域经济

资料整理：盛　夏

8－1　各县(市、区)人口及城镇单位就业人员和工资(2020年)

县市区	年末总户数(万户)	年末户籍人口(万人)	常住人口(万人)	#城镇	城镇化率(%)	城镇单位年末就业人员(人)	城镇单位就业人员平均工资(元)
郑州市							
中原区	28.29	92.53	150.88	145.75	96.60	277590	92419
二七区	21.76	67.49	106.13	95.56	90.04	164769	84436
管城区	20.88	59.86	118.17	107.76	91.19	238974	86282
金水区	43.31	138.71	214.55	207.68	96.80	654691	88978
上街区	4.01	11.71	19.73	19.45	98.57	26752	75655
惠济区	7.84	28.89	55.51	39.45	71.06	50730	80642
中牟县	18.33	92.28	141.45	86.19	60.93	119867	82968
巩义市	21.09	85.12	80.18	52.21	65.11	62664	63289
荥阳市	17.76	71.86	73.01	42.40	58.08	48141	78859
新密市	21.01	90.40	82.60	52.92	64.07	69128	69148
新郑市	19.89	86.63	146.54	97.45	66.50	362457	79371
登封市	17.45	73.45	72.93	42.67	58.51	64135	57411
开封市							
龙亭区	13.25	39.53	58.11	48.20	82.95	81064	62809
顺河区	8.42	23.36	22.74	22.23	97.74	42722	66816
鼓楼区	5.35	14.42	13.45	12.74	94.73	32332	63124
禹王台区	4.67	12.81	12.47	9.90	79.41	11899	59895
祥符区	22.33	82.30	67.03	26.54	39.60	48821	55068
杞县	38.70	123.32	93.92	36.49	38.85	39740	54910
通许县	18.01	68.72	54.26	22.40	41.29	29979	55803
尉氏县	27.22	103.88	83.85	35.69	42.57	29543	59965
兰考县	29.58	95.48	77.64	36.40	46.88	57445	59366
洛阳市							
老城区	6.15	16.88	25.23	24.54	97.27	16969	90255
西工区	10.78	31.48	36.93	35.73	96.75	95681	95409
瀍河区	6.42	17.50	22.29	21.44	96.17	20294	93967
涧西区	20.42	61.29	71.91	71.13	98.92	133282	79994
吉利区	2.18	6.79	6.92	6.20	89.70	20909	73303
洛龙区	24.62	77.34	91.87	80.90	88.06	102620	90723
孟津县	16.30	48.67	41.70	24.03	57.63	38890	61466
新安县	15.69	54.21	48.35	26.42	54.63	76915	58655
栾川县	10.62	36.00	32.72	19.60	59.89	28189	63623
嵩县	17.21	64.68	54.36	22.48	41.35	20938	60627
汝阳县	12.93	53.28	43.49	20.08	46.16	19249	62927
宜阳县	19.93	71.93	57.63	27.04	46.92	31599	56543
洛宁县	13.92	51.55	38.63	15.46	40.03	20504	54466
伊川县	25.84	93.93	79.31	38.97	49.13	40613	55527
偃师市	18.43	63.73	54.58	35.28	64.63	30666	65156

8-1 续表1

县市区	年末总户数（万户）	年末户籍人口（万人）	常住人口（万人）	#城镇	城镇化率（%）	城镇单位年末就业人员（人）	城镇单位就业人员平均工资（元）
平顶山市							
新华区	12.85	41.59	46.55	44.73	96.08	152651	76564
卫东区	11.08	36.41	33.52	32.71	97.59	57191	64057
石龙区	1.95	6.16	3.11	2.41	77.61	4557	51615
湛河区	8.37	27.12	34.84	28.13	80.75	46413	71391
宝丰县	16.95	55.75	50.65	23.57	46.54	25239	52148
叶县	23.03	87.85	73.41	25.80	35.14	32414	53436
鲁山县	24.62	98.35	79.12	25.83	32.65	31315	56846
郏县	21.21	65.27	50.64	19.74	38.98	31769	52817
舞钢市	10.38	33.87	29.49	17.32	58.73	34833	54285
汝州市	31.45	118.23	97.46	46.64	47.86	61989	53813
安阳市							
文峰区	14.19	43.69	57.90	54.72	94.51	70546	83151
北关区	9.39	28.17	32.77	29.19	89.08	58821	59367
殷都区	7.79	23.44	21.97	19.57	89.07	49883	69029
龙安区	9.86	28.58	27.21	15.27	56.11	11150	59892
安阳县	30.04	104.67	82.13	33.57	40.88	19176	67792
汤阴县	14.82	52.32	45.50	23.43	51.50	32365	55674
滑县	47.54	150.29	116.87	42.52	36.38	65466	63300
内黄县	19.80	86.00	68.21	18.20	26.69	25358	62213
林州市	32.53	113.84	95.08	53.99	56.78	143537	59023
鹤壁市							
鹤山区	3.22	8.20	6.28	5.27	83.93	16087	65438
山城区	5.77	16.71	15.57	13.44	86.30	14653	58734
淇滨区	12.38	41.16	46.15	38.48	83.39	68828	61675
浚县	19.69	75.26	62.57	23.18	37.05	33120	49691
淇县	8.78	30.14	26.27	15.27	58.14	21927	49707
新乡市							
红旗区	12.52	40.26	61.63	58.74	95.31	99379	74407
卫滨区	7.63	22.78	24.00	24.00	100.00	23142	65084
凤泉区	3.93	14.66	14.83	8.23	55.51	7479	51577
牧野区	10.94	33.12	37.89	37.02	97.72	49944	76139
新乡县	8.67	37.71	34.30	19.25	56.13	38732	54107
获嘉县	11.92	45.06	39.68	20.14	50.76	17524	52725
原阳县	18.99	82.56	75.18	29.96	39.85	28828	57287
延津县	14.72	51.06	46.08	18.00	39.07	22546	59001
封丘县	24.01	89.43	71.08	28.01	39.40	32599	61724
长垣市	28.63	102.97	90.60	52.20	57.62	77674	58696
卫辉市	15.89	54.28	47.93	22.83	47.63	24361	60232
辉县市	26.68	93.28	82.32	41.77	50.74	40475	52998

8－1 续表2

县市区	年末总户数（万户）	年末户籍人口（万人）	常住人口（万人）	#城镇	城镇化率（%）	城镇单位年末就业人员（人）	城镇单位就业人员平均工资（元）
焦作市							
解放区	9.08	30.02	34.77	34.61	99.54	45307	70575
中站区	3.06	11.19	10.74	8.42	78.42	23236	61375
马村区	3.56	13.52	12.07	7.55	62.52	7792	62983
山阳区	11.90	43.48	51.07	36.98	72.41	79988	65283
修武县	7.03	27.31	24.88	13.32	53.55	21370	63677
博爱县	10.31	39.78	35.04	20.62	58.84	13580	54633
武陟县	19.49	74.02	66.19	31.98	48.31	51365	56619
温县	14.15	46.10	39.42	21.54	54.66	25634	56851
沁阳市	12.59	49.38	44.79	28.01	62.53	39846	61044
孟州市	11.35	38.23	33.46	19.12	57.14	28469	64690
濮阳市							
华龙区	23.73	75.53	96.66	82.70	85.56	186355	76905
清丰县	22.47	75.20	59.19	19.66	33.22	28687	64515
南乐县	15.07	58.40	47.63	16.74	35.14	19992	64889
范县	17.38	60.35	44.75	16.06	35.88	18701	68344
台前县	11.12	42.44	32.32	11.74	36.31	17592	56091
濮阳县	31.64	123.26	96.80	41.78	43.16	45846	61866
许昌市							
魏都区	15.05	41.41	59.86	56.88	95.02	97010	77808
建安区	29.02	93.45	74.15	28.29	38.15	64543	67680
鄢陵县	21.08	73.49	54.75	24.59	44.91	38354	57360
襄城县	28.46	91.42	67.48	28.72	42.56	54842	68273
禹州市	42.15	134.02	110.99	56.52	50.92	72170	61754
长葛市	2.12	78.25	71.01	39.68	55.88	77913	58595
漯河市							
源汇区	9.83	31.61	32.29	22.41	69.40	62937	66421
郾城区	14.57	51.16	50.62	30.64	60.53	36138	73465
召陵区	13.50	52.75	50.00	27.87	55.74	64965	66732
舞阳县	16.94	59.64	44.79	19.33	43.15	26393	50712
临颍县	20.34	72.51	59.48	29.82	50.14	53192	54433

8－1 续表 3

县市区	年末总户数（万户）	年末户籍人口（万人）	常住人口（万人）	#城镇	城镇化率（%）	城镇单位年末就业人员（人）	城镇单位就业人员平均工资（元）
三门峡市							
湖滨区	10.01	28.80	32.68	30.18	92.36	66511	82956
陕州区	11.93	34.24	28.87	14.77	51.15	22178	76741
渑池县	12.67	36.00	31.02	16.66	53.70	15407	73896
卢氏县	12.93	38.09	31.72	13.84	43.64	13032	62092
义马市	5.04	14.98	13.58	13.17	97.00	31695	55307
灵宝市	20.99	74.25	65.67	27.92	42.52	47775	51680
南阳市							
宛城区	31.21	96.53	99.20	66.48	67.02	99186	81849
卧龙区	34.07	108.43	109.36	76.63	70.07	136169	66359
南召县	22.57	69.09	54.55	22.20	40.69	27103	56546
方城县	36.27	117.27	87.37	38.27	43.80	41858	59318
西峡县	15.23	49.07	45.04	24.37	54.10	38047	54818
镇平县	28.61	108.55	82.98	38.07	45.88	53804	53223
内乡县	23.49	71.89	54.91	26.59	48.42	41277	51233
淅川县	21.11	72.15	53.86	28.02	52.03	46303	56970
社旗县	22.22	76.85	56.16	23.85	42.47	27442	45962
唐河县	43.49	147.61	105.44	46.04	43.66	45751	56395
新野县	23.94	85.22	60.28	27.43	45.51	31432	46423
桐柏县	16.00	49.87	37.52	19.99	53.28	26099	47324
邓州市	50.04	185.64	124.86	53.53	42.87	60269	55120
商丘市							
梁园区	27.85	91.46	100.33	58.41	58.22	102599	56188
睢阳区	30.21	99.25	89.65	47.28	52.74	62875	84251
民权县	30.06	102.39	74.64	30.73	41.17	69426	61009
睢县	25.34	93.57	72.38	28.14	38.88	63711	60041
宁陵县	23.80	73.12	56.27	23.09	41.04	43035	56238
柘城县	33.91	111.68	78.22	31.33	40.05	51008	55015
虞城县	45.80	138.10	95.15	40.30	42.35	82592	55422
夏邑县	45.14	135.23	89.66	38.29	42.71	85527	56016
永城市	47.11	165.01	125.56	64.42	51.31	98211	60595

8-1 续表4

县市区	年末总户数（万户）	年末户籍人口（万人）	常住人口（万人）	#城镇	城镇化率（%）	城镇单位年末就业人员（人）	城镇单位就业人员平均工资（元）
信阳市							
浉河区	21.93	67.07	64.15	44.65	69.60	76563	65819
平桥区	29.53	91.39	87.79	57.08	65.02	112991	65915
罗山县	22.63	78.47	49.34	21.97	44.53	27584	60272
光山县	28.94	93.70	59.37	24.98	42.07	29254	59874
新县	13.01	38.17	27.87	14.42	51.75	28546	60712
商城县	24.47	80.22	45.97	18.48	40.20	31692	58526
固始县	55.41	179.01	103.86	46.47	44.74	81235	65317
潢川县	28.51	89.38	63.69	36.14	56.74	49652	53600
淮滨县	24.66	82.64	54.98	23.46	42.67	46720	58191
息县	32.43	112.64	66.64	25.00	37.52	44582	53261
周口市							
川汇区	19.76	64.52	71.05	53.21	74.89	121295	70440
淮阳区	38.69	149.69	103.49	34.39	33.23	31539	46419
扶沟县	21.28	78.54	57.50	23.16	40.27	58891	47400
西华县	27.66	96.44	71.57	28.41	39.70	44661	57510
商水县	32.66	132.54	96.12	38.33	39.88	80648	51375
沈丘县	34.65	139.44	95.52	38.98	40.81	61058	51078
郸城县	42.61	158.90	100.01	35.82	35.82	32519	54146
太康县	43.91	165.42	114.88	46.64	40.60	72593	65247
鹿邑县	40.72	138.44	95.58	36.76	38.46	55719	55361
项城市	37.07	134.98	96.15	48.77	50.72	65303	58571
驻马店市							
驿城区	24.19	86.21	102.53	75.41	73.55	182242	67957
西平县	25.74	88.35	64.71	27.04	41.78	44203	55575
上蔡县	40.28	160.77	100.55	34.75	34.56	45521	55414
平舆县	35.12	117.24	72.85	31.16	42.77	55242	60413
正阳县	25.98	87.45	62.50	23.18	37.09	35459	60245
确山县	16.94	56.03	40.29	16.31	40.47	32416	59036
泌阳县	27.73	97.12	69.50	31.63	45.51	54579	56645
汝南县	23.19	89.84	61.24	22.51	36.75	37259	48569
遂平县	16.33	57.71	44.12	19.45	44.08	42776	58365
新蔡县	33.12	125.90	82.38	27.86	33.82	49252	54911

8-2 各县(市、区)生产

县市区	生产总值(亿元)	第一产业	第二产业	第三产业
郑州市				
中原区	1224.51	0.09	484.43	739.99
二七区	760.17	0.03	178.72	581.41
管城区	1711.31	0.99	844.81	865.51
金水区	2723.10	0.31	364.81	2357.98
上街区	165.48	0.04	78.67	86.77
惠济区	291.31	4.68	103.30	183.33
中牟县	1259.10	34.99	655.03	569.08
巩义市	826.57	12.66	479.98	333.93
荥阳市	546.03	28.54	267.58	249.91
新密市	706.29	23.61	366.80	315.87
新郑市	1335.57	25.65	720.47	589.45
登封市	452.77	22.58	214.81	215.38
开封市				
龙亭区	294.45	6.03	76.29	212.13
顺河区	134.62	2.73	64.95	66.94
鼓楼区	100.06	2.58	16.32	81.16
禹王台区	96.81	3.53	38.75	54.53
祥符区	281.47	67.03	110.24	104.20
杞县	370.82	101.93	119.39	149.50
通许县	278.54	64.03	99.20	115.32
尉氏县	431.81	64.31	203.18	164.33
兰考县	383.24	51.47	168.95	162.82
洛阳市				
老城区	199.04	1.47	124.24	73.34
西工区	483.26	0.27	160.53	322.46
瀍河区	121.76	0.59	36.53	84.64
涧西区	631.26	2.03	271.83	357.40
吉利区	185.56	1.39	128.01	56.16
洛龙区	635.07	12.59	207.34	415.15
孟津县	339.17	25.99	191.13	122.05
新安县	524.48	24.62	289.35	210.50
栾川县	273.28	15.01	140.34	117.94
嵩县	205.84	31.03	67.77	107.05
汝阳县	185.30	14.78	78.77	91.75
宜阳县	317.56	39.13	123.17	155.26
洛宁县	208.48	32.60	74.80	101.07
伊川县	427.69	30.35	192.72	204.62
偃师市	440.16	22.28	237.45	180.43
平顶山市				
新华区	328.33	1.61	179.73	146.99
卫东区	299.54	1.42	167.94	130.18
石龙区	38.88	0.55	22.35	15.98
湛河区	221.29	2.51	88.51	130.27
宝丰县	338.42	22.87	168.95	146.59
叶县	224.12	59.42	61.96	102.74
鲁山县	173.03	33.99	49.93	89.11
郏县	207.04	28.44	90.33	88.27
舞钢市	140.88	13.49	73.21	54.18
汝州市	485.50	40.05	204.60	240.86

总值和指数(2020 年)

人均生产总值(元)(按常住人口计算)	生产总值指数(%)(上年=100)				人均生产总值指数(%)
		第一产业	第二产业	第三产业	
81964	101.6	96.6	99.8	103.0	98.5
72143	100.8	97.4	105.0	99.3	98.9
147052	103.0	93.1	104.2	101.6	100.1
128209	101.8	91.0	100.1	102.0	100.0
86166	102.6	12.0	103.4	101.8	97.5
53633	100.2	140.1	106.6	95.3	94.9
89191	104.5	98.0	106.3	102.6	102.7
103574	104.3	100.3	106.3	101.0	104.1
75638	103.1	100.7	105.1	100.7	100.2
85430	103.2	100.8	104.6	101.2	103.4
93230	105.9	100.2	109.5	101.0	101.9
62516	102.4	100.8	101.8	103.4	100.6
51653	101.3	102.2	95.7	103.8	95.9
58877	102.0	101.7	102.1	101.8	102.8
73626	102.0	101.0	98.9	102.8	103.6
76413	102.3	101.6	104.5	100.5	104.2
41917	102.2	102.7	102.7	101.3	102.6
39586	102.4	102.8	102.7	101.9	102.3
51429	102.1	102.4	102.2	101.8	102.3
51388	102.5	102.4	103.5	100.7	102.9
49600	101.6	102.3	102.6	100.0	100.4
81735	90.2	100.4	84.6	101.6	83.6
132093	103.5	100.5	106.7	101.9	103.8
55827	101.8	100.3	110.6	98.3	97.0
87965	102.9	100.5	104.7	101.4	101.3
284677	104.8	99.5	106.0	101.9	98.6
70773	103.5	102.2	103.2	103.7	100.0
80069	103.6	103.0	102.6	105.7	103.1
108102	104.1	102.9	104.4	103.9	103.3
82002	102.3	102.8	102.0	102.7	103.2
37964	103.0	102.5	103.3	102.9	102.4
43349	103.2	103.1	102.6	103.8	102.4
54733	103.4	102.6	102.8	104.1	104.6
52122	102.6	102.4	103.5	101.8	107.0
54289	102.7	103.0	103.7	101.6	101.6
80005	100.2	102.0	99.8	100.4	101.8
71858	103.0	102.7	104.6	100.7	99.2
88143	104.2	102.7	104.4	103.9	105.8
126695	103.1	101.8	104.5	100.6	102.0
63715	102.1	102.7	100.3	103.6	101.5
67232	103.8	102.9	104.5	102.9	102.5
30551	103.2	102.8	103.6	103.1	102.6
22018	103.3	102.7	107.6	100.6	101.6
40601	103.5	102.9	103.9	103.4	104.8
47908	103.5	102.7	103.8	103.3	103.2
49953	103.2	102.6	104.9	101.4	102.2

8-2 续表1

县市区	生产总值（亿元）	第一产业	第二产业	第三产业
安阳市				
文峰区	239.05	0.79	54.33	183.93
北关区	160.25	1.66	46.11	112.48
殷都区	328.48	11.06	221.96	95.47
龙安区	166.06	3.50	124.73	37.84
安阳县	98.80	15.82	26.11	56.88
汤阴县	172.87	31.57	69.50	71.81
滑县	391.70	77.26	145.14	169.29
内黄县	184.22	82.32	32.40	69.51
林州市	559.90	15.30	288.27	256.32
鹤壁市				
鹤山区	79.07	3.26	58.17	17.64
山城区	130.53	5.14	84.59	40.80
淇滨区	255.78	11.26	117.50	127.02
浚县	273.73	34.91	141.98	96.84
淇县	241.87	23.45	151.64	66.79
新乡市				
红旗区	560.52	2.19	261.44	296.89
卫滨区	118.70	1.07	32.44	85.20
凤泉区	80.26	2.08	41.03	37.15
牧野区	215.06	1.88	103.85	109.33
新乡县	217.69	11.71	126.36	79.61
获嘉县	170.11	27.62	71.60	70.89
原阳县	247.32	42.92	91.37	113.03
延津县	153.71	29.98	50.60	73.12
封丘县	239.80	53.88	84.53	101.39
长垣市	490.17	52.01	261.65	176.51
卫辉市	177.52	25.99	69.10	82.42
辉县市	346.97	40.57	161.82	144.58
焦作市				
解放区	172.33	0.18	34.25	137.90
中站区	105.11	0.71	70.56	33.84
马村区	72.46	1.87	38.76	31.84
山阳区	337.11	5.55	128.05	203.51
修武县	139.16	12.14	59.29	67.73
博爱县	158.09	20.88	54.18	83.03
武陟县	336.75	39.41	139.46	157.88
温县	216.79	29.40	79.01	108.38
沁阳市	296.95	20.30	129.47	147.18
孟州市	288.87	27.32	158.62	102.92

人均生产总值（元）（按常住人口计算）	生产总值指数（%）（上年 = 100）	第一产业	第二产业	第三产业	人均生产总值指数（%）
42158	103.1	68.2	99.9	104.5	98.9
49258	102.7	102.2	99.2	104.2	100.8
148608	102.6	99.5	102.6	103.0	103.5
61155	102.7	101.7	102.7	103.0	102.1
12033	104.2	100.0	111.2	102.2	104.0
38076	104.7	102.0	110.0	100.6	104.0
33491	102.6	101.3	103.0	102.9	102.5
27000	102.1	103.9	98.6	102.3	102.2
59481	104.6	101.8	106.6	102.5	102.3
119708	105.8	103.5	106.7	102.1	115.5
82092	100.9	102.2	101.2	100.0	104.5
56752	105.6	103.5	107.1	104.1	100.1
43747	92.3	103.5	84.0	101.1	91.8
92248	106.5	100.9	108.7	100.5	105.6
91751	104.5	100.7	104.6	104.4	103.5
48375	93.3	101.4	79.6	101.2	95.4
54146	102.7	99.9	104.9	99.7	102.9
56767	100.3	101.2	99.3	101.7	100.3
62670	103.9	101.8	105.2	100.9	105.2
42476	105.0	101.9	108.5	101.8	106.6
32667	104.7	101.9	108.6	101.8	105.7
34093	101.4	102.4	100.5	101.7	98.7
33984	102.0	102.4	103.4	100.4	100.7
54239	104.9	102.2	106.2	103.5	104.4
37686	103.9	101.0	107.2	102.3	100.4
41758	104.7	100.7	107.7	102.1	105.7
53323	98.4	100.7	102.6	97.4	90.7
98712	89.2	101.6	85.9	98.6	88.0
55879	97.3	101.8	97.2	97.1	103.8
67996	85.6	101.5	74.6	96.1	82.7
55766	91.5	101.9	86.1	95.9	91.5
44184	54.0	101.7	31.9	97.3	55.5
51070	74.6	101.7	58.5	97.8	74.1
53795	81.6	100.9	67.3	95.6	83.2
67316	76.2	101.1	61.5	99.5	74.9
82319	81.5	101.5	74.6	97.8	85.0

8－2 续表 2

县市区	生产总值（亿元）	第一产业	第二产业	第三产业
濮阳市				
华龙区	635.90	26.00	264.80	345.10
清丰县	201.01	53.56	60.56	86.89
南乐县	176.63	43.13	50.32	83.17
范县	215.96	23.62	97.12	95.22
台前县	118.61	13.30	43.29	62.02
濮阳县	279.27	55.80	68.31	155.16
许昌市				
魏都区	421.07	0.12	153.49	267.46
建安区	563.17	32.18	300.75	230.25
鄢陵县	370.08	41.85	146.81	181.43
襄城县	463.86	42.97	195.14	225.75
禹州市	849.59	34.85	470.14	344.60
长葛市	781.48	31.62	552.54	197.33
漯河市				
源汇区	236.69	9.82	70.75	156.13
郾城区	258.57	27.82	74.63	156.12
召陵区	497.16	34.19	279.63	183.34
舞阳县	225.53	34.20	86.98	104.36
临颍县	355.91	43.94	162.07	149.90
三门峡市				
湖滨区	289.33	6.90	115.28	167.14
陕州区	258.13	27.51	126.37	104.26
渑池县	218.02	21.57	110.67	85.78
卢氏县	119.37	27.82	33.87	57.68
义马市	137.06	1.84	87.23	48.00
灵宝市	428.73	61.30	213.83	153.61
南阳市				
宛城区	435.47	38.68	139.80	256.99
卧龙区	568.11	31.75	163.34	373.02
南召县	178.59	27.53	71.23	79.83
方城县	264.56	52.57	84.12	127.88
西峡县	257.99	36.40	102.70	118.88
镇平县	267.43	42.10	81.96	143.37
内乡县	263.10	52.75	115.07	95.27
淅川县	245.39	48.73	85.95	110.70
社旗县	178.19	46.17	43.38	88.64
唐河县	379.72	96.16	100.87	182.69
新野县	275.45	58.45	76.36	140.65
桐柏县	182.30	27.61	73.82	80.87
邓州市	429.56	93.54	122.23	213.80

人均生产总值（元）（按常住人口计算）	生产总值指数（%）（上年=100）				人均生产总值指数（%）
		第一产业	第二产业	第三产业	
66832	102.4	101.5	104.0	101.1	99.2
34044	103.9	103.2	107.5	101.5	104.5
37243	104.0	103.1	107.7	102.1	104.0
48293	100.1	101.8	99.2	100.7	100.5
36806	103.3	103.9	105.6	101.4	104.3
28727	105.5	102.6	109.6	104.4	106.5
71199	101.2	64.6	101.9	100.8	97.4
76012	103.6	101.8	104.8	101.9	104.2
67725	100.5	102.6	98.4	101.6	100.6
68751	102.7	102.4	104.6	100.9	102.9
76553	103.1	102.5	103.6	102.2	103.3
110107	103.5	102.4	104.0	101.9	103.4
73545	101.6	101.8	99.3	103.3	100.8
51223	100.7	102.2	97.2	103.1	99.9
99836	101.2	102.3	100.2	103.1	100.1
49932	101.9	102.3	100.9	103.0	103.4
59342	102.0	102.4	101.2	103.3	103.6
88778	102.9	102.4	102.2	103.5	102.7
90005	102.9	102.4	103.3	102.3	102.7
70499	103.2	102.6	103.9	102.0	103.4
37751	103.3	103.0	103.6	103.1	103.2
101340	103.4	102.3	103.5	103.2	103.3
65516	103.2	102.8	103.9	102.0	103.2
44005	101.0	102.9	99.5	101.7	100.7
52015	102.9	102.5	103.9	102.3	102.7
32783	103.3	102.6	104.7	101.9	103.4
30201	102.7	102.1	103.2	102.4	103.4
57292	103.2	102.5	103.9	102.7	103.2
32234	103.0	102.3	103.5	102.8	103.4
47931	104.2	102.5	106.1	101.9	104.3
45425	103.4	102.8	104.1	103.0	105.4
31547	101.7	102.3	98.2	103.7	103.3
35771	103.2	102.6	104.4	102.6	104.9
45582	103.0	102.4	102.8	103.3	103.5
48515	102.5	102.4	103.1	101.9	102.9
34094	99.1	102.1	94.7	101.5	100.6

8－2 续表 3

县市区	生产总值（亿元）	第一产业	第二产业	第三产业
商丘市				
梁园区	337.11	38.32	134.93	163.86
睢阳区	305.11	52.10	93.95	159.06
民权县	275.47	62.00	76.98	136.48
睢县	234.40	56.52	84.84	93.05
宁陵县	187.89	35.50	68.07	84.32
柘城县	281.80	61.13	107.93	112.74
虞城县	345.69	63.31	147.25	135.13
夏邑县	328.29	63.95	126.57	137.76
永城市	637.04	82.74	273.01	281.29
信阳市				
浉河区	329.80	40.73	94.39	194.69
平桥区	396.17	48.63	168.94	178.60
罗山县	234.84	56.24	82.96	95.65
光山县	235.70	59.23	73.71	102.77
新县	164.06	31.50	64.81	67.75
商城县	239.34	50.27	98.63	90.44
固始县	415.51	83.83	131.56	200.12
潢川县	306.95	60.43	113.41	133.11
淮滨县	228.34	45.55	89.93	92.86
息县	258.99	58.08	86.11	114.80
周口市				
川汇区	291.73	9.71	119.99	162.03
淮阳区	282.37	59.97	116.83	105.57
扶沟县	237.14	51.31	99.95	85.88
西华县	283.58	59.50	118.94	105.14
商水县	304.80	60.32	124.54	119.94
沈丘县	341.16	58.74	137.09	145.33
郸城县	339.56	64.74	147.47	127.35
太康县	382.18	76.73	144.17	161.28
鹿邑县	420.77	71.95	167.31	181.52
项城市	383.90	49.05	166.72	168.13
驻马店市				
驿城区	537.73	32.67	221.47	283.59
西平县	255.72	65.71	85.33	104.68
上蔡县	269.89	51.40	108.16	110.33
平舆县	265.20	49.04	108.23	107.93
正阳县	255.01	67.38	91.54	96.09
确山县	196.09	47.25	70.64	78.21
泌阳县	315.49	80.32	119.96	115.21
汝南县	254.56	62.18	103.59	88.79
遂平县	235.36	37.60	106.46	91.31
新蔡县	276.28	54.43	83.35	138.50

人均生产总值（元）（按常住人口计算）	生产总值指数（%）（上年=100）	第一产业	第二产业	第三产业	人均生产总值指数（%）
33672	100.8	102.9	98.5	102.3	100.3
34036	97.9	103.1	91.7	101.0	98.0
36879	84.4	102.6	64.1	94.7	84.5
32392	102.0	103.1	101.4	101.8	101.9
33403	101.9	103.3	100.6	102.7	101.8
36235	101.3	102.9	100.4	101.5	100.2
36337	101.3	103.2	100.8	101.0	101.2
36483	101.3	103.1	100.1	101.8	102.4
50798	104.3	102.2	107.1	101.4	103.8
51140	101.5	102.5	100.5	101.9	101.8
45766	103.1	102.3	104.9	101.3	100.6
47280	101.8	102.5	102.2	100.8	102.6
39672	102.6	102.5	103.5	101.8	103.0
58728	102.3	102.3	103.0	101.4	102.2
52116	102.4	102.4	104.3	100.0	103.6
39936	102.4	100.9	103.6	102.2	102.2
47913	101.4	102.1	101.6	100.8	101.9
41424	101.7	102.2	101.5	101.7	103.0
38459	102.0	102.3	101.7	102.2	104.6
41714	96.0	102.5	86.6	104.5	95.9
27399	102.4	102.3	103.0	101.8	101.7
40278	101.8	102.4	102.1	101.1	106.1
38714	101.6	102.4	100.7	102.4	106.4
31716	101.5	102.7	101.6	100.5	99.9
35456	101.8	102.5	101.0	102.5	103.4
33661	102.5	102.2	102.5	102.8	102.4
34134	102.5	102.5	101.6	102.6	100.0
44143	102.9	102.1	103.7	102.2	102.0
39750	102.9	102.0	103.4	102.6	105.2
51931	102.5	102.5	101.1	103.7	103.0
38469	104.3	102.8	105.6	104.2	107.6
27245	104.4	102.8	105.8	103.6	103.3
36808	104.7	103.0	105.3	104.7	104.1
40838	103.9	102.9	104.2	104.4	104.3
48631	103.8	103.0	104.0	104.1	104.4
46030	103.8	103.1	104.2	103.7	102.8
40120	103.7	102.7	103.7	104.3	107.8
53933	105.1	102.6	105.2	106.0	104.4
33349	102.1	102.7	105.3	99.3	103.1

8-3 各县(市、区)固定资产投资、建筑业及规模以上工业主要指标(2020年)

县市区	工业增加值增速(%)	营业收入(亿元)	利润总额(亿元)	固定资产投资增速(%)	#房地产开发	建筑业总产值(亿元)
郑州市						
中原区	0.8	874.72	78.15	7.2	-0.7	546.15
二七区	4.7	229.30	10.62	7.1	9.1	364.46
管城区	1.0	1629.86	185.00	18.5	14.3	271.42
金水区	-2.7	95.33	5.59	-14.5	-19.3	942.74
上街区	3.2	162.24	4.22	10.5	4.1	35.03
惠济区	-1.3	157.83	4.42	2.8	-5.4	212.95
中牟县	16.7	3051.78	17.83	16.0	21.3	102.82
巩义市	7.2	1063.34	106.00	6.3	14.0	28.44
荥阳市	9.9	263.20	7.97	-4.3	50.8	102.57
新密市	9.0	236.63	7.11	14.0	5.3	48.73
新郑市	3.8	1198.29	94.70	-9.4	-7.8	55.01
登封市	8.0	217.61	9.02	16.6	61.6	10.16
开封市						
龙亭区	0.2	273.56	3.03	7.0	9.1	16.05
顺河区	3.4	47.86	1.38	6.8	-77.5	134.67
鼓楼区	19.7	30.34	0.32	12.1	-27.7	8.97
禹王台区	-3.2	117.92	3.90	12.2	-68.7	41.10
祥符区	3.4	159.14	9.99	11.9	-21.9	18.09
杞县	4.6	163.20	16.89	8.2	46.4	9.36
通许县	-3.7	112.86	11.69	8.2	-31.3	29.13
尉氏县	4.4	379.37	26.76	-6.7	-8.9	23.87
兰考县	5.3	232.34	19.52	6.3	10.5	118.89
洛阳市						
老城区	1.6	10.08	0.33	7.0	-20.3	36.52
西工区	5.0	269.30	11.00	7.3	31.6	96.52
瀍河区	5.2	252.32	1.55	4.3	0.8	1.32
涧西区	5.1	847.79	34.20	5.6	0.6	56.87
吉利区	5.4	504.69	-6.64	6.0	66.9	25.70
洛龙区	-1.6	525.02	51.08	7.9	37.0	206.61
孟津县	4.6	505.82	35.58	4.6	86.2	13.36
新安县	4.7	704.67	38.32	7.1	93.9	30.16
栾川县	5.6	330.57	24.36	4.4	-16.3	27.40
嵩县	4.3	55.33	5.92	6.7	146.3	6.84
汝阳县	4.6	60.44	5.70	6.3	19.2	7.88
宜阳县	3.6	151.57	17.57	6.6	86.0	9.95
洛宁县	3.9	171.88	18.55	5.9	57.1	9.09
伊川县	4.6	291.67	7.07	6.2	-5.7	4.62
偃师市	-1.3	333.74	24.17	0.4	18.5	12.63
平顶山市						
新华区	3.8	318.71	22.58	9.6	12.6	20.08
卫东区	6.6	392.76	-0.39	6.1	-29.6	57.31
石龙区	3.0	76.88	4.41	10.9		10.40
湛河区	0.0	182.01	4.01	15.9	53.7	58.73
宝丰县	7.1	313.53	15.68	8.6	45.9	5.22
叶县	2.8	280.67	7.57	-0.4	51.2	13.76
鲁山县	8.6	101.59	6.63	8.6	-28.5	13.66
郏县	6.1	166.51	10.76	8.6	-5.1	10.92
舞钢市	6.4	377.99	6.24	18.7	-13.3	4.42
汝州市	5.6	338.70	24.78	-6.4	5.7	15.91

8－3 续表 1

县市区	工业增加值增速（%）	营业收入（亿元）	利润总额（亿元）	固定资产投资增速（%）	#房地产开发	建筑业总产值（亿元）
安阳市						
文峰区	-5.2	99.85	1.21	10.3	-3.0	26.75
北关区	2.8	23.78	0.51	14.4	-11.6	114.24
殷都区	5.0	906.15	22.28	46.0	325.5	73.38
龙安区	3.1	269.04	6.55	32.5	26.9	8.76
安阳县	25.7	18.70	1.53	8.7	147.7	53.90
汤阴县	16.8	202.69	14.29	-6.5	-26.2	23.95
滑县	3.7	151.36	12.17	5.0	31.9	36.71
内黄县	-6.4	48.15	3.76	0.6	50.5	8.06
林州市	10.8	238.55	3.52	3.4	1.0	714.16
鹤壁市						
鹤山区	5.4	169.82	4.22	6.0		3.41
山城区	0.3	182.82	-2.71	5.8	-64.7	6.11
淇滨区	2.0	286.44	23.48	6.7	2.0	48.86
浚县	5.5	100.03	2.68	6.4	-11.7	14.73
淇县	6.6	238.71	13.83	6.2	-17.0	3.35
新乡市						
红旗区	7.1	548.93	41.14	9.5	4.0	57.20
卫滨区	3.7	78.11	-0.06	18.8	55.2	7.57
凤泉区	0.8	84.45	-0.04	20.7	-45.4	14.03
牧野区	0.0	192.78	4.43	6.2	9.2	122.72
新乡县	4.9	309.41	16.73	20.1	37.5	31.00
获嘉县	5.1	75.38	2.10	20.6	38.4	29.55
原阳县	13.3	177.43	6.02	11.0	13.3	13.53
延津县	3.8	91.59	6.22	20.9	-20.2	9.51
封丘县	5.1	47.61	2.71	-56.1	-15.9	150.26
长垣市	8.3	499.91	31.08	6.2	-27.3	331.68
卫辉市	4.9	131.65	6.93	20.4	4.9	19.63
辉县市	5.1	273.43	20.51	20.1	10.5	25.08
焦作市						
解放区	-0.3	78.44	2.26	-4.8	14.3	27.60
中站区	-19.7	311.74	33.24	4.9	116.6	11.69
马村区	1.3	229.83	12.36	7.2	4.1	9.54
山阳区	2.0	304.76	13.29	8.7	5.4	10.72
修武县	-22.6	215.79	2.64	-34.0	-16.8	3.67
博爱县	-81.8	103.58	6.54	-43.7	-9.7	3.56
武陟县	-63.3	192.50	7.94	-12.9	3.8	4.47
温县	-50.6	104.32	9.25	-28.1	-15.0	4.71
沁阳市	-50.0	245.40	14.18	-3.2	-2.5	6.24
孟州市	-32.4	311.71	14.22	-19.3	-20.6	3.75

8－3 续表 2

县市区	工业增加值增速（%）	营业收入（亿元）	利润总额（亿元）	固定资产投资增速（%）	#房地产开发	建筑业总产值（亿元）
濮阳市						
华龙区	4.6	571.34	－28.04	7.1	12.9	142.05
清丰县	6.9	43.05	1.90	7.4	22.8	13.82
南乐县	11.2	78.14	2.21	7.4	68.2	3.17
范县	－5.3	159.95	－3.38	7.7	14.9	4.88
台前县	7.1	79.99	2.38	7.9	－32.9	4.45
濮阳县	14.0	112.26	7.67	7.7	10.8	27.32
许昌市						
魏都区	4.2	502.63	24.40	－11.7	－6.4	81.87
建安区	5.0	487.53	33.25	8.1	－20.0	28.74
鄢陵县	9.0	74.75	6.81	22.7	2.4	26.22
襄城县	5.0	391.60	16.59	－5.3	0.2	16.04
禹州市	3.7	1285.21	72.46	1.8	36.0	8.49
长葛市	4.0	1722.18	102.04	11.4	－28.3	9.73
漯河市		1663.89	91.07	5.3	12.8	83.22
源汇区	3.8	163.53	7.55	10.2	37.5	14.76
郾城区	0.5	93.23	2.62	－6.8	－3.9	20.62
召陵区	－2.0	917.89	47.14	10.2	5.3	16.54
舞阳县	4.0	90.73	0.16	1.7	－4.1	4.90
临颍县	4.1	398.51	33.60	7.0	20.6	20.01
三门峡市						
湖滨区	1.9	112.71	3.88	6.4	－25.2	176.39
陕州区	5.1	575.16	20.23	6.9	－2.0	5.49
渑池县	5.0	143.11	3.96	0.4	－10.2	13.93
卢氏县	4.4	20.12	－0.21	8.3	95.3	12.88
义马市	5.1	146.86	18.38	5.2	1.7	9.09
灵宝市	4.9	356.83	21.77	7.4	－6.4	13.81
南阳市						
宛城区	1.7	157.36	0.59	－5.7	2.2	43.11
卧龙区	4.7	447.05	25.62	10.5	－30.1	89.47
南召县	2.9	66.11	7.78	10.9	－17.3	20.37
方城县	4.9	63.15	9.59	10.3	9.4	23.17
西峡县	6.0	401.53	17.16	11.6	22.4	15.42
镇平县	5.5	87.51	6.68	11.5	－2.0	9.33
内乡县	6.4	176.85	11.69	13.0	17.8	50.77
淅川县	5.3	114.37	7.40	12.6	22.8	52.30
社旗县	5.0	36.22	5.53	11.4	－11.8	22.07
唐河县	3.8	144.14	14.03	5.0	12.2	40.30
新野县	4.7	136.41	3.61	11.6	39.6	15.21
桐柏县	2.3	75.43	9.51	11.4	33.9	24.68
邓州市	2.1	196.67	23.75	－15.8	－14.9	52.68

8-3 续表 3

县市区	工业增加值增速（%）	营业收入（亿元）	利润总额（亿元）	固定资产投资增速（%）	#房地产开发	建筑业总产值（亿元）
商丘市						
梁园区	5.0	317.94	11.06	6.5	10.4	223.18
睢阳区	-2.3	269.88	8.60	6.3	-1.9	37.11
民权县	-43.9	283.00	14.80	1.8	-22.3	64.87
睢县	6.1	227.58	22.66	6.4	-33.2	24.84
宁陵县	4.2	233.89	13.68	6.4	32.9	25.06
柘城县	5.2	270.57	28.39	6.3	28.8	31.09
虞城县	-0.4	460.30	28.97	6.6	-1.0	19.90
夏邑县	1.7	461.04	38.93	6.3	44.9	53.60
永城市	5.7	708.67	35.11	6.3	-8.7	97.51
信阳市						
浉河区	1.7	94.98	3.51	1.4	-1.8	83.69
平桥区	5.4	624.61	18.24	9.9	-18.1	38.20
罗山县	3.6	154.53	16.29	9.1	8.5	75.32
光山县	4.9	67.57	4.78	9.1	5.0	49.41
新县	4.3	110.14	14.19	8.7	18.9	63.13
商城县	3.2	162.89	13.38	9.0	-16.7	67.99
固始县	5.3	251.48	19.85	3.7	6.5	62.21
潢川县	2.7	202.84	15.52	0.9	12.0	66.44
淮滨县	2.4	240.80	18.77	9.1	10.6	57.79
息县	2.3	46.57	4.91	9.9	16.5	45.81
周口市						
川汇区	-1.1	530.83	41.08	6.1	-7.1	104.36
淮阳区	4.6	245.40	30.52	8.1	-16.5	30.83
扶沟县	3.8	316.50	45.82	6.3	40.9	19.64
西华县	1.9	355.81	40.08	7.6	98.1	36.93
商水县	3.9	286.90	27.67	7.5	27.3	48.29
沈丘县	3.6	396.65	50.44	0.7	13.1	15.86
郸城县	4.1	316.90	27.82	7.4	34.6	54.49
太康县	4.3	505.53	38.73	3.7	21.2	112.30
鹿邑县	4.2	224.21	34.19	4.3	7.4	82.76
项城市	4.2	412.87	35.14	7.8	8.1	37.95
驻马店市						
驿城区	3.4	568.94	20.81	6.6	1.8	257.94
西平县	5.5	91.27	10.04	7.0	-1.0	77.76
上蔡县	5.2	106.72	9.92	6.7	-1.9	44.40
平舆县	5.5	169.38	23.67	6.9	14.6	104.18
正阳县	4.4	163.42	17.41	6.2	9.5	59.79
确山县	-2.9	98.71	17.37	6.6	1.3	163.28
泌阳县	4.7	145.73	16.49	6.5	13.4	62.00
汝南县	4.0	170.03	14.34	6.3	-8.2	24.40
遂平县	5.3	134.57	10.52	6.5	-2.3	48.82
新蔡县	5.2	129.40	8.18	6.0	4.9	65.81

8-4 各县(市、区)城乡居民收入和社会消费品零售总额(2020年)

县市区	居民人均可支配收入(元)	城镇居民人均可支配收入(元)	农村居民人均可支配收入(元)	社会消费品零售总额(亿元)
郑州市				
中原区	42749	44666	26459	443.99
二七区	43902	45946	27778	479.78
管城区	41498	43611	29880	1128.62
金水区	48506	50444	29720	1296.94
上街区	46964	49532	25296	38.11
惠济区	34868	37208	29004	219.78
中牟县	27493	33798	22332	330.58
巩义市	31630	36182	26605	279.05
荥阳市	30149	36544	23634	159.01
新密市	30306	36357	23623	188.08
新郑市	31068	36711	24819	358.21
登封市	28376	35480	21329	154.17
开封市				
龙亭区	29184	34358	17639	151.47
顺河区	29881	33122	16690	63.44
鼓楼区	33490	35397	17792	129.15
禹王台区	28139	32312	16869	53.68
祥符区	19418	27622	15274	81.16
杞县	19401	26143	16003	114.92
通许县	19967	27113	16506	88.20
尉氏县	20920	29578	16458	118.23
兰考县	19203	27749	13978	198.82
洛阳市				
老城区	37181	39440	17423	66.09
西工区	43633	46304	19940	290.07
瀍河区	38994	40887	19749	102.25
涧西区	40456	41248	23518	302.93
吉利区	36328	44963	18986	17.90
洛龙区	32679	40834	17902	281.59
孟津县	23931	33517	16073	94.85
新安县	27366	38613	18648	112.40
栾川县	23597	34949	14021	103.38
嵩县	19982	32570	13965	120.75
汝阳县	18736	30183	13048	102.47
宜阳县	19735	32206	13274	138.91
洛宁县	18795	31736	12940	76.83
伊川县	24146	34402	16977	149.07
偃师市	29069	34863	22257	146.06
平顶山市				
新华区	38350	38844	20179	132.41
卫东区	38602	38769	21215	157.52
石龙区	26131	29910	18068	5.09
湛河区	35152	38844	21058	83.11
宝丰县	24864	34769	18527	78.21
叶县	20879	33727	14427	88.13
鲁山县	18132	32153	11153	70.64
郏县	21000	32451	14064	75.05
舞钢市	27162	35244	16997	48.46
汝州市	24728	31428	19648	255.57

8－4 续表 1

县市区	居民人均可支配收入（元）	城镇居民人均可支配收入（元）	农村居民人均可支配收入（元）	社会消费品零售总额（亿元）
安阳市				
文峰区	35846	40414	21724	148.18
北关区	33102	36076	22323	92.94
殷都区	32469	39383	21674	85.17
龙安区	27507	34846	18979	45.59
安阳县	22986	31097	18898	61.66
汤阴县	22717	30129	16961	41.39
滑县	18208	28685	14005	168.64
内黄县	16920	24655	14227	58.38
林州市	28086	33570	22679	154.49
鹤壁市				
鹤山区	30012	31902	18194	17.41
山城区	32181	33905	19336	47.61
淇滨区	32786	38764	17760	88.19
浚县	22121	27546	19938	94.38
淇县	25657	31273	20031	39.33
新乡市				
红旗区	35362	36932	19552	161.74
卫滨区	36639	36639		122.74
凤泉区	25952	32719	17701	10.98
牧野区	36470	37800	21224	68.78
新乡县	27845	33717	21394	49.42
获嘉县	20912	25851	17429	64.86
原阳县	19039	27033	15276	74.83
延津县	21166	27591	17832	52.98
封丘县	18190	27510	13455	54.57
长垣市	26467	30611	23188	180.85
卫辉市	21643	27524	17603	31.95
辉县市	25220	33908	18679	92.82
焦作市				
解放区	37267	37267		101.07
中站区	26509	31274	19277	28.69
马村区	26091	30925	19258	23.90
山阳区	37181	37181		119.88
修武县	26045	33489	19582	55.33
博爱县	26373	33305	19611	76.58
武陟县	25752	33504	20475	120.31
温县	26217	33024	20599	87.46
沁阳市	28743	34116	21720	112.14
孟州市	27324	34046	21574	88.02

8－4 续表 2

县市区	居民人均可支配收入（元）	城镇居民人均可支配收入（元）	农村居民人均可支配收入（元）	社会消费品零售总额（亿元）
濮阳市				
华龙区	36028	37162	18080	298.28
清丰县	19372	27254	16915	62.47
南乐县	19128	27530	15829	58.35
范县	15676	24565	12160	68.84
台前县	14879	23614	11494	45.05
濮阳县	21273	30495	15693	124.00
许昌市				
魏都区	37065	37065		372.85
建安区	24820	32918	19773	126.14
鄢陵县	24692	32481	19845	102.49
襄城县	23226	30922	18558	107.25
禹州市	26967	35330	20422	309.69
长葛市	26721	33185	20118	200.99
漯河市				
源汇区	32020	38148	21936	173.27
郾城区	29087	36724	21286	164.99
召陵区	27151	34617	20602	105.26
舞阳县	17911	25944	12259	91.88
临颍县	23366	29499	18833	107.57
三门峡市				
湖滨区	32683	34124		115.88
陕州区	21836	31311	15191	55.65
渑池县	25721	34744	18855	57.59
卢氏县	17196	29184	11479	45.32
义马市	31976	31976		43.19
灵宝市	24726	33229	19302	165.67
南阳市				
宛城区	29602	38090	17995	245.44
卧龙区	29792	38385	17841	484.78
南召县	19175	29875	13439	90.39
方城县	20564	31510	15030	149.64
西峡县	26398	35617	18930	63.22
镇平县	21980	31684	16582	187.90
内乡县	21974	32355	16071	89.28
淅川县	21484	33728	14152	112.14
社旗县	18954	28611	13696	76.37
唐河县	21874	31833	16062	154.12
新野县	23495	32545	18452	91.55
桐柏县	20563	30774	13606	59.20
邓州市	23121	31816	17656	194.69

8－4 续表 3

县市区	居民人均可支配收入（元）	城镇居民人均可支配收入（元）	农村居民人均可支配收入（元）	社会消费品零售总额（亿元）
商丘市				
梁园区	24311	34233	13914	355.67
睢阳区	22098	33492	13747	223.57
民权县	18790	29979	13053	91.73
睢县	18917	30419	13059	101.53
宁陵县	17247	26594	12934	69.50
柘城县	18516	28667	13403	111.95
虞城县	19564	30929	13609	116.79
夏邑县	20447	32487	13589	118.04
永城市	24964	35088	16912	221.40
信阳市				
浉河区	27948	33319	18258	198.48
平桥区	25097	33078	16141	155.30
罗山县	20665	30039	14826	81.51
光山县	20489	29787	15144	99.57
新县	21631	29808	15097	57.16
商城县	20114	29799	14589	74.60
固始县	21337	29948	15981	202.82
潢川县	22958	30403	16372	114.14
淮滨县	19311	29171	13770	77.91
息县	19400	29667	13821	98.75
周口市				
川汇区	25469	30997	17293	231.28
淮阳区	17850	28058	12139	156.56
扶沟县	18214	26951	13230	88.00
西华县	17940	27617	12465	136.27
商水县	17596	27700	12514	99.87
沈丘县	18444	28293	12761	138.36
郸城县	18673	28468	13209	137.56
太康县	18074	27250	13259	235.29
鹿邑县	21044	29760	15234	234.59
项城市	21169	29631	14358	192.85
驻马店市				
驿城区	27284	34411	14108	274.82
西平县	19432	28118	14814	62.82
上蔡县	18635	29077	13509	109.37
平舆县	19943	29985	14091	70.59
正阳县	17270	26202	13536	71.03
确山县	19602	29057	13649	44.61
泌阳县	19773	29712	13983	87.71
汝南县	18205	26514	13980	60.23
遂平县	20476	29622	14555	70.33
新蔡县	18433	27552	14236	144.71

8－5 各县（市）农业生产条件（2020 年）

县 市	农用机械总动力（万千瓦）	农村用电量（万千瓦时）	化肥施用折纯量（吨）	农药使用量（吨）	农用塑料薄膜使用量（吨）
郑州市					
中牟县	67.61	35421.56	33305	829	2585
巩义市	50.37	321548.65	22985	132	104
荥阳市	42.11	32103.35	26817	534	555
新密市	94.98	48443.04	25509	258	652
新郑市	64.55	43134.58	29003	379	373
登封市	70.03	48745.53	23227	230	147
开封市					
杞县	162.01	22292.29	68425	933	3693
通许县	78.55	4922.51	35662	1015	2073
尉氏县	122.74	36098.06	48682	838	2311
兰考县	78.00	29225.55	69165	576	1705
洛阳市					
孟津县	45.81	22150.45	19202	369	373
新安县	50.26	7060.55	20837	479	550
栾川县	33.34	33842.17	5557	66	78
嵩县	60.81	13455.73	21205	367	248
汝阳县	48.59	19464.20	15860	398	460
宜阳县	66.53	22889.64	43537	798	791
洛宁县	40.50	8559.60	23278	404	548
伊川县	78.08	36013.36	24074	295	491
偃师市	92.10	32614.43	34618	377	161
平顶山市					
宝丰县	47.98	17651.06	47795	374	275
叶县	82.55	21961.40	89476	604	1008
鲁山县	42.00	30705.61	41707	420	360
郏县	41.77	13342.13	39537	552	590
舞钢市	29.03	5564.07	13709	533	259
汝州市	152.86	30594.92	92005	651	652
安阳市					
安阳县	59.51	22190.32	38533	810	32
汤阴县	58.05	21819.89	40560	497	186
滑县	203.45	60937.24	181461	1792	4815
内黄县	78.17	49641.20	77530	1383	13766
林州市	45.16	68597.94	31596	239	50
鹤壁市					
浚县	153.13	8573.81	43272	530	833
淇县	34.63	7352.16	6162	211	32

8－5 续表 1

县　市	农用机械总动力（万千瓦）	农村用电量（万千瓦时）	化肥施用折纯量（吨）	农药使用量（吨）	农用塑料薄膜使用量（吨）
新乡市					
新乡县	52.11	192385.35	27033	510	67
获嘉县	57.62	21065.30	34782	397	102
原阳县	138.23	38409.84	38701	692	699
延津县	103.97	26871.31	121353	856	156
封丘县	130.76	12869.43	73039	2281	240
长垣市	104.53	51472.38	64265	966	734
卫辉市	73.89	25954.90	44834	679	304
辉县市	86.84	262082.50	77901	897	358
焦作市					
修武县	25.03	8522.78	13148	303	38
博爱县	21.89	31791.32	26645	403	608
武陟县	65.06	21184.15	51443	1257	354
温县	41.05	31240.24	21889	374	168
沁阳市	40.34	33132.07	29030	667	244
孟州市	36.19	35663.36	25591	403	588
濮阳市					
清丰县	79.86	16617.43	61630	538	376
南乐县	72.26	35037.10	56932	619	3104
范县	52.05	22227.14	27900	391	441
台前县	29.27	10962.98	14199	136	225
濮阳县	129.84	18946.90	82327	1135	602
许昌市					
鄢陵县	82.38	6839.21	26786	850	954
襄城县	72.18	15228.67	39242	462	674
禹州市	88.58	29637.26	43884	398	810
长葛市	59.00	30370.22	36488	569	412
漯河市					
舞阳县	63.78	13700.60	36304	660	403
临颍县	91.91	22162.20	47346	747	1185
三门峡市					
渑池县	33.10	6179.68	17402	246	803
卢氏县	18.20	3197.11	13111	185	871
义马市	1.29	2017.79	983	20	79
灵宝市	39.78	12472.74	31643	1094	695
南阳市					
南召县	44.80	7541.87	12460	390	590
方城县	146.11	22594.54	59871	1296	3096
西峡县	16.63	26744.73	22323	291	1968

8－5 续表 2

县 市	农用机械总动力（万千瓦）	农村用电量（万千瓦时）	化肥施用折纯量（吨）	农药使用量（吨）	农用塑料薄膜使用量（吨）
镇平县	107.45	17571.81	41642	799	931
内乡县	82.43	25103.24	26750	421	776
淅川县	52.86	24270.61	40830	623	1123
社旗县	93.22	7265.93	64575	1318	1264
唐河县	249.90	32728.80	96231	2703	1769
新野县	143.01	20277.00	84382	2070	6678
桐柏县	87.95	7299.31	32614	336	660
邓州市	211.56	27640.29	165595	2545	3036
商丘市					
民权县	96.10	17601.60	41972	1213	2454
睢县	94.01	8484.55	52614	739	1111
宁陵县	65.21	22458.12	43079	1023	938
柘城县	86.87	35027.34	46830	518	336
虞城县	115.42	46558.46	135912	1639	1840
夏邑县	103.06	51185.02	95572	1417	2591
永城市	140.23	35693.43	163046	1587	1732
信阳市					
罗山县	83.61	10124.16	35761	633	792
光山县	51.23	38411.60	39600	622	429
新县	29.72	6075.80	10107	315	171
商城县	38.55	21237.16	18651	369	358
固始县	141.48	39517.59	121823	3864	4649
潢川县	63.41	20619.01	36463	340	1512
淮滨县	79.90	16677.37	49995	1288	2822
息县	122.88	19176.40	62686	1714	1138
周口市					
扶沟县	107.01	19455.43	65976	1633	3239
西华县	110.71	21281.09	116798	3514	1061
商水县	96.46	21637.37	88019	1033	2214
沈丘县	86.58	22862.43	101440	2582	2168
郸城县	115.99	33334.13	130763	2171	1702
太康县	176.91	19578.96	116369	2928	3622
鹿邑县	105.98	11356.44	98497	983	714
项城市	74.70	31973.67	43657	1343	1180
驻马店市					
西平县	123.65	40150.24	64400	288	1182
上蔡县	154.28	29434.04	99327	972	1026
平舆县	169.00	8710.05	53321	472	888
正阳县	234.39	7141.84	119625	306	1054
确山县	105.08	16929.67	64836	911	2423
泌阳县	151.48	9897.44	61946	354	2281
汝南县	151.73	10204.15	81192	771	1183
遂平县	113.33	8204.42	59348	489	481
新蔡县	145.25	16585.58	78012	2379	1117

8－6 各县(市)主要农作物播种面积(2020 年)

单位:千公顷

县 市	粮 食	#谷物	#小麦	#玉米	#豆类	棉 花	油 料
郑州市							
中牟县	29.89	28.10	11.86	16.24	0.47	0.36	9.50
巩义市	36.66	35.29	18.85	15.88	0.46	0.19	2.55
荥阳市	44.33	43.14	22.82	19.52	0.31		1.87
新密市	56.42	52.27	26.60	25.33	1.60	0.01	2.95
新郑市	43.27	41.53	21.84	19.45	0.80		5.57
登封市	51.22	48.43	24.23	24.08	0.70	0.09	2.81
开封市							
杞县	121.83	113.86	65.18	48.68	4.33	2.88	20.87
通许县	67.11	64.67	39.49	25.18	1.72	0.31	8.91
尉氏县	108.52	102.51	65.54	36.10	3.32	1.09	27.44
兰考县	100.85	96.90	59.33	37.41	1.57	0.95	16.78
洛阳市							
孟津县	51.71	46.40	26.48	17.89	3.62	0.32	2.17
新安县	46.95	42.09	21.43	19.92	2.30	0.08	3.68
栾川县	9.52	8.51	1.55	6.96	0.68	0.01	0.54
嵩县	47.60	37.31	19.72	17.37	5.62	0.29	4.56
汝阳县	43.41	38.54	19.85	18.04	1.55	0.21	4.45
宜阳县	89.13	77.50	41.73	31.17	5.63	1.05	18.13
洛宁县	61.96	52.04	29.79	19.92	6.07	0.05	2.92
伊川县	78.97	70.18	38.73	25.22	2.14	0.47	3.73
偃师市	40.69	38.99	21.21	17.35	1.13	0.09	1.00
平顶山市							
宝丰县	52.15	51.68	26.68	25.00	0.17	0.01	5.16
叶县	123.01	116.07	59.34	56.71	4.90	0.08	14.75
鲁山县	62.67	59.96	30.55	28.94	0.83	0.00	8.23
郏县	62.81	50.95	30.97	19.98	5.49	0.12	6.36
舞钢市	32.14	30.17	16.28	13.89	1.56		1.79
汝州市	94.95	92.01	48.07	43.87	1.14	0.23	6.72
安阳市							
安阳县	63.37	62.71	30.47	32.24	0.22	0.15	0.12
汤阴县	73.02	71.28	35.93	35.10	0.90	0.08	2.02
滑县	206.61	205.30	120.73	84.49	0.50	0.14	25.11
内黄县	94.94	93.23	59.75	33.48	0.44	0.12	19.27
林州市	56.79	49.56	16.93	29.48	1.84	0.51	3.97
鹤壁市							
浚县	100.49	100.23	55.56	44.67	0.03	0.10	13.11
淇县	41.14	40.70	20.42	20.15	0.01	0.04	0.38

8－6 续表 1

单位:千公顷

县 市	粮 食	#谷物	#小麦	#玉米	#豆类	棉 花	油 料
新乡市							
新乡县	39.09	36.89	20.11	16.72	2.08	0.04	2.63
获嘉县	56.57	53.30	26.98	21.73	3.23	0.03	0.08
原阳县	108.12	107.22	53.56	47.72	0.58	0.12	9.88
延津县	81.57	79.35	55.39	23.96	0.16		32.71
封丘县	116.02	111.95	67.27	44.64	1.12	0.38	14.06
长垣市	107.38	104.12	56.63	46.70	2.86	0.30	9.29
卫辉市	66.28	65.88	31.97	33.59	0.07	0.01	3.05
辉县市	93.45	91.99	46.61	45.10	0.75		7.13
焦作市							
修武县	29.70	28.83	14.82	13.84	0.75	0.07	0.26
博爱县	27.66	26.74	13.50	13.19	0.70		0.57
武陟县	72.05	70.01	38.93	30.38	1.44	0.02	9.59
温县	39.92	39.31	22.15	17.16	0.12	0.04	3.81
沁阳市	45.04	43.78	22.80	20.95	1.00	0.01	1.70
孟州市	36.59	36.23	21.41	14.75	0.09	0.07	8.62
濮阳市							
清丰县	83.53	80.57	49.42	31.14	0.24	0.00	10.67
南乐县	68.16	66.65	35.92	30.71	0.91	0.01	2.21
范县	62.25	56.31	29.27	14.56	5.77	0.11	0.63
台前县	38.26	32.22	18.83	13.39	5.87	0.07	0.55
濮阳县	153.38	142.70	83.84	53.68	10.07	0.51	4.61
许昌市							
鄢陵县	77.00	70.68	42.69	27.99	5.82	0.08	2.29
襄城县	90.64	62.19	45.09	16.02	13.85	0.24	3.82
禹州市	97.82	89.65	47.86	41.32	3.22	0.08	5.02
长葛市	80.79	73.27	40.21	32.64	7.18		2.73
漯河市							
舞阳县	80.75	72.53	42.16	30.37	6.83	0.05	10.34
临颍县	76.88	58.90	41.80	17.10	14.70	0.10	1.25
三门峡市							
渑池县	43.67	33.21	21.29	10.99	7.34	0.01	6.04
卢氏县	31.16	25.29	13.31	11.89	4.97		0.33
义马市	2.51	2.16	1.02	1.13	0.10		0.20
灵宝市	54.76	47.25	24.52	22.66	5.71	0.78	3.37
南阳市							
南召县	28.81	25.92	8.37	10.33	1.54		10.85
方城县	161.32	152.17	82.52	69.62	4.84	0.06	54.01
西峡县	24.86	22.42	10.88	11.53	1.16		2.88

8-6 续表 2

单位:千公顷

县　市	粮 食	#谷物	#小麦	#玉米	#豆类	棉 花	油 料
镇平县	99.26	95.90	52.68	42.93	1.56		23.07
内乡县	73.13	70.40	34.91	35.49	0.32	0.07	19.81
淅川县	64.56	56.68	34.92	21.18	3.36	0.39	40.26
社旗县	126.04	118.05	64.25	53.79	5.22	0.15	26.47
唐河县	229.28	213.18	142.22	61.95	6.80	0.02	59.51
新野县	81.33	78.09	53.57	23.60	2.25		33.01
桐柏县	46.45	44.34	15.80	11.45	1.47		19.79
邓州市	217.55	209.26	138.64	60.44	5.82	0.26	63.68
商丘市							
民权县	108.06	105.66	68.04	37.62	1.09	0.14	20.62
睢县	102.43	98.75	57.41	41.34	2.26	0.13	12.21
宁陵县	76.73	73.20	48.20	25.00	1.74	0.02	23.04
柘城县	118.28	116.08	66.26	49.82	1.65	0.21	2.19
虞城县	147.22	143.09	77.17	65.72	2.00	0.25	7.81
夏邑县	159.46	155.78	82.03	73.08	2.42	0.31	4.53
永城市	210.95	171.20	112.64	58.55	38.40	0.11	2.45
信阳市							
罗山县	95.54	94.46	28.40	0.07	0.52	0.03	18.24
光山县	66.89	64.89	10.00	0.59	1.06	0.31	39.50
新县	14.35	13.94	1.27	0.27	0.04	0.02	14.84
商城县	37.09	34.69	0.88	1.09	1.21	0.18	10.85
固始县	152.20	151.75	36.00	3.36	0.16	0.06	24.35
潢川县	98.74	98.44	37.33	0.20	0.15		11.55
淮滨县	101.32	98.57	56.00	2.35	0.94		18.26
息县	175.59	171.86	105.97	10.38	1.76	0.15	15.44
周口市							
扶沟县	105.01	91.48	65.15	26.17	13.07	0.39	14.14
西华县	134.12	122.64	74.44	48.19	10.42		8.24
商水县	162.08	153.19	80.09	73.05	7.12	0.00	12.72
沈丘县	137.34	126.38	73.27	53.12	6.80		9.99
郸城县	177.83	166.24	89.20	77.04	6.64	0.19	12.31
太康县	200.32	188.39	110.24	78.15	9.38	1.22	8.16
鹿邑县	143.18	132.07	72.91	59.16	9.75	0.02	5.60
项城市	139.01	121.35	75.88	45.47	14.98	0.33	10.47
驻马店市							
西平县	141.77	141.17	72.30	68.88	0.48		8.98
上蔡县	169.24	161.18	98.69	62.32	7.07	0.03	26.82
平舆县	132.35	125.39	80.90	44.49	4.87		27.00
正阳县	158.81	154.93	130.65	4.02	2.12		107.52
确山县	97.68	92.72	56.52	31.60	1.82		40.68
泌阳县	125.31	120.02	75.05	42.71	1.07		51.45
汝南县	127.86	123.20	86.82	36.38	3.31		49.54
遂平县	102.48	100.06	54.29	45.77	1.27	0.01	12.23
新蔡县	152.76	147.21	86.21	60.19	1.99		28.80

8－7 各县(市)主要农作物产量(2020年)

县市	粮食产量（万吨）	#谷物	#小麦	#玉米	#豆类	棉花产量（吨）	油料产量（吨）	园林水果产量（吨）
郑州市								
中牟县	19.24	18.01	7.62	10.39	0.13	311	47068	21218
巩义市	15.39	14.86	8.08	6.56	0.08	207	5662	31958
荥阳市	27.54	26.90	14.37	12.28	0.05		5550	87068
新密市	22.14	20.38	11.35	8.89	0.23	5	7837	19920
新郑市	25.61	24.80	12.99	11.73	0.21		19481	74630
登封市	20.24	17.89	8.38	9.46	0.13	86	6240	20416
开封市								
杞县	73.39	70.23	42.96	27.27	1.02	3910	113683	23585
通许县	41.55	40.88	26.28	14.60	0.19	392	41403	113864
尉氏县	65.72	63.34	42.35	20.50	0.60	1459	126197	81697
兰考县	58.19	55.78	35.72	19.88	0.48	1819	79623	139493
洛阳市								
孟津县	26.13	24.72	14.43	9.41	0.62	328	7933	84972
新安县	24.51	21.87	11.17	10.47	0.57	142	9839	59031
栾川县	4.51	4.21	0.68	3.53	0.15	7	1013	8906
嵩县	19.65	16.61	8.80	7.72	0.97	365	14638	65873
汝阳县	20.17	18.00	8.55	9.08	0.51	226	14123	12013
宜阳县	43.90	39.95	19.45	18.34	1.31	1876	66794	173430
洛宁县	29.24	24.40	13.99	9.63	1.45	75	7573	385476
伊川县	41.40	37.55	22.58	12.20	0.40	488	9010	11776
偃师市	26.16	25.54	13.70	11.71	0.30	135	3156	73822
平顶山市								
宝丰县	29.00	28.79	15.76	13.03	0.04	13	16286	10305
叶县	71.78	69.23	35.68	33.53	1.31	154	62273	57935
鲁山县	24.45	23.19	12.12	10.78	0.18	1	22059	116584
郏县	36.76	31.27	18.64	12.63	1.43	147	24209	13181
舞钢市	17.95	17.37	9.45	7.92	0.37		6146	11878
汝州市	46.89	45.52	25.09	20.41	0.33	276	21656	48244
安阳市								
安阳县	44.61	44.21	22.61	21.60	0.08	168	578	4318
汤阴县	49.96	49.29	25.64	23.57	0.26	117	8195	28636
滑县	162.48	161.61	94.17	67.40	0.17	188	120195	159286
内黄县	66.14	64.94	42.57	22.37	0.12	176	90905	245392
林州市	24.58	21.41	7.95	12.71	0.35	644	5704	18027
鹤壁市								
浚县	79.28	79.10	43.92	35.18	0.01	200	54991	52193
淇县	30.60	30.40	15.62	14.72	0.00	61	1621	9519

8－7 续表 1

县 市	粮食产量（万吨）	#谷物	#小麦	#玉米	#豆类	棉花产量（吨）	油料产量（吨）	园林水果产量（吨）
新乡市								
新乡县	28.12	27.35	15.14	12.17	0.67	33	11492	5401
获嘉县	39.55	38.43	19.73	15.15	1.11	26	297	13622
原阳县	70.62	70.25	37.00	29.47	0.18	115	46163	28423
延津县	54.28	52.74	39.53	13.21	0.06		153058	24736
封丘县	77.15	74.24	49.72	24.49	0.34	454	58340	34936
长垣市	79.25	78.07	44.15	33.45	0.75	389	38333	19184
卫辉市	42.84	42.67	22.68	19.88	0.02	23	12618	78380
辉县市	61.89	61.32	32.83	28.43	0.26		25827	54189
焦作市								
修武县	22.25	21.89	11.39	10.41	0.25	77	953	8369
博爱县	21.05	20.74	10.73	9.99	0.24		892	12546
武陟县	56.19	55.21	31.16	24.05	0.48	26	55601	41151
温县	32.31	31.84	18.22	13.62	0.04	45	20884	25481
沁阳市	34.63	34.02	18.00	16.01	0.36	13	6671	30969
孟州市	28.27	28.05	17.05	10.96	0.03	86	45301	25134
濮阳市								
清丰县	61.85	59.79	38.14	21.65	0.08	2	44571	16410
南乐县	51.57	50.75	28.71	22.02	0.33	15	11395	145407
范县	41.62	39.87	20.35	10.38	1.66	131	2760	5872
台前县	23.37	21.52	13.35	8.16	1.74	61	1455	14908
濮阳县	104.01	100.25	59.48	36.02	3.20	726	18462	60679
许昌市								
鄢陵县	56.70	54.67	33.56	21.11	1.74	80	9211	6980
襄城县	59.90	46.91	34.07	12.23	3.98	240	13151	20806
禹州市	60.03	56.56	30.22	26.17	0.70	66	13373	21880
长葛市	58.56	55.95	31.53	24.14	2.36		9619	6294
漯河市								
舞阳县	58.02	55.51	31.57	23.94	1.64	42	47014	19373
临颍县	52.22	45.90	32.05	13.85	4.08	106	4645	6806
三门峡市								
渑池县	19.86	15.91	10.18	5.45	1.72	8	18215	209708
卢氏县	13.73	11.93	6.08	5.82	1.23		969	92111
义马市	1.16	1.03	0.48	0.55	0.02		556	926
灵宝市	24.96	22.97	12.09	10.87	0.86	793	8456	1694550
南阳市								
南召县	15.38	13.56	3.60	4.24	0.38		58883	14574
方城县	74.46	70.97	39.80	31.15	0.95	57	257008	122323
西峡县	10.52	9.49	3.65	5.83	0.15		9155	632327

8-7 续表 2

县 市	粮食产量（万吨）	#谷物	#小麦	#玉米	#豆类	棉花产量（吨）	油料产量（吨）	园林水果产量（吨）
镇平县	53.65	52.18	28.51	23.53	0.31		84961	10872
内乡县	39.98	37.94	19.99	17.95	0.03	68	87439	89061
淅川县	29.87	24.44	16.23	7.92	0.46	592	119968	73165
社旗县	66.25	62.75	30.68	32.08	1.41	203	141762	19688
唐河县	135.75	127.95	96.75	26.84	0.91	44	245874	72048
新野县	53.90	52.49	37.21	14.81	0.55		176960	26296
桐柏县	25.13	24.68	6.75	4.58	0.09		71328	18759
邓州市	125.25	122.20	83.29	33.55	1.39	261	298314	46850
商丘市								
民权县	74.45	73.04	49.65	23.38	0.30	193	109955	186522
睢县	69.81	68.46	42.08	26.38	0.73	141	64286	33796
宁陵县	52.92	51.17	35.45	15.72	0.53	13	115460	299797
柘城县	82.56	81.57	49.81	31.76	0.51	339	8533	19241
虞城县	101.64	99.35	57.50	41.70	0.63	376	37946	577652
夏邑县	109.42	108.13	61.64	45.98	0.71	418	22156	310032
永城市	136.91	127.45	84.98	42.47	8.40	205	9414	311393
信阳市								
罗山县	71.87	71.52	11.84	0.04	0.05	33	51528	7702
光山县	54.51	53.67	4.16	0.39	0.29	343	111779	49564
新县	11.40	11.17	0.42	0.18	0.00	22	39796	4078
商城县	28.96	28.24	0.35	0.56	0.11	205	31848	7797
固始县	112.71	112.51	16.52	1.58	0.03	60	98647	20122
潢川县	69.92	69.82	16.02	0.12	0.04		32839	4721
淮滨县	58.60	57.46	28.48	1.31	0.08		66312	37196
息县	104.83	103.23	56.59	6.15	0.38	163	50178	20598
周口市								
扶沟县	70.16	67.57	48.68	18.77	2.35	452	70505	26184
西华县	89.31	86.60	55.62	30.98	2.05		43892	181503
商水县	114.00	110.91	60.12	50.77	1.73	2	29781	51617
沈丘县	94.42	89.75	55.07	34.69	2.27		45293	132463
郸城县	120.00	115.86	66.97	48.90	1.33	258	59838	16903
太康县	138.22	134.40	82.39	52.01	2.12	2366	45719	44127
鹿邑县	98.81	94.99	54.46	40.53	2.80	33	19512	12851
项城市	91.89	87.28	56.70	30.58	2.71	603	22426	46601
驻马店市								
西平县	98.06	97.90	50.97	46.93	0.08		51097	26970
上蔡县	111.29	109.00	69.98	38.93	1.64	40	95917	10098
平舆县	87.68	85.45	57.07	28.38	1.05		66419	6519
正阳县	93.44	92.04	74.07	2.47	0.41		482352	16266
确山县	57.30	54.55	33.59	17.61	0.42		194222	8917
泌阳县	71.24	68.29	42.64	24.24	0.24		219250	58900
汝南县	83.96	82.28	59.94	22.34	0.72		248182	9182
遂平县	65.08	63.95	37.22	26.73	0.35	13	51494	26777
新蔡县	94.27	92.14	57.22	34.44	0.50		110611	21843

8－8　各县(市)畜牧业生产情况(2020 年)

县 市	猪出栏头数（万头）	牛出栏头数（万头）	羊出栏只数（万只）	猪肉产量（万吨）	禽蛋产量（万吨）	猪年末头数（万头）	牛年末头数（万头）	羊年末只数（万只）
郑州市								
中牟县	1.46	0.19	1.49	0.11	0.19	1.64	1.22	2.84
巩义市	18.89	0.44	3.55	1.45	1.17	17.65	0.39	3.92
荥阳市	8.53	0.86	3.98	0.64	2.40	6.40	1.20	2.87
新密市	14.56	0.35	5.02	1.08	2.66	12.97	0.32	4.87
新郑市	12.62	0.48	5.55	0.94	2.46	14.79	0.53	4.26
登封市	18.31	1.12	6.10	1.38	2.55	17.50	0.96	8.70
开封市								
杞县	85.28	5.66	37.15	6.44	10.35	76.67	7.97	40.69
通许县	51.20	0.72	26.24	3.86	2.73	52.23	2.36	27.84
尉氏县	68.85	4.78	49.25	5.23	8.13	61.55	13.72	49.35
兰考县	22.59	1.79	42.37	1.52	9.63	12.47	3.33	33.31
洛阳市								
孟津县	10.08	0.95	3.96	0.80	0.82	11.50	2.94	6.05
新安县	15.00	1.50	10.84	1.18	1.23	14.88	1.86	9.08
栾川县	3.88	0.22	0.92	0.30	0.80	4.95	0.62	1.68
嵩县	19.98	4.43	11.07	1.55	2.03	12.28	5.92	10.86
汝阳县	14.43	1.86	8.81	1.13	1.81	11.98	1.95	10.25
宜阳县	23.07	1.31	19.39	1.77	1.44	17.45	3.46	16.75
洛宁县	12.20	3.96	19.46	0.97	1.70	6.21	8.76	12.08
伊川县	22.65	1.65	5.02	1.80	3.80	21.85	2.32	8.96
偃师市	9.61	0.35	0.86	0.75	1.10	13.63	1.16	2.32
平顶山市								
宝丰县	33.98	0.72	7.85	2.51	1.03	28.40	2.42	8.36
叶县	73.48	4.10	72.54	5.58	4.58	72.34	2.94	43.11
鲁山县	20.98	1.71	18.27	1.55	2.92	16.39	2.55	16.05
郏县	19.99	3.20	18.28	1.49	1.47	9.63	4.34	12.07
舞钢市	21.42	0.32	8.37	1.60	1.16	16.48	0.59	10.22
汝州市	60.48	3.77	21.61	4.60	6.12	62.85	5.77	39.70
安阳市								
安阳县	10.91	0.10	2.03	0.85	0.94	6.98	0.14	2.58
汤阴县	26.16	0.65	8.80	2.03	3.66	14.40	0.63	5.87
滑县	32.30	0.90	23.80	2.53	5.70	60.00	2.10	15.70
内黄县	39.88	0.64	30.53	3.25	6.79	28.46	0.85	18.79
林州市	27.10	0.17	5.20	2.06	1.30	20.47	0.43	6.80
鹤壁市								
浚县	45.09	0.85	18.13	3.43	4.56	37.31	1.06	21.01
淇县	34.18	0.12	2.34	2.61	3.76	33.20	0.72	5.83

8－8 续表 1

县 市	猪出栏头数（万头）	牛出栏头数（万头）	羊出栏只数（万只）	猪肉产量（万吨）	禽蛋产量（万吨）	猪年末头数（万头）	牛年末头数（万头）	羊年末只数（万只）
新乡市								
新乡县	16.09	0.49	3.49	1.15	2.12	13.08	1.35	3.22
获嘉县	21.57	0.44	5.40	1.54	1.60	20.58	0.80	4.07
原阳县	34.82	1.19	12.80	2.49	5.50	33.58	3.60	10.06
延津县	21.40	0.69	8.77	1.53	2.01	18.07	1.65	5.53
封丘县	51.16	1.61	17.70	3.90	4.45	52.16	1.88	11.56
长垣市	24.92	0.55	7.74	1.97	3.56	18.76	0.75	4.29
卫辉市	32.14	0.90	11.05	2.44	4.16	29.58	1.52	7.91
辉县市	43.02	1.83	19.91	3.26	3.68	39.59	4.16	16.68
焦作市								
修武县	19.39	0.97	2.17	1.47	1.59	10.98	0.81	2.70
博爱县	8.67	0.52	2.09	0.66	1.59	7.44	1.35	2.80
武陟县	25.08	1.84	11.88	1.92	4.45	19.98	1.27	7.99
温县	10.06	0.49	3.57	0.71	2.14	9.35	0.59	3.66
沁阳市	11.26	0.86	4.30	0.85	1.06	9.31	0.86	4.16
孟州市	10.94	0.83	4.05	0.84	1.68	17.80	1.21	4.99
濮阳市								
清丰县	22.35	0.14	10.23	1.70	5.55	14.18	0.17	7.06
南乐县	19.60	0.18	10.67	1.46	10.13	11.08	0.43	7.25
范县	18.67	0.93	25.76	1.51	3.61	16.49	1.02	11.38
台前县	4.89	0.69	2.85	0.37	1.64	6.39	0.88	3.49
濮阳县	25.21	2.09	65.12	2.03	4.67	40.96	1.92	34.10
许昌市								
鄢陵县	48.31	0.28	9.56	3.68	1.82	47.85	0.21	5.56
襄城县	40.03	3.16	22.51	3.04	3.55	41.96	5.69	21.64
禹州市	49.94	1.77	25.74	3.79	1.28	45.11	1.26	16.77
长葛市	50.52	1.23	18.15	3.83	6.83	42.68	1.46	12.90
漯河市								
舞阳县	51.56	0.57	7.33	3.91	2.40	40.08	0.64	9.10
临颍县	57.96	0.83	6.82	4.41	4.92	45.33	1.02	5.93
三门峡市								
渑池县	21.78	2.70	16.13	1.65	1.46	19.75	6.02	13.59
卢氏县	6.48	1.22	4.57	0.49	1.15	4.01	3.94	5.15
义马市	6.12	0.09	0.76	0.47	0.07	5.39	0.08	0.63
灵宝市	23.24	1.86	10.09	1.76	1.45	26.20	3.93	13.01
南阳市								
南召县	9.24	0.65	16.67	0.70	1.81	9.04	1.65	12.81
方城县	63.51	3.64	27.60	4.58	2.93	55.16	4.59	30.55
西峡县	10.84	1.37	25.22	0.81	1.08	7.23	2.56	15.31

8-8 续表 2

县市	猪出栏头数（万头）	牛出栏头数（万头）	羊出栏只数（万只）	猪肉产量（万吨）	禽蛋产量（万吨）	猪年末头数（万头）	牛年末头数（万头）	羊年末只数（万只）
镇平县	15.39	0.97	17.69	1.15	3.33	14.41	2.93	19.08
内乡县	88.94	4.53	61.13	6.77	2.41	78.83	6.47	39.68
淅川县	10.70	1.56	21.51	0.79	1.19	10.05	3.73	13.60
社旗县	49.30	5.35	18.20	3.74	2.13	49.27	7.92	22.76
唐河县	78.95	12.31	39.81	5.98	6.01	79.57	17.03	39.09
新野县	19.40	6.79	23.80	1.44	3.21	16.66	10.89	19.55
桐柏县	12.01	1.80	13.35	0.89	1.48	6.60	3.11	10.37
邓州市	88.63	10.39	65.18	6.74	7.09	94.50	17.13	46.39
商丘市								
民权县	32.81	4.80	61.82	2.47	5.10	20.82	6.09	56.26
睢县	32.31	1.30	24.19	2.45	6.43	27.05	1.32	14.59
宁陵县	67.51	1.17	27.66	4.97	3.09	53.05	1.99	17.11
柘城县	31.55	3.89	48.61	2.40	5.18	29.25	3.98	38.93
虞城县	22.09	5.50	45.77	1.60	7.66	16.63	14.90	31.04
夏邑县	48.47	2.48	34.05	3.67	6.84	44.21	3.85	44.64
永城市	42.42	2.17	78.52	3.27	12.50	36.66	2.31	50.02
信阳市								
罗山县	30.82	0.29	3.77	2.30	2.44	33.30	0.95	4.40
光山县	4.98	0.45	2.88	0.38	2.02	10.80	1.26	3.80
新县	1.70	0.94	2.55	0.13	0.88	4.50	1.34	4.34
商城县	6.89	0.30	4.27	0.50	1.62	11.12	0.55	4.58
固始县	53.07	1.66	39.00	4.03	12.30	42.39	1.23	31.03
潢川县	40.90	0.88	5.21	3.10	6.99	35.08	1.33	3.73
淮滨县	8.96	1.28	13.31	0.66	3.88	13.73	1.90	10.23
息县	48.36	1.76	6.86	3.66	7.85	41.29	3.41	7.80
周口市								
扶沟县	57.85	0.78	9.46	4.05	3.87	46.95	1.92	13.56
西华县	76.08	2.16	26.84	5.76	4.21	64.38	3.55	29.10
商水县	63.11	1.21	35.03	4.79	6.65	70.76	1.44	18.09
沈丘县	52.81	3.46	58.72	4.01	5.60	44.56	5.90	64.55
郸城县	46.22	1.97	32.68	3.26	6.43	39.31	3.20	32.73
太康县	84.69	1.82	58.00	6.43	6.66	89.04	4.23	39.91
鹿邑县	60.37	1.02	29.96	4.60	6.17	53.86	0.92	17.01
项城市	43.53	1.59	22.09	2.94	3.49	38.49	3.97	26.61
驻马店市								
西平县	84.68	1.06	20.07	6.46	5.90	79.52	1.26	15.24
上蔡县	70.79	2.57	19.39	5.42	4.83	74.62	3.09	15.73
平舆县	53.81	1.45	25.92	4.10	2.94	55.86	2.97	20.14
正阳县	103.39	1.15	5.06	7.91	3.06	89.47	3.98	3.96
确山县	60.58	5.52	39.47	4.63	2.77	49.16	9.69	36.24
泌阳县	88.58	26.49	29.42	6.09	3.03	63.70	39.96	32.56
汝南县	65.22	3.43	38.34	4.97	3.15	57.24	4.10	24.12
遂平县	63.21	1.59	13.57	4.83	4.58	55.45	1.72	10.58
新蔡县	68.00	3.95	32.32	5.18	3.82	60.94	4.16	21.90

8－9　各县（市、区）财政、金融主要指标（2020年）

单位：亿元

县市区	一般公共预算收入	一般公共预算支出	#教育	#农林水事务	金融机构存款余额	金融机构贷款余额
郑州市						
中原区	54.42	44.38	10.51	0.33		
二七区	55.21	48.30	10.85	0.88		
管城区	53.96	44.29	8.49	0.42		
金水区	122.08	81.49	20.27	0.97		
上街区	15.00	22.45	3.12	0.22	183.41	120.04
惠济区	34.71	27.75	6.06	1.30		
中牟县	61.01	90.47	17.48	7.76	649.17	505.91
巩义市	51.60	91.41	14.08	6.16	531.94	321.09
荥阳市	52.68	77.98	10.98	6.40	431.66	323.58
新密市	38.76	72.74	13.11	8.02	515.20	286.03
新郑市	82.61	123.05	18.38	10.83	737.55	649.80
登封市	31.57	61.89	11.33	9.08	397.68	242.37
开封市						
龙亭区	1.84	5.56	0.75	0.25		
顺河区	1.65	7.70	1.43	0.38		
鼓楼区	2.12	6.09	0.89	0.17		
禹王台区	2.20	6.24	0.97	0.31		
祥符区	11.58	48.50	8.33	8.50	221.67	139.22
杞县	18.56	58.20	11.56	6.33	265.47	128.22
通许县	10.76	34.57	4.75	4.98	196.96	107.12
尉氏县	26.74	68.60	10.77	9.87	302.85	170.35
兰考县	26.22	82.48	13.15	17.94	307.36	244.64
洛阳市						
老城区	8.31	14.17	1.42	0.22		
西工区	19.50	23.68	3.50	0.18		
瀍河区	7.25	13.19	2.37	0.13		
涧西区	30.94	36.42	6.43	0.20		
吉利区	10.34	11.28	1.27	1.25		
洛龙区	21.87	35.16	4.90	1.29		
孟津县	19.52	36.69	6.59	5.34	216.61	120.97
新安县	28.14	44.04	8.16	5.33	252.32	181.17
栾川县	23.14	33.14	7.40	6.51	221.69	125.12
嵩县	10.00	44.49	8.51	10.39	193.02	91.37
汝阳县	12.97	37.69	8.15	7.33	157.20	91.34
宜阳县	14.51	43.74	9.45	5.47	220.24	166.69
洛宁县	13.01	35.31	6.90	7.76	158.62	77.04
伊川县	19.86	45.18	11.33	5.09	259.07	731.02
偃师市	25.27	43.16	9.83	5.32	395.72	199.12
平顶山市						
新华区	6.53	12.54	2.55	0.29		
卫东区	4.65	11.62	1.96	0.38		
石龙区	4.64	7.36	1.04	0.68		
湛河区	7.19	13.26	2.65	1.03		
宝丰县	16.20	35.83	5.35	5.45	237.17	188.60
叶县	9.25	48.41	8.69	10.72	267.53	123.17
鲁山县	9.15	49.58	10.49	11.87	305.12	106.12
郏县	10.41	32.53	5.85	5.27	203.70	114.03
舞钢市	13.16	26.47	4.06	4.06	204.75	138.87
汝州市	35.27	78.02	17.08	8.14	378.77	283.65

8-9 续表1

单位:亿元

县市区	一般公共预算收入	一般公共预算支出	#教育	#农林水事务	金融机构存款余额	金融机构贷款余额
安阳市						
文峰区	8.21	15.60	2.86	0.26		
北关区	9.14	14.24	2.85	0.46		
殷都区	20.83	29.89	5.51	3.26		
龙安区	8.43	14.78	3.02	2.17		
安阳县	5.77	28.53	5.50	4.15	434.17	226.43
汤阴县	17.33	39.76	8.23	6.78	199.82	121.18
滑县	14.68	74.03	15.72	11.38	466.96	220.53
内黄县	10.84	43.47	8.94	7.93	232.69	109.60
林州市	33.32	70.02	12.92	6.33	656.27	297.55
鹤壁市						
鹤山区	3.84	11.24	1.33	1.41		
山城区	8.17	20.47	2.94	1.06		
淇滨区	12.19	22.60	3.48	2.14		
浚县	6.64	33.53	5.74	5.20	218.60	140.55
淇县	10.98	24.51	3.44	3.83	124.96	136.88
新乡市						
红旗区	10.02	15.01	3.02	0.38		
卫滨区	3.01	7.82	1.14	0.23		
凤泉区	4.16	8.00	1.27	0.61		
牧野区	6.00	11.48	1.86	0.34		
新乡县	10.74	22.88	4.10	2.71	227.11	147.81
获嘉县	7.51	25.00	5.36	3.23	163.65	68.36
原阳县	11.47	40.88	6.16	7.11	212.46	148.73
延津县	6.15	27.56	5.25	4.06	157.90	66.19
封丘县	7.59	43.82	9.13	8.23	258.28	71.41
长垣市	34.08	70.71	14.14	9.17	634.52	292.62
卫辉市	12.39	32.92	6.41	4.07	208.14	108.91
辉县市	23.58	46.92	9.29	8.03	433.73	234.40
焦作市						
解放区	13.67	17.93	2.61	0.35		
中站区	8.86	12.40	1.78	0.48		
马村区	6.53	9.05	1.55	0.82		
山阳区	15.25	15.42	1.90	0.19		
修武县	13.85	22.15	3.44	2.39	133.82	95.72
博爱县	10.02	25.91	3.98	2.52	174.54	103.48
武陟县	15.87	38.02	6.90	4.65	265.67	165.30
温县	9.60	25.03	3.92	2.88	190.02	102.40
沁阳市	18.21	35.55	5.32	3.37	220.41	154.16
孟州市	16.36	29.26	4.30	4.03	174.38	118.00

8－9　续表 2

单位:亿元

县市区	一般公共预算收入	一般公共预算支出	#教育	#农林水事务	金融机构存款余额	金融机构贷款余额
濮阳市						
华龙区	12.24	21.03	3.12	0.86		
清丰县	10.00	45.91	9.49	7.99	214.59	123.05
南乐县	7.92	34.08	6.86	5.57	165.99	94.42
范县	8.92	38.91	6.76	9.75	209.00	90.88
台前县	5.03	36.13	7.46	11.26	154.55	70.25
濮阳县	15.67	72.52	13.94	11.62	323.79	235.97
许昌市						
魏都区	10.18	17.46	3.74	0.31		
建安区	21.64	59.14	9.57	7.08		
鄢陵县	13.04	40.66	8.36	4.87	257.41	147.39
襄城县	21.46	51.01	9.93	5.93	343.06	229.24
禹州市	24.06	61.28	12.72	7.29	468.08	283.71
长葛市	33.46	53.96	11.19	4.65	404.77	273.53
漯河市						
源汇区	7.12	19.73	2.93	2.03		
郾城区	6.89	28.17	5.19	3.55		
召陵区	5.88	24.15	3.53	3.01		
舞阳县	13.06	38.09	5.90	6.62	210.72	70.83
临颍县	16.72	45.11	9.09	5.22	234.08	134.86
三门峡市						
湖滨区	10.47	15.87	3.19	0.97		
陕州区	21.57	35.57	4.97	5.13		
渑池县	27.01	37.03	7.35	5.02	182.30	85.75
卢氏县	8.30	41.28	6.07	13.22	175.28	97.90
义马市	17.10	24.33	3.34	0.63	136.24	85.85
灵宝市	25.50	53.41	8.30	5.27	380.35	204.92
南阳市						
宛城区	8.93	35.26	8.75	4.39		
卧龙区	14.11	46.25	10.46	6.59		
南召县	6.98	40.84	8.70	7.21	194.63	105.55
方城县	10.26	53.95	12.55	10.79	301.08	152.59
西峡县	17.52	38.52	11.24	5.31	270.15	149.12
镇平县	10.27	49.72	10.47	7.74	372.15	151.53
内乡县	12.98	44.38	10.39	7.53	327.34	185.46
淅川县	10.76	60.70	13.02	11.18	301.08	159.10
社旗县	7.10	41.98	8.89	8.20	207.99	107.88
唐河县	11.02	68.66	12.11	12.60	421.69	181.46
新野县	8.59	39.66	8.23	7.42	292.54	157.73
桐柏县	10.31	36.20	8.21	7.87	193.03	73.37
邓州市	18.79	84.79	18.19	12.43	497.17	283.27

8－9　续表 3

单位:亿元

县市区	一般公共预算收入	一般公共预算支出	#教育	#农林水事务	金融机构存款余额	金融机构贷款余额
商丘市						
梁园区	11.83	38.08	5.82	3.55		
睢阳区	11.93	40.19	7.53	4.83		
民权县	11.34	49.24	8.53	9.14	282.83	157.89
睢县	10.09	46.74	8.07	7.94	258.05	116.90
宁陵县	6.87	38.26	7.10	7.20	193.37	143.39
柘城县	10.31	55.99	10.71	9.81	291.99	130.98
虞城县	11.27	58.65	10.68	10.21	351.05	153.85
夏邑县	10.72	59.90	9.92	10.47	370.36	138.98
永城市	47.71	86.89	14.33	13.12	646.76	365.38
信阳市						
浉河区	12.11	31.95	5.45	3.08		
平桥区	9.64	39.49	11.23	6.59		
罗山县	7.56	44.80	8.66	9.25	310.71	89.23
光山县	6.88	60.21	14.18	10.17	359.90	137.88
新县	6.73	30.35	6.75	6.18	174.89	78.82
商城县	7.61	46.32	10.72	8.71	299.93	97.52
固始县	16.34	85.12	22.62	17.51	588.42	239.82
潢川县	8.08	51.42	11.04	12.85	306.23	259.08
淮滨县	8.48	50.81	9.17	11.94	244.96	97.60
息县	8.80	86.75	16.11	18.52	349.12	142.40
周口市						
川汇区	6.59	24.05	4.75	0.83		
淮阳区	11.41	81.39	14.61	9.78		
扶沟县	8.71	46.10	8.94	7.49	257.98	91.49
西华县	9.00	49.55	8.32	8.16	280.22	112.19
商水县	8.64	68.37	12.53	11.74	349.75	107.95
沈丘县	15.79	65.97	15.40	10.27	385.76	199.02
郸城县	12.34	73.00	14.81	11.48	369.19	112.74
太康县	13.00	76.14	14.41	11.57	379.20	140.58
鹿邑县	15.93	60.74	11.74	8.18	380.79	164.29
项城市	14.22	59.82	12.24	8.31	419.17	146.75
驻马店市						
驿城区	19.64	54.96	11.13	5.37		
西平县	14.23	50.59	8.52	7.88	321.93	157.52
上蔡县	10.66	74.41	14.85	15.08	433.49	141.20
平舆县	12.46	52.37	10.21	6.79	345.87	172.93
正阳县	8.72	51.82	8.64	9.68	329.76	148.03
确山县	13.63	41.16	8.31	9.31	271.34	122.61
泌阳县	14.23	69.89	11.94	9.43	290.79	128.82
汝南县	10.76	47.62	9.75	8.88	294.48	121.29
遂平县	13.75	38.70	8.08	5.45	228.75	158.99
新蔡县	13.02	60.15	11.55	13.05	333.61	179.13

8-10 各县(市)义务教育主要指标(2020年)

县市	校数(所)			在校学生数(人)			专任教师数(人)		
	合计	小学	初中	合计	小学	初中	合计	小学	初中
郑州市									
中牟县	178	139	39	174447	123315	51132	8906	5235	3671
巩义市	99	72	27	80716	55467	25249	6171	3286	2885
荥阳市	83	60	23	77348	53745	23603	4918	2969	1949
新密市	148	113	35	102396	69922	32474	6801	4110	2691
新郑市	166	126	40	176867	124041	52826	7796	4253	3543
登封市	140	91	49	154277	82387	71890	8624	3157	5467
开封市									
杞县	190	142	48	139688	97429	42259	9747	5872	3875
通许县	93	64	29	82778	58991	23787	4849	2801	2048
尉氏县	204	167	37	140169	97892	42277	7474	4307	3167
兰考县	227	171	56	127766	91880	35886	7937	4899	3038
洛阳市									
孟津县	83	63	20	46833	30161	16672	3312	1648	1664
新安县	83	59	24	58201	38385	19816	3342	1777	1565
栾川县	57	40	17	45382	31200	14182	2563	1389	1174
嵩县	102	82	20	81761	54442	27319	4465	2538	1927
汝阳县	83	59	24	77041	52992	24049	4461	2567	1894
宜阳县	99	62	37	78683	52542	26141	5183	2780	2403
洛宁县	97	61	36	54670	36741	17929	3951	2111	1840
伊川县	165	119	46	127009	89009	38000	7510	4312	3198
偃师市	75	45	30	56136	38574	17562	4500	2345	2155
平顶山市									
宝丰县	139	118	21	83995	56619	27376	4219	2544	1675
叶县	179	153	26	114047	80735	33312	7139	4362	2777
鲁山县	283	237	46	153952	96902	57050	8116	4811	3305
郏县	130	104	26	83797	55759	28038	5539	3044	2495
舞钢市	54	41	13	43559	30962	12597	2325	1488	837
汝州市	439	380	59	178023	125261	52762	8956	5035	3921
安阳市									
安阳县	181	156	25	65567	42270	23297	3498	2106	1392
汤阴县	157	132	25	76937	50466	26471	4069	2242	1827
滑县	349	296	53	222002	158359	63643	10547	6779	3768
内黄县	237	198	39	123895	82192	41703	7586	4256	3330
林州市	230	182	48	160291	108398	51893	7406	3739	3667
鹤壁市									
浚县	193	169	24	91024	64090	26934	5068	3360	1708
淇县	78	65	13	37973	26846	11127	2186	1168	1018

8－10　续表 1

县 市	校 数（所）			在校学生数（人）			专任教师数(人)		
	合计	小学	初中	合计	小学	初中	合计	小学	初中
新乡市									
新乡县	95	74	21	50275	33564	16711	3001	1641	1360
获嘉县	133	106	27	57634	39431	18203	3487	1839	1648
原阳县	226	178	48	111933	77975	33958	6508	4085	2423
延津县	153	118	35	72519	47086	25433	4282	2269	2013
封丘县	230	179	51	112338	77623	34715	7452	4065	3387
长垣市	265	226	39	151164	104478	46686	7853	4635	3218
卫辉市	134	105	29	81478	50825	30653	4503	2760	1743
辉县市	186	145	41	148012	101376	46636	5664	2574	3090
焦作市									
修武县	67	51	16	28703	19809	8894	2321	1447	874
博爱县	67	45	22	45297	32174	13123	3063	1307	1756
武陟县	166	135	31	84660	61080	23580	5734	3508	2226
温县	101	77	24	46177	32568	13609	3143	1963	1180
沁阳市	114	85	29	53280	36157	17123	3428	1907	1521
孟州市	64	42	22	30635	22082	8553	2350	1240	1110
濮阳市									
清丰县	152	131	21	85781	60831	24950	5664	3682	1982
南乐县	152	130	22	85031	61459	23572	5658	3643	2015
范县	135	115	20	72650	51333	21317	4123	2701	1422
台前县	103	89	14	57763	41219	16544	3541	2048	1493
濮阳县	254	222	32	146175	111417	34758	9323	6642	2681
许昌市									
鄢陵县	164	140	24	88810	60703	28107	5701	3714	1987
襄城县	185	160	25	111522	73124	38398	7092	4546	2546
禹州市	302	226	76	156670	105207	51463	10502	5048	5454
长葛市	164	129	35	99406	67828	31578	6650	3348	3302
漯河市									
舞阳县	119	98	21	57512	39057	18455	3578	1805	1773
临颍县	199	163	36	76162	49661	26501	5233	2298	2935
三门峡市									
渑池县	66	43	23	45841	30344	15497	3118	1558	1560
卢氏县	61	33	28	38683	23180	15503	2684	1374	1310
义马市	17	10	7	11696	8966	2730	1184	665	519
灵宝市	117	89	28	74973	52731	22242	5658	3324	2334
南阳市									
南召县	93	59	34	98768	67082	31686	5827	3351	2476
方城县	278	235	43	175045	114236	60809	9688	5446	4242
西峡县	116	85	31	67905	43363	24542	4594	2742	1852

8-10 续表 2

县 市	校 数（所）			在校学生数（人）			专任教师数(人)		
	合计	小学	初中	合计	小学	初中	合计	小学	初中
镇平县	192	154	38	140988	95480	45508	9397	5602	3795
内乡县	145	120	25	103537	64328	39209	6445	3305	3140
淅川县	139	114	25	93805	62248	31557	6922	3571	3351
社旗县	126	96	30	102099	69144	32955	6324	3647	2677
唐河县	269	223	46	193928	132953	60975	11390	6642	4748
新野县	122	97	25	121445	78492	42953	7389	4470	2919
桐柏县	75	48	27	70706	43033	27673	5102	2606	2496
邓州市	250	183	67	247827	165213	82614	14043	7671	6372
商丘市									
民权县	195	145	50	119933	87566	32367	7322	3998	3324
睢县	301	244	57	109241	77210	32031	6435	3604	2831
宁陵县	162	130	32	86385	63996	22389	5682	3536	2146
柘城县	204	142	62	121125	86618	34507	9806	5965	3841
虞城县	321	273	48	172195	122302	49893	10876	6313	4563
夏邑县	313	270	43	142156	103691	38465	9970	6512	3458
永城市	387	326	61	234736	157037	77699	11733	7326	4407
信阳市									
罗山县	154	127	27	89024	56175	32849	6006	3763	2243
光山县	178	135	43	101055	66689	34366	7659	4327	3332
新县	54	32	22	39555	25570	13985	3161	1524	1637
商城县	127	96	31	75995	49672	26323	5868	3534	2334
固始县	237	180	57	185251	119956	65295	12336	7438	4898
潢川县	129	100	29	92478	65658	26820	5750	3488	2262
淮滨县	111	84	27	92382	64975	27407	6227	3937	2290
息县	181	141	40	127456	84158	43298	8582	4891	3691
周口市									
扶沟县	134	109	25	78800	53362	25438	5911	3418	2493
西华县	185	153	32	96307	67439	28868	7081	4061	3020
商水县	249	192	57	140174	96246	43928	10083	5712	4371
沈丘县	264	199	65	149007	101933	47074	11730	7022	4708
郸城县	388	333	55	194511	128770	65741	12010	7939	4071
太康县	332	266	66	188828	132665	56163	11684	7028	4656
鹿邑县	249	194	55	141087	100847	40240	9953	5778	4175
项城市	218	162	56	159560	109248	50312	10720	5697	5023
驻马店市									
西平县	220	191	29	77246	55966	21280	6014	3614	2400
上蔡县	443	391	52	177805	118943	58862	11293	6992	4301
平舆县	137	108	29	137650	98764	38886	7375	4869	2506
正阳县	239	208	31	121942	82260	39682	7536	4344	3192
确山县	152	132	20	66868	42856	24012	4959	3217	1742
泌阳县	182	149	33	132497	91292	41205	8250	4959	3291
汝南县	190	165	25	93167	66003	27164	6437	4177	2260
遂平县	167	148	19	71526	50273	21253	4818	2991	1827
新蔡县	296	248	48	150332	101756	48576	8988	5715	3273

8－11 各县(市)卫生主要指标(2020年)

县 市	卫生机构床位数(张)	卫生技术人员(人)	执业医师(人)	助理医师(人)	注册护士(人)
郑州市					
中牟县	4016	4781	1490	490	1952
巩义市	4242	5586	1814	438	2410
荥阳市	3163	4014	1199	387	1688
新密市	5524	5252	1557	377	2487
新郑市	7365	8242	2646	532	3654
登封市	5672	5049	1611	431	2174
开封市					
杞县	3830	4297	1084	793	1535
通许县	2607	3087	821	390	1346
尉氏县	5373	4176	1170	616	1702
兰考县	6036	6156	1557	771	2351
洛阳市					
孟津县	1998	2431	666	308	851
新安县	2803	2640	688	260	1111
栾川县	2051	2047	583	172	886
嵩县	3970	3344	930	419	1445
汝阳县	2468	2428	675	198	1071
宜阳县	4636	3997	863	485	1495
洛宁县	3485	2696	759	401	1043
伊川县	5480	5286	1391	781	2481
偃师市	3760	3817	1201	471	1591
平顶山市					
宝丰县	2580	2899	882	421	1092
叶县	3029	3283	883	606	1035
鲁山县	4625	3633	838	456	1416
郏县	3363	3331	924	430	1300
舞钢市	1504	1731	489	120	719
汝州市	6670	6250	1765	703	2424
安阳市					
安阳县	1210	1486	545	407	335
汤阴县	1754	2225	697	473	590
滑县	6501	6156	1724	969	2485
内黄县	3678	3250	900	505	1091
林州市	5320	4383	1425	683	1394
鹤壁市					
浚县	2563	2627	769	449	1069
淇县	2187	2240	657	199	1034

8－11　续表 1

县 市	卫生机构床位数（张）	卫生技术人员（人）	执业医师（人）	助理医师（人）	注册护士（人）
新乡市					
新乡县	1346	1851	612	330	647
获嘉县	2642	2222	677	226	822
原阳县	3518	4315	1131	643	1668
延津县	3270	2436	693	279	989
封丘县	4014	3135	824	430	1197
长垣市	4414	5218	1654	746	2094
卫辉市	5244	4875	1496	300	2389
辉县市	4300	3672	1122	548	1342
焦作市					
修武县	1579	1570	485	284	539
博爱县	2290	2044	592	314	742
武陟县	3519	3371	959	549	1302
温县	2283	2289	695	196	887
沁阳市	1767	2194	642	271	825
孟州市	2121	2212	656	209	924
濮阳市					
清丰县	2927	2514	663	300	909
南乐县	2670	2020	506	321	781
范县	1746	2041	490	284	722
台前县	2189	2234	530	320	967
濮阳县	6346	5001	1358	1071	1681
许昌市					
鄢陵县	3311	2930	793	467	1118
襄城县	3849	3573	940	480	1468
禹州市	5431	6013	1788	791	2145
长葛市	2632	3863	1144	431	1522
漯河市					
舞阳县	2776	2538	648	281	954
临颍县	3230	3228	841	288	1421
三门峡市					
渑池县	2189	2032	566	230	772
卢氏县	2100	1991	487	280	823
义马市	1757	1485	416	70	681
灵宝市	3334	4136	1403	555	1548
南阳市					
南召县	2822	3244	712	400	1270
方城县	4822	3286	885	439	1196
西峡县	3416	3110	890	359	1362

8－11 续表 2

县 市	卫生机构床位数（张）	卫生技术人员（人）	执业医师（人）	助理医师（人）	注册护士（人）
镇平县	3721	3120	872	555	1062
内乡县	3711	2976	763	431	1027
淅川县	3015	2876	777	297	1005
社旗县	2596	2663	710	437	954
唐河县	5554	5341	1287	626	2218
新野县	3058	2760	650	380	1039
桐柏县	2703	2534	574	281	1018
邓州市	8400	6092	1601	697	2410
商丘市					
民权县	4140	3751	963	538	1496
睢县	4155	4875	1157	444	1948
宁陵县	2348	3496	753	560	980
柘城县	5265	5187	1335	770	2034
虞城县	3872	4743	1135	1047	1353
夏邑县	4329	4374	1025	531	1750
永城市	7579	6790	1578	749	2580
信阳市					
罗山县	2756	2399	707	213	1017
光山县	3413	2917	820	341	1046
新县	1093	1240	320	118	460
商城县	2809	2495	708	337	976
固始县	7898	6195	1587	732	2450
潢川县	2940	2829	859	660	826
淮滨县	2827	2306	618	305	882
息县	3341	3414	911	370	1388
周口市					
扶沟县	3513	3283	753	469	1335
西华县	3592	3155	763	437	1236
商水县	4606	4380	1198	737	1672
沈丘县	5070	4481	1161	855	1461
郸城县	5692	6042	1457	643	2534
太康县	8441	5882	1312	930	2460
鹿邑县	5672	4800	1159	887	1798
项城市	3644	3407	878	412	1321
驻马店市					
西平县	4641	4406	1111	620	1755
上蔡县	5429	4552	1266	477	1777
平舆县	6734	5262	1317	707	2395
正阳县	4050	3420	943	420	1389
确山县	2727	2437	593	230	1139
泌阳县	4375	4639	1125	702	2041
汝南县	2903	3375	977	450	1345
遂平县	3014	3008	878	295	1259
新蔡县	4325	4318	1083	751	1546

8－12　各县(市)社会保险和低保参保人数(2020年)

单位:人

县　市	城镇职工基本养老保险参保人数	城乡居民基本养老保险参保人数	基本医疗保险参保人数	城乡居民基本医疗保险参保人数	城镇居民最低生活保障人数	农村居民最低生活保障人数
郑州市						
中牟县	120425	261700	545196	474674	199	2428
巩义市	135125	406896	744006	666012	645	11308
荥阳市	95488	328893	635950	559876	356	6653
新密市	111593	421096	775545	688867	357	5492
新郑市	128329	334912	626889	544153	1458	6932
登封市	84743	379404	640742	563589	133	6438
开封市						
杞县	18525	602046	904913	873678	1813	45069
通许县	28012	374833	582579	551564	2605	25305
尉氏县	97003	591494	823220	785689	1298	20999
兰考县	92367	525518	836477	786000	2689	28072
洛阳市						
孟津县	22690	276644	438197	400668	1113	7200
新安县	75205	299275	491710	445530	4554	15853
栾川县	27934	206913	331439	290464	387	8676
嵩县	26892	340655	586766	552775	1342	22859
汝阳县	26397	266447	489890	458752	1803	12397
宜阳县	67344	376724	648301	612779	2256	37868
洛宁县	19861	250810	452675	425996	950	13487
伊川县	54557	433067	808599	761329	3582	32111
偃师市	62928	343380	572119	526825	1119	10052
平顶山市						
宝丰县	29792	308553	505836	469985	1354	10942
叶县	65480	487397	745152	707860	3834	25994
鲁山县	43152	506369	884091	839183	2133	23917
郏县	37127	371000	583199	556199	2990	16435
舞钢市	73822	147285	294675	263422	993	6822
汝州市	67757	657200	1024128	969911	3380	38112
安阳市						
安阳县	32566	333720	525023	497283	43	8806
汤阴县	46282	290623	469118	433691	1596	7010
滑县	108931	802204	1345682	1283616	1211	36865
内黄县	58529	492600	787461	755889	366	12546
林州市	124001	609451	1007593	944017	1242	16502
鹤壁市						
浚县	46740	312808	648010	616454	1138	14738
淇县	32957	108451	268382	246359	811	7646

8－12 续表 1

单位：人

县 市	城镇职工基本养老保险参保人数	城乡居民基本养老保险参保人数	基本医疗保险参保人数	城乡居民基本医疗保险参保人数	城镇居民最低生活保障人数	农村居民最低生活保障人数
新乡市						
新乡县	72494	162985	345669	300739	223	5470
获嘉县	34304	234061	395563	365183	533	8475
原阳县	29946	347587	685670	656419	962	24117
延津县	57842	260738	448341	412862	1326	16765
封丘县	63870	492489	730803	697800	1323	31252
长垣市	43078	242995	478075	410542	2110	9747
卫辉市	93894	488284	813581	759353	421	17957
辉县市	71924	493400	838486	791086	4843	22096
焦作市						
修武县	20630	124624	231170	207057	231	3650
博爱县	30688	184960	372304	333252	1388	9511
武陟县	44206	356035	644826	597738	1402	14825
温县	61928	248474	419796	387551	1007	7270
沁阳市	55640	267099	459178	416803	2117	12554
孟州市	49257	220884	358409	320640	1280	10011
濮阳市						
清丰县	36807	381251	681306	649420	1061	18457
南乐县	30130	321700	528610	505820	786	11523
范县	41629	314700	532512	508630	1466	20959
台前县	14963	185500	367100	352000	315	15014
濮阳县	48350	651350	1085510	1036090	3224	67132
许昌市						
鄢陵县	36707	422247	652425	617967	6104	8075
襄城县	53923	507290	794317	755312	426	12976
禹州市	97561	715174	1163438	1063670	6460	25740
长葛市	55187	412579	697393	636466	1171	8773
漯河市						
舞阳县	10351	317030	531851	498136	588	11208
临颍县	14045	349019	633857	588996	579	16935
三门峡市						
渑池县	68233	163779	328081	274887	894	8954
卢氏县	34918	213318	355798	335038	983	23820
义马市	45375	28364	92780	78588	3698	
灵宝市	83615	429021	563198	508873	901	13575
南阳市						
南召县	33924	335841	618770	586776	4064	42291
方城县	33391	596722	1056455	1005258	2519	61918
西峡县	70126	206000	460352	405427	951	13656

8－12 续表 2

单位:人

县 市	城镇职工基本养老保险参保人数	城乡居民基本养老保险参保人数	基本医疗保险参保人数	城乡居民基本医疗保险参保人数	城镇居民最低生活保障人数	农村居民最低生活保障人数
镇平县	53869	597693	968767	917151	3260	59453
内乡县	50500	374200	668959	621184	1779	22536
淅川县	51780	333000	650099	608215	2167	47543
社旗县	66124	351247	656121	617783	2634	29222
唐河县	82273	706894	1202221	1144650	4298	65569
新野县	75210	423000	718518	677592	3047	21215
桐柏县	34801	429127	434351	395866	1706	21929
邓州市	88366	933959	1641981	1573581	1778	54737
商丘市						
民权县	73931	502477	913514	868752	664	39629
睢县	50399	474893	816503	784137	1291	25126
宁陵县	40812	311887	633172	608156	2004	39531
柘城县	57015	500000	950643	918235	3348	42483
虞城县	589212	438965	1038163	1001555	951	43656
夏邑县	30653	780121	1151524	1110395	4030	51102
永城市	134662	882173	1500872	1371809	3364	46619
信阳市						
罗山县	45837	396000	687053	652927	9998	34221
光山县	43857	439122	812681	772814	2126	27047
新县	34621	200000	339944	315184	6074	19084
商城县	51094	410974	702133	669176	3495	26640
固始县	132517	919000	1587185	1514353	13292	69601
潢川县	47000	475000	798877	753153	4494	36024
淮滨县	37939	380404	674798	645701	4861	29448
息县	26215	645383	986043	953678	8927	61366
周口市						
扶沟县	45370	419063	689115	649757	4122	22528
西华县	40151	441650	876973	835616	5081	35276
商水县	69829	591318	1130283	1088773	4282	49630
沈丘县	79534	731336	1232311	1183311	2494	32994
郸城县	71775	706262	1389221	1349025	3817	55154
太康县	93073	793284	1457730	1405722	1555	50295
鹿邑县	85775	1013251	1233628	1191735	1451	51746
项城市	102501	692736	1141626	1098587	2321	19036
驻马店市						
西平县	66409	512379	763504	722373	2986	21979
上蔡县	33067	776393	1247526	1204581	6076	71670
平舆县	29324	556579	971379	935768	11830	47740
正阳县	42500	483000	764677	733718	4769	25902
确山县	48260	302751	504068	473056	1675	15241
泌阳县	41904	527500	783811	743957	634	29481
汝南县	59404	518654	760365	721897	2630	23426
遂平县	22900	336400	511717	472030	1031	10702
新蔡县	61061	570100	1111363	1076700	10650	46551

九　城市经济

资料整理：盛　夏

9-1　城市社会经济主要指标

本表价值量指标均按当年价格计算。

指　　标	2019	2020
生产总值(亿元)	21092.05	21991.00
第一产业	547.83	699.00
第二产业	8659.77	8745.00
第三产业	11884.45	12546.00
一般公共预算收入(亿元)	2141.45	2196.08
一般公共预算支出(亿元)	3851.12	3802.37
限额以上批发零售业商品		
销售总额(亿元)	12082.05	13000.29
当年实际使用外资金额(万美元)	967396	
金融机构住户存款余额(亿元)	17450.12	19688.00
在校学生数(万人)		
普通中学	174.90	188.90
普通小学	254.54	273.45

注:11-1和11-2表为初步上报数据

9-2 省辖市市区社会

本表价值量指标均按当年价格计算。

指　标	郑 州	开 封	洛 阳	平顶山	安 阳	鹤 壁
年底(末)户籍人口(万人)	410.70	172.40	211.27	111.27	123.87	66.07
行政区域土地面积(平方公里)	1010	1816	879	443	638	679
#建成区面积	641	184		73	89	65
生产总值(亿元)	8287.00	907.00	2256.00	888.00	893.00	465.00
#第二产业	3001.00	307.00	928.00	459.00	447.00	260.00
第三产业	5265.00	518.00	1310.00	423.00	429.00	185.00
一般公共收入(亿元)	940.98	78.01	217.47	87.73	92.89	53.42
一般公共支出(亿元)	1202.64	186.94	325.60	137.20	175.32	98.11
当年实际使用外资金额(万元)	2252056.00	50883.00	1043970.00		189062.00	420845.00
金融机构住户存款余额(亿元)	6594	924	2123	995	797	334
在校学生数(万人)						
中等职业学校	23.03	2.52	5.99	3.95	2.28	1.55
普通中学	33.44	12.33	12.67	7.09	11.45	5.66
小学	55.38	16.23	19.48	10.53	18.39	6.76

经济主要指标(2020年)

新　乡	焦　作	濮　阳	许　昌	漯　河	三门峡	南　阳	商　丘	信　阳	周　口	驻马店
110.81	98.21	75.52	135.35	135.51	63.04	204.96	190.70	158.46	64.52	86.21
432	579	330	1099	1116	1927	1987	1801	3604		
131	117	64	130		65	162	152	104	79	
971.00	687.00	636.00	984.00	992.00	547.00	1004.00	642.00	722.00	574.00	536.00
435.00	272.00	265.00	454.00	425.00	242.00	303.00	229.00	258.00	237.00	223.00
527.00	407.00	345.00	498.00	495.00	271.00	630.00	323.00	372.00	268.00	280.00
68.14	74.62	55.87	89.74	70.81	57.42	77.55	71.82	50.45	50.56	58.60
146.05	145.31	128.97	157.09	149.79	114.95	185.10	165.92	154.56	189.83	139.00
54314.00		24298.00	217337.00	80759.00		115614.00	94804.00	10515.00	18572.00	11338.00
822	657	685	753	645	413	1157	852	879	442	617
3.66	1.19	2.20	2.01	2.80	0.80	4.04	2.49	1.80	2.66	2.04
7.98	5.42	11.91	8.29	9.36	3.39	18.75	11.15	10.31	12.00	7.70
11.67	7.67	11.17	12.13	12.18	4.90	24.92	19.18	14.67	17.79	10.40

9-3 城市建设基本情况

指　　标	2005	2010	2015	2019	2020
城市个数(个)	38	38	38	39	39
城区面积(平方公里)		4101	4810	5364	5364
建成区面积(平方公里)	1572	2014	2503	2944	3040
年底供水综合生产能力(万立方米/日)	1027	1010	1121	1281	1257
全年供水总量(万立方米)	183436	179122	196709	221104	217730
#生活用水量		76986	87545	123427	123450
平均每人每天生活用水量(升)	147.1	109.1	111.0	133.9	129.0
用水普及率(%)	91.9	91.0	93.1	97.4	96.8
公共交通标准运营车辆(标台)	12514	18912	27355	39149	42290
出租汽车数(辆)			61555	62552	64696
煤气家庭用量(万立方米)	12735	15420	1553	27	24
天然气家庭用量(万立方米)	18649	48243	109376	216812	225626
液化石油气家庭用量(吨)	198629	201931	179752	151749	138686
燃气普及率(%)		73.4	86.0	97.1	96.8
集中供热面积(万平方米)	5361	10737	22375	51600	55995
道路长度(千米)	7090	9413	12318	15766	16295
道路面积(万平方米)	15653	21767	29915	39506	41039
排水管道长度(千米)	10201	14733	20467	27932	29222
建成区绿化覆盖面积(公顷)	50822	73652	94345	120799	127423
建成区绿化覆盖率(%)	32.3	36.5	37.7	41.0	41.9
公园个数(个)	272	262	327	523	538
公园绿地面积(公顷)		18361	25201	35361	38664
人均公园绿地面积(平方米)		8.7	10.2	13.6	14.4
生活垃圾清运量(万吨)	754	694	892	1134	1130
生活垃圾无害化处理率(%)	58.1	82.5	96.0	99.7	99.9
城市污水排放量(亿吨)		14.74	19.47	20.73	19.48
城市污水处理量(亿吨)		12.91	18.22	20.25	18.93
城市污水处理厂集中处理率(%)			93.1	97.7	98.3

9-4 城市市政公用设施水平情况(2020年)

市	人口密度(人/平方公里)	人均日生活用水量(升)	用水普及率(%)	燃气普及率(%)	建成区供水管道密度(公里/平方公里)	人均城市道路面积(平方米)	建成区排水管道密度(公里/平方公里)	污水处理率(%)
全　省	**4994**	**128.99**	**98.2**	**96.8**	**8.90**	**15.32**	**8.90**	**98.3**
郑州市	9417	128.95	100.0	93.8	9.04	9.61	7.78	98.5
巩义市	10514	73.99	87.6	97.2	5.48	11.29	7.78	100.0
荥阳市	2191	163.45	98.7	98.8	8.89	19.21	8.71	97.5
新密市	2718	114.65	99.9	98.5	8.23	17.40	5.01	100.0
新郑市	8015	168.03	93.1	97.6	10.53	16.17	7.76	96.9
登封市	3375	132.29	97.8	98.8	5.16	19.58	5.16	98.0
开封市	5342	161.27	96.9	99.4	15.36	21.56	8.28	96.2
洛阳市	7273	126.87	96.5	100.0	8.07	13.35	6.85	100.0
偃师市	9100	134.61	98.6	85.0	9.83	14.54	8.83	98.2
平顶山市	3553	146.27	99.0	98.4	14.83	16.85	8.82	98.5
舞钢市	1818	116.82	99.2	97.6	6.52	20.21	13.52	94.2
汝州市	3062	107.59	72.0	72.7	8.03	15.06	8.20	100.0
安阳市	5035	186.00	100.0	99.6	9.85	20.40	15.59	98.1
林州市	5876	158.15	100.0	98.2	10.35	14.95	9.60	95.4
鹤壁市	3798	78.96	98.9	98.9	9.39	20.98	9.37	96.1
新乡市	5654	140.90	99.9	99.6	7.17	15.45	7.00	98.5
长垣市	7438	83.14	98.5	97.6	11.39	21.73	14.28	99.7
卫辉市	3673	191.50	99.5	91.1	7.42	11.90	5.92	97.0
辉县市	1964	159.16	99.9	98.0	17.48	12.78	13.01	97.1
焦作市	5779	124.98	99.8	98.2	8.69	18.14	9.59	99.3
沁阳市	4112	75.03	85.4	93.1	8.86	28.34	11.92	96.7
孟州市	1362	125.98	97.2	96.5	12.65	27.36	18.82	97.1
濮阳市	4040	159.22	100.0	100.0	14.67	18.16	13.46	97.1
许昌市	3141	124.04	98.6	98.9	4.89	33.57	7.27	98.1
禹州市	8312	108.76	94.6	100.0	6.71	16.75	9.21	99.7
长葛市	2638	135.35	96.9	100.0	5.73	21.97	10.43	96.0
漯河市	5864	152.03	100.0	100.0	10.08	18.10	14.43	100.0
三门峡市	6753	133.36	99.1	100.0	4.95	13.70	4.83	97.8
义马市	1515	76.19	99.6	96.8	9.48	18.44	7.38	94.6
灵宝市	6431	126.54	100.0	92.8	6.52	16.15	7.83	99.6
南阳市	2525	90.67	99.5	100.0	3.12	14.88	10.04	99.9
邓州市	9813	101.66	95.3	93.2	18.88	17.51	15.10	97.5
商丘市	9367	117.31	99.3	98.8	9.44	13.54	7.25	98.5
永城市	5911	116.02	99.5	96.3	7.29	18.05	11.81	96.5
信阳市	2521	127.61	94.7	94.7	12.46	14.49	4.14	97.6
周口市	4664	153.65	99.5	98.8	5.30	21.54	9.91	96.8
项城市	5118	98.20	97.3	95.1	11.01	18.26	13.88	95.0
驻马店市	2967	170.38	100.0	100.0	5.99	22.11	9.62	99.9
济源市	5064	101.82	100.0	100.0	9.41	15.67	8.92	99.0

9－4 续表

市	人均公园绿地面积（平方米）	建成区绿化覆盖率（%）	建成区绿地率（%）	生活垃圾无害化处理率（%）	建成区面积（平方公里）
全　　省	**14.4**	**41.9**	**36.5**	**99.9**	**3040**
郑 州 市	14.7	41.5	34.5	100.0	641
巩 义 市	15.0	42.1	38.1	100.0	36
荥 阳 市	12.7	31.7	28.5	100.0	38
新 密 市	12.0	37.5	33.8	100.0	34
新 郑 市	13.9	37.3	32.2	100.0	34
登 封 市	13.4	43.7	39.2	100.0	30
开 封 市	14.1	42.5	37.7	100.0	141
洛 阳 市	16.1	42.5	36.5	100.0	259
偃 师 市	10.6	41.0	37.9	100.0	21
平顶山市	12.8	41.6	38.0	100.0	73
舞 钢 市	12.5	41.5	36.9	100.0	17
汝 州 市	14.7	42.1	36.3	100.0	42
安 阳 市	12.5	42.0	36.7	100.0	89
林 州 市	11.6	40.3	35.3	100.0	26
鹤 壁 市	17.1	45.2	39.3	100.0	65
新 乡 市	12.3	41.8	38.9	100.0	127
长 垣 市	12.5	41.2	37.3	100.0	42
卫 辉 市	9.4	36.2	30.6	100.0	23
辉 县 市	9.5	37.7	33.4	100.0	23
焦 作 市	15.1	41.4	35.4	100.0	117
沁 阳 市	9.5	36.4	31.1	100.0	21
孟 州 市	11.1	39.0	34.3	100.0	17
濮 阳 市	14.8	40.8	36.3	100.0	64
许 昌 市	16.4	41.6	36.7	100.0	117
禹 州 市	11.4	42.2	34.5	100.0	47
长 葛 市	15.0	40.1	34.7	100.0	28
漯 河 市	18.0	42.3	37.5	100.0	68
三门峡市	16.6	43.7	39.3	98.9	61
义 马 市	20.0	41.5	36.1	100.0	19
灵 宝 市	11.8	39.6	35.2	100.0	23
南 阳 市	15.3	42.9	38.8	100.0	162
邓 州 市	10.2	40.5	38.6	100.0	38
商 丘 市	14.4	47.9	42.7	98.8	69
永 城 市	14.8	42.8	37.2	100.0	49
信 阳 市	14.2	46.5	37.9	100.0	105
周 口 市	15.8	39.9	34.9	100.0	79
项 城 市	12.1	38.5	34.7	100.0	37
驻马店市	15.6	45.5	39.8	100.0	100
济 源 市	12.2	42.2	38.0	100.0	57

9－5 城市供、排水情况(2020年)

市	综合生产能力(万立方米/日)	供水管道长度(公里)	供水总量(万立方米)	居民家庭用水	用水人口(万人)	污水排放量(万立方米)
全省	**1257**	**29138**	**217730**	**98437**	**2630.8**	**194771**
郑州市	200	5951	43142	24037	717.9	38820
巩义市	7	196	1754	831	33.2	1339
荥阳市	7	379	2252	992	20.0	2236
新密市	7	277	1450	889	21.2	1341
新郑市	16	404	1869	1122	25.6	1694
登封市	13	248	1346	534	19.4	941
开封市	64	2159	10891	4206	99.5	9802
洛阳市	123	2090	17221	6904	232.5	15488
偃师市	4	208	1291	824	18.9	1156
平顶山市	54	1261	11571	4885	91.5	11443
舞钢市	7	148	1406	448	12.3	985
汝州市	19	339	2131	1089	30.1	1837
安阳市	66	880	10713	4505	77.0	7908
林州市	12	287	1619	1033	22.3	1455
鹤壁市	33	610	4703	1411	49.0	4198
新乡市	33	924	8995	4068	79.1	8201
长垣市	7	483	1753	826	31.5	1560
卫辉市	15	193	2227	894	16.5	1665
辉县市	15	462	2316	946	22.9	1860
焦作市	90	1160	7944	3154	80.8	6550
沁阳市	8	191	602	267	11.9	600
孟州市	5	238	1042	578	15.0	1016
濮阳市	52	939	6939	2644	62.0	6126
许昌市	34	573	5137	2660	58.8	4607
禹州市	14	333	2436	1594	41.1	1830
长葛市	16	258	1890	742	19.3	1701
漯河市	42	690	7230	2423	62.6	6280
三门峡市	20	318	3665	2023	48.8	3555
义马市	15	193	1684	327	16.9	1483
灵宝市	11	163	2696	671	18.7	2475
南阳市	64	1433	9522	4150	161.0	9402
邓州市	15	718	2761	1182	37.4	2209
商丘市	41	719	7090	4019	95.8	6300
永城市	13	360	3269	1658	47.8	3096
信阳市	36	1302	5614	2885	61.9	4821
周口市	23	421	5723	2149	46.4	5597
项城市	8	447	2875	932	29.9	2320
驻马店市	24	608	7430	2512	54.9	7380
济源市	26	558	3531	1423	39.5	3495

9-6 城市天然气、石油液化气供应情况(2020年)

市	天然气					液化气		
	供气管道长度(公里)	供气总量合计(万立方米)	#居民家庭	用气人口(万人)	天然气汽车加气站(座)	供气总量合计(吨)	#居民家庭	用气人口(万人)
全　省	**29996.85**	**620406**	**225626**	**2220.16**	**197**	**165378**	**138686**	**374.12**
郑州市	6183.28	154021	44379	601.10	14	11548	6385	72.35
巩义市	802.01	28363	3055	31.70	3	5550	2600	5.07
荥阳市	240.62	5722	3012	16.00	2	3100	2600	4.00
新密市	446.69	6726	2586	19.04	2	630	626	1.90
新郑市	259.84	11434	3516	21.14	5	3658	1698	5.70
登封市	454.00	7699	760	13.60	3	5005	5000	6.00
开封市	1807.26	18114	7368	91.06	20	26890	25800	10.98
洛阳市	701.51	71885	44168	219.10	10	14805	14796	21.90
偃师市	45.90	1618	1392	12.55	1	930	926	3.70
平顶山市	567.83	11285	5932	90.91	10			
舞钢市	95.98	965	685	12.07	2			
汝州市	387.89	3610	1577	28.40		2000	1200	2.00
安阳市	1971.35	45301	6827	73.36	1	5421	2298	3.36
林州市	581.19	4033	3350	20.22	1	806	803	1.71
鹤壁市	566.44	8167	5700	46.54	9	1000	995	2.45
新乡市	2185.11	23766	8984	76.81	7	1270	1175	2.03
长垣市	317.00	4493	2090	30.20	4	2130	2125	1.00
卫辉市	228.67	3419	1481	14.50	4	977	976	0.56
辉县市	211.95	6018	3250	21.15	3	535	340	1.27
焦作市	1914.64	30651	6895	79.46				
沁阳市	470.00	3886	1103	12.02	1	1000	500	1.00
孟州市	200.00	2089	2042	14.90	1			
濮阳市	473.03	9214	5929	62.04	21			
许昌市	601.17	14940	8950	56.50	12	8745	2731	2.50
禹州市	234.45	12800	3361	23.51	2	5050	4970	19.93
长葛市	350.00	20457	1663	8.43	1	8000	6600	11.50
漯河市	382.65	12819	6645	38.05	4	7143	7130	24.59
三门峡市	286.29	11342	1095	31.19	2	3299	3029	18.09
义马市	126.50	1362	454	13.20		946	934	3.22
灵宝市	297.89	3002	670	14.40		630	580	2.90
南阳市	2266.00	13910	8199	146.45	17	5069	5054	15.33
邓州市	109.53	610	525	8.98	4	5031	4925	27.58
商丘市	888.63	11841	3708	57.55	2	13000	12900	37.73
永城市	294.15	3541	1597	29.34	7	4015	3955	16.92
信阳市	822.19	15548	5292	44.43	15	8290	6590	17.50
周口市	848.19	7859	6423	32.81	3	4200	4200	13.25
项城市	272.55	2600	1860	20.30	1	2300	2260	8.90
驻马店市	747.82	7937	4850	47.69		1985	1985	7.20
济源市	356.65	17360	4253	39.46	3	420		

9-7 城市道路、园林和绿化情况（2020年）

市	道路长度（公里）	道路面积（万平方米）	道路照明灯盏数（盏）	绿化覆盖面积（公顷）	#建成区	园林绿地面积（公顷）	公园绿地面积（公顷）	公园个数（个）
全　　省	**16294.57**	**41039**	**1060950**	**138690**	**127423**	**122110**	**38664**	**538**
郑 州 市	2409.68	6902	116660	29550	26594	25665	10554	181
巩 义 市	149.66	427	17287	1601	1506	1400	568	3
荥 阳 市	171.59	389	11800	1226	1220	1095	257	4
新 密 市	136.20	370	15686	1263	1262	1144	255	5
新 郑 市	140.45	444	9355	1278	1277	1113	382	14
登 封 市	190.90	388	11109	1498	1320	1261	265	9
开 封 市	786.46	2214	44034	7153	5966	6022	1451	14
洛 阳 市	977.65	3219	84907	11113	11001	10169	3886	20
偃 师 市	141.80	278	16074	863	861	804	202	5
平顶山市	433.14	1557	65898	3307	3055	2993	1186	16
舞 钢 市	129.16	250	3351	740	698	656	154	2
汝 州 市	275.20	630	9558	1795	1780	1537	615	12
安 阳 市	635.89	1571	40513	3859	3752	3342	965	12
林 州 市	173.85	334	29493	1116	1044	955	258	2
鹤 壁 市	469.32	1039	22525	3052	2935	2681	845	11
新 乡 市	566.70	1223	35682	5305	5303	4937	970	17
长 垣 市	357.54	695	17149	1818	1746	1594	400	9
卫 辉 市	97.93	197	8109	840	830	710	155	2
辉 县 市	128.55	292	9254	866	855	767	217	10
焦 作 市	613.09	1468	26917	4858	4849	4153	1219	16
沁 阳 市	185.18	396	8654	781	765	668	133	5
孟 州 市	119.00	423	12140	669	664	587	172	2
濮 阳 市	466.48	1127	36335	2699	2608	2532	920	10
许 昌 市	600.63	2003	47505	5033	4868	4485	978	9
禹 州 市	372.63	728	25340	2260	1992	1743	494	4
长 葛 市	201.08	438	10503	1136	1120	980	298	3
漯 河 市	543.20	1134	29568	3334	2894	2798	1125	13
三门峡市	325.05	676	32250	2737	2673	2459	819	9
义 马 市	143.30	313	5444	806	775	692	339	4
灵 宝 市	111.33	301	6459	926	910	818	221	3
南 阳 市	1417.05	2408	39137	9307	6965	8629	2478	20
邓 州 市	262.32	687	22368	1820	1540	1648	400	6
商 丘 市	503.55	1306	51207	3352	3302	2967	1393	42
永 城 市	362.38	867	15609	2256	2109	1925	713	11
信 阳 市	449.55	948	29107	6147	4861	5146	929	7
周 口 市	317.49	1005	37624	3778	3168	3555	736	9
项 城 市	299.94	561	8860	1508	1429	1315	370	3
驻马店市	383.25	1213	24622	4536	4524	3966	858	4
济 源 市	246.40	619	22857	2505	2405	2196	483	10

9－8 城市市容环境卫生情况(2020 年)

市	排水管道长度(公里)	污水处理总量(万立方米)	道路清扫保洁面积(万平方米)	生活垃圾		公共厕所(座)	市容环卫专用车辆设备总数(辆)
				清运量(万吨)	无害化处理量(万吨)		
全省	**29222**	**191456**	**44651**	**1130.17**	**1129.50**	**10890**	**18459**
郑州市	5148	38241	7578	264.96	264.96	1903	7694
巩义市	279	1339	629	12.93	12.93	55	159
荥阳市	403	2179	510	16.26	16.26	60	134
新密市	172	1341	548	11.44	11.44	126	151
新郑市	283	1641	665	8.08	8.08	158	219
登封市	281	922	455	11.20	11.20	79	61
开封市	1202	9429	1925	42.37	42.37	932	599
洛阳市	2400	15488	3539	71.41	71.41	934	1161
偃师市	185	1134	402	8.00	8.00	63	44
平顶山市	743	11268	1195	33.20	33.20	400	555
舞钢市	227	927	198	5.37	5.37	78	58
汝州市	371	1837	796	12.21	12.21	91	177
安阳市	1394	7758	1571	32.99	32.99	468	517
林州市	270	1388	484	14.28	14.28	97	75
鹤壁市	634	4033	1255	22.94	22.94	177	314
新乡市	1089	8078	1741	51.98	51.98	558	709
长垣市	616	1554	1040	12.58	12.58	55	100
卫辉市	143	1615	295	7.25	7.25	6	167
辉县市	296	1806	429	29.20	29.20	54	97
焦作市	1208	6501	1671	35.66	35.66	180	299
沁阳市	250	580	400	6.12	6.12	43	96
孟州市	359	986	480	5.75	5.75	34	36
濮阳市	891	5948	1126	34.90	34.90	154	273
许昌市	1025	4520	1917	35.89	35.89	457	422
禹州市	546	1825	680	13.22	13.22	80	114
长葛市	291	1633	495	7.95	7.95	57	50
漯河市	1037	6280	1400	38.28	38.28	406	158
三门峡市	304	3477	606	17.02	16.84	212	99
义马市	138	1403	330	5.21	5.21	54	74
灵宝市	183	2465	448	8.90	8.90	66	70
南阳市	1699	9352	2308	56.29	56.29	652	855
邓州市	589	2155	641	12.78	12.78	148	151
商丘市	587	6203	1950	41.94	41.45	610	1393
永城市	645	2988	861	17.53	17.53	136	119
信阳市	437	4706	895	41.17	41.17	369	252
周口市	800	5419	798	21.27	21.27	267	264
项城市	592	2203	586	11.31	11.31	108	85
驻马店市	957	7375	1213	31.42	31.42	427	491
济源市	548	3459	589	18.91	18.91	136	167

主要统计指标解释

城区面积 包括：市本级（1）街道办事处所辖地域；（2）城市公共设施、居住设施和市政公用设施等连接到的其他镇（乡）地域；（3）常住人口在3000人以上独立的工矿区、开发区、科研单位、大专院校等特殊区域。

建成区面积 城市行政区内实际已成片开发建设、市政公用设施和公共设施基本具备的区域。对核心城市，它包括集中连片的部分以及分散的若干个已经成片建设起来，市政公用设施和公共设施基本具备的地区；对一城多镇来说，它包括由几个连片开发建设起来的，市政公用设施和公共设施基本具备的地区组成。因此建成区范围，一般是指建成区外轮廓线所能包括的地区，也就是这个城市实际建设用地所达到的范围。

供水总量 指报告期供水企业（单位）供出的全部水量。包括有效供水量和漏损水量。

有效供水量指水厂将水供出厂外后，各类用户实际使用到的水量。包括售水量和免费供水量。

城市燃气 指符合《城镇燃气设计规范》的规定，供城市生产和生活作燃料使用的天然气、人工煤气和液化石油气等气体能源的统称。

供气总量 指报告期燃气企业（单位）向用户供应的燃气数量。包括销售量和损失量

集中供热面积 指从一个或多个热源通过热网向城市的热用户供给生产和生活热能，供热企业（单位）向城市各类房屋建筑物、构筑物及其附属设施供热的全部建筑面积。

道路长度 指道路长度和与道路相通的桥梁、隧道的长度，按车行道中心线计算。

道路面积 指道路实际铺装面积和与道路相通的广场、桥梁、隧道的铺装面积（统计时，将人行道面积单独统计）。

人行道面积按道路两侧面积相加计算，包括步行街和广场，不含人车混行的道路。

排水管道长度 指所有排水总管、干管、支管、检查井及连接井进出口等长度之和。计算时应按单管计算，即在同一条街道上如有两条或两条以上并排的排水管道时，应按每条排水管道的长度相加计算。

污水排放总量 指生活污水、工业废水的排放总量，包括从排水管道和排水沟（渠）排出的污水量。

污水处理量 指污水处理厂（或污水处理装置）实际处理的污水量。包括物理处理量、生物处理量和化学处理量。

其中处理本市（县）外，指污水处理厂作为区域设施，不仅处理本市（县）的污水，还处理本市（县）以外其他市、县或乡镇等的污水。这部分污水处理量单独统计，并在计算本市（县）的污水处理率时扣除。

公园绿地面积 城市中向公众开放的、以游憩为主要功能，有一定的游憩设施和服务设施，同时兼有健全生态、美化景观、防灾减灾等综合作用的绿化用地。它是城市建设用地、城市绿地系统和城市市政公用设施的重要组成部分。

生活垃圾清运量 指报告期内收集和运送到各生活垃圾处理厂（场）和生活垃圾最终消纳点的生活垃圾数量。生活垃圾指城市日常生活或为城市日常生活提供服务的活动中产生的固体废物以及法律行政规定的视为城市生活垃圾的固体废物。包括：居民生活垃圾、商业垃圾、集市贸易市场垃圾、街道清扫垃圾、公共场所垃圾和机关、学校、厂矿等单位的生活垃圾。

生活垃圾处理量 指报告期内简易处理场和各种生活垃圾无害化处理场（厂）处理生活垃圾总量。生活垃圾简易处理量指生活垃圾简易处理场所处理的生活垃圾总量。生活垃圾无害化处理量指生活垃圾无害化处理场（厂）所处理的生活垃圾总量。

十 全国及分省（市、区）指标

资料整理：各有关处

10－1　全国及各省区市生产总值(2020 年)

地　区	生　产 总　值 (亿元)	第一 产业	第二 产业	第三 产业	生产总值 增　速 (%)	第一 产业	第二 产业	第三 产业
全　国	**1015986**	**77754**	**384255**	**553977**	**102.3**	**103.0**	**102.6**	**102.1**
北　京	36103	108	5716	30279	101.2	91.5	102.1	101.0
天　津	14084	210	4804	9070	101.5	99.4	101.6	101.4
河　北	36207	3880	13597	18730	103.9	103.2	104.8	103.3
山　西	17652	947	7675	9030	103.6	103.6	105.5	102.1
内蒙古	17360	2025	6868	8467	100.2	101.7	101.0	99.1
辽　宁	25115	2285	9401	13429	100.6	103.2	101.8	99.3
吉　林	12311	1553	4326	6432	102.4	101.3	105.7	100.1
黑龙江	13699	3438	3484	6777	101.0	102.9	102.6	99.0
上　海	38701	104	10290	28308	101.7	91.8	101.3	101.8
江　苏	102719	4537	44226	53956	103.7	101.7	103.7	103.8
浙　江	64613	2169	26413	36031	103.6	101.3	103.1	104.1
安　徽	38681	3185	15672	19824	103.9	102.2	105.2	102.8
福　建	43904	2732	20329	20843	103.3	103.1	102.5	104.1
江　西	25692	2242	11085	12365	103.8	102.2	104.0	104.0
山　东	73129	5364	28612	39153	103.6	102.7	103.3	103.9
河　南	54997	5354	22875	26768	101.3	102.2	100.7	101.6
湖　北	43444	4132	17024	22288	95.0	100.0	92.6	96.2
湖　南	41782	4240	15938	21603	103.8	103.7	104.7	102.9
广　东	110761	4770	43450	62541	102.3	103.8	101.8	102.5
广　西	22157	3556	7109	11492	103.7	105.0	102.2	104.2
海　南	5532	1136	1055	3341	103.5	102.0	98.8	105.7
重　庆	25003	1803	9992	13207	103.9	104.7	104.9	102.9
四　川	48599	5557	17571	25471	103.8	105.2	103.8	103.4
贵　州	17827	2540	6212	9075	104.5	106.3	104.3	104.1
云　南	24522	3599	8288	12636	104.0	105.7	103.6	103.8
西　藏	1903	151	798	954	107.8	107.7	118.3	101.4
陕　西	26182	2268	11363	12552	102.2	103.3	101.4	102.8
甘　肃	9017	1198	2852	4967	103.9	105.4	105.9	102.2
青　海	3006	334	1144	1528	101.5	104.5	102.7	100.1
宁　夏	3921	338	1609	1974	103.9	103.3	104.0	103.9
新　疆	13798	1981	4745	7072	103.4	104.3	107.8	100.2
河南居全国位次	5	3	5	7	26	20	29	21

注:生产总值按当年价格计算。生产总值指数按可比价格计算。

10－2 全国及各省区市主要农产品产量(2020 年)

单位:万吨

地区	粮食	棉花	油料	水果	肉类	奶类	禽蛋
全国	**66949.15**	**591.05**	**3586.40**	**28692.36**	**7748.38**	**3529.56**	**3467.76**
北京	30.53	0.00	0.33	53.81	3.53	24.24	9.74
天津	228.18	1.02	0.31	56.39	29.61	50.07	20.83
河北	3795.89	20.86	119.52	1424.36	419.17	488.28	389.71
山西	1424.27	0.16	14.31	909.77	102.65	117.36	108.75
内蒙古	3664.10	0.01	217.25	238.70	267.95	617.87	60.44
辽宁	2338.83		99.66	851.29	378.19	137.06	331.90
吉林	3803.17		81.41	146.55	237.36	39.31	121.95
黑龙江	7540.78		12.34	170.09	253.18	500.97	117.35
上海	91.44	0.00	0.72	43.94	9.26	29.09	2.88
江苏	3729.06	1.06	93.01	974.17	268.21	62.95	231.86
浙江	605.70	0.69	32.09	755.27	90.10	18.39	33.17
安徽	4019.22	4.10	162.47	741.52	396.03	37.64	184.22
福建	502.32	0.00	22.73	764.58	259.39	17.48	53.66
江西	2163.88	5.29	122.70	712.82	285.18	9.13	61.21
山东	5446.81	18.30	290.95	2938.91	728.02	241.57	480.92
河南	6825.80	1.80	672.57	2563.43	544.05	214.72	449.42
湖北	2727.43	10.79	344.45	1066.83	307.44	13.39	193.09
湖南	3015.12	7.45	260.67	1150.75	454.95	5.60	118.80
广东	1267.56		113.52	1882.57	400.99	15.17	44.63
广西	1370.02	0.11	73.88	2785.74	380.36	11.18	26.70
海南	145.47		7.69	495.63	58.37	0.26	4.84
重庆	1081.42		67.07	514.82	161.20	3.21	45.72
四川	3527.43	0.22	392.91	1221.30	597.83	68.04	167.93
贵州	1057.63	0.04	103.40	548.11	207.86	5.25	26.16
云南	1895.86	0.00	63.09	961.58	417.41	73.10	41.75
西藏	102.87		5.08	2.16	28.31	49.17	0.71
陕西	1274.83	0.07	59.11	2070.55	107.09	161.50	64.21
甘肃	1202.21	3.01	61.45	778.96	110.20	58.40	19.80
青海	107.42		30.21	2.91	37.04	36.94	1.40
宁夏	380.49		6.65	204.45	33.77	215.35	13.86
新疆	1583.40	516.08	54.85	1660.39	173.68	206.89	40.16
河南居全国位次	2	9	1	3	2	6	1

10－3　全国及各省区市居民消费、商品零售、农资价格指数(2020年)

(上年＝100)

地　区	居民消费价格总指数	商品零售价格总指数	农业生产资料价格指数
全　国	**102.5**	**101.4**	**106.1**
北　京	101.7	101.0	
天　津	102.0	101.0	
河　北	102.1	101.4	104.3
山　西	102.9	100.9	108.1
内蒙古	101.9	100.5	103.2
辽　宁	102.4	101.1	104.9
吉　林	102.3	100.7	100.0
黑龙江	102.3	101.5	103.7
上　海	101.7	100.9	
江　苏	102.5	101.8	105.7
浙　江	102.3	101.2	106.1
安　徽	102.7	101.6	104.8
福　建	102.2	101.3	103.3
江　西	102.6	101.6	107.2
山　东	102.8	102.0	105.6
河　南	102.8	100.9	103.6
湖　北	102.7	102.2	106.4
湖　南	102.3	101.3	103.5
广　东	102.6	100.8	108.8
广　西	102.8	101.4	109.7
海　南	102.3	101.6	104.4
重　庆	102.3	102.2	
四　川	103.2	102.7	120.9
贵　州	102.6	101.6	112.2
云　南	103.6	102.4	106.7
西　藏	102.2	102.0	99.6
陕　西	102.5	101.9	104.6
甘　肃	102.0	101.3	100.7
青　海	102.6	102.4	109.0
宁　夏	101.5	100.6	103.8
新　疆	101.5	100.6	106.2
河南居全国位次	4	24	21

10－3 续表

（上年＝100）

地 区	居民消费价格总指数	食品烟酒	衣着	居住	生活用品及服务	交通和通信	教育文化和娱乐	医疗保健	其他用品及服务
全 国	**102.5**	**108.3**	**99.8**	**99.6**	**100.0**	**96.5**	**101.3**	**101.8**	**104.3**
北 京	101.7	105.7	99.8	99.1	100.0	95.8	102.5	104.9	108.3
天 津	102.0	106.5	98.5	100.7	100.2	97.1	102.6	99.9	107.9
河 北	102.1	107.1	99.7	99.1	99.9	96.9	102.0	102.1	104.5
山 西	102.9	106.9	101.3	100.1	100.0	96.6	101.1	109.4	102.4
内蒙古	101.9	105.7	100.1	100.2	99.9	96.4	100.5	103.6	103.0
辽 宁	102.4	107.4	99.6	100.2	99.5	96.7	100.8	103.4	103.6
吉 林	102.3	107.5	99.4	99.8	100.8	96.5	101.4	101.8	104.2
黑龙江	102.3	108.0	99.1	98.5	99.7	96.5	102.3	102.5	104.4
上 海	101.7	105.3	100.9	100.8	99.8	96.6	101.1	101.2	102.9
江 苏	102.5	109.1	99.7	99.9	100.5	96.5	101.4	100.1	104.8
浙 江	102.3	107.4	100.5	99.9	101.6	96.5	101.8	101.5	104.2
安 徽	102.7	108.4	100.3	99.8	99.8	96.8	101.5	101.2	103.1
福 建	102.2	107.0	99.9	100.0	100.6	97.0	101.2	100.2	103.7
江 西	102.6	108.8	99.2	99.4	99.7	96.3	102.1	99.9	104.9
山 东	102.8	109.5	100.6	99.7	99.9	96.2	101.2	101.5	104.6
河 南	102.8	108.5	98.8	99.6	99.9	95.8	102.0	103.4	107.6
湖 北	102.7	109.3	99.7	99.2	100.1	96.5	100.9	102.2	104.8
湖 南	102.3	108.3	100.2	99.1	99.9	96.7	100.0	101.0	103.6
广 东	102.6	109.1	99.5	98.9	99.7	96.2	100.9	100.8	104.0
广 西	102.8	109.2	99.9	98.9	99.7	96.0	100.5	105.5	102.7
海 南	102.3	108.4	101.5	97.8	100.3	95.4	100.9	100.3	103.2
重 庆	102.3	107.9	98.3	99.5	100.0	97.3	101.8	101.9	102.7
四 川	103.2	111.0	99.7	98.9	99.9	96.4	101.2	100.7	103.1
贵 州	102.6	110.3	98.4	98.4	99.6	95.7	100.8	100.8	103.0
云 南	103.6	111.6	100.4	100.1	99.7	96.9	101.0	100.6	103.2
西 藏	102.2	104.8	101.0	100.1	101.6	98.1	101.2	102.2	104.9
陕 西	102.5	107.6	99.4	100.1	100.3	97.8	101.8	100.9	105.2
甘 肃	102.0	106.4	99.4	100.1	100.3	97.4	101.2	100.6	104.3
青 海	102.6	106.5	99.7	101.0	99.9	97.8	100.2	104.2	106.0
宁 夏	101.5	105.4	98.9	100.3	99.6	96.9	101.0	100.6	103.2
新 疆	101.5	104.5	99.4	102.1	99.5	96.8	100.6	100.4	102.6
河南居全国位次	4	10	28	19	14	28	5	6	3

10－4 全国及各省区市主要价格指数(2020年)

(上年＝100)

地 区	工业生产者出厂价格指数	工业生产者购进价格指数
全 国	**98.2**	**97.7**
北 京	99.1	99.5
天 津	97.1	96.9
河 北	98.5	98.4
山 西	96.7	97.2
内蒙古	99.7	99.5
辽 宁	97.0	98.2
吉 林	98.6	98.7
黑龙江	93.4	95.1
上 海	98.3	96.9
江 苏	97.8	96.5
浙 江	96.9	95.9
安 徽	99.1	98.5
福 建	98.4	98.6
江 西	98.3	97.0
山 东	98.1	97.5
河 南	99.2	99.4
湖 北	99.1	98.4
湖 南	99.0	98.9
广 东	99.0	97.4
广 西	99.4	98.5
海 南	93.8	92.0
重 庆	99.1	99.9
四 川	98.8	98.1
贵 州	98.3	98.6
云 南	98.6	97.3
西 藏	99.4	
陕 西	95.1	97.6
甘 肃	93.9	94.1
青 海	96.6	96.1
宁 夏	96.9	94.7
新 疆	91.6	93.4
河南居全国位次	4	4

10－5 全国及各省区市分月

（上年同期＝100）

地 区	全年	1月	2月	3月	4月	5月
全 国	**98.2**	**100.1**	**99.6**	**98.5**	**96.9**	**96.3**
北 京	99.1	100.6	100.7	100.4	99.1	98.3
天 津	97.1	101.9	99.9	96.5	93.0	93.6
河 北	98.5	100.8	99.3	98.0	95.5	95.3
山 西	96.7	98.1	97.6	97.9	95.8	93.8
内蒙古	99.7	102.2	102.0	100.2	98.7	97.3
辽 宁	97.0	100.4	99.5	97.5	95.4	94.3
吉 林	98.6	100.5	100.3	99.1	97.4	96.6
黑龙江	93.4	104.8	99.7	94.6	87.2	84.9
上 海	98.3	99.5	99.3	98.8	97.7	97.2
江 苏	97.8	98.9	98.9	98.2	96.8	96.4
浙 江	96.9	98.9	98.9	97.6	95.6	95.1
安 徽	99.1	101.0	100.4	99.0	98.0	97.3
福 建	98.4	100.0	99.9	99.4	98.2	97.6
江 西	98.3	99.9	99.3	97.8	95.8	95.2
山 东	98.1	99.9	99.4	98.4	96.8	96.4
河 南	99.2	100.9	100.9	99.7	98.6	97.9
湖 北	99.1	100.1	100.2	99.8	98.5	98.1
湖 南	99.0	99.7	99.3	98.3	97.8	97.8
广 东	99.0	100.2	100.2	99.6	98.6	98.4
广 西	99.4	100.9	100.6	99.1	97.7	97.8
海 南	93.8	100.3	98.4	94.9	91.1	90.3
重 庆	99.1	98.9	99.3	99.1	98.5	98.4
四 川	98.8	99.7	99.6	99.2	98.1	97.5
贵 州	98.3	98.7	98.8	98.5	97.8	97.4
云 南	98.6	100.3	99.3	98.4	96.8	96.7
西 藏	99.4	101.5	100.8	100.4	98.3	96.7
陕 西	95.1	101.1	99.2	95.7	91.4	89.6
甘 肃	93.9	104.2	100.0	95.0	89.6	88.2
青 海	96.6	101.2	100.2	97.1	93.0	90.9
宁 夏	96.9	98.8	97.9	96.0	94.3	94.7
新 疆	91.6	103.7	100.1	93.3	85.5	82.1
河南居全国位次	4					

工业生产者出厂价格指数(2020 年)

6 月	7 月	8 月	9 月	10 月	11 月	12 月
97.0	97.6	98.0	97.9	97.9	98.5	99.6
98.3	98.6	98.5	98.8	98.4	98.6	99.0
95.9	97.0	97.7	97.2	97.1	97.1	98.4
96.7	97.0	97.8	99.2	99.4	100.5	102.6
93.9	95.3	94.3	94.9	97.2	99.4	102.6
97.9	98.7	98.6	99.0	99.5	99.8	102.4
95.0	96.2	96.6	97.0	96.7	97.3	98.7
97.8	98.7	98.5	98.5	98.3	98.6	99.6
90.2	93.6	93.8	93.7	92.3	92.4	94.4
98.0	98.5	98.4	98.0	98.0	98.4	98.4
96.9	97.2	97.3	97.4	97.6	98.2	99.3
95.8	96.1	96.6	96.5	96.7	97.3	98.3
97.4	98.1	98.9	99.3	99.2	99.8	100.8
97.7	98.0	98.1	97.7	97.8	98.2	98.6
96.4	97.8	98.9	99.2	98.8	99.4	101.2
97.3	97.7	97.8	97.6	97.6	98.6	100.0
98.0	98.7	99.0	98.9	98.6	98.8	100.2
98.4	98.6	98.9	98.8	98.6	98.9	99.6
98.5	98.8	99.7	99.6	99.0	99.6	100.5
98.5	98.9	99.3	98.6	98.5	98.5	98.8
98.8	99.2	99.8	99.8	99.3	99.7	100.5
91.8	92.1	93.2	93.1	92.3	93.1	95.1
98.8	99.2	99.4	99.4	99.4	99.5	99.9
97.9	98.1	98.8	98.7	98.5	99.0	100.0
97.6	97.9	98.1	98.3	98.5	98.5	100.0
97.1	97.3	98.3	98.7	98.8	99.9	101.4
97.5	98.1	99.7	100.0	100.0	100.7	99.6
91.8	94.1	94.3	94.8	94.5	96.7	97.9
90.9	93.5	93.4	92.5	91.5	93.0	96.0
93.2	95.9	96.6	97.3	97.1	97.8	99.1
95.2	95.4	95.6	96.2	97.0	99.6	101.9
86.3	90.7	91.4	91.3	90.5	91.4	93.8

10－6　全国及各省区市分月

（上年同期＝100）

地　区	全年	1月	2月	3月	4月	5月
全　国	97.7	99.7	99.5	98.4	96.2	95.0
北　京	99.5	100.0	100.2	100.0	98.2	95.6
天　津	96.9	100.0	99.3	97.1	93.8	92.2
河　北	98.4	102.8	101.3	99.4	96.0	93.7
山　西	97.2	98.4	99.0	98.4	97.2	95.2
内蒙古	99.5	101.5	101.4	100.7	99.3	98.1
辽　宁	98.2	100.9	100.7	99.2	96.5	94.8
吉　林	98.7	101.2	100.6	98.6	96.9	96.3
黑龙江	95.1	106.6	102.4	97.9	90.3	88.6
上　海	96.9	100.8	100.6	98.8	95.4	92.6
江　苏	96.5	97.8	97.8	96.2	94.1	93.2
浙　江	95.9	97.9	98.1	96.4	93.5	92.2
安　徽	98.5	99.9	99.3	98.1	96.8	96.4
福　建	98.6	100.0	100.4	99.7	98.2	96.8
江　西	97.0	97.9	97.8	96.9	95.2	95.0
山　东	97.5	99.3	98.9	97.8	96.0	95.0
河　南	99.4	101.7	101.9	101.3	98.9	97.9
湖　北	98.4	100.5	101.4	99.7	96.7	95.6
湖　南	98.9	100.2	100.3	98.7	97.5	97.2
广　东	97.4	99.2	99.0	99.3	97.3	96.2
广　西	98.5	99.1	99.1	98.5	97.2	96.6
海　南	92.0	107.5	105.7	100.5	90.3	82.7
重　庆	99.9	100.0	100.0	100.0	99.6	99.3
四　川	98.1	99.3	99.4	98.7	97.1	96.3
贵　州	98.6	98.2	98.4	98.5	97.7	97.3
云　南	97.3	97.5	97.3	97.0	96.5	96.0
西　藏						
陕　西	97.6	100.7	100.2	98.1	95.3	93.9
甘　肃	94.1	102.6	99.4	95.8	89.0	86.7
青　海	96.1	100.6	96.3	95.0	92.9	93.0
宁　夏	94.7	97.0	96.1	94.0	91.5	91.0
新　疆	93.4	100.3	100.0	97.7	91.4	87.1
河南居全国位次	4					

工业生产者购进价格指数(2020年)

6月	7月	8月	9月	10月	11月	12月
95.6	96.7	97.5	97.7	97.6	98.4	100.0
96.9	100.1	100.3	100.1	100.5	100.1	101.5
94.0	96.5	97.0	97.7	97.5	98.4	99.6
94.9	95.2	97.8	99.2	98.5	99.9	102.9
96.4	96.6	96.1	95.9	96.6	97.5	99.5
98.0	98.2	99.6	99.2	99.3	98.7	100.4
95.9	97.4	97.7	98.3	97.9	98.9	100.3
97.3	98.2	98.9	98.9	98.5	98.6	100.2
93.2	94.5	94.7	94.1	92.6	92.5	94.2
94.4	95.6	97.0	96.8	96.5	97.1	97.7
94.3	95.6	96.5	96.9	97.2	98.4	100.5
93.3	94.9	95.9	96.5	96.5	97.3	98.8
96.3	97.2	98.4	98.7	98.8	100.0	101.9
96.7	98.0	98.7	98.7	98.3	98.3	99.4
95.2	96.0	96.9	97.4	97.7	98.7	99.7
95.5	96.2	97.2	97.4	97.5	98.5	100.2
97.6	98.2	98.9	99.0	98.9	98.7	100.2
96.1	97.8	98.4	98.3	98.3	98.4	99.4
97.4	97.6	98.7	99.0	99.1	99.6	100.9
95.1	96.4	96.6	96.4	95.9	97.8	99.3
97.1	97.8	98.5	99.1	99.2	99.8	100.2
83.9	84.8	90.1	92.3	89.3	89.1	88.9
99.4	99.7	99.9	100.1	100.1	100.2	100.9
97.2	97.9	98.1	97.8	97.7	98.1	99.5
97.3	97.8	98.1	99.1	99.6	99.9	101.1
96.2	96.4	97.1	97.6	97.7	98.3	100.1
95.6	97.0	97.0	97.6	97.5	98.2	99.9
90.3	93.5	94.3	94.4	93.4	94.0	95.8
93.8	95.9	95.9	97.3	96.7	97.6	97.9
92.1	93.8	94.3	95.0	95.7	97.1	98.5
88.1	91.0	91.9	92.4	93.0	93.4	95.0

10－7　全国70个大中城市商品住宅销售价格指数(2020年)

(上年＝100)

地　　区	新建商品住宅销售价格指数	二手住宅交易价格指数
北　　京	103.5	102.6
天　　津	100.6	96.4
石 家 庄	105.1	98.1
太　　原	100.7	99.4
呼和浩特	110.9	102.7
沈　　阳	108.1	109.4
大　　连	105.5	104.8
长　　春	106.5	104.2
哈 尔 滨	105.8	106.2
上　　海	103.6	103.5
南　　京	104.5	104.8
杭　　州	105.0	104.5
宁　　波	105.9	108.2
合　　肥	102.1	103.3
福　　州	103.6	103.5
厦　　门	103.4	104.3
南　　昌	101.6	99.7
济　　南	97.7	96.8
青　　岛	102.7	95.8
郑　　州	99.8	95.9
武　　汉	107.6	98.9
长　　沙	105.5	99.4
广　　州	102.3	102.3
深　　圳	105.0	112.9
南　　宁	109.2	104.9
海　　口	103.9	99.2
重　　庆	105.5	99.0
成　　都	109.4	105.4
贵　　阳	101.3	96.0
昆　　明	107.5	104.5
西　　安	108.9	99.7
兰　　州	104.9	106.2
西　　宁	112.5	109.5
银　　川	114.9	108.3
乌鲁木齐	101.4	102.5

注:各地年度数据是根据国家各月反馈数据进行简单平均计算得出。新建商品住宅不包含保障性住房。

10－7 续表

（上年＝100）

地　　区	新建商品住宅销售价格指数	二手住宅交易价格指数
唐　　山	114.0	113.8
秦 皇 岛	106.5	105.0
包　　头	104.0	103.3
丹　　东	106.7	106.5
锦　　州	108.9	101.0
吉　　林	107.6	103.9
牡 丹 江	102.1	93.6
无　　锡	108.7	109.0
扬　　州	108.7	104.4
徐　　州	111.4	106.7
温　　州	104.4	104.0
金　　华	106.1	101.8
蚌　　埠	104.1	103.7
安　　庆	98.6	97.6
泉　　州	104.8	102.8
九　　江	106.8	104.9
赣　　州	104.0	104.2
烟　　台	108.0	98.9
济　　宁	107.7	106.2
洛　　阳	107.3	107.1
平 顶 山	105.1	105.4
宜　　昌	99.9	97.1
襄　　阳	106.9	100.6
岳　　阳	99.2	99.1
常　　德	100.4	98.0
惠　　州	106.9	103.3
湛　　江	101.2	96.7
韶　　关	98.7	98.6
桂　　林	103.5	103.6
北　　海	102.0	98.1
三　　亚	105.5	98.0
泸　　州	97.9	98.3
南　　充	100.1	97.3
遵　　义	101.1	96.9
大　　理	106.9	105.8

10－8 全国及各省区市城乡居民人均可支配收入和消费支出(2020年)

单位:元

地 区	全体居民		城镇常住居民		农村常住居民	
	可支配收入	人均消费支出	可支配收入	人均消费支出	可支配收入	人均消费支出
全 国	**32189**	**21210**	**43834**	**27007**	**17131**	**13713**
北 京	69434	38903	75602	41726	30126	20913
天 津	43854	28461	47659	30895	25691	16844
河 北	27136	18037	37286	23167	16467	12644
山 西	25214	15733	34793	20332	13878	10290
内蒙古	31497	19794	41353	23888	16567	13594
辽 宁	32738	20672	40376	24849	17450	12311
吉 林	25751	17318	33396	21623	16067	11864
黑龙江	24902	17056	31115	20397	16168	12360
上 海	72232	42536	76437	44839	34911	22095
江 苏	43390	26225	53102	30882	24198	17022
浙 江	52397	31295	62699	36197	31930	21555
安 徽	28103	18877	39442	22683	16620	15024
福 建	37202	25126	47160	30487	20880	16339
江 西	28017	17955	38556	22134	16981	13579
山 东	32886	20940	43726	27291	18753	12660
河 南	24810	16143	34750	20645	16108	12201
湖 北	27881	19246	36706	22885	16306	14472
湖 南	29380	20998	41698	26796	16585	14974
广 东	41029	28492	50257	33511	20143	17132
广 西	24562	16357	35859	20907	14815	12431
海 南	27904	18972	37097	23560	16279	13169
重 庆	30824	21678	40006	26464	16361	14140
四 川	26522	19783	38253	25133	15929	14953
贵 州	21795	14874	36096	20587	11642	10818
云 南	23295	16792	37500	24569	12842	11069
西 藏	21744	13225	41156	24927	14598	8917
陕 西	26226	17418	37868	22866	13316	11376
甘 肃	20335	16175	33822	24615	10344	9923
青 海	24037	18284	35506	24315	12342	12134
宁 夏	25735	17506	35720	22379	13889	11724
新 疆	23845	16512	34838	22952	14056	10778

《河南调查年鉴-2021》只读光盘介绍

《河南调查年鉴-2021》只读光盘是一张信息高度密集的资料载体。该光盘全面反映河南省经济社会发展情况的抽样调查资料，收录了全省和市、县（区）2020年经济和社会发展有关方面大量的调查统计数据，以及历史重要年份的全省主要调查统计数据。

光盘的主要内容分为10个部分，即1.综合；2.农业；3.畜牧业；4.消费价格；5.生产价格；6.农产品价格；7.人民生活；8.县域经济；9.城市经济；10.全国及分省（市、区）指标。主要篇末附有《主要统计指标解释》。

《河南调查年鉴-2021》光盘（CD-ROM）操作简便、功能实用，浏览时可实现各部分内容之间的切换，并附有Html文件。

本光盘所有资料的浏览查阅和计算加工，未经许可不得用于营业性用途，否则必追究其法律责任。

河南调查总队官方微信